Great Lives ④
위대한 생애

억만장자 하워드 휴즈

이원용 / 옮김

일신서적출판사

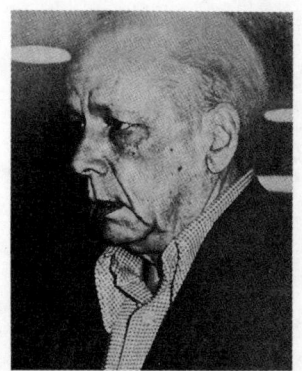

머 리 말

1906년에 존 키츠는 그의 저서에서 이렇게 말했다.

19세였던 휴즈는 디트리히에게 휴즈 툴(공구)사를 맡겼다. 그로부터 두 사람은 30여 년에 걸쳐 피차 만족할 만한 관계를 유지했었다.

그 사이 '휴즈 제국'의 발전은 80퍼센트가 노아 디트리히의 천재성에, 20퍼센트가 하워드 휴즈의 승부 정신 덕택이었다. 그러나 비록 그렇다 하더라도 전체는 부분의 총화이며, 두 사람이 충분히 힘을 발휘하기 위해서는 디트리히의 80퍼센트는 물론이고 휴즈의 20퍼센트도 절대로 불가결한 요소였다는 것 또한 사실이다. 휴즈는 일상적인 업무를 맡기기 위해 안성맞춤인 인물로 디트리히를 발굴해낸 셈이었다.

나는 이 책에서 가능한 한 자랑은 하지 않겠다. 내가 기억하고 있는 사실을 그대로 기록하고 그 다음은 독자들의 판단에 맡기고 싶다.

그렇지만 아무래도 어느 정도는 주관적인 인상은 나타나게 마련이다. 하워드 휴즈는 수수께끼의 대부호라고 할 만큼 그가 어떠한 인물인지 객관적으로 확실히 파악하기가 어렵다. 게다가 젊었을 때의 하워드와, 바하마로 은퇴한 후의 하워드는 전연 다른 인물처럼 보인다.

그렇지만 나처럼 오랫동안 하워드와 긴밀한 관계에 있었던 사람도 없다. 나는 매력적이지만 다소 비정상으로 보였던 젊은 하워드도 보았으며, 만년에 정상적인 데서 벗어나 거의 일상의 업무도 처리할 수 없을 뿐만 아니라 사회생활도 할 수 없게 된 그도 보았다.

수많은 책이라든가 잡지 및 신문사에는 60만 불의 유산을 비롯해서 수억 불이나 되는 '휴즈 제국'을 건설해낸 하워드의 성공에 대해서는 많이 기록되어 있지만, 그 사이에 그가 허비한 몇백 만, 몇천 만이라는 돈에 대해서는 거의 기록되지 않았다. 나는 그러한 거액의 낭비한 돈에 대해서도 알고 있다. 왜냐하면 하워드의 그러한 실패의 뒷처리를 내가 했으며 그를 궁지에서 구출해냈기 때문이다. 어떤 경우에는 특히 거대한 목제 비행정의 개발로 위기에 빠졌을 때 하워드는 막무가내로 구출의 손길을 거부하였다.

참고로 그의 사업에 대해서 주요한 손실을 표로 만들어 보면 아래와 같다.

사 업	금 액	피해자
목제 비행정	50,000,000불	휴즈 툴사
	22,000,000불	미국정부
RKO	24,000,000불	주주
영화 제작	10,000,000불	하워드·휴즈
주식 투자	10,000,000불	하워드·휴즈
마르티칼라	2,000,000불	하워드·휴즈
휴즈=프랭클린 극장 체인	2,000,000불	하워드·휴즈
휴즈 증기자동차	500,000불	하워드·휴즈

이것을 합계해 보면 하워드 자신과 납세자 및 주주의 돈은 자그마치 1억불 이상이나 허비되었다고 할 수 있다. 그 뿐만 아니라 그가 세계여행에 사용한 2백만 불, 비영업용 항공기에 투자한 몇백만 불, 게다가 결국 빛을 보지는 못했지만 스타를 키우기 위해 사용한 막대한 지출도 있었다.

휴즈 투울사는 수십 년에 걸쳐 높은 수익금을 올렸지만 그 동안 단 한 번도 배당을 발표한 일이 없었다.

하워드 휴즈는 오랜 사업경력 중 단 한 번도 중역회의에 참석한 적이 없었다.

그는 영화 스튜디오 이외에는 그의 어떤 기업에서도 자기의 사무실을 가진 일이 없었다.

그는 TWA와 RKO의 운명을 지배하면서도 어느 쪽에도 이사라든가 기타 임원의 지위에 있은 적이 없었다.

그는 정치가를 조종했지만 투표한 적이 없었다.

또한 그의 전재산을 관리하고 있었던(키츠) 나의 사무실에 한 번도 들린 적이 없었다.

이와 같은 에피소드가 많은 하워드 휴즈에 대해 어째서 내가 새삼 쓰려고 하는 것일까? 그 이유 중 하나는 개인적인 것이다. 나는 나의 자녀들이나 손자들을 위해 미국 역사에서 그다지 중요하지는 않지만 화려한 한 페이지로 내가 맡았던 역할을 기록해두고 싶어서이다. 또 하나의 이유는 미국 국민은 이러한 거대한 부(富)의 용도에 대해서, 그릇된 사용 방법까지를 포함하여, 알 권리가 있다고 생각했기 때문이다.

그리고 앞에서 말한 두 가지 이유에 못지 않는 또 하나의 커다란 이유는 하워드 휴즈와 함께 보냈던 32년 간을 생각하는 것은 나에게 있어서는 즐거운 일이기 때문이다. 나는 하워드를 원망하지는 않는다. 그의 밑에서 일한 세월은 파란에 넘친 매일이었으며, 언제 어떤 일이 일어날는지 알 수 없어 많은 부담이 되었지만 지루한 적은 없었다. 하워드를 만나지 않았더라면 아마 나는 공인회계사나, 10년이 하루와 같은 부동산회사의 관리직으로 끝났을 것이다. 그보다 나는 역시 파란에 넘친 생활 쪽을 훨씬 좋아한다.

이 책을 기록함에 있어 나는 보브 토머스의 협력을 얻었다. 한편 취재, 조사를 위해 도와준 제임즈 페란에게 이 지면을 빌어 깊이 감사의 뜻을 표한다.

차 례

1. 운명의 사냥 여행 —— 8
2. 출생과 만남 —— 21
3. 5백만 불의 장난감 —— 37
4. 텍사스·세금·섹소폰 —— 43
5. 영화 —— 51
6. 모순된 인간 —— 63
7. 증기 자동차 —— 75
8. 하늘을 나는 기계 —— 81
9. 돈의 알을 낳는 거위 —— 87
10. 애라여, 안녕 —— 95
11. 비리여, 안녕 —— 101
12. 수송자가 된 노아 —— 108
13. 억만장자가 되는 방법 —— 121
14. 노력하지 않고 손해를 보는 방법 —— 126
15. 화려했던 여자 친구들 —— 137
16. H·휴즈의 기벽에 관한 추가 데이터 —— 146
17. 그 후의 영화 —— 154
18. 세계 제일의 비행가가 되고 싶다 —— 158
19. 세계일주 91시간 —— 166
20. 돈 거위의 감시역 —— 171
21. 항공회사의 구매방법은 이런가? —— 178
22. 무뢰한과 젠 러셀 —— 187

23. 휴즈 항공기 회사의 탄생 —— 197
24. F11 —— 205
25. 비행정 —— 209
26. 하워드, 다시금 옷을 태우다 —— 215
27. 하워드의 행동패턴 변화 —— 223
28. '휴즈 제국'의 정리 정돈 —— 229
29. 그 후의 F11 —— 236
30. 휴즈 워싱턴으로 가다 —— 242
31. 그 후의 비행정 —— 256
32. 40대의 하워드 —— 265
33. TWA를 지키는 사람 —— 271
34. 하워드의 새 장난감 RKO —— 285
35. 정치 —— 294
36. 프라이 이후의 TWA —— 302
37. 휴즈의 방식을 바꾸게 하려면 —— 309
38. 휴즈 항공기회사의 문제와 장래 —— 317
39. 그 후의 RKO와 여록 —— 332
40. 닉슨 론 —— 344
41. "노아, 자네 없이는 살 수 없어." —— 351
42. 하워드 휴즈를 떠나서 —— 361
■ 역자 후기 —— 372

1. 운명의 사냥 여행

하워드 휴즈 밑에서의 내 생활에 종지부를 찍지 않으면 안 된다고 결심한 것은 언제였는지 정확하게 말할 수는 없다.

각종 전설을 낳은 미국 제일의 부호의 가장 가까운 보좌역이 된 지 30년 남짓——그야말로 평범한 날들이 아니었다. 하워드 휴즈는 극히 드문 매력적인 인물이었지만 마지막에 가서는 사람들을 실망시켰다.

나는 그를 위해 수많은 일을 했으며 그의 장난기에서 오는 어처구니없는 명령도 수행했다.

"노아라면 가능해."라고 그는 곧잘 말했으며 '노아'는 그것을 이룩해냈다.

처음에는 침대 옆에 주식거래 표시기를 부착하는 간단한 일이었지만 점차적으로 한 번에 5억 불이나 되는 거래를 마무리짓는 복잡하고 어려운 일이 늘어갔다.

물론 그러한 일에 대해서 나는 충분한 보수를 받았다. 아마 나는 미국에서 가장 높은 급료를 받고 있는 중역의 한 사람이었을 것이다. 조종사와 부조종사가 딸려 있는 전용비행기가 주어져서 언제 어디라도 갈 수가 있었다. 나는 휴스턴과 캔자스 시티 및 뉴욕과 워싱턴, 로스앤젤레스에 사무실을 가지고 있었으며 내가 자유로이 쓸 수 있는 경비도 무제한이었다.

그러나 그 정도로 충분하다고는 할 수 없었다. 비록 왕후와 같은 생활을 할 수 있었다 치더라도 하워드 휴즈와 같은 인간을 하루 24시간 받들어야 하는 심로(心勞)에 대해서는 충분한 보상이 되지 못했다. 왜냐하면 그가 점차적으로 이상한 인간이 되어 가면서 충동적으로 무분별한 결정을 내리는가 하면, 반대로 어떤 결정을 한없이 지연시키기 때문에 커다란 실패에서 그를 구출하는 일이 거의 불가능할 때도 있었기 때문이다.

그래도 나는 노력을 계속하였다. 그리하여 한없이 그의 요구를 다 충족시켜 주었다. 그러나 마침내 그는 불가능한 것을 찾기 시작하였다.

종국의 시초는 1956년 1월부터라고 말할 수 있을지도 모른다.

계약서가 차례로 나의 책상에 쌓이기 시작했다. 거액의 계약이었다. 하나같이 '휴즈 툴사 사장 하워드 휴즈'라고 서명이 되어 있었는데, 전부가 제트여객기와 이에 관련된 기재를 발주한 것들이었다. 발주한 곳은 보잉, 로키드, 콘베이어, 프라트 앤드 휘트니, 제너럴 일렉트릭 등이었다. 나는 이들 계약에 대해서 아무것도 들은 게 없었다. 나뿐만이 아니라 전 휴즈 그룹의 누구 한 사람도 들은 적이 없었다.

마침 그 당시는 미국 항공산업의 역사에 있어서도 중대한 전환기였다. 제트기의 등장으로 프로펠러 비행기는 시대에 뒤떨어진 것이 되려 하고 있었으므로 각 항공회사들은 서로 경쟁해 가며 자금을 모아 미래의 제트기 시대에 대비하기 위해서 새로운 항공기 확보에 힘을 기울이고 있었다. 예외는 하워드 휴즈가 지배하는 TWA뿐이었다.

그때까지 하워드는 결정을 미루어 오고 있었다. 아메리칸, 유나이티드, 이스턴, 판 아메리칸 등의 항공회사가 모두 여러 종류의 제트기를 발주하고 있는 동안에 그는 새로운 모자를 선택하려는 여자처럼 망설이고 있었다. 어떻든 그는 결단을 내리지 못하였다.
 그런데 이번에는 그와 같은 자신의 우유부단을 단숨에 메우려하기 시작한 것이다. —— 마치 원한을 풀려고 하듯이! TWA의 라이벌 회사의 움직임에 놀라 하워드는 서둘러 뒤떨어진 데 대해 만회하려고 했다. 그는 나라 안에 있는 모든 항공기 회사와 계약을 하였다. 언제나처럼 계약은 비밀리에 행하여졌으며 그는 이와 같은 거액의 구매물에 대해서 자기 조직 속의 사람한테도 일체 언급하지 않았다. 심지어 나한테까지도 말이다.
 나는 계약서의 금액을 합계한 다음 하워드에게 전화를 걸었다.
 "이것 봐요, 하워드. 당신이 서명한 계약서가 여러 장 들어와 있는데."
 "아, 그래서 그게 어쨌다는 거야?"
 "제트기를 사겠다는 계약이지만 금액이 엄청나요. 이건 툴 사의 이사 회의의 승인을 받지 않으면 안 되는데."
 "그런 건 문제가 되지 않아. 그들 월급쟁이 중역들 보고 승인하도록 말하자고?"
 "그렇지만 하워드, 당신이 계약한 금액은 자그마치 5억 불이나 된단 말이야."
 잠시 동안 전화 저쪽에서 하워드 휴즈가 침묵하였다.
 "엉터리 같은 소리 말라구!"
 "말 조심하라고 하워드. 지금 계약서의 금액을 합계해 봤단 말야. 전부해서 4억 9천7백만 불이 되었어."
 "그건 거짓말이야!"
 "그렇지만 이 숫자는 여기에 다 명시되어 있어…… 수량, 명세, 납입일, 모든 게 다 이것을 당신한테 보낼 테니 당신 눈으로 직접 확인해보게."

"무엇을 보내든 그건 뭔가가 잘못된 걸거야."

4일이 지났다. 그 동안 나는 그가 벌여놓은 엄청난 일에 대해서 생각하고 있었다. 하워드 휴즈는 TWA의 임원도 이사도 아니었다. 그런데도 불구하고 휴즈 툴사의 이름으로 TWA를 위해, 5억 불이나 되는 제트기 및 엔진을 사버린 것이다―― 그것도 일체의 지불 준비도 해놓지 않고서.

이윽고 그로부터 전화가 걸려왔다. 그 대답은 그야말로 휴즈다운 것이었다. 앞서 말했듯이 나와의 대화에는 일체 언급이 없이 하워드는 단지 이렇게만 말하였다.

"노아, 제트기의 대금 4억 9천7백만 불을 어떻게 지불해야 좋을까?"

언제나처럼 나는 하나의 방법을 생각해두고 있었다.

나는 이미 뉴욕의 몇 개 은행에 문의해서 나의 안건에 대한 동의를 얻어놓은 후였다. 다행히 휴즈 툴사에는 설비투자에 급히 필요치 않은 1억 불이라는 엄청난 잉여금이 있었다. 나는 이 현금을 제트기 분할지불에 대한 첫번째 지불로 충당하면 어떨까 하고 제안하였다. 이어 충분한 이익을 올릴 수 없을 경우를 대비하여 3억 불의 채권을 뉴욕의 은행을 통해 발행하는 안이었다.

"TWA 단독으로는 그렇듯 큰 공채(公債)는 모집할 수 없어."

나는 하워드한테 이렇게 말하였다.

"휴즈 툴사가 보증을 서고 그것도 전환사채로 하지 않으면 팔리지 않아요."

즉 장차 TWA의 주권으로 전환할 수 있는 사채인 것이다.

하워드는 즉석에서 반대하였다.

"안돼, 안돼! 소유권이 약화되게 하는 그런 일은 절대로 안돼."

'휴즈 제국'의 유일한 지배자라는 것을 자랑으로 알고 있는 하워드는 완고하였다. 그는 누구의 제약을 받는 것도 싫어했다.
그렇지만 나도 지지 않고 주장하였다.
"하워드. 난, 당신이 뭔가 좋은 방법이 없겠느냐고 하기에 열심히 생각한 거야. 이 문제를 해결하는 방법은 그것말고는 없어."
그가 겨우 양보하였다.
나는 즉각 나의 계획을 실행하기 위해 손을 썼으며 뉴욕의 디론 리드사로 하여금 채권발행을 대행하도록 하였다. 이윽고 구체적인 기채조건이 결정되어 견적서가 인쇄되었다. 그런데 어느 날 디론 리드사의 프레드 브란 사장으로부터 전화가 걸려왔다.
"노아. 휴즈가 뭐라고 말하기 시작했는지 알고 있나?"
"아니, 뭐라고 하던가?"
"나한테 전화를 걸어 채권발행을 중지하라는 거야."
"중지라고?"
분노와 절망감이 나의 머릿속에서 퍼져나갔다.
"그러니 어떻게 하면 좋은가?"
"조금 기다려주게. 어떻게 하려는 건지 내가 물어볼 테니까."
나는 즉시 하워드한테 전화를 걸었다.
그는 채권발행을 중지시킨 것을 인정하였다.
"그렇게 할 수밖에 없었어, 노아. 첫째로 소유권을 약화시키는 그런 일은 도저히 할 수가 없어. 그리고 또 하나의 이유는 말야, 만약 증권이 팔리지 않으면 어떻게 되나? 원가 상태에서 나의 신용이 상처를 입게 되지."
"그렇다면 제트기의 대금을 지불할 수 없게 되었을 때 당신의 신용은 어떻게 될 것 같은가? 상처를 입지 않는다고 생각하나, 하워드?"
나는 이렇게 물었다.

그는 대답이 없었다.

나 역시 31년 동안 하워드와 관계를 유지하면서 처음으로 그가 기대하는 대안을 마련하지 못하였다.

"하워드, 난 지쳤어."

나는 그에게 이렇게 말하였다.

"아, 알고 있어, 노아. 어쨌든 이 문제를 해결할 때까지 힘써 달라고."

"당신이 해결해."

나는 이렇게 말하였다.

"이제부터는 당신이 전부 처리해 나가는 게 좋을 거야. 7월 1일부터 내가 아프리카에 간다는 걸 잊지 않았겠지?"

나는 금년 초부터 여름에 아프리카로 사냥을 간다고 말해두었던 것이다. 두 아들을 데리고 간다는 약속이었다. 이미 봄이 왔으며 나는 어떤 일이 있어도 이번 여행만은 갈 생각이었다. 이것이 하워드 휴즈와의 31년 동안에 내가 갖게 된 두번째 휴가였다.

"알았어, 알았어. 사냥차 여행을 떠난단 말이지? 그런데 어느 정도 나 있을 텐가?"

"2개월이나 3개월."

"좋아, 가기 전에 연락 좀 해주게나."

나는 1월 1일 이후로 7월 1일부터의 휴가를 잊지 않도록 하는 메모를 매주 하워드한테 보냈다. 그의 비서인 나딘 헨레한테도 만날 때마다 그가 나의 아프리카 행을 잊지 않도록 해달라고 부탁하였다. 나는 여하한 일이 있어도 갈 결심이었다. 아프리카에서 샤냥하는 것이 나의 생애의 꿈이었으며 여러 달 동안에 걸쳐 사냥 여행에 대한 계획을 짰던 것이다. 1만5천 불을 주고 세 사람의 백인 사냥꾼과 3대의 랜드로바와, 1대의 5톤 트럭 및 30명의 현지인도 고용하였다. 그리하여 나는 나의 아들 존과 토니

말고도 친구인 파트 디티코와 게리 구파도 같이 가도록 권하였다.

어쩌면 하워드가 자랑으로 여기는 수법을 사용한다는 것을 당연히 예상했어야 했는지도 모른다. 그는 아무 말도 하지 않고 우리 부자를 캘리포니아로부터 벗어나 여행할 수 있도록 해주었으므로 나는 전연 경계하지 않았다.

그런데 뉴욕의 월드프한테 확인하자 급히 전화를 하라는 하워드로부터의 전달이 여러 개 기다리고 있었다. 최초의 수단을 강구해 온 셈이다. 나는 전화를 걸었다.

"난 진짜라고 생각하지 않았어. 지금 가게 되면 곤란한데, 노아!"

하워드는 호소하듯이 말하였다.

"제트기 문제로 내가 위기에 직면하고 있는 이런 때에."

"당신이 여태까지 뭔가의 위기에 직면하지 않았던 적이 있었나, 하워드? 나는 아프리카로 갈걸세."

"듣는 바에 의하면 게리 쿠파도 함께 간다면서?"

하워드는 새로운 저항을 시도하였다.

"아무래도 나는 모르겠어, 노아"

"뭣을?"

"아냐, 쿠파가 간첩이었다는 것을 모르나? 왜 그런 사나이하고 어울리려고 하는지 알 수가 없어."

"쿠파가 간첩이라고? 몬타나의 카우보이는 간첩이 아냐. 그렇지만 그런 기분이 들었다면 안심해도 좋아. 쿠파는 가지 않게 되었으니까."

그런데도 하워드는 나에게 여행을 그만둘 것을 애원조로 길게 늘어놓았다.

"알았어, 하워드."

나는 분명히 말하였다.

"그렇다면 내가 캘리포니아를 떠난 후 여행을 중단하지 않으면 안 될 새로운 사태가 생겼는지 어떤지 그것만 대답해줘. 만약 그런 일이 일어났다면 여행을 그만둘 테니까."

그는 그런 일을 새삼 생각해낼 수가 없었다. 나는 하워드한테 아프리카로 가겠다는 의사를 다시 한번 전하고는 전화를 끊었다.

이어 얼마 후 나는 하워드가 다른 방법을 쓴 것을 알게 되었다. 함께 사냥여행을 가기로 결정이 된 파트 디티코로부터 괴로운 듯한 전화가 걸려온 것이다. 파트는 온후한 사나이로서 한때는 하워드의 탤런트 스카우트로서 1년 내내 헐리우드 언저리를 출입하고 있었다. 그런데 대단한 야심가였던 그는 하워드한테 휴즈 에어크래프트(항공기)사의 사원식당에 대한 식료품 공급계약을 자기에게 달라고 부탁하였다. 하워드는 나에게 구체적인 결정을 맡겼으며 나는 그의 명령대로 하였다. 그 결과 휴즈 에어크래프트의 사원 3만 8천 명에 대한 식료품을 공급하게 된 파트는 하룻밤 사이에 식품업계의 왕자가 되었다.

"난 갈 수가 없어."

파트는 캘리포니아의 장거리 전화로 한탄했다.

"하워드가 만약 당신하고 아프리카에 간다면 계약을 끝낸다는 거야. 사냥경험이 있는 내가 빠지게 되면 당신은 경험이 없기 때문에 가지 않게 될 것이라는 거야."

이 말을 듣고 나는 31년 동안 함께 지낸 하워드가 나를 얼마나 모르고 있는가를 알게 되었다. 나는 그 동안 계속해서 사냥을 해왔던 것이다.

"알았어, 파트. 당신의 입장으로서는 어쩔 수가 없지. 그렇지만 나는 혼자서라도 갈 생각이야."

다음 전화는 그레그 바우츠아한테서였다. 비버리 힐즈의 저명한 변호사로서, 하워드의 신임을 얻고 있었던 얼마 안되는 남자 중의 한 사람이었다.

"노아, 지금 하워드가 오라고 해서 갔다왔어. 그런데 당신을 설득해서 휴가가는 것을 그만두게 해달라는 거야. 그래서 여태까지 당신이 얻은 휴가가 얼마냐고 물었더니 결혼했을 때 이외에는 기억이 없다더군. 그래서 '휴즈 제국'을 떠받치고 있는 사나이가 자신의 휴가도 갖지 못한다는 것은 어딘가 잘못되어 있는 거라고 말해줬지. 조금은 당신한테 도움이 되지 않았을까?"

나는 그레그에게 고맙다고 말하고는 다음 날 오후에 예정된 휴가의 출발 준비를 하기 시작하였다.

다음 날 아침 전화벨이 울렸다. 하워드였다. 이번에는 무척 부드러웠으며 나의 입장에 전적으로 동정적이었다.

"휴가는 당연해……그것은 인정해, 노아. 2, 3개월이 아니라 6개월이라도 괜찮아. 그만한 일을 해왔으니까. 그렇지만 지금이 아니고 다른 때에 가주었으면 하네."

"나는 6개월씩이나 휴가를 가질 생각은 없어, 하워드."

내가 말하였다.

"그렇지만 난 지금 당장 아프리카에 가고 싶은 거야."

하워드는 아이든와일드 공항의 국제선 터미널까지 따라와 전화로 나를 찾았다. 전화가 왔다는 아나운서의 호출을 받아 나가보니 역시 하워드였으며, 내가 로마로 출발하기 전에 두세 가지 묻고 싶은 것이 있다고 말하였다. 그리고는 그 두세 가지 일에 대해 긴 설명을 늘어놓기 시작하였다. 나는 그의 작전을 알고 있었다.

"조금 기다려, 하워드."

하고 말한 다음 나는 TWA의 카운터로 가서 내가 탈 비행기의 기장과 통화할 수 있도록 부탁하였다. 기장은 내가 TWA의 이사이며 하워드 휴즈의 대리인이라는 것을 알고 있었다.

"지금 전화가 걸려와서 시간이 좀 걸릴 것 같은데 내가 탑승할 때까지는 이륙하지 않도록 해주게나."

 나는 이렇게 기장한테 부탁하고는 하워드가 기다리고 있는 전화로 돌아왔다. 그로부터 20분 동안 지루하게 계속되는 하워드의 독백을 듣고 있었는데 끝이 없었으므로 중간에서 내가 말을 가로챘다.

 "하워드. 당신은 내가 비행기에 오르지 못하도록 그렇게 길게 시간을 끌고 있는 모양이지만 내가 탑승할 때까지 이륙하지 말도록 기장한테 말해뒀기 때문에 헛수고일세. 그럼 얼마 동안 휴가를 가겠네."

 나는 간신히 해방되어 31년 동안 하워드 휴즈의 여러 일에 관계하게 된 이래 처음으로 본격적인 휴가 여행을 떠났다.

 한 마디로 멋지다고 말할 수 있었다. 영양이라든가 사자, 혹은 코뿔소를 뒤쫓아 탄가니카의 평원을 달리면서, 나는 지불하지 못한 제트기라든가 날 수 없는 비행정의 하워드 휴즈의 세계하고는 멀리 떨어진 별천지를 보았다. 한밤중에 전화로 불러 깨는 일도 없을 뿐만 아니라 기묘한 일로 해서 이리 뛰고 저리 뛸 필요도 없었다. 불가능한 일을 24시간 이내에 해결하지 않으면 안 될 그런 사태도 일어나지 않았다.

 두 아들을 비롯해서 백인 사냥꾼들과 함께 캠프파이어를 중심으로 해서 앉았을 때 느끼는 만족감— 그것은 내가 오랫동안 잊고 있었던 일이었다. 나는 두 번 다시 그것을 잊고 싶지 않았다.

 사냥 여행 후 기다리고 기다렸던 제2의 휴가 계획을 위해 나는 로마로 돌아왔다. 토니와 존은 먼저 귀국했으며 나는 아내인 메어리와 양어머니, 그리고 두 딸 스잔과 루스와 합류하여 영국을 자동차로 돌아볼 예정이었다. 그러나 그 전에 약속대로 로마에서 하워드한테 전화를 했다. 그의 말은 예상했던 대로였다.

 "노아, 곧 돌아와줘. 그렇지 않으면 곤란해"

"뭣 때문에? 제트기의 자금문제로 그 후 뭔가 상황의 변화라도 있었나?"
"아니."
"그렇다면 지금 가장 긴급한 문제는 뭐지?"
"비행정이야."
비행정이라니! 이 도깨비같은 것은 본래 발상에서부터 잘못되어 있었으며 처음부터 머리를 아프게 하는 원인이었다. 하워드의 돈을 몇천만 불이나 삼켰을 뿐만 아니라 2천만 불의 세금까지 먹어버렸음에도 불구하고 하워드의 자존심이 이를 포기케 하지 않았다. 이 비행정을 중심으로 한 가장 새로운 문제는 롱비치 항공의 방파제가 파손되었을 때 함체에 받은 커다란 손상이었으며, 하워드는 이에 대해서 롱비치 시를 상대로 천2백만 불의 손해배상청구 소송을 걸고 있었다.
"50만 불로 손을 쓸 수밖에 없는 모양이야."
하워드는 나한테 이렇게 보고하였다.
"어째서? 천2백만 불이 필요하지 않았나?"
"90만 불로 수리할 수 있는 모양이야. 그렇게 싸게 먹히리라고는 생각하지 못했으니까 말야."
"그렇다면 해결이 되었군?"
"그렇지."
"그렇다면 내가 돌아갈 이유는 없겠네. 그럼 다시 런던에서 전화하겠네."
런던에서 전화를 걸자 하워드는 한층 더 절박한 투로 이렇게 말하였다.
"노아, 당장 돌아와주지 않으면 입장이 난처한데. 자네만이 해결할 수 있는 문제가 생겼어."
나는 한숨을 쉬면서 대답하였다.
"알았어."

무거운 마음으로 가족들을 3주일 간의 자동차 여행을 보내고 첫출발의 TWA기를 예약하여 혼자서 뉴욕으로 돌아왔다.
 월드필드에 도착하자 나는 나디인한테 돌아왔다는 것을 알린 후 연락을 기다렸다. 그런데 연락이 없었다.
 만 4일 동안 하워드한테서는 일언반구의 연락도 없었다. 5일째되던 날 그제서야 전화가 걸려왔다.
 "내가 돌아오지 않으면 안 될 급한 일이란 도대체 뭐지?"
 하고 나는 물었다.
 하워드가 나에게 이야기한 문제란 그야말로 그다운 딜레마였다. 비행정의 손해배상 소송에서 그는 로스앤젤레스에서 일류인 변호사를 3만 불로 고용하였다. 이어 똑같은 건을 또 한 사람의 일류 변호사한테 배상금의 10퍼센트를 지불한다는 약속으로 의뢰하였다. 다시 말해서 두번째 변호사한테 5만 불을 지불하지 않으면 안 되었다. 하워드가 근심한 것은 이런 사실을 최초의 변화사가 듣고 역시 5만 불을 청구해오지 않을까 하는 일이었다. 그래서 나로 하여금 어떻게 해서든지 두번째 변호사한테 줄 돈을 2만 5천 불로 깍아 달라는 일이었다.
 나는 피가 거꾸로 치솟았다. 가족여행에서 호출되어 월드필드에서 4일씩이나 기다리게 한 끝에 명령받은 일이 하워드의 약속사항을 백지화하여 변호사 수수료를 깍는 일이었기 때문이다. 하워드는 4억 9천7백만 불의 제트 값 청구에 직면하고 있을 때 또 한편으로 2만 5천 불의 지출을 걱정하고 있었던 것이다.
 나는 단지,
 "알았어, 하워드. 할 수 있는 데까지는 해보겠어."
 라고 말할 수밖에 없었다.
 나는 두번째 변호사한테 전화를 걸어 '일'을 하기 시작하였다.
 "휴즈 씨는 이번 사건을 통해서 당신의 일솜씨를 무척 기뻐하고 있습니다. 앞으로도 여러 가지로 법률문제가 생길 텐데 일이 생기는 대로 당신한테 맡길 것입니다……만약 당신이 여기서 재치있게 일을 처리해준다면."
 "그런가요?"
 변호사는 많은 것을 기대하며 그렇게 말하였다.
 "구체적으로 어떻게 하면 되겠습니까?"
 "글쎄요, 이번의 5만 불의 요금에 대해 그는 두려워하고 있더군요."
 "예, 그렇겠죠. 그렇다면 1만 2천5백 불이면 어떨까요?"
 "아닙니다. 1만 5천 불이면 되겠습니다."
 내가 이렇게 말하였다.
 하워드는 마치 작은 새라도 선사받은 소년처럼 기뻐하였다. 그렇지만 이때 그가 칭찬하는 말이 나를 공허하게 만들었다. '휴즈 제국'의 일을 돌려주겠다는 암시로 변호사의 수수료를 깎게 한다──그 얼마나 속이 들여다뵈고 하기 싫은 역할이었던가. 나는 고개를 옆으로 흔들었다. 기업 전체가 입게 될지도 모를 위기의 와중에서 그 당사자가 3만 5천 불의 변호사 비용을 덜었다고 해서 크게 기뻐하고 있다니.
 탄가니카의 평원은 이제는 더 멀리 느껴졌다. 나는 다시금 하워드 휴즈의 미치광이 같은 세계에 빠져 있었다. 이제는 어떻게 해서든지 빠져나가야지─나는 이렇게 결심을 굳혔다.

2. 출생과 만남

1956년, 앞서 말한 제트기 문제로 한창 골치가 아팠을 무렵 나는 하워드 휴즈 밑에서의 나의 생활도 드디어 마지막에 가까워 온 것을 깨달았다. 나는 여전히 하워드의 일로 동분서주했으며, 그의 순간적이요 기분적인 요구를 만족시켜 주었으며, 그가 뿌린 씨를 거두어 '휴즈 제국'의 운영을 계속해왔으나 마음은 그곳에 없었다. 하워드의 모순투성이인 행위, 정상을 벗어난 기행, 무분별이 더욱더 눈에 띄게 많아졌을 뿐 아니라 내 나이 또한 이미 67세였다. 31년 동안에 걸친 세계에서도 그 유례를 찾아보기 힘들 정도로 엉터리인 사나이와 밤낮없이 접촉해온 관계에서 이제는 천천히 해방되어도 좋은 시기라고 느꼈다.

그렇지만 나는 그만둘 수가 없었다.

첫째는 하워드가 그만두지 못하도록 했기 때문이다. 그는 온갖 수단을 동원해서 내가 그만두는 것을 방해하려고 하였다. 그러면서도 내가 머물러 있는 조건으로 나의 단 하나의 요구사항도 받아주려고 하지 않았다. 나는 수입의 대부분을 정부에 기부하지 않아도 되게 캐피탈게인의 형태로 보수를 받고 싶다고 하워드한테 요청했던 것이다.

내가 머물러 있었던 이유는 또 하나가 있었다. 그것은 맹목적인 충성심이라고 할까——어쩌면 하워드 휴즈의 분방한 개인적인 성격에 아직도 사로잡혔는지도 모른다. 게다가 나에게는 아직도 하워드의 어떠한 무리나 어려운 문제도 해결할 수 있다는 자신——프라이드인지도 모른다——이 있었다.

어쨌든 간에 나는 머물러 있었다.

그로부터 몇 달을 타성에 젖어 매일을 보내는 동안, 나는 하워드와 처음 만났을 무렵의 일을 생각하는 일이 많아졌다.

그와 처음 만난 것은 1925년 11월이었다. 만난 장소는 로스앤젤레스로 나는 36세며 하스킨즈 앤드 셀즈사에서 공인회계사로 일하고 있었다.

어떤 날 동료인 회계사가 귀가 솔깃한 정보를 가지고 왔다. 텍사스의 돈 많은 젊은이가 회사의 경영을 보좌할 사람을 찾고 있다는 이야기였다.

"지금 앰버서더 호텔에 투숙하고 있어."

동료가 말하였다.

"전화해서 만나보는 것이 어떨까?"

나는 친구의 말을 따랐다. 다음날 오후 나는 당시 로스앤젤레스에서 가장 새롭고 멋있었던 앰버서더 호텔로 가서 호화스러운 별실의 문을 노크하였다. 문이 열리자 내 앞에는 올려다봐야 할 정도로 키가 큰 19세의 핸섬한 젊은이가 서있었다.

"노아 디트리히 씨입니까?"

하고 젊은이가 물었다.

"하워드 휴즈입니다."

나는 고등학교를 졸업했을까 말까한 정도의 하워드 휴즈의 뒤를 따라 방으로 들어가면서 이러한 젊은이가 취직 이야기를 하는 것은 시간 낭비가 아닐까 하고 생각하였다. 이때의 하워드는 6피트 3.5인치의 막대기 같은 가는 몸에다 스포티한 골프바지를 입고 있었다. 코스에서 방금 돌아온 것 같았으며 점수표를 보고 있었다.

우리는 이야기를 나누었다. 하워드는 지난 해에 죽은 부친으로부터 휴즈 툴사를 인계받았다고 이야기해 주었다. 다른 상속자의 몫까지 다 사들였으므로 지금은 툴사의 유일한 소유자였다. 그렇지만 석유 굴착용 비트(드릴)를 생산하고 있는 휴스턴의 공장을 돌볼 의사는 없었다. 그에게 있어 제일 관심이 많은 것은 영화제작이었으며 1년의 대부분은 캘리포니아에서 보내게 될 것 같지만 툴사의 소유권은 끝까지 유지하고 싶다는 이야기였다.

"툴사에서 여러 가지 보고서를 보내오지만 저는 뭐가 뭔지 모르겠습니다."

그가 말하였다.

"그래서 사업에 대해 자세히 알고 그러한 보고서를 설명해 줄 수 있는 사람이 필요합니다."

나는 내 경력과 자격을 대충 설명하였다. 이러한 설명을 듣고 하워드의 표정은 매우 진지했으며 질문하는 목소리도 조용하고 침착하였다. 그의 그러한 태도는 나이보다 더 들게 보이려는 포즈처럼 보였지만 이내 그는 언제나 그런 자세를 취한다는 사실을 알게 되었다. 그를 알게 된 지 30여 년, 나는 그가 큰소리치는 것을 한 번도 들은 적이 없었다.

"나는 넓은 지식을 갖추고 있는 사람을 찾고 있습니다."

젊은 하워드는 계속 이렇게 말하였다.

"유능하고 융통성이 있으며 여러 가지 문제를 해결할 수 있는 사람을요. 왜냐하면 나는 여러 가지 사업을 할 생각이니까요. 전투함은 어떤 식으로 표적의 거리를 측정하는지 알고 있습니까?"

이와 같은 질문에 나는 다소 깜짝 놀랐다. 그러나 과거에 배웠던 지식을 파헤쳐서 그런 대로 대답하였다.

"소위 삼각측량과 같습니다. 전투함상의 거리를 알고 있는 두 점으로부터 표적을 본 각각의 각도를 계측하면 삼각형의 밑변과 그 양각이 나오므로 삼각법에 의해서 높이도 알 수가 있습니다. 그 높이가 즉 표적까지의 거리입니다."

하워드는 만족한 것 같았다. 다음 질문은,
"내연기관의 원리를 설명해주십시오."
나는 얼마 전에 자동차 장사를 했으므로 내연기관 역시 미지의 분야가 아니었다. 나는 설명했으며 한쪽으로 기운 크랭크 축의 이점에 대해서 하워드와 한창 의견을 나누었다.

면접시험은 끝난 셈이었다. 나는 결과에 대해 이것저것 억측하면서 돌아갔다. 그러자 이틀 후 다시 한 번 앰버서더 호텔로 와달라는 전화가 걸려왔다. 다시 젊은 하워드에 의한 면접시험이었다.

그런데 제2차 시험 후에도 채용여부에 대해서는 한 마디의 언급도 없었다. 나는 결단력이 결여된 젊은이에 대해서 흥미를 잃었다. 게다가 피닉스에서 포드 자동차의 판매업을 하지 않겠느냐는 새로운 제의가 와 있었다. 이것은 융자만 얻을 수 있으면 성사가 될 수 있는 이야기였으므로 나는 아내와 두 딸을 데리고 피닉스로 옮길 준비를 하기 시작하였다.

그런데 하워드 휴즈가 재차 내 생활에 파고 들어왔다.
그는 집에 심부름꾼을 보냈다.
"휴즈 씨가 딱 하나만 더 듣고 싶은 것이 있답니다."
그 사나이의 이야기였다.
"휴즈 씨한테 이제 그만해도 좋다고 전해 주십시오."
나는 그 사나이에게 이렇게 말하였다.
"다른 계획을 세웠다고 말입니다."
"제발 부탁하겠습니다…… 딱 하나만이니까요."
그 사나이가 간곡히 부탁하였다.
"그럼 그렇게 하지, 뭔가요?"
"공인회계사 시험에서 몇 번째 등수로 합격했는지 알고 싶답니다."
그 얼마나 바보같은 질문인가. 나는 화난 기분을 감추지 않았다.

"휴즈 씨한테 이렇게 전해줘요. 공인회계사 시험에서 성적이 몇 번째인가라는 것은 없다고요. 단지 합격이냐 불합격이냐 뿐이라고요. 도대체 뭣 때문에 그런 것이 알고 싶답니까?"

"아마 공장장이 웨스트포인트에서 반에서 둘째를 했다고 하는데 그것이 휴즈 씨한테는 자랑인 모양입니다."

나는 그 사나이를 쫓아보냈다. 그러나 그 사나이는 30분도 되기 전에 다시 찾아와 이렇게 말하였다.

"휴즈 씨가 만나고 싶답니다."

나는 세 차례나 앰버서더 호텔로 갔으며 이 세번째 방문에 의해서 비로소 하워드 휴즈한테 고용되었다. 연봉 1만 불이었다.

"어떻게 하면 좋을까?"

하워드가 물었다.

"1년분의 급료를 선금으로 지불하나요?"

나는 그의 실무지식이 없는 태도에 대해서 어이가 없었다.

"대부분의 사원은 주급일 것입니다. 임원은 아마 반달치씩 지불하겠죠. 툴사의 담당자한테 저를 임원의 급료지불명분에 기입하도록 말해주십시오."

그것이 시작이었다. 1925년의 감사절 날이었다.

그로부터 31년 동안 하워드 휴즈를 받들었는데, 새삼 최초의 만남을 되돌아본 나는 나를 매료시켰던 그의 뛰어난 특질이라든가 나를 절망시킨 단점들이 나타나 있는 것을 느낄 수 있었다.

그때에도 하워드는 탐구심이 풍부했으며 기계적인 일에 비범한 이해력을 가졌고 사람과 대처하는 방법에서 품격을 엿볼 수 있었다. 또한 그는 야심적이었으며 새로운 분야의 개척에 적극적이었고 많은 비전——그런대로 불투명한 것이 많았지만——을 가지고 있었다.

그러나 반면으로 그는 이상하게 여겨질 정도로 비밀주의자이기도 하였다. 또한 그가 남의 형편에 대해서 고려하지 않았던 것은 감사절 날에 나를 불러 가족으로부터 떼어놓은 것으로도 알 수 있다. 그런가 하면 지엽말단의 일에 사로잡히는 일도 많았다. 그리하여 무시당한 어린이처럼 뭔가가 손에 들어오지 않으면 더욱더 그것에 욕심을 내었다.

그렇지만 무엇보다도 하워드의 최대 결점은 결단력이 결여돼 있다는 점이었다.

내 인생을 돌이켜보면 하워드 휴즈를 만나기까지의 36년 동안 태어났을 때부터 청년시대까지 받은 교육이나 실제의 사회 경험 등 모든 것이 그의 밑에서 일하기 위한 준비였던 것처럼 생각된다.

하워드가 맡기는 일을 처리하기 위해서는 임기응변의 재치와 인내력, 협조성, 폭넓은 실무경험이 필요했는데—— 무엇보다 완강한 육체가 필요했다.

나의 아버지 쪽은 슐레스비히 홀슈타인의 달무슈타트 시의 출신이었다. 경건한 크리스찬 집안이었으며 모든 남자는 21세부터 3년 동안 병역에 복역해야 한다는 당시의 정부의 포고에 반대하고 있었다. 그런 시기에 아버지의 나이가 이에 가까워지자 디트리히의 집안은 징병을 피하기 위해 국외로 이주할 것을 생각했으며, 그 무렵 즉 19세기 중엽의 유럽의 많은 사람들이 그러했던 것처럼 미국으로 눈길을 돌렸다. 그러나 미국은 당시 남북전쟁이 한창이었으므로 그러한 희망을 즉각 이룰 수는 없었다. 마침내 전쟁이 끝나자 1865년에 디트리히의 집안은 함부르크에서부터 새로운 세계를 목표로하여 출발했다.

그것은 무척 괴로운 여행이었던 모양이다. 가족 모두가 탄 범선은 동력을 갖추지 못해서 그 때문에 폭풍을 만나 며칠씩이나 바다 위를 표류하게 되었다. 그 때문에 식료품과 물이 바닥났으며 가족 중의 한 명은 상처까지 입고도 제대로 치료를 받지 못하여, 생명까지 잃게 되었다. 자그마치 6주일 후에야 일행은 겨우 육지인 뉴욕 항에 당도하게 되었다.

어째서 양친이 성서에 나오는 노아라는 이름을 나에게 붙여 줬는지 나는 알지 못한다. 나의 두 형은 독일의 황태자 이름을 따서 오토와 위일이라고 명명하였다. 어째서인지 나는 노아라는 이름 때문에 학교를 졸업할 때까지 놀림을 받았다.

그 무렵의 목사의 가족생활이란 그야말로 가난하기 그지없었다. 나의 아버지는 마지손의 중요한 교구를 맡아 일했지만 수입이 가장 많을 때가 월 65불이었다. 집세가 필요없는 거처를 제공받기는 했지만 가구도 갖추어야 했으며 9명이나 되는 가족들을 먹일 음식물만 해도 보통일이 아니었다. 가끔식 교구사람들이 여러 가지 통조림이라든가 정육 등을 가져다주었지만 그렇지 않을 때의 식료품 찬장은 언제나 텅텅 비어 있었다.

그렇지만 우리들은 어떻게 해서든지 그런 대로 구려나갔다. 월수 65불 이하를 가지고는 여분의 것은 살 수가 없었다. 그래서 어린이들은 스스로 연구해서 놀이의 도구를 만들었다. 나는 야구를 좋아했지만 아무도 공을 사주지 않았다. 그래서 나는 집에 전달된 모든 꾸러미의 끈을 끌러 두었으며, 심으로 할 고무가 없어서 작은 돌을 대용으로 하고 그 주위를 끈으로 감아 야구공 크기만큼의 것으로 만들었다. 그리하여 그것을 누이한테 헌 가죽 조각으로 감싸달래서 가지고 놀았다.

나는 싸움에 그런 대로 강한 편이었다. 목사의 아들로 태어나면 그렇게 되지 않을 수가 없다. 항상 새로운 환경에 내던져져 완력을 시험하지 않으면 안 되게 되었기 때문이다. 아버지의 교구는 2년마다 바티비아로부터 제퍼슨, 프레아리 듀 색, 폰 듀 자크, 매디슨, 시카고, 자이온으로 옮겼다. 그때마다 나는 많은 아이들한테 둘러싸였으며 주먹으로 힘을 나타내지 않으면 안 되었다.

　당연히 우리 집안은 신앙이 두터운 일가였다. 그것도 특별히 깊다고 할 수 있었다. 일요일에는 신문도 집 안에 집어넣을 수 없었다. 트럼프 놀이는 엄금이었으며 성서의 낭독과 식탁에서의 기도는 가족 전원의 일과였다.

　그러나 그렇듯 고지식한 생활은 나의 성미에 맞지 않았다. 나는 집 밖으로 나가 게임을 하거나 가까운 산을 오르기를 좋아했다. 곧잘 형과 둘이서 낚시대와 지렁이를 가지고 나가 20마리 정도의 농어를 낚아가지고 돌아왔다. 방금 잡은 농어처럼 맛있는 생선도 없다는 기억이 난다.

　나는 학교에서 '공부의 천재'였다. 특히 산수를 잘했다. 여러 가지로 푸는 방법을 연구했으므로 누구보다도 문제를 빨리 풀 수가 있었다. 산수선생은 언제든지 수업 마지막에 몇 개의 긴 수를 불러 합계를 내는 경쟁을 시켰는데 제일 먼저 손을 든 것은 언제나 나였다. 선생이 수를 읽고 있는 동안 나는 계속 보태가면서 적고 있었으므로 선생이 다 읽었을 때는 이미 다른 학생보다 한 발 앞서 있었다.

　나의 성적은 모두 A에 가까웠지만 한 과목만이 예외였다. 그것은 음악이었다.

　나는 노래를 잘 부르지 못하였다. 어떤 날 나 혼자서만 합창에 참가하지 않고 있는 것을 음악선생한테 들키고 말았다. 선생은 합창을 정지시킨 다음 나한테 이렇게 말하였다.

　"그럼 어디 노아, 너 혼자서만 노래를 불러보아라."

　나는 흥분해서 전연 노래를 하지 못하여 교실에서 쫓겨나고 말았다. 이것이 나의 학력에 있어서의 유일한 오점이었다.

　1906년에 젠즈빌 하이스쿨을 졸업한 나는 위스콘신 대학에 가려고 마음먹었다. 그러나 유감스럽게도 소원을 이루지 못하였다. 아버지가 성직에서 은퇴해버렸을 뿐 아니라 두 형도 집을 나가 독립했으므로 나도 일을 하여 가족을 경제적으로 돕지 않으면 안 되었기 때문이다.

1910년에 나는 미시시피 주 그린빌 출신의 아담한 아가씨와 결혼하였다. 그리하여 아내를 데리고 뉴멕시코의 맥스웰로 갔으며 그곳에서 은행출납계의 일자리를 얻게 되었다. 맥스웰은 변경의 마을로서 도로도 포장되어 있지 않았으며 인구도 60명의 미국인과 125명의 멕시코 사람으로 구성되어 있었다. 나의 봉급은 100불이었다. 방값과 식비에 50불이 소요되었으므로 나머지는 50불뿐이었다. 나는 그 나머지 돈으로 말과 안장을 사버렸지만 나와 아내는 교대로 승마하는 즐거움을 누릴 수가 있었다.

뉴멕시코에 반년쯤 있은 후 나는 계속 발전하고 있는 로스앤젤레스로 갔으며 로스앤젤레스 사바반 랜드(郊外土地)회사의 감사역이 되었다. 이 회사는 로스앤젤레스 타임즈의 사주 헤리슨 G. 오티스 장군을 비롯하여 그 사위인 헤리 찬드사가 참가했던 금융단체로서 상페르난드 바레에 두 개의 큰 목장을——5만 에이커를 1에이커 땅 50불——사버렸다. 랑카심(현재의 북 헐리우드)에서 카라바사스에 이르는 광활한 땅이었다. 그렇지만 계곡 바닥의 평지는 야채나 콩 등을 재배하고 있는 농장주들한테 1에이커 당 3백50불로 이내 팔렸지만 남쪽의 경사지는 팔리지 않았다. 그리하여 이 회사는 그 토지를 회원한테 1에이커 당 50불로 500에이커씩 할당해주었다. 이것이 현재 로스앤젤레스에서 가장 값이 나가는 지구(地區)의 하나가 되었다.

사바반, 찬드사가 간판을 내리자 나는 자나스 인베스트먼트(투자)회사의 감사역을 맡았다. 이 회사는 산가브리엘 바레의 주택지를 1에이커 당 3백50불로 팔고 있었으며 서쪽의 산림을 개발하고 있었다.

1917년 나는 E·L·드히니 석유회사에 들어가 뉴욕 시의 에퀴다

블 빌딩에 사무실을 가진 부감사역이 되었다. 이것은 28세였던 당시의 나로서 무척 책임이 무거운 지위였으며 내 밑에 70명이나 되는 부하가 있었다. 그러나 아내가 동부를 싫어하여 두 딸을 데리고 캘리포니아로 돌아갔으므로 나도 그 뒤를 따랐다.

다음에 근무한 곳이 회계사무소인 하스킨즈 앤드 셀즈사였으며 여기서 나는 이 분야에서 성장하려면 아무래도 CPA(공인회계사)가 되지 않으면 안 되겠다고 판단하였다. 그리하여 1923년에 3개월 동안 모든 즐거움을 희생하고 3일 동안에 걸쳐 치러질 CPA 시험에 대비하였다. 주로 과거의 시험문제를 중심으로 공부하였다. 그 결과 그다지 고생하지 않고 합격할 수가 있었다.

그로부터 5년 동안 나는 서부 3개 주에 판매망을 가지고 있는 자동차업자의 감사역으로서 일하였다. 그런 관계 때문에 나에게 피닉스에서 포드를 팔아보지 않겠느냐는 제의가 있었던 것인데, 그 이야기는 훤칠한 텍사스 청년을 만남으로써 중단되었다.

이것이 나에게는 행운이었는지도 모른다. 그 다음 해 포드는 업자들한테 최악의 해였다. 포드사가 기술적인 실수로 치수가 맞지 않는 T형차의 프레임과 몸체를 만들어 생산이 6개월이나 지연되었기 때문이다.

그렇지만 하워드 휴즈가 나를 만날 때까지의 19년 동안은 어떠했던가?

이것 역시 하워드 휴즈라고 하는 특이한 인물을 보다 더 잘 이해하기 위해서는 반드시 알아야 할 사항들이다. 여러 차례 되풀이되는 그의 소년시대의 에피소드를 통해서도 하워드라는 인간성을 엿볼 수 있지만, 이들 이야기는 전기작가로부터 전기작가로 전해지는 동안에 손떼가 너무 묻어버린 것 같다. 나는 성인이 되기 전의 하워드를 모르지만 그는 나와의 오랜 관계 속에서 몇 차례인지 자신의 젊었을 때의 싱싱한 모습을 대화 속에서 보여준 적이 있었다. 그리하여 여기에 그런 것들을 기억할 수 있는 대로 다 털어놓는 동시에 휴즈 집안의 역사에 대해서도 언급해두고자 한다.

나는 아버지 하워드 휴즈를 모른다. 그는 내가 그의 아들 밑에서 일하기 전 해에 죽었다. 그러나 아들 하워드 휴즈의 이야기라든가 아버지의 친구 혹은 장사하는 동료들한테 들은 바에 의하면 휴즈 부자(父子)는 무척 닮았다고 단정해도 좋을 것 같다.

그들은 기계 만지기를 좋아했으며 투기적인 기질도 지니고 있었고 또한 기분파적인 공상가이기도 했었다. 게다가 똑같이 귀에 장해를 가지고 있었으며 아름다운 여자에 대한 열정도 강했다.

'빅 하워드'라고 휴스턴 사람들한테 불리운 아버지 하워드는 (아들은 신장이 6피트 3인치나 되었으며 '리틀, 하워드' 혹은 '아기'라고 불리었다.), 1869년에 미주리 주 랑카스터에서 태어났다. 부친은 변호사였으며 아들도 그 뒤를 이을 것처럼 보였다. 그는 하버드 대학을 졸업한 후 아이오와 주립대학에서 법학의 학위를 땄다.

그렇지만 아버지 하워드는 먼지 냄새가 나는 법문의 세계에 만족할 수가 없었으며 때마침 석유 붐으로 텍사스 주가 들끓자 카오카쿠의 사무실 문을 닫고 남쪽으로 향하였다. 그는 '이권인'이 되어 대유전에 가까운 땅의 채굴권 매매를 하기 시작하였다. 그의 판단은 들어맞은 적도 있었지만 빗나간 적도 많았다.

꽤 많은 돈을 벌었을 때 그는 아진 가노라고 하는 검은 머리의 미녀를 만나게 되었다. 달라스 판사의 딸이었다. 그는 이내 그녀와 결혼해서 유럽으로 떠났다. 두 사람이 호사스러운 밀월여행에서 돌아왔을 때 그의 지갑은 바닥이 났다. 하워드 로우바드 휴즈는 1905년의 크리스마스 이브에 태어났다. 두 사람이 휴스턴 시크로포드 가 1402의 조촐한 셋집에 살고 있을 때였다. 휴즈 집안의 운세는 이 시기에 한때 저조했지만 다시 믿을 수 없을 정도로 회복하게 되었다.

아버지 휴즈는 채굴권을 계속 샀으며 어느 정도 성공을 거두었다. 그러던 어느 날 유정에서 굴착작업을 구경하고 있던 그는 생선 꼬리형의 송곳이 조금만 바위를 파도 이내 무디어져 못 쓰게 되는 것을 보고 생각하였다.

"좀더 좋은 방법이 있을 것이다."

그는 이렇게 중얼거렸다.

"날을 더 늘리면 어떻게 될까? 그리고 깍기보다 부숴버리는 것이 빠를거야."

그의 착안은 증기기관이나 전구의 발명과 동등할 정도로 혁명적인 것이었다. 만약 이와 같은 휴즈의 발명이 없었더라면 오늘날처럼 제트기도 하늘을 날지는 못 했을 것이며 고속도로가 자동차의 물결로 넘치지 못했을 것이라고 나는 믿는다.

아버지 하워드는 자유롭게 회전할 수 있는 날이 여러 개 달린 원추형으로 된 송곳을 고안해냈던 것이다. 이와 같은 그의 아이디어는 휴즈의 텍사스 출신 파트너인 월터 B. 샤프도 크게 찬성했으며 둘이서 한 사람의 기사와 함께 신형인 송곳을 완성시켰다. 두 사람은 1908년에 그 특허권을 얻었으며 샤프 휴즈 공구회사를 설립하여 원추형 송곳을 생산하기 시작하였다.

굴착업자들이 쇄도해왔다. 바위를 치즈처럼 자르는 신형 송곳의 뉴스는 이내 퍼져나갔으며 수요가 무한정이었다. 그러나 빈틈이 없는 휴즈와 샤프는 제품을 팔지 않고 묶어두기로 하였다. 이러한 결정이 후에 아들 하워드가 자유롭게 쓸 수 있었던 몇백만 불이라는 돈을 낳게 된 것이다.

1917년에 샤프가 죽자 아버지 하워드는 회사의 샤프 몫을 32

만 5천 불을 주고 사버렸다. 이것은 그 후의 휴즈 공구회사의 번영을 생각하면 사상 가장 유리하게 싸게 산 물건이었던 것 같다. 그러나 공구회사가 항상 번영을 계속한 것은 아니다. 1946년에 내가 경영을 인계맡았을 때 회사의 오래된 장부에서 셀, 한브르, 텍사스의 여러 회사로부터의 각각 2만 5천 불의 빚이 기록되어 있는 것을 발견했다. 아버지 하워드가 사원의 급료를 지불하기 위해서 빌린 돈이었다.

아들 하워드는 휴스턴에서 유복했지만 고독한 소년시절을 보냈다. 기계 만지기를 좋아했으므로 아버지 친구의 아들인 다드리 샤프와 함께 무선기를 조립한 적도 있었다. 그 무렵 하워드는 오토바이를 갖고 싶어 했다. 그러나 아직도 어렸으므로 회사의 기사인 매트 베임한테 졸라서 자전거에 전지로 움직이는 모터를 달게 하였다. 밤에는 침실에 혼자 남아서 색소폰을 불고 있는 경우가 많았다.

하워드는 매사추세츠 주 웨스트 뉴턴의 페센덴 스쿨에 들어갔다. 부친은 그곳에서 하버드 대학의 입학자격을 얻기를 기대하였다. 그러나 키다리이며 내성적이었던 아들은 뉴잉글랜드의 딱딱하고 답답한 분위기에 친해질 수가 없었다. 1921년에 하워드는 캘리포니아 주 오하이오의 삿차 스쿨로 옮겼다.

이것이 그의 운명을 결정했다고도 할 수 있다. 오하이오는 헐리우드로부터 고작 50마일밖에 떨어져 있지 않았다. 게다가 헐리우드에서 영화 시나리오를 쓰고 있었던 소설가인 숙부 루파트 휴즈가 늘 드나들고 있는 장소이기도 했다.

루파트는 외톨이로 있는 조카를 주말이 되면 차를 몰고 와서 헐리우드로 데리고 나가기도 하였다.

이성에 관심을 갖기 시작한 하워드는 스튜디오에 몰려 있는 미녀들에게 사로잡혔다. 그는 또한 영화제작 그 자체에 대해서도 많은 흥미를 느꼈다.

스튜디오에 들어간 하워드는 학자처럼 앉아서 무릎 위에 싸구려 노트를 펴놓았다. 그리고는 감독이 연출하는 것을 보면서 느낀 것을 작고 똑똑한 글씨로 열심히 기입하였다. 느낀 일이란 대부분 감독보다 자기가 더 잘할 수 있다고 생각된 일들이었다. (후에 내가 하워드와 함께 처음으로 휴스턴에 갔을 때 그는 이 노트를 골프장에서 잃어버리고 말았다. 그때 그의 모습은 흡사 가보라도 잃어버린 것 같았다. "어떻게 해서든지 찾아줘, 노아."라는 하워드의 명령이었으므로 나는 천 불의 상금을 붙여서 잃어버린 물건을 찾아달라는 광고를 냈다. 그러나 결국 그 누구도 상금을 청구해오지 않았다.)

아버지 하워드도 가끔씩 헐리우드에 방문하곤 하였다.

석유 붐은 캘리포니아까지 퍼져 휴즈 공구사는 로스앤젤레스에도 영업소를 차리게 되었다. 그로부터 사장인 아버지 하워드는 신설부문을 시찰할 겸 아들을 만나기 위해서 곧잘 캘리포니아에 오게 되었다. 그는 동생인 루파트도 방문하였다. 헐리우드의 유명한 배우를 다 알고 있는 루파트는 그 중의 한 사람을 형 하워드에게 소개하였다. 이것이 아름다운 엘리나 보드만과 아버지 하워드 사이의 로맨스를 낳는 계기가 되었다.

1922년에 아버지 하워드의 부인 아린 휴즈는 병으로 쓰러졌다. 수술을 받기 위해 입원하는 전날 밤 그녀는 남편한테 편지를 썼다. 나는 그 편지를 후에 아들인 하워드의 지시로 캘리포니아로 운반해 와 내용을 조사해 보았는데, 이것은 휴즈 집안의 금고 속에서 발견해냈다.

휴즈 부인은 남편에게 엘리나 보드만에 대한 그의 마음을 알고 있다고 썼으며 그를 용서해주었다. 죽음을 예지한 그녀는 집을 여동생한테, 휴즈 공구사의 그녀 몫의 재산 중 절반을 친척한테 주고 나머지 절반을 아들에게 주도록 부탁하였다.

이렇게 해놓고 그녀는 수술대 위에서 눈을 감았다.

그리고 1924년, 아버지 하워드는 회의 중에 심장마비로 쓰러져 그대로 숨을 거두었다. 젊은 하워드는 아버지의 장례식을 끝마치자 친구인 다드리 샤프와 그의 어머니와 함께 유럽으로 갔다. 여행에서 돌아오자 다드리는 코넬 대학으로 들어갔다. 휴즈가의 친척들은 하워드에게 다드리처럼 대학에 진학할 것을 권했지만 그는 막무가내로 응하지 않았다.

하워드는 점차적으로 세상에 선전된 그의 독립독행적인 생활방식을 보이기 시작하였다. 긴 대화 끝에 그는 친척을 설득시켜 그들이 이어받은 공구사의 주를 전부 자신한테 양도하게끔 하였다. 그가 백 퍼센트의 소유권을 얻기 위해서 사용한 돈은 전부해서 32만 5천 불이었다. 이 역시 기록적인 것이 아닐 수 없다. 그때 하워드는 이미 법원에 가서 18세인 자신을 법적인 성인으로 인정시켜 놓았다 —— 만약 누군가가 회사를 빼앗으려 할 때를 대비해서.

친척들은 그에게 여전히 귀찮을 정도로 대학에 가도록 권유하였다.

"교육을 받지 않으면 훌륭한 인간이 되지 못한다."
"나는 이미 한 사람의 성인이라는 것을 알려주겠어."
그는 이렇게 맹세하였다.
"결혼도 하고."

그러나 누구와 결혼하느냐가 문제였다. 여기에서도 그의 냉정한 계산을 볼 수 있다. 그는 데이트해 본 휴스턴의 아가씨들을 전부 생각해봤다. 누가 제일 좋을까? 결국 하워드의 눈에 든 아가씨는 애라 라이스였다. 전통있는 라이스 가문의 —— 그렇지만 부자는 아니다 —— 머리카락이 검고 아름다운 아가씨였다.

다음은 어떻게 프로포즈할 것인가?

하워드의 작전은 그가 헐리우드에서 만들어지고 있는 진부한 영화를 보고 힌트를 얻은 것이 아닐까 하는 그런 것이었다. 그는 갑자기 병이 난 것으로 꾸며 의사를 시켜 애라에게 전화를 걸게 하였다.

"환자가 혼수상태에 빠져 있는데 당신의 이름을 불러대고 있습니다. 그러니 와주시지 않겠습니까?"

애라는 서둘러 하워드의 곁으로 왔으며 하워드는 기적적으로 완쾌한다. 그리하여 3주일 후에 두 사람은 결혼하였다.

휴즈는 공구회사의 전소유권을 수중에 넣자 회사에 대한 흥미를 잃어버렸다. 이것은 그 후 여러 차례 되풀이된 그의 행동의 전형적인 패턴이었다. 그러나 이번 경우에는 또 하나의 요소가 있었다. 휴즈 공구사는 그를 포함하여 모든 것을 자기 뜻대로 해온 명랑하고 외향적인 부친의 기질과 사업의 탓도 있었다.

"공구사는 아버지의 기념탑이야. 그것은 마지막까지 변함이 없어."

하워드는 곧잘 이렇게 나에게 말하였다. 따라서 그는 그것을 하나의 수입원으로밖에 보지 않았다. 그 운영에 흥미를 보인 일은 단 한 번도 없었다. 공구사에 대해서 그가 나한테 물은 것은 고작 "지금 이익을 얼마나 올리고 있지? 내년에는 얼마나 올릴 수 있는 것 같애?"라는 정도였다.

하워드의 최대 관심사는 영화였다. 식을 올린지 얼마 안 되어 그와 신부는 짐을 꾸려 뉴욕을 돌아 헐리우드로 이사해버렸다. 그 후 하워드는 두 번 다시 휴스턴에 산 일이 없었다.

3. 5백만 불의 장난감

감사절 날 19세의 하워드 휴즈가 있는 곳으로 출근한 나는 그가 어떤 일을 시킬지 전연 짐작할 수가 없었다. 그때까지의 나의 고용주들은 모두 상식적인 사람들로서 업무의 처리방법도 종전의 습관에 따라 행하여졌다. 그렇지만 하워드는 그렇지 않았다. 그의 출생환경이 반영된 탓인지는 몰라도 충동적이며 파격적이었고 모순투성이었으며 혼란스러웠다.

하워드와 부인 애라는 앰버서더 호텔에 두 개의 침실이 있는 방에서 살고 있었다. 그는 그 옆방을 나의 사무실로서 빌렸다. 그로부터 나는 헐리우드에 있는 나의 집에 있는 날보다 그곳에 있는 경우가 많았다.

처음 하워드와 이야기했을 때 나는 그에게 비서나 운전수의 대역은 하지 않겠다고 못을 박아두었다. 그런데도 역시 하루에 한 번은 그의 운전수로서 일하지 않으면 안 되었다.

하워드는 이미 주식의 매매로 몇 백만 불이나 되는 이익금을 버는 일에 흥미를 느끼고 있었다. 역시 투기사의 혈통 탓인 것 같았다. 그는 매일 아침 앰버서더 호텔 안의 증권업자의 사무실에서 흑판에 기록되는 숫자를 연구하고 있었다.

그렇지만 주로 주식의 가격 정도밖에 표시되지 않는 데에 만족할 수가 없어 스톡 티커(증권시세 표시기)로 보내져 오는 증시 상황의 전부를 알고 싶다고 말하기 시작하였다.

그래서 내가 매일 아침 6시까지 호텔로 그를 마중하러 가서 뉴욕에서 거래가 시작되는 7시까지는 마을의 증권회사까지 데려다주게 되었다. 이런 일이 몇 주일인지 계속되던 중 하워드는 비명을 지르기 시작하였다. 아침 일찍부터 주가(株價)를 쫓아야 했고, 오후에는 골프 코스를 돌고 밤에는 애라를 데리고 헐리우드의 파티에 가야 하는 일로, 아버지 하워드가 물려준 스테미너도 숨이 턱에 차기 시작한 것이다.

"노아, 스톡 티커를 침대 옆에 설치해줄 수 없을까?"

그가 이렇게 말하였다.

"그렇게만 되면 일찍 일어나 일부러 가지 않고 7시에 일어나도 이내 값을 알 수 있으니까."

"증권시세 표시기를 침대 옆에요?"

나는 이렇게 되물었다.

"응, 당장 필요해······. 지금 곧. 다른 일은 다 중단하고 어서 설치해줬으면 좋겠어."

이런 식으로 하워드는 30여 년 동안 나에게 일을 맡겨왔다. 패턴은 언제나 마찬가지였다. 하워드가 뭔가를 필요로 한다. 지금 당장 갖고 싶어 한다. 노아, 입수해 줘. 돈은 얼마가 들더라도 상관없어. 여하한 일이 있어도 어떻게든 해야 돼.

나는 거의 반대하지 않았다. 하워드는 옳은 이야기라든가 변명을 들을 만한 귀를 갖고 있지 않았다. 그저 불가능에 가까운 일이라도 당연히 내가 해낼 것으로 기대하고 있었는데 대개의 경우 그의 기대를 충족시켜주었다.

시황의 전신 서비스를 맡고 있는 웨스턴 유니온사의 로스앤젤레스 영업소장은 폴 윌리엄스였다. 그와 나는 로털리 클럽의 회원이었으므로 나는 그에게 하워드의 요구사항을 이야기했다.

"안돼, 노아. 시황 서비스는 피게로아 거리까지이며 그보다 더 먼 곳은 무리야. 그렇지만······ 아 그렇지, 얼마 후에 제 7거리부터 헐리우드까지 선을 끄니까 그렇게 되면 앰버서더 앞을 지나갈 테니까 줄 수 있지."

"그게 언젠데?"
"앞으로 1년 반 후에."

1년 반은 기다릴 수가 없었다. 하워드는 지금 곧 필요하다고 하지 않는가. 문제는 피게로아 거리까지 와있는 웨스턴 유니온의 전선을 그곳으로부터 3마일 앞인 앰버서더의 하워드 침대 옆까지 어떻게 하면 끌어올 수 있는가이다. 다음 날 제 7 거리를 호텔까지 차로 달리다가 시내 전차의 전선을 떠받들고 있는 전주에 비어 있는 애자(碍子)가 있는 것을 발견하였다.

즉각 나는 로스앤젤레스 시내궤도회사의 책임자한테 전화를 걸어 피게로아로부터 앰버서더 호텔까지 사설 전신선을 끌 수 없느냐고 물어보았다.

"예 끌어쓸 수 있습니다. 간단합니다. 단지 합동전주 이용자 조합에만 가입하면 됩니다. 그렇게 하면 애자 1개당 1년에 25센트로 얼마든지 선을 끌 수 있습니다."

이것으로 해결이 가능했다. 1주일 사이에 피게로아로부터 앰버서더까지 전선을 끌었으며 나는 다시금 폴 윌리엄스를 만나러 갔다.

"터무니없어요!"

폴이 펄쩍 뛰면서 안 된다고 하였다.

"웨스턴 유니온의 주간속보를 사설의 선에 흐르게 할 수는 없어. 규칙에 위반되니까."

이 폴 윌리엄스라는 자는 고지식하게 규칙만 지키는 사나이였다. 한편 하워드 휴즈는 규칙 같은 건 전연 안중에 없으며 뭐가 어떻게 됐든 필요한 것은 모두 충족시켜야 했다. 나는 다른 방법을 생각하지 않으면 안 되었다.

이미 피게로아부터 호텔까지는 선을 끌어놓았다. 나머지는 단지 그것을 웨스턴 유니온의 선에 연결하기만 하면 된다. 나는 6번거리의 퍼시픽 뮤트알 빌딩 건너편에 사무실을 빌려 그곳에 스톡 티커를 넣도록 폴 윌리엄스에게 부탁하였다. 이것은 모두 규칙대로였으며 문제가 없었다.

다음 날에는 유리의 돔이 달려 있는 스톡 티커 밖에는 아무것도 없는 사무실에서 아나콘다 코파로부터 AT와 T와 최신의 주가를 속보하기 시작하였다. 한편 하워드는 3마일이나 떨어진 앰버서더의 스위트에서 스톡 티커가 침실 안으로 운반되기를 기다리고 있었다.

나는 호텔까지 끈 선을 스톡 티커를 넣은 사무실까지 끌어넣고 전기에 대해서 잘 아는 친구를 불러 나의 계획을 말했다.

"간단해."

하고 그가 말하였다.

"저항기를 사이에 넣고 티커를 떼내어 앰버서더로 가지고 가 당신의 고용주의 방에다 설치하기만 하면 돼. 잠시 동안 가서 부착해놓고 올 테니까 여기서 기다려 주게. 끝나면 전화를 할테니까."

친구는 스톡 티커를 떼내어 가지고 나갔다. 나는 새 고용주의 주문을 받아줄 수 있다는 데 만족하면서 텅 빈 사무실 바닥에 앉아서 전화를 기다렸다. 노크 소리가 났다. 문을 열자 웨스턴 유니온의 서비스맨 두 사람이 서 있었다.

"제어실에 붉은 램프가 켜져 있기에 이쪽의 기계가 고장이 났는가 해서 들렸습니다."

한 사람이 설명하면서 아무것도 없는 방을 들여다봤다.

"그, 티커는?"

그는 물었다.

재빨리 변명을 생각하지 않으면 안 되었다.

"아냐……."

내가 말하였다.

"친구와 둘이서 만지작거리다가 그만 넘어뜨렸어요. 지금 그 친구가 수리하러 가지고 갔어요."
 서비스맨은 이상하다는 듯이 나를 보았다.
 "그럴 필요가 없습니다. 티커가 고장나면 우리가 무료로 고쳐드리니까요."
 "그것 참 좋은 이야기를 들었습니다. 티커를 가지고 간 친구한테서 연락이 오면 그렇게 말하고 곧 댁한테 전화하겠어요."
 "그럼 그렇게 하세요."
 하고 말하면서 서비스맨은 다시 한번 텅텅 비어 있는 사무실을 보고는 돌아갔다.
 나는 곧 앰버서더 호텔로 전화를 걸어 하워드의 방으로 연결해달라고 부탁하였다. 하워드가 골프치러 가지 않은 것을 알고 있었다. 나는 친구한테 말하였다.
 "티커를 곧 가지고 돌아와주게나."
 "뭐가 어떻게 된거야? 이제부터 부착할 판이었는데."
 "아무래도 좋으니까 가지고 돌아와줘. 여기 왔을 때 설명할 테니."
 돌아온 친구한테 나는 일의 내용을 설명하였다.
 "빌어먹을! 분명히 저항기의 터미널을 반대로 연결한 거야."
 다시 한 번 웨스턴 유니온에 전화하여 티커를 사무실에 다시 부착해달라고 하는 것 이외에는 방법이 없었다. 웨스턴 유니온에서는 조금 전의 그 서비스맨이 와서 티커를 조사하고 나서 말하였다.
 "이 기계는 아무데도 이상이 없습니다."
 "잘 되었군요."
 나는 대답하였다.
 "틀림없이 못 쓰게 만들었다고 생각했는데."
 서비스맨은 고개를 갸우뚱거리며 돌아갔다. 다시 사무실에 혼자남게 된 내 앞에는 스톡 티커가 뉴욕 주식거래소의 종가(終

價)를 분주하게 내놓기 시작하였다. 그렇지만 그런 것은 나에게는 아무 소용도 없다. 그것을 보고 싶은 나의 고용주는 3마일이나 떨어진 곳에 있다.

그런 일을 생각하고 있는 동안에 나는 점점 더 화가 났다. 나는 갑자기 모자를 뒤집어 쓰고 사무실을 나와 웨스턴 유니온의 영업소로 뛰어들어가 폴 윌리엄스 앞에 버티고 섰다.

"이보게 폴."

내가 말하였다.

"나는 어떤 일이 있어도 주식시황을 앰버서더까지 보내도록 하지 않으면 안 되네. 그래서 이제부터는 치사한 수단을 사용하지 않겠어. 그 일 때문에 상당한 수고를 해서 일부러 호텔에서부터 당신들이 서비스를 제공할 수 있는 장소까지 선을 끌었던 거란 말일세. 그래도 서비스를 제공할 수 없다고 한다면 문제를 철도위원회로 가지고 가서 판정을 받기로 하겠어. 그래도 안 된다면 재판이라도 걸 테니까. 괜찮겠지!"

효과를 발휘한 것은 철도위원회라는 말이었다. 이것은 캘리포니아 주의 공익사업의 감시기관으로서 웨스턴 유니온뿐 아니라 모든 공익사업회사가 철도위원회 앞에 끌려나가는 일을 별로 좋아하지 않았다.

"그러지 말고 마음을 가라앉히게, 노아."

그가 말하였다.

"그래, 그렇듯 당신한테 중요한 일이라면 티커를 앰버서더에 넣어도 좋아요. 선을 연결하겠네."

다음 날 아침 하워드는 침대에서 떠나는 일 없이 주가의 오르내림을 지켜볼 수가 있었다. 이에 대해서 그는 조금이라도 감사하다는 표시를 했을까?

천만의 말씀이다. 그러한 말은 결국 한 마디도 들을 수 없었다. 어떤 식으로 해서 자신의 소망을 이룰 수 있었는지 조차도 그는 알려고 하지 않았으며 그렇게 된 것이 당연하다는 태도일 뿐이었다.
 이 스톡 티커는 값비싼 장난감이었다. 그 후 수년 사이에도 그는 수시로 이와 같은 일로 해서 5백만 불을 잃었다.

4. 텍사스·세금·색소폰

 "노아, 휴스턴으로 오지 않겠어?"
 초대라기보다는 명령이었다. 하워드는 한번 텍사스로 돌아가 그의 수입이 생기는 주식에서 잔무를 일괄 정리하려고 마음먹은 것이다.
 "정리가 되면 캘리포니아로 돌아가 영화를 만들 셈이야."
 그는 나에게 이렇게 말하였다.
 그가 휴스턴 행으로 골라잡은 날 역시 하워드답다고 할까. 크리스마스 휴가 중이었다.
 나는 따라가는 수밖에 없었다. 그렇지만 반면 그것에 새로운 도전을 느낀 것도 사실이었다. 15년 간 단지 숫자라든가 평범한 사무원을 상대해온 나로서는 정해진 궤도를 달리지 않는 파격적인 인물과 동행하여 그의 기분이나 특출한 착상으로 항상 자신의 재능을 시험받는 것도 확실히 커다란 즐거움이 될 수 있었다.
 우리들은 휴스턴으로 출발하였다——하워드의 젊은 부인과 나, 아내와 두 딸이 일행이었다. 애라는 텍사스로 돌아갈 수 있어 기뻐했지만 하워드는 그렇지도 않았다. 공구회사에 대한 시찰방문도 형식적이었으며 휴업하고 있지 않은 것을 본 것만으로도 만족하는 것 같았다. 그 이외의 시간에는 골프를 친다든가 저택의 장식에 손을 대거나, 혹은 무선기를 만지는 것 아니면 색소폰을 불었다.

우리는 겨울이 지날 때까지 휴스턴에 머물러 있었다. 3월로 접어들면서 금전적으로 내게 최초의 큰 일이 닥쳐왔다──하워드 휴즈의 소득세 신고가 그것이었다.

1925년 경의 나라의 소득세법은 현재보다 훨씬 간단했다. 그러나 그래도 하워드의 소득을 신고한다는 것은 큰 일이었다. 왜냐하면 그의 재정은 혼란상태에 있었기 때문이다.

게다가 이때는 아직도 하워드와의 관계가 깊지 못했으므로 나는 커다란 실수를 저지르고 말았다. 그에게 두 가지 신고방법을 제시해버렸기 때문이다.

후에 가서는 그렇게 어리석은 일은 피하도록 조심했지만 당시에는 아직도 하워드라는 인물을 잘 모르고 있었기 때문에 두 개의 비슷한 안건 중 어느 쪽을 그에게 선택하게 한다는 것이 불가능에 가깝다는 것을 알아차리지 못했다.

두 개의 신고방법이란, 하워드가 오랫동안 살고 있었던 텍사스 주에서 신고하는 방법과, 옛날에 산 일이 있으며 이제부터 거주할 생각으로 있는 캘리포니아 주에서 신고하는 방법이었다. 그는 법률적으로 어느 주를 거주지로 정해도 상관이 없었다. 나는 양쪽을 검토한 끝에 텍사스 쪽이 유리하다고 판단하였다. 이유는 간단했지만 텍사스에는 아내가 있는 자한테 유리한 세율을 적용하는 부부공동 재산법이 있었기 때문이다. (캘리포니아에는 1936년까지 이것이 없었다.)

하워드는 1925년에 휴즈 공구사로부터 5만 불의 연봉과 그 밖에 7만 5천 불의 배당금을 받았다. 만약 이것을 텍사스에서 신고한다면 부부로서 수입을 둘로 나눌 수 있어 다른 곳보다 낮은 세율이 적용된다. 1926년의 소득세는 그다지 높지 않았지만 그래도 텍사스에서 신고함으로써 하워드는 약 5천 불의 돈을 덜 내도 되었다.
"어느 쪽으로 할까요? 텍사스 아니면 캘리포니아?"
나는 이렇게 물었다.
그는 생각하였다—— 이것저것 점쳐 보면서—— 그리고 초조해했다. 하여간 결단을 내릴 수가 없었던 모양이다. 텍사스가 유리하다는 나의 의견에는 통 귀를 기울이지 않았다. 캘리포니아에서 신고해도 뭔가 숨은 이점이 있지 않을까 하고 생각하는 것 같았다.
기한인 3월 15일이 가까워짐에 따라 나는 조바심이 났다. 두 통의 신고서 중 한 통을 택하는 정도는 기한 내에 충분히 여유를 가지고 할 수 있으리라 생각했었다.
그런데 그는 결정을 내리지 못해서 3월 15일이 되어서도 아직 결단을 못내렸다.
"하워드, 빨리 결정해줘야 해, 그렇지 않으면……."
나는 이렇게 호소했다.
"기한 내에 내지 않으면 25퍼센트가 가산된다니까."
"알고 있어, 알고 있어. 지금 생각하고 있는 중이요."
그는 계속 생각 중에 있었으며 신고기간이 끝나는 자정이 가까워 오고 있었다. 나는 두 통의 신고서를 가지고 휴스턴 세무서에 가서 밤 11시 30분에 하워드한테 전화를 걸었다.
"아직도 결정하지 못했어."
그의 대답이었다.
"10분만 더 기다렸다가 전화 걸어주게나."
나는 그렇게 하였다. 그러고 나서도 10분을 더 기다렸다. 11시 50분에 나는 다시 한 번 전화를 걸었다. 그렇게 하고도 5분 동안 전화로 문제를 논의했다. 나는 마침내 더 이상 참지 못하고 이렇게 말하였다.

"하워드, 앞으로 5분만 더 있으면 25퍼센트를 더 지불하지 않으면 안 된단 말야. 지금 곧 결정해줘!"
"좋았어."
그는 더듬거리며 말하였다.
"캘리포니아……쪽의 것을 내도록."
나는 한숨을 쉬고는 카운터로 가서 캘리포니아 주의 신고서를 제출하였다. 그리곤 집으로 돌아와 며칠 만에 푹 잠을 잤다.
그러나 그렇듯 평안한 잠도 아침 7시에 전화로 깨졌다. 수화기를 들은 순간 하워드의 기분이 언짢은 목소리가 들려왔다.
"노아, 그 후 밤새 세금 신고에 대해서 생각해봤어. 변호사한테도 의논해봤는데 역시 당신 의견을 반대한 것이 잘못이었던 것 같애. 그러니 캘리포니아의 신고서를 되찾아 가지고 텍사스 쪽의 것을 내주게나."
나는 나의 귀를 믿을 수가 없었다.
"하워드, 일단 제출한 신고서는 되찾을 수가 없어."
"하여간 해봐줘."
전화가 끊어졌다.
나는 나쁜 꿈이라도 꾼 것 같은 기분이 들어 목을 흔들어봤다. 그러나 꿈이 아니었다. 하워드는 정말로 신고서를 되찾으라고 말한 것이다. 나는 침대에서 일어나 어떻든 해보기로 하였다.
우선 나는 휴스턴의 세무서로 가서 나의 부주의로 다른 신고서를 제출했으니 바꾸어 내게 해달라고 세무서원에게 부탁하였다. 세무서원은 동정해주었지만,
"그렇지만 신고서는 이미 다 오스틴으로 발송되었습니다."라고 말하였다.
나는 서둘러서 탄 오스틴 행 열차 속에서 작전을 짰다.
"신입사원이어서 커다란 실수를 해버렸다……."

나는 서장한테 이렇게 말하였다.
"신고서를 바꾸어 내지 못하게 되면 저는 목이 잘립니다. 저에게는 아내와 어린 두 딸이 있습니다."
나는 애원하면서 텍사스 쪽의 신고서를 펼쳐 내었다. 다행히 서장은 친절한 남부신사였으므로 나의 딱한 입장에 대해 동정해주었다.
"발견해낼 수 있는지 찾아보도록 합시다."
서장의 명령으로 서원들이 방금 도착한 우편낭을 조사하자 신고서가 발견되었다. 나는 그것을 텍사스의 것으로 바꾸어 냈으며 그 세무서원에게 진심으로 감사를 표시하였다.
오스틴의 호텔로 돌아온 나는 우선 일이 잘되었음을 하워드에게 보고하였다.
"노아, 생각해봤는데…… 역시 텍사스의 신고서를 낸 것이 서툴렀는지 모르겠어. 다시 한번 가서 캘리포니아의 신고서와 바꾸어 내도록 해주게나."
나는 전화기를 내동댕이치고 싶은 충동을 가까스로 참았다. 그리하여 필사적으로 냉정해지려고 노력하면서 더 이상 신고서를 바꿀 구실을 생각할 수 없다는 것을 하워드한테 설명하였다.
"그럼 그만둬."
그는 불만스러운 듯이 말하였다.
"돌아와도 좋아요."
그로부터 다시 2,3주일 동안 하워드는 별로 의미도 없는 일에 시간을 허비하면서 휴스턴에 머물렀다. 살 의사도 없는 저택을 개조하는가 하면 내던져버릴 것이 뻔한 무선기재를 대량으로 사모으면서 지냈다. 예상했던 대로 무선기재는 내동댕이 쳐버렸지만, 하나만 그가 꼭 캘리포니아로 가져가겠다고 주장한 것이 있었다. 그것은 색소폰을 넣어둔 캐비닛이었다.
하워드는 한타 이상이나 되는 색소폰을 수집하여 매우 소중히 하고 있었다. 이와 같은 마음에 드는 수집 때문에 혼자 있을 때 월나트 제의 특대 캐비닛을 특별히 만들게 하였다. 자기가 설계하여 가구점 사람에게 집까지 재료를 운반해오게 하여 오락실 코너에 조립시켰다.

이 캐비닛은 아래 위 두 부분으로 나누어지게 되어 있었는데 하워드가 캘리포니아로 가지고 가겠다고 하는 바람에 자세히 살펴보니 어떤 부분도 문을 통과할 수 없다는 것을 알게 되었다. 창으로도 나갈 수가 없었다.

하워드는 초초한 얼굴로 생각에 골몰하였다. 나는 그것을 보고 이렇게 말하였다.

"하워드, 벽을 부숴버리거나 캐비닛을 절반으로 자를 수밖에 없어요."

이때의 하워드의 결단은 놀랄 정도로 빨랐다.

"세로 절반으로 자르겠어."

섹소폰의 캐비닛은 절반으로 잘려져 넷으로 나누어져 캘리포니아로 보내졌다. 그로부터 얼마 후 그도 그 뒤를 쫓았다.

로스앤젤레스에서 재차 조립된 캐비닛은 한복판에 절단한 흔적이 남아 있었지만 하워드는 별로 신경을 쓰지 않는 것 같았다. 그는 계속 색소폰을 불어댔지만 마침내 다른 취미와 마찬가지로 이것에도 흥미를 잃었다. 색소폰은 녹이 슬었으며 마지막에는 절반으로 잘려진 캐비닛과 함께 경매에 붙여졌다.

만약 로스앤젤레스의 어딘가에 넷으로 나누어진 월나트 제의 기묘한 캐비닛을 가지고 계신 분이 있다면 그것이 지난 날 무엇에 쓰였으며 누구의 것인지 이 책을 읽게 되면 그 출처를 알 수 있을 것이다.

하워드의 밑에서 일하기 시작한지 얼마 안 되어서 나는 방탕한 그 젊은이 때문에 각종 개인적인 문제까지 대신해서 처리하지 않으면 안 될 경우가 많았다. 그러한 문제 중의 하나는 그가 아직 애라와 결혼하지도 않았을 뿐 아니라 나도 와있지 않은 1925년 초에 여러 스캔들이 퍼졌다. 그 무렵은 하워드의 로맨스가 멋대로 꽃피우고 있던 무렵이었는데, 그는 매력적이고 헌신적인 수많은 젊은 여자들과 어울리고 있었다. 또한 그는 그 무렵에 경찰의 운전수였던 한 젊은 사나이와 알게 되었다. 그 사나이의 이름은 부르스 리브스라고 해두자. 물론 이것은 본명이 아니다.

부르스는 하워드의 여러 잡일을 하고 있었는데 특히 하워드의 여자 친구들을 그가 있는 앰버서더 호텔로 데리고 오거나, 혹은 집까지 데려다주곤 하는 역할을 했다. 비가 퍼붓는 어떤 날 밤 부르스는 하워드의 여자 친구 한 사람을 호텔에서 차에 태워 집까지 데려다주려고 하였다. 그런데 제 1 거리와 메바리 거리의 교차점에서 차가 미끄러져 전주에 부딪쳤다. 그래서 경찰이 도착했을 때는 이미 그 여성은 죽어 있었다. 그녀가 몸에 입고 있었던 것은 밍크 코트 하나뿐이었다.

이때 부르스는 지난 날의 경찰 동료들을 설득해서, 이 스캔들에 텍사스의 돈많은 장남이 말려들지 않게 할 만한 재치가 있었다. 이 일에 크게 감격한 하워드는 부르스한테 이런 말을 하였다.

"부르스, 자네를 위해 내가 할 수 있는 일이 있다면 무엇이든지 말해보게나."

젊은 운전수는 이 사고로 해서 집행유예의 형을 받았으며 그것으로 이 사건은 처리된 것처럼 보였다. 그러나 부르스는 어떤 날 술에 취한 끝에 부인을 마구 때려 경찰에 붙잡혀 유치장에 갇히고 말았다.

그리하여 하워드의 도움을 청해왔다. 이때는 이미 나도 하워드 밑에 와있었으므로 그는 나에게 이렇게 말하였다.

"노아, 부르스를 꺼내주게나."
"하워드, 그렇게 하려면 부르스의 취직 자리를 보증하지 않으면 안 될 텐데."
"상관없어, 꺼내주도록 해."
나는 부르스를 위해 적당한 일을 찾아내어 그를 유치장에서 꺼내왔다. 그러자 부르스는 하워드가 자기가 말하는 대로 해주는 것을 보고 우쭐하여 가끔씩 갑자기 필요하다고 하면 천불 정도의 돈을 요구하기 시작하였다.
어떤 날 하워드가 나한테 와서 이렇게 말하였다.
"부르스가 5천 불을 달라고 그러는데 어떻게 했으면 좋겠나?"
"하워드, 그것은 완전한 공갈이야. 돈을 계속 주게 되면 언제까지나 한이 없을 걸세. 지나치지 않을 때 잘 타이르는 것이 좋을 걸세."
"잘 처리해주게, 노아."
나는 이 문제도 처리하였다. 나는 부르스를 불러내어 엄하게 말하였다.
"자네가 휴즈 씨한테 하고 있는 것은 공갈 이외에 아무것도 아냐. 당연히 형무소에 들어갈 만한 일이지. 자네의 경우는 이번에 또 들어가게 되면 당분간은 나오지 못하게 될 거야. 보아하니 자네는 본래는 착실했던 것 같군……. 양친은 어디 있지?"
"캔자스에서……농사를 짓고 계십니다."
"그곳으로 가서 그들을 도와드리면 어떨까. 만약 그럴 마음이 있다면 트랙터 정도는 살 돈을 융통해주지. 그것을 다른 농가에 임대해줘도 괜찮지."
부르스는 캔자스로 돌아가 트랙터를 샀다. 그리하여 제대로 마음을 바로잡았는지는 몰라도 두 번 다시 하워드 앞에는 나타나지 않았다.

5. 영 화

 1926년 4월에 캘리포니아로 돌아온 하워드 휴즈는 영화 제작의 일에 빠져버렸다. 그로부터 30년 동안에 휴즈 공구회사를 방문한 것은 단 한 번뿐이었다.
 하워드는 어떻게 해서든지 영화 프로듀서로서 이름을 날리고자 했다. 그는 나를 고용하기 전에도 이미 한 번 영화제작을 시도한 일이 있었다. 1925년 아직도 19세의 감수성이 예민한 하워드에게 헐리우드 남자들 중의 한 사람이 접근하였다. 배우 라르프 그레이브즈였다. 그레이브즈는 감독인 척하며 하워드를 설득해서 자신이 기획한 영화에 출자를 시켰다. 이렇게 해서 만들어낸 영화〈스웨르 호건〉은 눈 뜨고 볼 수 없는 정도의 그런 작품이었다.
 "멋있는 책이 있습니다. 나 같으면 5만 불로 영화를 만들어 낼 수 있습니다."
 그레이브즈한테 하워드는 완전히 사로잡히고 말았지만 그 책의 내용이란 게 멋있기는커녕 무척 진부한 스토리였다. 게다가 그레이브즈는 5만 불로는 영화를 만들지 못했으며 거의 배나 되는 하워드의 돈을 써버렸다. 하워드가 완성된 프린트를 배급회사의 간부들에게 보이자 모두들 고개를 설레설레 흔들었다.
 "이건 영화가 아냐."
 이것이 공통된 반응이었다.
 이렇게 해서〈스웨르 호건〉은 결국 빛도 보지 못하고 창고 속에 처박히는 신세가 되어버렸다.

　이것은 젊은 하워드에게는 상당히 뼈아픈 경험이었을 것이며 따라서 보통 사람이라면 역시 영화제작이란 전문가한테 맡겨야 한다고 깨달았을 것이다. 그런데도 하워드는 그렇게 생각하지 않았다. 실패한 것이 오히려 이상하다고 했다. 게다가 작은 아버지 루퍼트 휴즈를 비롯해서 친척들이 그와 같은 바보스러운 일에 유산을 헛되이 써서는 안 된다고 온통 반대한 일도 있었다. 그런데 그것이 오히려 역효과를 나타냈다. 하워드는 한층 더 친척들의 잘못이라는 것을 증명할 결의를 굳혔던 것이다.

　그의 다음 작품은 최초의 것보다는 행운이었다.

　이번에는 유능한 스텝들을 고용할 수가 있었기 때문이다. 감독은 수많은 성공작품을 세상에 내놓은 마샬(미키) 니란이었다. 스토리는 〈에브리바디즈 액팅〉(모두 연극)이라는 순수 코미디였으며 배역도 최고의 얼굴이 모였다──루이즈 드레사, 포드 스타링, 베티 브론슨, 헨리·B·월소르, 레이몬드 히치콕, 로렌스 그레이 등으로 화려했다. 하워드는 이 영화 제작에 15만불을 투자하여 작품을 완성시켰다.

　〈에브리바디즈 액팅〉은 얼마 안 되었지만 이익을 올렸으며 이에 힘을 얻은 하워드는 한층 더 영화사업에 열중하게 되었다. 재정고문인 나로서는 그런 일에는 별로 찬성할 수가 없었다. 엄밀한 원가계산을 익혀온 나에게 영화산업의 경리면의 구조가 그야말로 놀라움이었다. 거액의 돈이 물처럼 들어가면서도 그것이 1센트도 회수되지 않는 경우도 있었다.

　그렇지만 영화에 푹 빠진 하워드를 설득한다는 것은 불가능했다. 친척의 말에도 귀를 기울이지 않는 그였다. 그러니 내 말을 들을 리가 없었다.

　다음 작품은 두번째 것보다 한층 더 잘 진행되었다. 고문변호사인 닐 매카시를 통해 하워드는, 설리반 콘시디인의 흥행 체인

창시자의 아들인 젊은 프로듀서 존 콘시디인을 알고 있었다. 그리하여 이 콘시디인을 통해 러시아 태생의 비범한 감독인 루이스 마이르스톤을 알게 되었다.

마이르스톤은 하워드를 위해 〈투 아라비안 나이트〉(두 사람의 아라비아 기사 —— 일명 미국인 이인행각)를 촬영하였다. 이것은 제1차 세계대전 중 다른 사람의 미국인 포로가 독일을 탈출하여 아라비아로 잘못 들어간다는 스토리로서 주연은 삽살개 같은 얼굴을 한 명배우 루이스 월하임과 후에 〈호파롱 캐시디〉로서 유명해진 윌리암 보이드 두 사람이었다.

〈투 아라비안 나이트〉는 화려한 성공을 거두었으며 마이르스톤은 이 작품으로 1927—28년도 아카데미 감독상을 받았다.(그 밖에 프랭크 보사지도 이 상에 뽑혔다.) 하워드 휴즈가 제작한 영화가 오스카에 얼굴을 내민 것은 전후를 통해서 이때뿐이었다.

마이르스톤은 휴즈를 위해 또 하나의 영화를 촬영하였다. 월하임, 마리 프레보스트, 토마스 미안 주연의 〈더 라케트〉(일명 폭력단)였는데 이것은 갱에 대한 대중의 호기심을 불러일으켰다.

두 작품이 계속 히트하자 하워드는 영화제작자로서의 자신의 능력을 갖게 되었다 —— 실제로는 자신과잉이었다고 할 수 있을 것이다.

"감독 같은 일도 나는 누구한테도 지지 않을 정도로 할 수 있어."

그는 나한테 이렇게 말하였다.

이것은 파멸로 가는 확실한 길이었다. 루이스 마이르스톤과 같은 유능한 감독을 통해서 그 능력을 충분히 발휘시켜야만 영화제작자로서의 하워드 휴즈도 마음을 놓을 수 있는 것이다. 그러한 그가 감독의 분야까지 들어간다면 그 순간으로 결과는 불을 보듯 뻔했다.

하워드는 영화감독에 필요한 적성이 완전히 결여되어 있었다. 영화감독이란 인간적인 문제를 잘 이해해야 하며, 인간감정을 알아야 하고 스케줄을 지킬 수 있어야 하고 특히 순간적인 판단을 잘 내려야 한다――그것도 하루에 몇백 번씩이나 그런 경우가 있다.

그러한 요소가 하워드한테는 전연 발견되지 않았다. 그런데도 그는 한번 마음먹은 것은 실행하고 만다.

그 다음으로 손댄 것은 모든 의미에서 초대작이라고 할 수 있는 〈헬즈 엔젤즈〉(지옥의 천사)였다.

하워드는 그의 또 하나의 도락인 비행기를 사용한 영화를 만들어보고 싶다고 생각하여 제1차 세계대전시 공을 세운 두 조종사를 그린 특종기사 같은 책을 입수하였다. 두 사람의 하늘의 용사가 영국 사교계의 아름다운 아가씨를 사랑하는데, 이와 같은 사랑의 갈등이 츠에페린의 런던 공격이라든가 공중전을 배경으로 전개되는 스토리였다. 하워드는 이전에 뉴욕 헤럴드의 항공전문가였던 루사 리드라고 하는, 이 영화를 위해서는 안성맞춤인 감독을 발견해냈다. 하늘의 영웅으로는 벤 라이안과 제임즈 호르, 두 사람의 연인으로는 그레타 닛센이라는 풍만한 몸매의 노르웨이 아가씨가 선정되었다.

나는 〈헬즈 엔젤즈〉가 두통거리가 되리라는 것을 처음부터 알고 있었다. 하워드는 이 영화의 제작비를 백만 불로 보았다. 당시로서는 대단한 액수였다. 그러나 그의 돈의 씀씀이로 보아서는 도저히 그것만 가지고는 끝나지 않을 것 같았다. 더욱이 낡은 군용기를 수십 대씩 사서 남 캘리포니아의 모든 비행장에 모아놓기 시작하였다. 전투장면에는 수십 명이나 되는 비행사와 수천 명이나 되는 엑스트라가 필요했다.

나는 가능한 한 하워드의 낭비를 억제하려고 했다. 그렇지만 촬영이 시작된 1927년 무렵의 나는 아직도 휴즈 산하에서는 신입사원에 속했으므로 무엇이든지 하라는 대로 하고 있는 상태였다. 나의 일은 하워드가 〈헬즈 엔젤스〉에 투자하는 돈을 조달하는 일이었는데, 당시에는 계속되고 있었던 쿠리지 경기로 휴즈 공구사가 큰 이익을 올리고 있었기 때문에 그것이 가능했었다.

하워드와 감독은 촬영개시 첫날부터 충돌하였다. 하워드는 공중전은 이렇게 찍어야 한다는 식으로 자기 나름의 생각이 있었으며, 루사 리드한테는 그 대로의 구상이 있었다. 마침내 하워드가 메가폰을 직접 들고 나오자 리드는 그만두었다.

"내가 감독까지 하기로 했어요."

하워드가 나한테 이렇게 말하였다.

"일단 감독을 두기는 하지만 지휘는 내가 하겠어."

하워드가 뽑은 사람은 영국인 감독 제임즈 웨이르였으며 후에 〈여행의 끝〉과 〈프랑켄슈타인〉을 만든 사람이었다. 당시 헐리우드에 다시 온 직후였던 그는 거의 감독 의자에 계속 앉아 있는 하워드의 옆에 있는 것만으로도 만족하였다.

두 사람의 협력이 어느 정도였는지는 내가 어느 날 〈헬즈 엔젤스〉 세트에 가보았을 때의 상황으로 설명하기로 하겠다. 마침내 츠에페린이 런던을 공습한 후 독일을 탈출하려는 장면이 촬영되고 있었다. 대본에 의하면 거대한 비행선이 점차 고도를 잃고 영국의 전투기로부터 피하기 위해 하중(荷重)을 줄이지 않으면 안 되게 되어 승무원들이 '조국을 위해' 차례로 '죽음의 다이빙'을 하는 장면이었다.

메트로폴리탄 스튜디오(현재의 제너럴 서비스)의 넓은 무대 안에는 츠에페린의 대규모 비행기 모형으로 가득 차 있었으며 도깨비 같은 선풍기에서는 비행선 주위의 구름을 흉내낸 연기가 한창 분출되고 있었다. 무대의 바닥 위에는 곤돌라가 매달려 있었는데 하워드는 그 헤치 밑에 18장의 매트리스를 겹쳐 쌓도록 명령하였다. 그리하여 그 매트리스 위에 30명의 스턴트맨이 차례로 곤돌라에서 뛰어내렸다.

그러나 하워드는 좀처럼 만족하지 않아 여러 차례 다시 하도록 결정하였으며 자그마치 백 회 이상이나 이 장면을 다시 찍고 있었다.

"이봐, 지미."

나는 웨일한테 말했다.

"아무리 뭐라고 하더라도 좀 이상한 게 아냐? 하워드는 도대체 어떤 효과를 노리고 있는 건가?"

"전연 알 수가 없어."

감독이 대답하였다.

"저 카메라 앵글에서는 최고 쇼트나 최저 쇼트밖에 찍을 수가 없어. 전문가도 저런 앵글의 확실한 촬영방법을 모른단 말일세."

그런데도 하워드는 츠에페린의 승무원들을 '조국을 위해' 계속 뛰어내리게 하고 있었다.

이때의 '휴즈 공군'이라면 국지전쟁의 하나 정도는 해낼 수 있었을는지도 모른다. 하워드가 닥치는 대로 사모은 군용기는 포카, 디하비란드, 소피스, 뉴포즈 등 온갖 기종이 다 들어 있었다. 이들 비행기를 사용하여 그는 실전을 방불케 하는 장면을 촬영하였다. 그렇지만 하워드도 자연만은 어쩔 수가 없었다.

독일 공군과 영국 공군의 공중전을 벌이게 하기 위해 '휴즈 공군'의 두 편대가 하늘로 날아오른다. 그렇지만 편대가 적당한 구름을 만나지 않으면 하워드는 촬영하지 않았다. 한 번은 한 편대를 비행 장면을 촬영하기 위해 오클랜드에 보낸 적이 있었는데 그 편대는 효과적인 구름이 나타날 때까지 6개월이나 현지에서 머물러 있었다.

독일의 고친 폭력기가 등장하는 장면에서는 하워드가 유명한 스피드 비행가인 로스코 타너한테서 쌍발의 비행기 시콜스키를 빌렸다. 이것을 위장시키자 그런 대로 독일군 폭격기처럼 보였다. 조정사는 5천 불로 하워드가 원하는 기막힌 재주를 발휘하기로 승락하였다.

그 기막힌 재주란 시콜스키를 가능한 한의 고도까지 올라가서 그곳에서 엔진을 멈추고 실속상태에서 급강하를 하는 일이었다. 만약 도중에 기수를 들어올리지 못할 경우 조종사는 낙하산으로 탈출하기로 되어 있었다.

그런데 이 장면에는 또 하나의 문제가 있었다. 폭격기는 꼬리부위에서 연기를 뿜어내며 추락해야 하는데, 이 발연통(發煙筒)을 조정석에서 조작할 수가 없는 일이었다. 이 말을 들은 세트계의 한 사람이 비행기의 뒷좌석에 타서 발연통을 피우는 역할을 지원하였다. 이 세트계원도 조종사와 마찬가지로 낙하산을 짊어지고 비행기가 실속상태에서 벗어날 수 없을 경우에는 뛰어내리도록 지시받았다.

두 사람을 태운 로스코 타너의 시콜스키는 한계 고도에 달하자 기수를 밑으로 하고 송곳을 돌리는 식으로 낙하하기 시작하였다. 그러자 하늘에 하나의 낙하산이 펼쳐졌다──조종사가 기체를 바로 세울 수 없다고 판단한 것이다.

촬영대는 불안한 마음으로 하늘을 둘러보았다. 다른 낙하산이 보이지 않았다. 시콜스키는 빙글빙글 돌며 계속 추락하면서 지상에 닿을까 말까 한 순간에 어떻게 된 일인지 기수를 약간 들어 과수원으로 돌진하였다. 즉사한 젊은이의 검시가 행하여졌지만 급강하 중에 정신을 잃었는지 아니면 조종사가 기체를 바로잡으리라 생각했는지 알 길이 없었다. 즉 희생자가 낙하산으로 뛰어내리지 않은 진짜 이유는 아무도 알 수가 없었다.

또 한 사람의 비행사는 단발의 쇼트 피스 복엽기(複葉機)를 오클랜드의 촬영현장에 가지고 가기로 되었다. 도중에 연료가 떨어진 것을 알게 된 이 비행사는 들판에 착륙하였다. 이어 연료를 보급한 후 다시 날아올랐는데 나무의 높이 이상으로 상승하지 못하고 땅에 쳐박혀 비행사가 죽었다.

〈헬즈 엔젤즈〉의 조정사 중의 한 사람으로 곡예비행을 장기로 지방을 순회하고 있었던 베테랑이 있었다. 어떤 날 그는 촬영대에 자기가 자랑으로 하는 곡예비행을 피력하려고 하늘로 날아올랐다. 그의 18번은 급강하하여 땅에 닿을까 말까 하는 순간에 상승하는 곡예비행이었다. 그런데 이때에는 기수를 들어올리지 못하였다.

네번째 희생자는 낡은 비행기 한 대를 그렌데르의 그랑드 센트럴 공항으로부터 잉글우드의 마이즈 필드에 이동시키려고 한 조종사였다. 이 비행기는 이륙시 전선에 걸려 추락했으며 조종사는 크게 화상을 입었다.

병원에 수용된 조종사를 문병간 하워드는 이 사고로 내심 충격을 받았는지는 몰라도 최소한 겉으로 나타내지는 않았다. 두세 마디 위로의 말을 하기는 했지만 매사에 그랬던 것처럼 그의 냉담함은 숨길 수가 없었다. 조종사는 사고로부터 18시간 후에 숨을 거두었다.

〈헬즈 엔젤즈〉가 제작되고 있는 동안에 영화산업에는 그 역사상 최대의 개혁이 이루어지고 있었다. 1927년 10월 6일까지의 영화는 전부가 무성(無聲)이었으며 대화는 자막으로 관객에게 전달되었지만 이 기념할 만한 날에 워너 브라더즈가 알 존슨 주연의 터키 음악영화를 처음으로 공개하였다.

영화계는 충격을 받았다. 아빙 타르버크나 찰즈 차프린 등은 터키의 유행은 일시적인 현상이라고 말했지만 그렇지 않다. 영화에 정착하게 된 것이라고 말하는 사람들이 훨씬 많았다. 한편 하워드 휴즈는 완전 무성(無聲) 영화로 〈헤즈 엔젤즈〉 제작을 밀고 나갔다.
 그런데 촬영이 절반쯤 진행되었을 무렵에 하워드는 새로운 결단을 내리게 되었다.
 "역시 음을 넣어야겠어. 다시 한 번 제작하는 거야."
 이 말을 들었을 때 나는 심장이 멎는 것 같았다. 하워드는 이미 이 영화에 2백만불 이상을 쏟아넣었던 것이다. 그 이상으로 그의 마구 써대는 비용을 충당하려면 휴즈 공구회사가 계속해서 이익을 올려야만 가능했는데 내가 보기에는 가망이 없었다.
 그렇지만 터키로 바꾸어 만드는 데는 당초 생각한 것만큼 비용이 들지 않았다. 대부분의 공중전 장면은 그저 소리를 넣음으로써 끝났으며 일부의 대사는 더빙할 수 있어서 결국 다시 만든 것은 몇 개의 장면만으로 족했다. 단지 그레타 닛센만은 어쩔 도리가 없었다. 노르웨이의 하녀 같은 심한 사투리로 대사를 하게 되면 영국 아가씨의 이미지는 이내 날아가버린다.
 하워드는 대역을 할 여배우를 찾았다. 이것을 발견해준 사람이 조 엥겔이었다. 조는 합병해서 MGM사가 되기 전의 메트로 영화의 사장이었는데 망한 끝에 촬영소의 수위로 있던 것을 하워드가 고용하여 그의 영화산업의 영업면을 보게 하였다. 이 조가 하워드한테 로레르 하리의 희극영화에 나왔던 진 하로를 그레타 닛센의 대역으로 추천하였다. 하워드는 이것을 받아들여 하로를 주 125불로 계약하였다.
 이 하로가 나오는 장면은 대부분이 하워드가 연출했으며 유명한 대사인 "편한 것으로 갈아입을 동안 조금만 기다려 주시겠어요."라는 침실의 신도 그러했다. 음을 다 넣은 후에 하워드는 공중전의 장면을 완벽하게 찍는다며 〈헬즈 엔젤즈〉에 계속 돈을 대고 있었다. 그러나 실전 그대로의 공중전에 막대한 돈을 썼는데도 불구하고 전투 신의 대부분은 모형을 사용한 것들이었다.
 하워드의 페이스에 익숙해진 촬영 스탭들은 점차적으로 요령이 생겨서 그의 모습이 보이지 않는 한 하루 종일—— 때로는 며칠씩 계속해서—— 트럼프만 치고 있었다. 그러나 일단 하워드의 승용차가 촬영소 문을 통과하면 즉시 스테이지 5는 활기를 띠어 트럼프는 치워지고 스탭들의 손발은 바삐 움직이게 된다. 전장의 가동 철골에서 매달려 있는 비행기의 모형이 전후로 날며 연기를 내는 기계가 배경을 향해 '구름'을 분사하기 시작한다.

하워드의 모습이 입구에 나타났을 때는 이미 스테이지 5 안에서는 제1차 대전의 불꽃튀는 공중전이 전개되고 있었다. 그것을 하워드는 대충 훑어본 다음 스테이지 구석으로 물러나 스탭들이 촬영을 계속하는 동안 책을 읽었다.

그리고는 거의 예외없이 다음날 보게 되는 랏슈에 만족하지 않았으며 촬영대를 보고 이렇게 말한다.

"다시 한 번 찍으라고."

여러 주간 동안 촬영소의 10개나 되는 휴지통은 〈헬즈 엔젤즈〉의 NG로 넘쳐 있었다.

결국 하워드가 이 영화를 위해 촬영한 필름은 자그마치 250만 피트라는 기록적인 양에 도달했다. 그 중 최종적으로 스크린에 영사된 것은 1만 5천 피트였다.

완성하기까지 걸린 연수는 3년이었으며 총제작비가 350만 불이었다.

〈헬즈 엔젤즈〉의 제작으로 많은 시일이 소요된 기간 동안 하워드는 이 영화가 다른 영화사에 의해 모방되거나 표절되는 것을 극도로 경계하게 되었다. 당시 워너 브라더즈는 감독—— 하워드 포크스, 주연—— 리처드 바테르메스, 더글라스 페아반크스 주니어로 제1차 대전의 항공영화 〈돈 패트롤〉(일명 새벽의 정찰)을 찍고 있었으며, 하워드 휴즈와의 사이에 스턴트 파일럿의 쟁탈전이 벌어지기도 하였다. 이들 파일럿들의 이야기를 들은 하워드는 워너의 〈돈 패트롤〉이 〈헬즈 엔젤즈〉의 모방이라고 믿고 있었다.

그는 어떻게 해서든 워너가 표절한 증거를 잡겠다고 생각하여 시나리오 작가인 조 마슈와 조감독인 레지 카로에게 〈돈 패트롤〉의 대본을 입수하라고 명령하였다.

두 사람은 워너 브러더즈의 스크립트부에서 일하고 있는 여자 아이를 알고 있었으므로 그 아가씨한테 크게 음식을 대접한 다음 그녀에게 접근한 이유를 밝혔다. 그리고 〈돈 패트롤〉의 대본을 가져다주면 5백 불을 지불하겠다고 말하자 그녀는 다음날 밤 그녀의 아파트에서 넘겨주겠다고 약속하였다. 두 사람은 그녀말대로 그녀의 아파트에 가서 5백 불을 주고 대본을 받았다. 뒤쪽 문으로 두 명의 형사가 나타났다.

그날 밤 하워드한테서 전화가 왔다.

"노아, 조 마슈와 레지 카로가 경찰에 붙잡혔어."

"어째서 그렇게 됐나요?"

하워드는 사정을 설명하고 나서 이렇게 덧붙였다.

"레지는 아무래도 좋지만 조 마슈는 꺼내줬으면 좋겠는데."

다행히 나에게는 상급법원에서 판사로 있는 친구가 있었다. 나는 그 친구를 잠에서 깨워 즉각 수속을 밟아달라고 부탁하였다. 다음날 아침 5시에 카로와 마슈는 보석금없이 석방되었으며 그 건은 더 이상 추궁되지 않았다.

오랜 세월 동안 여전히 완성되지 않은 〈헬즈 엔젤즈〉에 신경이 쓰였지만 1930년 봄이 되자 하워드는 비로소 개봉할 의사를 나타냈으며 프레미아 쇼를 위해 뉴욕의 두 극장을 계약하였다. 선전에는 약 50만 불이 소요되었다.

이윽고 하워드가 두 개의 프린트를 가지고 뉴욕으로 출발한다고 한 날 그는 〈헬즈 엔젤즈〉가 처음 공개되는 당일 아침에 뉴욕에 도착하는 열차를 탈 예정이었다. 그것을 놓치면 프레미아 쇼는 불가능해지는 것이다.
 그런데 하워드는 출발 전에 나와 재정문제에 대해 이야기를 하기 시작하였다. 그 이야기가 아무래도 끝나지 않는 바람에 걱정이 된 나는 이제 그만하고 역으로 가는 것이 좋지 않겠느냐고 여러 차례 하워드한테 말하였다.
 "걱정할 것 없어. 그보다는 이 문제를 먼저 처리하고 싶어."
 그는 이런 식으로 전연 시간관념이 없는 사람이었다. 마침내 기차를 놓칠 즈음 되었을 때 나는 다시 한 번 일러주었다.
 "하워드, 지금 곧 출발하지 않으면 프레미아 쇼에 갈 수 없게 돼. 열차 출발시간이 앞으로 15분밖에 안남았어."
 "아이고 큰일 났는데."
 그는 이렇게 소리쳤다.
 "서둘러 가자고!"
 우리는 주차장으로 달려가며 하워드는 4,400불의 반짝반짝하는 파카드의 새 차 운전석에 타려고 하더니 나에게 이렇게 말하였다.
 "조바심이 나서 운전할 수 있을 것 같지 않아. 부탁하겠으니 운전해줘, 노아. 만약 기차시간에 맞춰 가면 이 차를 주겠어."
 나는 핸들 앞으로 미끄러져 들어가 시동을 걸었다. 그렇지만 도저히 불가능한 것처럼 여겨졌다. 사잔 퍼시픽 역까지는 10마일이 되며 더구나 그 길이 시가지로서 고속도로가 아니었기 때문이다. 그러나 이것도 하워드 휴즈가 나에 대해서 모르고 있던 것 중의 하나인데 나는 레싱그 카의 운전을 연습한 일이 있었고, 세기프로급의 솜씨를 가지고 있었다. 새 차의 냄새를 잔뜩 마시고는 홈 하나 나있지 않는 긴 본네트를 보고 나는 어떻게 해서든지 시간까지 역에 도착해야겠다고 마음먹었다.
 아니 그보다도 이때의 터무니없는 주행방법은 거의 흔한 일이 아니었다. 가솔린 스탠드를 돌파하여 지름길을 택하기도 했으며 시가 전차의 왼쪽을 돌파하기도 하였다. 그런가 하면 경관이 손바닥을 보이며 정지하라는 것도 무시하고 교차점을 돌진하기도 하였다. 앞에 차가 막히게 되면 한쪽 바퀴를 보도에 올려놓고 옆으로 빠져나가 앞으로 나서기도 하였다.

그 사이에 하워드는 아무 말도 하지 않았으며 버티듯이 발을 바닥에 밀어 붙이고는 곧바로 앞을 보고 있었다. 어쩌면 이것이 마지막 드라이브가 될는지도 모른다고 두려워하고 있었는지도 모른다.

그러나 어떻든 우리는 열차의 발차시간 1분 전에 역에 도착하였다. 하워드는 필름이 든 통을 거머쥐고 플랫폼 쪽으로 달려갔다.

"그 바카드를 주겠어, 노아!"

그는 뒤돌아보며 소리쳤다.

6. 모순된 인간

하워드 휴즈를 알게 된 지 얼마 안 되어 나는 그의 기벽이나 파격적인 행동에 몇 가지 패턴이 있다는 것을 알게 되었다. 이러한 그의 패턴은 평생을 두고 계속되었다. 처음에는 하워드의 그렇듯 변덕스러운 점을 재미있어 했으며 그의 전설에 오히려 흥미를 느꼈지만 나이를 먹음에 따라 그것이 한층 더해지게 되어 마침내는 성격파탄자처럼 보였다.

하워드 휴즈는 '모순된 인간'이었다.

그가 매우 용기있는 사람이었다는 것은 조종사로서의 공적을 봐도 알 수 있을 것이다.

그러면서도 그는 강도를 만나는 것을 몹시 무서워했다. 따라서 그는 언제나 현금을 가지고 다니지 않았다. 하워드 휴즈가 택시를 타고 차용증을 썼다든가 전화를 거는 데 잔돈을 친구한테 꾸었다는 소문은 그런 데서 생겨난 것이었다. 하워드는 그러한 소문의 씨를 스스로 뿌리고 다녔다.
"글쎄 그럴 수밖에 없잖아, 노아."
그는 나를 보고 이렇게 말하였다.
"이 나라에는 5백 불을 가지고 있는 듯이 보이는 사람만 봐도 그를 죽여 그것을 빼앗으려는 작자가 있단 말야. 나는 내가 현금을 갖지 않았다는 것을 여러 사람한테 알려주고 싶은 거야."
또 하나의 모순은 그가 유괴를 무척 무서워한다는 점이었다. 그럼에도 불구하고 몸값은 동전 한 푼 내놓으려 하지 않으면서 나한테 이렇게 지시하였다.
"만약 내가 유괴되었더라도 몸값을 지불해서는 안 돼, 노아. 돈을 지불하라는 나의 편지가 있더라도 무시해버리는 거야. 내가 스스로 그런 편지를 쓸 까닭이 없으니까 말야. 그러한 악당들한테는 동전 한 푼도 줘서는 안 돼."
"그러나……."
내가 발론을 제기하였다.
"몸값을 지불하지 않으면 살해당한다는 것이 뻔하니 지불할 수밖에 없지 않을까?"
그는 그 점에 대해서 이렇게 말했다.
"그런 경우에는 편지의 서명 밑에다 PDQ라 쓰겠어. '서둘러 지불하라'는 뜻이지."
또한 하워드는 백만 불의 비행기를 차마 팔지 못하고 비행장에 방치해둬 녹슬게 하는 일이 있는가 하면 가보같은 소유물에는 전연 집착하지 않는 일면도 있었다.
언젠가 저택을 팔기로 했을 때 그는 집 안에 있었던 모든 물건을 경매에 붙이도록 나에게 말하였다.
"전부를?"
나는 이렇게 물었다.
"모두 다."
"그렇지만 그 은식기는 하워드 휴즈 집안의 머리글자가 들어 있으니 남겨두는 것이 좋지 않을까?"
"아냐, 필요없어."
"그렇다면 휴스턴의 작은 어머니한테 주는 것이 어떻겠어? 틀림없이 가보로 소중히 할 거야."
"아냐, 다 경매에 붙여버리라고."
하워드는 명령하였다.
독자적인 판단으로 내가 하워드의 작은 어머니들한테 은식기의 이야기를 알려주자 그녀는 경매에서 사가지고 가기 위해 일부러 캘리포니아까지 왔다. 그런데 값이 비싸 낙찰을 보지 못하고 휴즈 집안의 은식기는 남의 손에 넘어가 버렸다.
하워드 휴즈 정도의 부가 있으면 세상 사람들을 위해서 많은 일을 할 수 있다. 그렇지만 하워드는 일체 그런 일을 하지 않았다. 남한테 돈을 주는 일은 전연 없으며 친한 친구한테조차도 꾸어주는 일이 없었다. 그가 뭔가를 줄 때는 반드시 목적이 있었다. 여자의 환심을 사기 위해서라든가 장사를 유리하게 진행하기 위해서 혹은 정치적으로 도움을 얻는 등의 목적이 그것이었다.
1929년 10월 월 가의 폭락이 〈헬즈 엔젤즈〉 촬영 중에 일어났다. 주연 파일럿의 한 사람인 벤 라이안은 신용거래의 결재에 충당할 돈이 모자라 친한 친구인 출연영화의 프로듀서 하워드 휴즈한테 도움을 청하였다.
"안 돼. 난 돈은 꿔주지 않기로 했어."
하워드는 벤한테 이런 말로 딱 거절하였다.

하워드의 남에 대한 불신감은 그가 최초로 헐리우드에 왔을 때의 경험에 원인이 있다. 당시 그는 거의 하루도 거르지 않고 골프를 쳤다. 그리하여 그는 언제나 전국 아마추어 챔피언인 조지 폰 에름이라든가, 텍사스 주 챔피언인 오지 자르턴 등을 파트너로 택하였다. 게다가 하워드 자신이 핸디 2의 솜씨였으므로 그의 팀은 대체적으로 진 일이 드물었다.

물론 게임마다 천 불까지는 가지 않더라도 수백 불의 돈이 걸려 있었다.

그것이 쌓여 수개월 후 하워드는 로스앤젤레스의 저명한 세 명의 골퍼에게 5천 불에서 1만 5천불을 빚을 받게 된 셈이 되었는데 그것을 세 사람은 도망쳐다니며 결국은 갚지 않았던 것이다.

"그 치들이 갚지 않는단 말야!"

하워드는 화가 났다. 그것은 하워드로서는 생각할 수도 없는 일이었으며 그런 일이 있은 후부터 개인적으로 남에게 일체 돈을 꿔주지 않게 되었다. 물론 그것이 자기한테 이익이 되는 경우는 제외하고 말이다.

하워드는 담배를 피우지 않았다. 사람들이 주위에서 담배를 피우는 일에 대해서 뭐라고는 하지 않았지만 싫어한 것은 사실이었다. 이런 일은 마찬가지로 담배를 피우지 않는 나 같은 경우에는 하등 부자유스러울 것이 없었지만 다른 동료들은 하워드가 담배를 싫어한다──그의 책상에는 재털이가 없었다──는 것을 알자 그의 앞에서는 신경을 써서 피우지 않았다.

언젠가 한 번은 다른 영화제작자한테 자기 전용의 시사실을 빌려준 적이 있었는데,

"딴 방에서는 금연일세."

하고 주의를 주었다.

그는 술도 거의 마시지 않았다. 헐리우드의 패거리들과 여행

했을 때 마지못해 권유를 받아 약간 입에 댄 일은 있었지만 그때뿐이었다. 그리하여 결국 술을 배우지 않았다.
 그러면서도 언젠가는 술을 사놓고 나에게 이런 말을 한 적이 있었다.
 "노아, 이제부터는 매일밤 일이 끝나거든 나한테로 들리지 않겠어? 술이라도 좀 마시게."
 나는 두 번 정도 하워드한테 들려서 두 잔쯤 마시며 대화를 나누었다. 분명히 그는 술에 익숙해지려 하고 있는 것 같았다. 나는 두 번으로 그만둬 버렸다. 그렇지 않아도 가족과 함께 지낼 시간이 모자라는데다가 고용주의 술 상대까지 할 필요는 없다고 생각했기 때문이다. 더구나 나는 "지나친 친밀은 경멸을 낳는다."라는 격언을 믿고 있었으므로 하워드 휴즈와의 사귐은 가능한 한 일에 관계되는 것으로만 끝낼 생각이었다.
 하워드는 일하는 동안의 음주는 용서하지 않았다. 만약 종업원의 누군가가 술에 취하여 혀꼬부라진 말로 전화를 걸거나 하면 그 자는 대개 다음 날로 해고되었다.
 "입이 헬렐레한 자를 우리 회사에서 쓸 수는 없어."
 하고 그는 말하였다.
 "그 치는 언젠가는 술에 취해 나의 비밀을 떠들어대게 될 테니까."
 비밀, 비밀, 비밀. 그의 비밀주의는 점차로 편집광적으로 변모해갔다.
 하워드는 골프와 사격 이외의 스포츠는 즐기지 않았다. 테니스 라켓을 쥐어본 일도 없었으며, 말도 타지 않을 뿐 아니라 낚시도 사냥도 하지 않았다.
 음악에는 별로 흥미가 없었다. 색소폰을 그만두고 나서 그가 흥미를 보이는 것으로는 영화의 배경 음악뿐이었다.
 스스로 즐기기 위한 독서도 전연 하지 않았다. 그가 읽는 책도 영화의 제제가 될 가능성이 있는 소설이라든가 단편소설에 국한되었다.

하워드는 어휘도 풍부하지 않았다. 그는 자신이 교육적으로 부족하다는 것을 알고 있었으므로 말할 때는 용어를 조심스럽게 선정하였다. 그의 목소리는 다소 감이 높고 코멘 소리였으므로 전화로도 쉽게 알 수가 있었다. 휴스턴에서 소년시절을 보냈으면서도 텍사스 사투리는 전연 없었다.

그는 결코 편지를 쓰지 않았다. 서명이 없는 메모를 돌리는 일은 있어도 편지를 보내지 않았다.

"꼬리가 잡힐 만한 기록은 남기고 싶지가 않아."

이것이 그의 설명이었다.

딱 한 번 그가 편지를 구술시키고 있는 것을 본 적이 있었다. 그것은 우리가 최초로 어울려 휴스턴으로 갈 때 타고 있던 열차 안에서의 일이었다. 그때까지 로스앤젤레스의 코스에서 골프를 쳐왔던 하워드는 코누카구사의 그린이 매우 마음에 들었던 모양이다. 그리하여 그가 회원으로 있는 휴스턴의 두 개 골프 클럽에 어떻게 해서든지 페어웨이라든가 그린을 개량해야 한다는 권고의 편지를 쓰게 했던 것이다. 그러나 이 편지도 결국은 우송되지 않았다.

그는 또한 호통을 친 일은 없었지만 '데트 바스타드'(그 빌어먹을 놈)라든가 '데트 사노바비티'(그 바보같은 놈) 등의 말로 마음에 들지 않는 사람에 대한 기분을 나타낸 적은 있었다. 그가 곧잘 사용한 가장 모욕적인 말로는 '데트 시터스'(저 멍텅구리)였다. 나는 이런 말을 하워드가 지껄이는 것을 듣고 약간 이상한 생각이 들었던 것을 기억한다. 국민학교 때 이래 오랫동안 듣지 못했던 말이었기 때문이다. 후에 알게 된 일이지만 하워드한테 '시터스'라는 말을 들은 자는 영원히 하워드 휴즈의 은총의 권외로 쫓겨난 자들이었다.

하워드는 천한 농담을 좋아했다. 스스로 말하는 일은 없었지만 새로운 농담을 듣고 싶어 했다. 그리고 재미있는 이야기를 듣게 되면 품위없이 크게 웃었다.

하워드와 오랫동안 접촉해오는 동안에 나는 딱 한 번 농담을 들은 적이 있었다. 내가 하워드한테 온 지 얼마 안 되었을 때의 일이었다. 여기에 그것을 소개하기로 한다.

한 노인이 영국 상류의 호화스러운 파티에 초대를 받았다. 그런데 그 노인은 귀가 잘 안들려 보청기를 달고 있었다. 손님을 인사시키던 여주인이 그 노인한테도 유명한 여자를 소개시켜주었다.
"이쪽은 방구기느 부인이십니다."
"뭐라고 말씀하셨습니까?"
노인이 이렇게 물었다.
"이쪽은 방구기느 부인이라고 말씀드렸습니다."
"잘 들리질 않는데요."
"이쪽은 방구기느 부인이십니다."
여자 주인이 큰소리로 말했다.
"보청기의 상태가 나쁜 모양인가?"
노인이 이렇게 말했다.
"아까부터 방구뀌는 부인, 방구뀌는 부인이라고만 들리는데요."

하워드는 이것을 무릎을 치고 웃어야 할 만한 재미있는 농담이라 생각하고 있었다. 그런데 그 자신이 귀가 좋지 않은 것을 생각하면 이러한 익살을 재미있어 한다는 게 약간 이상하였다. 실제로 그는 자신의 난청에 대해서는 매우 민감하였다.

이렇듯 그의 귀가 좋지 않은 것은 분명히 유전적인 것으로,

그의 부친이나 할아버지도 귀가 잘 들리지 않았다. 의사의 이야기로는 뼈가 굵어진 게 원인이라 했으며 외관적으로 고칠 수 있는 방법은 없다는 이야기였다. 그렇지만 하워드는 상대방의 말을 듣지 못하는 경우는 거의 없었으며 우리들은 그와 이야기하게 되면 가능한 한 큰소리로 말하도록 하였다.

그는 남들보다도 전화를 많이 이용했는데 그것은 아무래도 난청때문이 아니었나 여겨진다. 전화라면 쑥스러울 것도 없으며 수화기에는 증폭기를 부착할 수 있으므로 상대방의 말을 알아듣는 데도 부자유스럽지가 않다. 후에는 그가 어딘가를 가게 되면 반드시 기술자 한 사람이 전화 증폭기가 들어 있는 백을 들고 따라 다니게 되었다.

나는 여러 차례에 걸쳐 보청기를 사서 사용하도록 그에게 권했지만 내 말을 들으려고 하지 않았다. 볼품이 없어서였던 것 같았다.

하워드는 풀장이 딸려 있는 저택에 살고 있었지만 수영한 적은 없었다.

또한 그는 카드 놀이를 하지 않았다. 주사위도 거의 흔들지 않았다. 한 번은 휴스턴에 있을 때 몇몇의 놀음 전문가들의 손재주에 놀아나 라이스 호텔의 크라프 게임에서 2천8백 불을 잃은 일이 있었다. 화가 난 그는 다음날 밤 크라프 게임에 있어서 휴스턴에서 제일이라는 사나이를 데리고 갔다. 그런데 그날 밤도 또 잃고 말았다. 이것으로 그는 혼이 났던 모양이다.

하워드 휴즈는 어떤 옷을 즐겨 입을까? 내가 처음 만났을 때는 만년처럼 상식 밖의 옷차림은 아니었다. 유럽에서 한 벌에 2백 불에서 2백5십 불을 주고 맞춘 테일러 메이드의 양복을 입고 있었다. 그러한 양복을 그는 한 번에 20벌 정도 만들게 하였다.

후에 그는, 사람이란 입고 있는 복장에 의해 좌우되는 것이 아니라는 것을 깨닫자, 코르덴이라든가 누가 입어도 괜찮은 셔츠 등을 입기 시작하였다. 그렇지만 그도 처음에는 발에 맞춘 비싼 구두를 신었다. 한번은 영국의 유명한 메이커로 하여금 여러 가지 스타일의 구두를 30켤레나 만들게 한 적이 있었는데 발에 맞지 않는다고 한번도 신은 적이 없었다. 당시의 돈으로 한 켤레에 35불이었다. 그는 그 구두를 전부 돌려보내 한 켤레에 10불씩의 반환금을 받았다. 그가 유명한 고무구두를 신기 시작한 것은 훨씬 후의 일이었는데 그것은 발이 전염성 병균에 침범을 받았기 때문이다. 고무구두를 신기 시작함과 동시에 그는 자주 목욕도 했지만 발의 병은 여간해서 낫지 않았다.

하워드의 그러한 복장을 놀리는 자도 없지는 않았지만 대놓고 말할 수 있는 것은 극히 친근한 사이에 한정되어 있었다. 어떤 날 하워드가 형편없는 옷을 입고 제작 중인 영화의 세트 안으로 들어오는 것을 보고 패트 디티코가 이렇게 말한 일이 있었다.

"그게 뭔가 하워드, 당신 같은 부자가 좀더 나은 옷차림을 할 수 없을까? 마치 어딘가 동굴에서라도 나온 것 같단 말일세."

이 말에 하워드는 웃지도 않고 이렇게 대답하였다.

"부질없는 참견일세, 패트. 자네는 그저 모양이나 내게. 나는 일을 할 테니."

그가 선물을 보내는 경우는 반드시 상대로부터 뭔가 답례를 기대할 때로 한정되어 있었다. 한번은 로스앤젤레스의 부로크라는 가게에 가서 5백 불의 시계를 여러 개 산 적이 있었다. 그것을 그는 전부 영화관계자한테 선물했지만 그것은 물론 상대들로부터의 특별한 편의를 제공받기 위해서였다.

애라한테는 결혼한 후부터 별로 선물을 사준 적이 없었다. 애라는 어떤 고급 상점에서도 직접 외상으로 살 수 있으므로 그가 굳이 사줄 필요가 없다는 것이다.

그러한 하워드도 영화의 미녀들한테는 모피나 다이아몬드를 선물했다. 그러나 이것 역시도 뭔가의 답례를 기대해서였다.

부하들을 위해 크리스마스 선물 리스트를 만드는 일은 물론 없었다. 그가 우리들한테 뭔가를 주는 것은 언제나 그때의 기분이나 어떤 장소에서 갑자기 생각이 났을 때였다. 예를 들면 그는 다드리 샤프와 유럽으로 여행갔을 때 산 2천5백 불의 카메라를 가지고 있었다. 아무래도 그는 7장의 망원 렌즈가 붙어 있는 이 카메라의 파인더를 한번도 들여다본 일이 없었던 게 아닐까. 언젠가 내가 넋을 잃고 그것을 바라보고 있자 그는 갑자기 이렇게 말하였다.

"그것 필요없으니까……노아한테 주겠어."

그 밖에도 그는 역시 외국에서 산 소형 쌍안경도 나에게 주었다.

애라가 가버린 후 하워드는 소지품의 일부를 처분하였다. 그 중에는 영국제 가죽으로 된 3백5십 불짜리 여행용 가방이 있었다. 여행에 필요한 것들이다. 손으로 꿰맨 멋있는 물건으로 애라가 선물한 것이었다.

"이봐, 여행용 가방이 필요치 않은가?"

하고 나한테 말했다. 나는 그것을 받아 가지고 완전히 닳도록 사용하였다.

하워드 휴즈의 음식 습관은 놀라울 정도였다.

그와 함께 오랫동안 같이 지내면서 나는 헤아릴 수 없을 정도로 그와 저녁식사를 나누었지만 그의 주문은 언제나 판에 박은 것처럼 똑같았다——미디엄의 뉴욕식 커트 스테이크, 디너 샐러드, 그리고 피즈(완두콩)였다.

나는 그 이외의 것을 주문한 일은 본 적이 없었다. 반드시 스테이크에 샐러드와 콩이었으며 큰 콩은 옆으로 밀어놓고 작은 것만 골라먹었다. 디저트도 바닐라 아이스크림과 쿠키로 정해져 있었다.

아침식사의 계란 조리방법에 대해서 그는 무척 까다로웠다. 휴스턴의 휴즈 저택의 요리사인 리리가 만드는 스크램블 에그와 똑같이 조리되지 않으면 안 되었다. 그렇지 않으면 몇 번씩이고 다시 만들게 하였다.

내가 그의 밑에서 일하기 시작한 지 얼마 안 되었을 때 앰버서더 호텔에서 내놓은 계란에 그가 무섭게 화를 낸 적이 있었다. 여러 차례에 걸쳐 주의를 준 다음 요리사를 불렀다. 그리곤 포터블 렌즈와 계란과 우유와 냄비를 가지고 오게 해서는 그의 스크램블 에그를 어떻게 만들어야 하는지 자기가 직접 조리해 보여주었다. 덥힌 냄비에 우유를 넣고 끓지 않도록 주의한 다음 계란을 깨넣어 스크램블을 만드는 것이다.

하워드는 매너 면에서도 다소 부족한 데가 있었다. 나는 아침의 그레이프 후르츠에서 주스를 마지막 한 방울까지 짜려고 하는 그를 여러 차례 주의시켜 준 일이 있다.

그는 남이 배고파하는 것에 대해서는 전연 관심이 없었다. 처음으로 그와 휴스턴에 갔을 때 나는 요리사인 리리하고 친해졌다. 리리는 멋있는 흑인여성으로 하워드의 시중을 잘 들었다——하워드가 오후의 골프 코스에서 돌아오면 반드시 쿠키와 밀크가 준비되어 있었다. 리리는 또한 손님 접대하기를 좋아했다. 하워드와 내가 그의 집에서 늦게까지 일을 하고 있으면 식사준비를 하면서 곧잘 이런 말을 하였다.

"도련님, 이 신사분한테 저녁식사를 먹고 가라 하시지 않겠습니까?"

"응? 아아……아."

하워드는 건성이었다.

"저녁식사하고 가요."

리리의 손이 떨어지면 하워드의 식생활은 이내 난조를 이루었다. 필름의 편집으로 2,3일 동안 거의 아무것도 먹지 않고 계속해서 영사실에 틀어박혀 있는가 하면 나오자마자 스테이크를 석장이나 먹어치워버리는 식이었다.

　아마 그러한 편식이 원인이었던 모양으로 그는 만성 변비로 괴로움을 받고 있었다. 그 때문에 상당히 긴 시간을 화장실에 있어야 했으므로 그는 그곳에서 영화화할 재료를 찾을 수 있도록 많은 책과 잡지를 놓아두고 있었다. 변비약도 1년 내내 달고 다녔으며 소화되지 않고 체내를 통과한다는 시라 시드라는 약을 오랫동안 복용하고 있었다.

　하워드의 세균공포증은 젊었을 때 이미 나타났었다. 그것은 아무래도 양친이 모두 일찍 죽은 일—— 50대에 사망한 것과 관계가 있는 것 같았다. 그 때문에 그는 언제나 자기도 일찍 죽는 게 아닌가 하는 불안감에 휩쌓였으며 그 결과 세균을 무척 두려워하게 된 것 같다.

　여기에도 모순이 보인다. 한편으로는 비행기로 생명도 돌보지 않는 곡예를 해내는 사나이가 한편에서는 세균이 두려워서 견딜 수 없다니 말이다.

　그러나 처음에는 하워드의 세균공포증도 보통의 불결공포증의 정도에 지나지 않았다. 감기에 걸린 사람을 피했으며 자주 양치질을 했고 의사의 진찰을 받을 정도였다. 때로는 감염된 위험성을 잊고 있을 때조차 있었다. 한번은 색소폰을 보고 싶다고 악기점에 들어간 일이 있었는데 그가 한 개를 시험차 불고 있자 그가 알고 있는 재즈 연주가가 들어왔다. 색소폰 앞으로 온 그 하워드를 보고,

　"이것이 좋겠어요."

　하고 하워드가 시험하고 있던 악기를 권하였다. 그리고는 연주가가 그 색소폰을 받아들고는 한 차례 불어서 시험해 보고 하워드한테 건네주자 그는 그것을 그대로 받아 마우스피스를 손수건으로 닦아내고는 자기 입에 갖다 대었다.

그리고 만년에 가서 세균공포증이 완전히 그의 행동을 지배해버렸다. 그는 누구하고도 악수를 하지 않으려 했고 사람과의 접촉을 거의 피하게 되었다. 세균의 감염을 이상할 정도로 무서워했다.

7. 증기 자동차

많은 젊은이들과 마찬가지로 하워드 휴즈도 자동차의 매력에 사로잡혔다. 그러나 그는 다른 젊은이들과 다르게 자기가 마음먹은 대로의 매력을 추구할 수 있었으며 또한 추구하였다.

내가 하워드의 보좌역이 되었을 때, 그는 최고 수준의 '달리는 기계'를 4대나 가지고 있었다. 그가 신혼여행을 뉴욕으로 갔을 때 2대의 롤스로이스를 샀다. 그의 것과 부인의 것이었다. 그의 것은 페톤이었고 그녀의 것은 리무진이었는데, 두 대를 열차로 캘리포니아까지 운반하게 하였다.

그 이전에 휴스턴에 있었을 때 그는 증기 자동차에 홀딱 빠져 있었다. 휴스턴의 거리에서 다른 자동차광들과 경주를 즐기고 있던 그는 드래그레이스(가속경주)에서 증기 자동차가 다른 어떤 차보다도 뛰어나다는 것을 알고 있었다. 증기 자동차는 정지 상태에서 가속할 때 전속력일 때와 똑같은 힘이 있었다.

그리하여 하워드는 스탄레와 도블 2대의 증기 자동차를 사서 이것도 캘리포니아로 보냈다. 그 밖에도 그는 캐딜락도 가지고 있었는데 이것은 휴스턴에 두었다.

즉 오늘의 일부 환경보호론자와 마찬가지로 하워드는 1926년에 이미 증기 자동차야말로 미래의 차로 믿고 있었다는 이야기이다. 증기를 일으키게 하는 데 시간이 걸리며 60이나 70마일 때마다 물을 보급하지 않으면 안 되는 결점은 언젠가는 극복될 것이라 확신하고 있었다.

그리하여 그는 자기 손으로 새로운 혁명적인 자동차를 세상에 내놓으려고 마음먹었다. '휴즈 증기 자동차'를 탄생시킨다는 이야기였다.

그런데 무엇부터 시작해야 좋은가?

하워드는 아무런 주저없이 과학기술의 메카인 파사데나의 캘리포니아 공과대학을 찾아갔다. 그리하여 곧바로 총장인 로버트 미리칸 박사를 만났다. 미리칸 박사는 그보다 수년 전에 노벨상을 받은 저명한 물리학자였다.

"사실은 실용적인 증기 자동차를 만들려고 생각합니다만."

하워드는 박사한테 이렇게 말하였다.

"그래서 기술적인 협력을 부탁드리고자 합니다——누군가 증기역학에 훤하고 그것을 자동차에 응용할 수 있는 사람을 소개해주실 수 없겠습니까?"

미리칸 박사는 두려움도 없는 이 젊은 텍사스 인의 요청을 얼마동안 생각하고 나서 동대학 졸업생인 하워드 루이스와 브르스 반즈를 추천하였다.

하워드는 즉시 이 두 기사한테 이야기를 하였다. 두 사람은 급료의 액수를 듣고는 크게 마음이 내키는 모양이었다. 하워드는 두 사람한테 목표를 설명하였다.

"시동을 건 지 20초로 스타트할 수 있는 증기 자동차——그것이 목표입니다. 내가 지금 가지고 있는 두 대는 증기를 일으켜 움직일 수 있게 될 때까지 2분에서 5분이 걸립니다. 이것으로는 만약에 차고에 불이 났을 때는 밖으로 끌어낼 수가 없지요.

그리고 또 하나……당신들이 만들어낼 증기 자동차는 한 번

물을 공급하면 로스앤젤레스에서 샌프란시스코까지 달리지 않으면 안 됩니다."

그야말로 대단한 주문이었다. 가솔린 차와 거의 똑같을 정도로 빨리 스타트시킬 수가 있고 한 번 물을 넣음으로써 4백 마일을 달릴 수 있는 증기 자동차를 만들라는 것이다. 그래도 두 기사는 그렇듯 어려운 문제에 도전할 마음 가짐을 보였으며 하워드는 선세트 스트리프에 가까운 로메인 거리에 두 사람이 일할 장소를 마련해 주었다.

그리고 나서 하워드는 영화제작에 전념했으며 로메인 거리의 젊은 두 기사한테는 그다지 주의를 기울이지 않았다. 결국 내가 휴즈 공구회사의 이윤을 확보하여 증기 자동차와 하워드의 영화제작 양쪽에 계속 자금을 공급하지 않으면 안 되게 되었다.

반즈와 루이스는 우선 튜브형의 차체와 네 바퀴를 독립해서 걸게 되어 있는 프랑스 차를 사는 일에서부터 시작하였다. 두 사람은 그 엔진을 떼어내어 샤시가 나타날 때까지 차를 해체하였다.

그 뼈대를 기초로 해서 '휴즈 증기 자동차'를 만들겠다는 이야기였다.

나는 처음부터 그의 새로운 시도에 대해 의문을 가지고 있었으므로 여러 차례에 걸쳐 그만두게 하려고 하였다.

"글쎄, 이건 내 취미란 말일세."

그도 인정하였다.

"1년 동안에 몇 대나 생산할 수 있지?"

"25대에서 50대…… 그 이상은 무리겠지."

"한 대의 값은?"

"2만 5천 불에서 3만 불 사이일거야."

"그렇게 비싼 차를 누가 사나?"

"아, 그건 나의 스포츠 친구들 중 몇 명은 갖고자 할 거라고 생각하네."
"만약 원치 않는다면?"
"그야 그렇다면 그것으로……."
하워드가 말하였다.
"이쪽은 줄곧 새 차를 탈 수 있으니까 상관없어."
 이러한 논리로서는 아무리 논쟁해도 소용이 없다. 하는 수 없이 나는 공구회사의 이익의 일부를 증기 자동차 쪽으로 계속 돌렸다. 이것은 약 3년이란 기간이 걸렸으며 그 총액은 50만 불에 이르렀다.
 하워드는 그 동안 로메인의 작업장에는 거의 얼굴을 내밀지 않았다. 이렇듯 값비싼 도락에 대한 그의 무관심을 나는 이해할 수가 없었다. 후에 안 일이지만 그는 자기가 시작한 사업에 대해서도 두 가지 태도가 있다는 것을 깨달았다. 그 일에 전연 주의를 기울이지 않고 담당자가 좋은 대로 하게 놔두든가, 아니면 일의 내용이나 운영에까지 관여해서 담당자를 화나게 하고 줄곧 모든 것을 망치게 하는, 둘 중의 하나였다.
 증기 자동차의 경우는 완전히 내버려 둔 쪽에 속했다. 그 사이에 그가 반해 버린 차가 또 한 대 있었다. 헐리우드의 자동차 판매업자가 팔려고 내놓은 롤스로이스의 로드스타였는데 하워드는 그것은 자기가 타고 다닐 뿐만 아니라 그 샤시〔車台〕가 '휴즈 증기 자동차'에 이상적이기 때문에 사고 싶다는 것이었다.
 신혼여행 때 산 롤스로이스의 페톤은 이미 흥미를 잃었으므로 그것을 주고 게다가 웃돈을 내고 로드스타를 사려고 하였다. 그런데 업자는 하워드가 말하는 값을 쳐주려고 하지 않았기 때문에 일단 전액을 주고 로드스타를 산 다음 페톤을 업자의 전시장에 맡겨두고 위탁판매토록 하였다.
 하워드는 그것으로 만족하는 것 같았지만 나는 양도증서를 내주려고 하지 않는 업자를 의심하였다. 그래서 내가 업자의 쇼룸을 방문하자 그는 약삭빠르게 나의 추궁을 피하려고 하였지만 그의 책상에 은행에서 보낸 서류가 있는 것을 나는 놓치지 않았다. 나는 쇼룸을 나오자 그 은행으로 가서 의심스러운 점에 대해서 캐물었다.

"이것은 말씀드려서는 안 됩니다만······."

은행원의 대답은 예상한 대로였다.

"그 로드스타는 7천 불의 빚에 대한 담보비로 되어 있습니다."

업자한테 다시 돌아온 나는 그 사실을 추궁하였다. 업자는 모든 것을 인정했으며 비로소 그 자동차는 정식으로 하워드 것이 되었다. 그런데 이번에는 업자한테 맡긴 페톤이 사라져버렸다.

나는 언제든 고용주의 권익을 지켜주지 않으면 안 된다. 그래서 로스앤젤레스 근처의 차고에 전부 전화를 걸어 확인해봤다. 그 결과 비로소 퍼시픽 뮤튜얼(상호보험)의 차고에 있는 것을 알아냈다. 나는 즉각 두 사람의 기계공을 고용하여 페톤에 사슬을 감고 자물쇠를 채워 움직이지 못하도록 하였다.

그런데 내가 차고로 가보자 페톤이 보이지 않았다. 한 발 먼저 업자가 와서 쇠사슬을 자르고 타고 가버렸다는 거였다.

사무실로 돌아온 나는 대책을 강구했다. 그런데 그때 걸려온 전화가 모든 것을 해결해주었다.

"하워드 휴즈 씨의 대리인이십니까?"

"그렇습니다만."

"사실은 휴즈 씨의 이름이 들어 있는 열쇠꾸러미를 발견해서요."

나는 상대방이 있는 장소를 묻고는 이렇게 말했다.

"거기서 기다려주십시오. 감사의 표시로 50불을 드리겠습니다."

나는 헐리우드 거리로 달려가 열쇠를 받고는 약속한 돈을 건네주었다. 이어 그 부근을 샅샅이 뒤진 끝에 페톤을 찾아내 방금 받은 열쇠를 이용하여 그 차를 몰고 돌아왔다.

이렇게 해서 하워드는 악덕업자로부터 페톤을 무사히 다시 찾을 수 있었다.

그건 그렇고 '휴즈 증기 자동차'는 어떻게 되었을까? 캘리포니아 공대 출신의 두 천재는 로메인 거리의 작업장에서 고생해 가며 열심히 만들고 있었다. 그래서 어느 날 간신히 완성을 했다는 연락을 보내왔다.

그 소식을 들은 하워드는 기대로 눈이 반짝였다. 그와 나는 로메인 거리로 가서 반즈와 루이스의 안내를 받아 완성된 차를 보게 되었다. 그것은 정말로 멋있는 작품이었다. 이 한 대에 50만 불 이상이 들었다는 것이 당연하게 느껴질 정도였다.

완성된 증기 자동차는 5인승의 오픈 카였는데, 차체가 낮으면서도 커다란 스탄레보다 훨씬 멋있었다. 하워드는 다소 의심스러운 얼굴을 하고는 한 바퀴 돌아 살펴본 다음 두 사람의 기사한테 성능을 물었다.

"물은 한 번 공급하면 4백 마일을 달릴 수 있고 가솔린 차와 마찬가지로 단시간 안에 스타트할 수 있습니다."

"그것은 참으로 멋있지만 어떻게 해서 그런 문제를 해결했지?"

두 사람은 물을 냉각시키는 일이 최대의 난관이었다고 설명하였다. 그리하여 차체에 라디에이터를 빙둘러 설치했다는 이야기였다.

"그렇다면 차체 전체가 라디에이터로 되어 있다는 이야기인가? 문도 라디에이터인가?"

이렇게 하워드가 물었다.

반즈와 루이스는 고개를 끄덕였다.

"그렇다면 만약 내가 이 차를 운전하고 있을 때 다른 차가 차체에 부딪친다면…… 어떻게 되지?"
이와 같은 질문에 대해 두 기사는 분명하게 대답하지 못하였다. 하워드는 질문을 계속했다.
"부글부글 끓는 물을 뒤집어 쓰고 타죽어라, 그런 이야기가 아닌가?"
"그렇게 생각할 수도 있습니다."
한쪽 기사가 이렇게 인정하였다.
"다 뜯어서 잘게 부수어 태워버리게."
이렇게 말하고 난 후 그는 작업장에서 나가버렸으며, 나도 그 뒤를 따랐다.
"노아, 반드시 그 두 친구한테 자동차를 분해시키게 해야 하네."
하워드가 이렇게 말하였다.
"두 번 다시 조립할 수 없도록 말일세."

8. 하늘을 나는 기계

하워드가 비행기의 조정을 익힌 것은 1925년이었는데, 그가 앞서 말했듯이 첫번째로 제작한 영화 〈스웨르 호건〉을 가지고 영화 프로듀서로서 데뷔하려고 할 무렵이었다. 가르쳐준 사람은 J·B·알렉산더라고 하는 초기의 파일럿으로, 연습한 기종은 웨코였다. 따라서 하워드가 최초에 산 비행기도 웨코였다.
내가 그에게 고용되었을 때 그는 하늘을 날으는 일에 열중해 있었으며 페아차일드를 사고 싶어 했다. 마침 그 무렵 잉글우드의 마인즈 필드(현재의 로스앤젤레스 국제공항이 있는 곳)에서 전국 항공쇼가 개최되고 있었으며 나도 그것을 구경하러 갔다. 특히 놀란 것은 4대의 육군비행기에 의한 곡예였는데 그 중의 하나는 고도 50피트의 저공에서 관람석 앞을 배면비행(背面飛行)으로 통과하는 일이었다. 이들 조종사 중에는 그 후 얼마 안되어 세계적으로 명성을 날린 찰즈·A·린드버그도 있었다.

독일의 격추 왕 에른스트 유델도 이 쇼에 참가하여 날개 끝에 단 낚시로 손수건을 낚아채어 열렬한 박수갈채를 받았다.

비행기에서 내가 가장 강한 인상을 받은 것은 보잉 P4였다. 이것은 커다란 엔진을 단 소형 비행기였는데 지상 1만 피트의 비행선까지의 왕복 레이스에 참가하였다. 그리하여 다른 어떠한 고속비행기도 작디 작은 P4한테는 도저히 상대가 되지 않았다.

항공 쇼를 보고 돌아와서는 하워드한테 이렇게 말하였다.

"만약 내게 돈이 있다면 저 보잉 P4를 사겠어. 저것은 대단한 물건이야."

하워드는 내 말을 비웃었지만 그로부터 얼마 후에 보잉 P4를 샀다.

그러나 여느 때와 마찬가지로 그 자체로는 마음에 들지 않아 크로바 필드의 더글라스 항공기 회사로 하여금 개조시키게 하였다. P4는 스피드가 장점인 2인승 비행기였는데 하워드는 더욱 안전한 비행기로 만들겠다고 하여 날개를 떼어 개조케 했으며 조정석 주위에는 레자를 씌운 고무 쿠션을 부착시키도록 의뢰하였다.

그리고는 매일처럼 골프를 치러 가기 전에 P4의 개조작업을 보러 더글라스사에 들려서는,

"아냐 그건 안 돼. 전부 떼내서 처음부터 다시 만들도록."

하고 여러 차례에 걸쳐 다시 만들게 하였다.

비로소 하워드가 이제는 됐다고 했을 때는 더글라스사의 담당자들은 겨우 인내의 한계선에 이르렀던 것 같다. 이내 더글라스사로부터 청구서가 왔다. 총 7만 5천 불이었다. P4를 산 값이 4만 5천 불이었다.

"이봐 이런 엉터리같은 이야기가 가능한가?"

하워드가 이렇게 소리쳤다.

"난 지불하지 않겠어. 잘 좀 처리해 주게, 노아."

나는 더글라스사와 교섭하였다. 물론 깎아줄 리가 없었다. 그렇지만 나로서는 하워드에게 기뻐할 만한 결과를 가져다 주지 않으면 안 되었다. 나는 이야기를 사장인 도널드 더글라스한테 직접 하기로 하였다.

더글라스 사장은 액수를 늘려서 청구했다는 하워드의 주장에 화를 내어 타임 시트(작업 시간표)를 가져오게 하였다. 그걸 보자 그 정도로 청구해도 어쩔 수가 없는 것처럼 여겨졌다. 그리하여 그런 사실을 하워드한테 전해주었다.

"더글라스는 우리를 속여서 돈을 뜯어내려고 하는 거야."

그는 이와 같은 주장을 굽히지 않았다.

"그렇듯 터무니없는 돈을 지불할 수가 없어."

나는 다시 더글라스사에 가서 교섭한 결과 그곳 사장은 다소의 가격 조정에 응하였다. 그래도 하워드는 만족하지 않았다. 교섭이 계속되었으나 6개월이 지나도 타결이 되지 않았으며 마침내 더글라스 사장은 정말로 화가 나버렸다.

"디트리히, 그 청구서를 휴즈 씨한테 가지고 가서 얼마라도 좋으니 그가 지불하고 싶은 만큼의 돈을 수표로 끊어달라고 해줘요."

사장은 격한 어조로 말하였다.

"5불이건 5천 불이건 얼마가 되거나 좋아. 그것을 지불하기 싫거든 그만둬도 좋아요. 그것으로 지불한 것으로 해둘 테니까."

그렇지만 이것만은 분명히 말해주도록……. 두 번 다시 하워드 휴즈와는 거래를 하지 않는다고 말야!"
 내가 돌아가서 그런 사연을 전하자 하워드는 크게 기뻐하였다.
 "잘했어, 노아."
 이렇게 말하자 그는 청구액 7만 5천 불에서 크게 할인하여 1만 5천 불의 수표를 끊었다. 그것을 받아 가지고 더글라스사로 가자 그쪽 사장은 지불이 끝났다는 도장을 찍어주었다. 그렇게 해주고서도 그 사장은 그 후에 다시 하워드 휴즈와 거래를 하였다.
 여기서도 하워드 행동에 모순이 나타나 있다. P4를 보다 안전하게 하기 위해서 이 정도로 소동을 벌이고 있는 동안에도 그는 다른 비행기로 필요도 없이 무모한 짓을 마구 해대고 있었다.
 그는 이 무렵에 아직도 웨코를 가지고 있었으면서도 어떻게 해서든지 남의 비행기를 타고 싶어 했다. 어떤 날 그는 스턴트 (곡예) 파일럿의 폴 만츠한테 전화를 하였다.
 "잠시 산타바바라까지 비행해야겠는데, 거기에 놀고 있는 비행기 없나?"
 "스테아 만이라면 한 대 놀고 있는 게 있는데요……."
 만츠가 대답하였다.
 "그런데 이미 30일 정도 그대로 놔두었는데요."
 "그래도 상관없어. 엔진을 걸어놓아줘, 곧 갈테니까."
 이렇게 말하고는 폴 만츠의 안정성이 의심스러운 비행기를 타러 갔다. 이 날은 산타바바라까지 골프친구를 마중하러 간 것인데, 하워드의 이야기에 의하면 귀로에 연료가 떨어져 불시착하지 않을 수 없었다고 했다. 그런데 불시착한 장소가 우연히도 그가 골프를 칠 예정지였던 베르 에어 컨트리 클럽의 잔디밭이었으므로 골프장의 관계자들이 크게 충격을 받아 손해의 담보로 비행기를 차압해버렸다.
"처리해줘, 노아."
하워드의 말을 듣고 나는 그대로 했다. 경비가 1천 불이 들었다.
그러나 하워드의 이러한 '하늘의 모험'이 단지 돈만으로 해결될 수 없는 사태로 발전한 일이 몇 번인가 있었다. 〈헬즈 엔젤즈〉촬영 중에 그는 TM(토마스 모스) 스카우트를 사용해서 지금까지 없었던 곡예비행의 장면을 찍으려고 하였다.
이 TM 스카우트는 샌디에이고에서 만들어졌는데 제 1 차 세계대전 말기에 사용된 유니크 비행기로 프로펠러에 연결되어 프로펠러와 함께 회전하는 성형(星形) 발동기를 실었다.
하워드의 교관 J·B·알렉산더는 촬영용으로 이 TM 스카우트기를 9대나 보았다. 하워드는 그 편대가 고도 2백에서 3백 피트의 저공비행으로 카메라 위를 바짝 날아 왼쪽으로 선회하여 되돌아오는 장면을 원 쇼트로 찍고자 했던 것이다.
〈헬즈 엔젤즈〉의 스턴트 파일럿들은 모두 미국에서도 1급의 솜씨를 가진 자들이었는데 그러한 그들조차도 하워드의 이와 같은 주문에는 선뜻 응하지를 않았다.
"그건 무리입니다."
한 사람이 하워드한테 말하였다.
"저 TM 스카우트를 선회시키면 틀림없이 2,3백 피트는 사이드슬립(선회하는 중심을 향해 밑으로 미끄러지는 일)합니다. 고도 천에서는 할 수 있지만 그 이하에서는 도저히 위험해서."
"바보같이!"
하고 하워드가 소리쳤다.
"사이드슬립은 대응조치로 억제할 수 있을 거야."
"아닙니다. 무리입니다."

"좋아 어떻게 하는지 보여주겠어. 어떤 비행기가 제일 상태가 좋은가?"

한번 말하면 아무리 설득해도 듣지 않는 하워드였다. 그는 TM 스카우트 한 대에 올라타고 그가 촬영하고 싶은 곡예비행을 스스로 해보이기 위해 날아올랐다.

결과는 스턴트 파일럿이 예상했던 대로였다. 하워드가 왼쪽으로 선회하기 시작하자 TM 스카우트는 크게 밑으로 사이드슬립해서 땅에 부딪쳐 흙먼지가 솟아올랐다.

전원이 사고현장으로 달려갔다. 비행기 잔해 속에서 의식을 잃은 하워드가 끌려나왔으며 구급차로 마인즈 필드에서 잉글우드 병원으로 운반되었다. 나도 곧 달려갔지만 그는 나를 알아보지 못하는 것 같았다.

4일 후 그는 로스앤젤레스의 세인트 빈센트 병원으로 옮겨졌다. 일그러진 얼굴의 성형수술이 서둘러 행하여졌다. 그가 수술실에서 나왔을 때 나는 외과의사 한 사람을 붙잡고 물었다.

"즉각 봉합할 수밖에 없었습니다."

외과의사의 이야기였다.

"손을 쓸 수가 없었습니다. 광대뼈가 완전히 망가져버려 핀이라든가 와이어를 걸 데가 없었습니다. 그런 대로 살아가게 할 수밖에 없습니다."

하워드는 회복되었다. 그러나 그 얼굴은 도저히 원상으로 복구되지는 않았다. 광대뼈 있던 곳이 움푹 들어갔으며 이 상처는 후에 많은 고통을 주었다.

이 TM 스카우트의 충돌사고는 하워드 휴즈가 경험한 세 개의 커다란 비행기 사고 중 첫번째 것이었다. 이들 사고는 그에게 정신적으로 육체적으로 영향을 주었으며 하워드 휴즈라고 하는 특이한 인물의 형성에 커다란 역할을 했다고 나는 생각한다.

9. 돈의 알을 낳는 거위

"나의 제일의 목적은 세계에서 제일 가는 골퍼가 되는 일이야. 두번째는 초일급의 비행사가 되는 일이고, 세번째는 세계에서 가장 유명한 영화 프로듀서가 되는 일이지. 그리고 네번째는 노아의 힘을 빌려 세계 제일의 대부호가 되는 일이야."

어떤 날 평상시와 다르게 입이 가벼워진 하워드가 이렇게 털어놓았다. 그는 아직도 20대 초반이었으며 마치 이 세상에 불가능한 것이 없는 것처럼 보였다. 실제로 그는 이 네 가지 소망 중 세 개까지는 이룰 수가 있었다.

골프의 왕관은 결국 그의 머리 위에서는 빛나지 않았다. 그러나 만약 그가 우수한 골퍼로서 순조롭게 갔다면 챔피언의 자리를 차지했을지도 모른다. 하워드의 골프 경력 중 최고점은 1920년대 말기의 테르몬테 토너먼트 무렵이었다. 그는 그다지 높은 순위는 아니었지만 이 토너먼트의 예선을 통과하였다. 그런데 부질없는 장난을 치다가 스스로 탈락해 버리고 말았다.

토너먼트가 시작되기 전날 하워드는 클럽에서 동료들과 예선 통과를 축하하고 있었다. 두세 잔 마시는 동안 사나이들은 취기가 돌자 여러 가지로 게임을 하기 시작하였다. 여러 사람 앞에서 활활 타고 있는 난로불을 보고 한 사람이 그 앞에 서서 뒤로 뛰어올라 맨틀피스 위에 앉을 수 있는지 해보자고 제안했다.

하워드는 키가 크므로 할 수 있다고 생각하여 시험해보기로 하였다. 그는 불 앞에 서서 뛰어올랐다. 그 순간 맨틀피스에 양쪽 팔꿈치를 다치고 말았다. 다음날이 되자 통증이 한층 더 심해져 그는 결국 토너먼트에 출장할 수가 없게 되었다.
 그 후에도 그는 골프를 계속했으며 여전히 세계 제일의 골퍼가 되는 꿈을 버리지 못하였다.
 그렇지만 '세계에서 가장 유명한 영화제작자'는 되었다. 그의 영화는 대체적으로 비평가들한테 두들겨맞았으며 그의 돈 1천만 불을 삼켜버렸다.
 그러나 하워드 휴즈만큼 유명한 영화제작자는 없을 것이다. 그것은 그가 영화 이외의 활동으로 전설적인 명성을 얻었기 때문이다.
 그렇다면 세계 제일의 부호가 된다는 꿈은 어떻게 되었을까? 그는 이것도 이룩해냈다. 개중에는 내가 그 원동력이었다고 말하는 사람도 있는데 나는 굳이 그것을 부정하지 않는다.
 '휴즈 제국'의 모태는 다 알고 있다시피 휴즈 공구회사였다. 여기서부터 모든 게 시작된 것이다. 그렇지만 공구회사라고 해서 한없이 돈을 낳는 기계는 아니다. 좋을 때도 있는가 하면 나쁠 때도 있는 법이다. 초기에는 독점에 가까운 형태로 시장에 군림하고 있었지만 그 후 경영방법이 좋지 않아 수익성이 떨어져 만족할 만한 상태가 되지 못했다.
 하워드가 상속했을 때 휴즈 공구회사의 순자산가치는 6십6만 불로 예상되었다. 그로부터 1년쯤 지났을 때 그는 친척의 상속분 즉 공구회사의 전주식의 4분의 1을 32만 5천 불로 사들였다. 따라서 주가로 본 당시의 공구회사의 가치는 130만 불이 되는 셈이었다.
 처음 고용되었을 때 나는 1년에 한 번 소득세의 신고서를 마련하는 정도로밖에 공구회사에는 관련하지 않았다. 그러나 그 후 하워드의 명령으로 점차 이 회사에 주의를 기울이도록 되었다. 하워드는 공구회사로 하여금 더욱 많은 이익을 올리게 했으며, 그에게 가장 흥미가 있는 영화, 비행기, 여성이라고 하는 돈이 많이 드는 세 가지 도락에 한층 더 힘이 나기를 바라고 있었다.

내가 처음으로 휴즈 공구회사를 본 것은 하워드를 따라 휴스턴에 갔던 1926년 초였다. 나는 그 공장에 들어가 보고 크게 놀랐다. 바닥이 맨땅이었기 때문이다. 게다가 생산공정에 일관성이 없었다. 부품이 손수레로 하나의 공정에서 다음의 공정으로 운반되었다. 한마디로 열악한 조건 상태였다.

그러나 경영에 관여하고 있지 않은 나로서는 공구회사의 운영방식을 개선하고 싶어도 손을 쓸 수가 없었다. 그러나 1, 2년이 지나는 동안 하워드는 나의 경영면의 재능을 인정하여 점차 무거운 책임을 지우게 하였다. 공구회사의 이익을 증대하는 일이라면 무엇을 해도 좋다는 허가를 받았다.

그래서 휴스턴으로 가는 횟수가 증가했다.

공구회사를 보고 제일 먼저 신경이 쓰인 것은 제품의 종류가 너무나도 많다는 점이었다. 모양과 사이즈가 약간씩 다른 비트를 천 가지 가까이나 생산하고 있었다.

효율이라는 것을 늘 생각하고 있는 나로서는 참으로 바보스러운 일처럼 느껴졌다. 2인치에서 24인치의 것까지 고작 8분의 1인치 정도밖에 틀리지 않는 비트의 모든 종류를 만들고 있을 뿐 아니라, 같은 사이즈의 비트 중에도 디자인이나 칼날이 다른 것이 있었다.

"어째서 이렇게 다종다양한 비트를 만들어야만 하는 거지?"
나는 공장 간부에게 물어봤다.
"만들 수밖에 없습니다."
그 간부가 대답하였다.
"굴삭업자한테는 각각 자기들 마음에 드는 송곳이란 게 있습니다. 그 친구들은 재수라는 것에 무척 신경을 쓰기 때문에 자기한테 행운이 있다고 생각하는 송곳이 아니면 절대로 딴 것은 사지 않습니다."

나는 사업에는 그러한 미신 같은 건 불필요하다고 판단하였다. 제품의 규격화를 추진하고 있는 정부의 방침을 배경으로 나는 공구회사의 경영진으로 하여금 제조하는 송곳의 종류를 3백개로 줄이도록 설득하는 데 성공하였다.

그러나 그러한 합리화에도 불구하고 공구회사의 이익은 만족할 정도로 신장되지 않았다. 이것은 우리의 라이벌 회사인 리드 로라비트사에서 송달되는 결산보고서와 비교하면 일목요연하게 드러났다.

어째서 휴즈 공구회사가 그 최대의 경쟁상대 회사로부터 결산보고서를 빼낼 수 있었느냐에 대해서는 재미있는 사연이 있다.

하워드 휴즈의 아버지는 크라렌스 리드라고 하는 젊고도 우수한 기사를 고용했었다. 하워드 휴즈가 후에 고용한 간부들의 대부분이 그러했던 것처럼 리드도 이익 분배를 받지 못하는 데 불만을 품었다. 그 때문에 휴즈 공구회사를 그만두고 독자적으로 송곳회사를 설립하였다.

그러자 하워드의 아버지는 리드 로라비트사를 특허 침해로 고소하였다. 소송은 특허권을 가지고 있는 휴즈의 자회사(子會社)인 카도 로크비트사에 의해서도 제기되었다.

리드는 휴즈 공구회사를 그만둘 때 청사진을 가지고 나온 것은 인정했지만 그것은 자기의 제품이 휴즈의 특허를 침해하지 않도록 확인하기 위해서라고 주장하였다. 그렇지만 판사는 그렇게 받아들이지 않았으며 그 결과로 휴즈 측이 이겨 50만 불을 받았다——이것이 부친이 죽은 후 하워드가 영화제작에 쏟아 넣은 돈이었다. 휴즈 공구회사는 그 밖에도 리드사의 총매상고의 15퍼센트를 특허권 사용료로 받게 되었다.

이와 같은 판결은 휴즈 공구회사에게는 그야말로 하늘의 은

총과 같은 것이었다. 이것으로 공구회사는 전연 신경쓰지 않고 안정된 수입원을 확보했을 뿐 아니라 최대의 라이벌 회사의 결산내용을 상세하게 검토할 수 있게 된 것이다.

나는 이 리드사의 보고서를 특히 주의해서 살펴봤다. 이윽고 리드사는 1930년대 초에 휴즈 공구회사를 따라잡았으며 드디어 톱에 서게 되었다. 나는 이것을 이해할 수가 없었다. 시장을 독점하고 있는 휴즈 공구회사가 15퍼센트의 핸디캡을 짊어지고 있는 경쟁상대한테 지고 만 것이다.

"하워드, 아무래도 기분이 좋지 않은데."

방금 도착한 리드사의 보고서를 보고 나는 이렇게 말하였다.

"우리 공구회사에 뭔가 질 만한 원인이 있다고밖에 생각할 수 없단 말야."

무관심 일변도였던 하워드도 영화에서 돌아와 약간 주의를 기울이게 되었다.

"알았어, 노아. 그럴는지도 몰라. 당장 휴스턴으로 가서 조사해봐줘."

이번에는 한낱 하워드의 보좌역으로서 가는 것이 아니고 사장 대리로서 가는 것이었다. 하워드는 휴즈 공구회사를 위해서 아무것도 한 일이 없지만 사장임에는 틀림이 없는 것이다.

휴스턴에 도착하자 나는 공구회사의 경영진은, 회사의 이익금을 엉뚱한 일에 쏟아넣기만 하는 플레이보이 사장한테 많은 불만을 품고 있는 것을 느낄 수 있었다. 그 때문에 나는 가능한 한 그들을 자극하지 않도록 부드러운 말로 여러 가지를 물었을 뿐 비판은 하지 않았다.

리드사가 톱에 서게 된 이유는 곧 판명되었다. 한마디로 말해서 보다 낫고 좋은 송곳을 만들고 있었기 때문이었다.

"어째서 리드의 비트 쪽이 우리 것보다 더 잘 팔리는 거지?"

나는 생산담당의 기사한테 물었다.

"저쪽은 신형의 송곳을 내놓았습니다."
기사가 이렇게 설명하였다.
"롤러 베어링과 볼 에어링을 종합한 것으로서 굴삭업자는 그쪽이 더 잘 팔 수 있다고 생각하는 모양입니다만 제가 생각하기에는 일시적인 유행인 것 같습니다. 그러한 비트는 수명이 길 수가 없습니다."
"그렇지만 굴삭업자는 그런 식으로 받아들이지 않는 것 같던데요. 우리의 것은 쳐다보지도 않고 리드사의 것만 대량으로 사간단 말입니다. 어째서 리드사의 송곳의 수명이 짧다고 생각하는 거죠?"
"우리도 볼 베어링으로 실험해본 적이 있습니다. 하여간 압력을 가하게 되면 무척 약합니다. 이내 금이 가거나 깨져버린답니다. 그것도 우리가 입수할 수 있는 것 중 제일 탄탄한 볼 베어링으로 실험했으니까요. 열과 압력을 가하니까 납작해져 마치 차가운 당밀 속으로 계란거품을 일게 하는 기구를 돌리고 있는 것 같았습니다."
"리드사의 송곳이 깨졌다는 불평을 들은 적이 있나요?"
"아닙니다. 아직 없습니다만 곧 있을 겁니다."
"아무래도 우리 것과는 다른 연구를 한 것 같군요. 리드사의 송곳을 사서 조사해보도록 합시다."
우리는 리드사의 비트를 구입해서 절단해봤다. 그 결과 우리가 알게 된 것은 놀라울 정도로 간단한 일이었다. 리드사는 가장 단단한 볼 베어링을 사용하는 대신 가장 부드러운 납같은 것을 끼워넣은 것이다. 따라서 대단한 압력이 가해져도 베어링은 모양만 변할 뿐 깨어지는 일이 없으므로 비트는 계속 회전하게 되어 있었다.
그래서 우리의 비트도 즉시 유연성이 있는 볼 베어링으로 대치하였다. 이렇게 해서 휴즈 공구회사는 다시 리스사에 대항할 수 있게 되었다.

그렇지만 이때 휴스턴에서 캘리포니아로 돌아가기 전 공구회사 경영진의 '반란'이라고 할 만한 사태에 직면하게 되었다.

간부 한 사람인 R·C·쿠르델이 그 '반란'의 리더로서 내 앞에 나타났는데 중역들 전원의 지지를 받고 있는 것 같았다.

"우리는 일생을 이 회사를 위해 바쳐왔습니다. 따라서 뭔가의 은전을 받을 만한 권리가 있다고 생각합니다."

쿠르델이 나에게 이렇게 말하였다.

"사장은 공구회사에 거의 아무런 공헌도 한 게 없습니다. 그는 단지 영화 제작에만 정신을 쏟을 뿐입니다. 회사가 번 돈을 전부 가지고 나가 헐리우드에서의 화려한 생활에 쏟아넣고 있는 방탕한 사람입니다."

쿠르델은 하워드나 회사에 대해 그리고 회사의 중역들한테도 공평하다고 생각되는 제안을 하였다. 하워드가 가지고 있는 주식 전부와 교환으로 천만 불의 누가배당(累加配當) 우선주를 주겠다. 그 대신 하워드는 회사의 소유권과 경영권을 중역들에게 양도한다——는 내용이었다.

"그렇게 하면 그도 매년 50만 불의 수입을 확보할 수가 있어요."

쿠르델은 계속하였다.

"이것은 현재 공구회사가 올리고 있는 이익과 거의 같은 액수입니다. 앞으로도 수익이 이 이상 대폭 증가하지는 못할 것이니까요."

나는 정중하게 귀를 기울였으며 하워드한테 전하겠다고 대답하였다.

대부분의 사람들은 그와 같은 조건을 당연하다고 생각할 것이다. 하워드는 연 50만 불이라는 막대한 수입이 보장되기 때문이다.

"아무리 방탕한 사나이라도 다 쓰지 못할 것입니다."

하고 쿠르델은 말하였다. 그러나 이것은 그가 얼마나 하워드를 잘 모르고 있었느냐 하는 증명에 불과했다.

로스앤젤레스로 돌아오자마자 즉시 하워드한테 쿠르델의 제안을 전했다. 그는 즉석에서 그러한 제안을 일축해버렸다.

"농담하지 말라고 말해주라고. 휴즈 공구회사는 매년 50만 불 정도가 아니고 더 많은 큰 이익을 올리게 될 걸세. 날 아무것도 모르는 바보로 취급하는 모양이지."

"그렇지만 하워드."

하고 나는 말하였다.

"비록 그들의 제안이 생각해볼 가치가 없는 것이라 하더라도 그런 일을 낳게 된 배경을 고려할 필요는 있다고 생각해. 그자들의 불만은 상당히 커요. 일하는 건 자기들이고 맛있는 국물은 모두 다 당신이 마신다는 거지."

하워드는 문제를 생각했으며 회답을 준비하였다.

"모두에게 안심하라고 말해주게나. 내가 죽게 되면 회사를 재단으로 만들어 9명의 이사한테 맡기겠어. 휴스턴의 중역들을 전원 이사로 해서 종신 10만 불의 연봉을 받을 수 있게 해줄 테니까. 노아는 연봉 20만 불의 이사장이 되게 해줄 거야."

나는 하워드의 회답을 공구회사의 중역들한테 전했다. 모두 다 기뻐했음은 말할 것도 없다. 나도 기뻤다. 그렇지만 나는 이내 하워드가 재단 같은 것을 설립할 마음이 전연 없다는 것을 알게 되었다.

휴즈 공구회사의 중역들도 마침내 그것을 깨닫게 되었다. 그렇지만 그 전부터 그들은 이익의 15퍼센트를 받고 있었다. 이와 같은 이익 분배 계획으로 그들의 불만은 상당히 완화되어 있었다. 게다가 공구회사의 이익이 급격히 증가하여 1930년에는 자그마치 3백만 불에 달했다.

최소한 얼마 동안은 모든 사람의 호주머니를 윤택하게 하기에 충분했던 것이다.

10. 애라여, 안녕

하워드 휴즈와 애라 라이스의 결혼에서 놀라운 일이 있다고 하면 그것은 그런 대로 상당히 오랫동안 계속되었다는 일이었다.
 두 사람은 1925년부터 1929년까지 결혼 생활을 하였다. 그러나 마지막 무렵에는 결혼 생활을 지속시키기 위해 노력하는 것 같지도 않았다. 그런 사실을 알고 있는 나는 매우 유감스럽게 생각했다.
 처음에 두 사람은 앰버서더 호텔에서 살고 있었다. 이어 1926년의 수개월을 휴스턴, 요컴 거리 3921번지의 휴즈 저택에서 지냈으며 다시 앰버서더로 돌아갔다. 그 후 하워드는 집을 빌리고 싶다고 말했으며 적당한 곳을 찾아보라고 나한테 일렀다.
 나는 로스엔젤레스의 윌샤 지구에서 애라와 하워드한테 이상적이라고 생각되는 집을 발견했다. 하워드가 잘 가는 윌샤 컨트리 클럽 근처의 2층으로 된 집으로 촬영소와도 가까웠으며 가구도 전부 갖추어져 있었다.
 "빌리도록 하지."
 집을 둘러보고 나서 그가 말하였다. 나는 엄청난 집세라고 말했지만 하워드는 그래도 빌리겠다고 했으며 2,3개월을 살고 나서는 이번에는 사겠다고 말했다.
 집주인인 미망인과 교섭하자 그녀는 집 15만 불, 가구 3만 5

천 불을 요구하였다. 나는 너무 비싸다고 생각하여 하워드한테 말하였다.
"얼마 동안만 기다리면 좀더 싸질 거라고 생각하는데."
내가 이렇게 진언하자 그는
"그쪽에서 말하는 값으로 사라고."
하고 말하였다.
"지금 곧 사고 싶어."
이렇게 해서 하워드는 그 집을 샀다. 그런데 그가 산 집은 오로지 그 집뿐이었다.
'이제 곧…… 하고 싶다.'는 하워드의 입버릇이었다. 장사를 중심으로 한 교섭에서는 상대방을 완전히 지치게 하여 자신의 조건을 밀어부치면서, 개인적인 일이 되면 참을성이 없어 무엇이든지 즉각 뜻대로 되지 않으면 못견디는 것이었다. 그 결과로 집주인인 미망인은 큰 돈을 한 몫 잡은 셈이 되었다. 몇 년인가 후에 하워드가 팔았을 때는 18만 5천 불의 집이 6만 불밖에 되지 않았다.
이 뮤아필드의 집은 젊은 두 사람한테 그다지 행복한 스위트 홈이 아니었다. 애라와의 결혼은, 하워드가 친척들한테 한 사람 몫의 어른이라는 것을 보여주기 위한 편법상의 결혼이었다. 그들한테는 남편이 아내한테 보이는 그런 애정을 조금도 느낄 수가 없었다. 애라는 미인이고 좋은 집안에서 자란 장점은 있어지만 결혼 후에 하워드가 좋아하는 데에는 부족한 점이 있었다. 후에 그의 이름과 결부되어 나타난 외향적이고 관능적인 여배우하고는 거리가 먼 타입이었다.
뮤아필드의 집에서 두 사람은 침실을 따로 사용했는데 아무리 봐도 그다지 정열을 느낄 수 없는 결혼 생활이었다. 하워드는 언제나 비행기나 증기 자동차 혹은 영화가 아니면 골프에 열중했으며, 극히 드물게 둘이서 헐리우드의 파티나 영화의 시사회에 갈 정도였다.

　애라와 결혼을 했을 때도 그랬지만 그 후에도 하워드가 아기를 갖고 싶다는 말을 한 것을 나는 한 번도 들은 적이 없었다. '휴즈 제국'의 후계자를 갖는 일은 아무래도 그의 계획 속에는 들어있지 않은 것 같았다.

　거의 혼자 있게 된 애라는 그녀 자신을 위한 기분전환을 찾았다. 그녀는 단골로 다니는 고급전문점에서 파사디너의 상류 가정부인들과 알게 되어 교제하기 시작하였다. 그리하여 몇 번인가 하워드를 그녀의 파티에 포함시키려고 했지만 번번히 거절당했다.

　그래도 애라는 어떻게 해서든지 하워드와의 결혼에 책임을 다하려고 노력하였다. 언젠가 그녀는 하나의 사교적인 실험을 시도하였다. 그녀의 파사디너의 상류가정 친구들과 하워드의 영화관계 친구들을 디너 파티에 초청하였던 것이다.

　파티가 있기 1주일 전부터 그녀는 남편한테 되풀이하여 다짐하였다.

　"이번 토요일 밤에는 디너 파티가 있으니 잊지 말아줘요. 하워드, 7시부터 칵테일이고 8시에 디너예요."

　애라는 여러 가지로 취향을 살려 파티 준비를 하였다. 자신이 직접 꽃도 선택했으며 장식도 했고, 식단도 결정했으며 하인들에게 식사를 내는 방법도 가르쳤다. 그리하여 토요일 아침 촬영소로 나가려고 하는 하워드한테 다시 한 번 다짐하였다.

　"7시부터 칵테일이고 8시부터 디너입니다."

　7시가 지나면서 손님들이 도착하기 시작하였다. 그러나 아무래도 분위기가 어색하였다. 파사디너의 손님들은 턱시도나 빌로드 정장으로 피아스 아로라든가 롤스로이스를 타고 나타났으며, 헐리우드의 패거리들은 도젠바그나 스파노 스이자를 타고 왔으며, 남자들은 스포티한 옷을 입고 있었고 여자들은 깃털로 된 목도리를 하고 있었다. 집 안으로 들어온 두 그룹은 각각 친구들끼리 그룹을 이루고 마티를 홀짝홀짝 마시며 서로 상대방을 훔쳐보고 있었다.

애라는 초조하기 그지없었다. 손님들이 물과 기름처럼 섞이지 않을 뿐 아니라 하워드가 아직 나타나지 않아서였다.

8시 반이 되자 요리사가 애라한테 이제 곧 식사를 시작하지 않으면 요리가 못쓰게 된다고 귀띔해주었다. 하는 수 없이 애라가 손님들한테 식사준비가 되었다고 알려주자 일동은 어슬렁어슬렁 식당으로 들어갔다. 그러나 그들은 알아차리고 주인 모습이 보이지 않는데 대해서는 언급하지 않았다.

9시에 하워드가 나타났다. 입고 있는 옷은 구겨진 코르덴이었으며 와이셔츠는 지저분했다.

"촬영소의 일이 늦어져서."

그는 이렇게 말하면서 테이블의 상좌에 앉았다.

"배고파 죽겠는데."

그는 이렇게 말하고 허겁지겁 먹기 시작하였다. 그리곤 다 먹고 나자 접시를 앞으로 밀어 내고는,

"실례하겠습니다."

하고 말하고는 2층으로 사라졌다.

이렇게 되자 애라의 노력은 무참히도 깨져버렸다.

"정말로, 디트리히 씨. 저는 노력했단 말입니다."

그녀는 나에게 이렇게 말하였다.

"열심히 노력했습니다."

그로부터 얼마 후 하워드는 나에게 애라가 얼마 동안 텍사스에서 머무를 테니 매월 생활비를 휴스턴의 은행에 보내도록 하라는 지시가 있었다.

애라가 고향으로 돌아간 지 2주일쯤 지나서 하워드는 중병에 걸렸다. 의사는 척수막염이라는 진단을 내렸으며 그는 점차 쇠

약해져 살아나지 못하는 게 아닌가 싶었다.
"친척은 계십니까?"
의사가 이렇게 물었다.
"부인이 있습니다. 텍사스에 있는데요."
"일단 오라고 해두는 것이 좋겠습니다. 고비를 넘길 수 있는지 어쩐지 걱정이 되니까요."
나는 애라한테 전화를 걸었다. 그녀는 휴스턴에 있지 않았고 뉴욕에 있는 언니인 로티한테 가 있었다. 로티는 뉴저지 스탠더드 오일의 W·S 파르슈 회장의 부인으로 애라는 그들과 유럽 여행길에 오르려 하고 있었다.
"하워드가 중병입니다. 곧 와 주셨으면 합니다."
애라는 잠시 망설이더니 이내 간다고 대답하였다.
나는 로스앤젤레스 역으로 애라와 로티를 마중나갔으며 두 사람을 자동차로 뮤아필드의 집으로 보내주었다.
도중에 로티가 나에게,
"우리들이 집 안으로 들어가도 괜찮을까요?"
하고 물었다.
나는 그녀의 질문을 다소 기이하게 느꼈지만 전염성의 병이 아니니까 괜찮다고 대답하였다. 애라는 하워드의 방으로 들어갔다. 그렇지만 두 사람은 굉장히 어색해했다. 나는 그것을 후에 가서 알게 되었다.
애라는 하워드가 회복의 징조를 충분히 나타낼 때까지 2주일쯤 머문 후 로티와 함께 유럽 여행길에 올랐다.
애라가 떠나자 하워드는 나를 불렀다.
"도대체 어떤 바보가 나한테 묻지도 않고 애라를 여기에 불렀는지 즉시 조사해주게. 그것을 알 때까지 딴 일은 하지 않아도 돼."
나는 그의 강경한 태도에 놀라움을 금치 못했다.

"기다려줘 하워드. 그녀를 오라고 한 것은 바로 나야. 당신은 위독하여 살아날지 어쩐지 모른다고 의사가 말했단 말일세. 그리고 어째서 불러서는 안 된단 말인가?"

거기서 그는 비로소 나에게 사실을 말하였다. 애라가 휴스턴으로 돌아갔을 때 둘은 별거하기로 했다는 것이다. 그런 사실을 알고 있는 것은 두 사람과 로티뿐이었다. 나는 처음에 로티가 "우리들이 들어가도 괜찮을까요?"하고 한 말의 의미를 비로소 이해하였다.

괜찮기는 했지만──지극히 아슬아슬했었다. 애라가 정문에 들어섬과 동시에 한 사람의 아름다운 여배우가 뒷문으로 나갔다는 것이다. 이 여배우는 병들어 누워 있는 하워드 옆을 계속 지켰으며 애라가 떠나자 다시 왔다. 그 후 하워드한테는 이렇듯 유명한 '체류객'이 서로 교대해가며 방문했다.

나는 내 실수에 입맛이 썼지만 화가 나기도 하였다.
"당신과 애라가 별거한 것을 내가 어떻게 알겠나?"
내가 말했다.
"당신이 중병에 걸렸기 때문에 난 부인을 불렀을 뿐이야. 당연하지 않아? 그러한 사정을 나에게 말해주지 않은 이상 그 결과가 어떻게 됐든 난 책임을 질 수가 없는데."
"알았어, 노아. 그렇게 화내지 말라고, 이젠 됐어."

애라는 하워드와 휴스턴에서 이혼하였다. 하워드는 기분좋게 25만 불씩 5회──함께 125만 불로 선심을 써서 애라와의 사이를 청산하였다. 애라는 그 후 재혼을 하여 자녀를 키웠다. 나는 후에 휴스턴의 사회적인 모임에서 곧잘 애라를 만나 친숙하게 대화를 나누었지만 그녀는 한 번도 하워드 휴즈의 이름을 입 밖에 내지 않았다.

11. 비리여, 안녕

하워드의 인생에 있어서 그 다음으로 중요한 역할을 하게 된 것은 비리 다브였다.

그렇듯 아름답다니! 하워드가 넋을 잃은 것도 무리가 아니었다.

비리도 하워드한테 호의를 가졌다.

"하워드하고 있으면 어머니같은 느낌이 들어요."

하고 그녀는 나한테 말했다.

"그가 나이들면 옆에서 시중들면서 살고 싶어."

결국 그렇게는 되지 않았지만 얼마 동안은 두 사람의 사랑이 불꽃처럼 활활 타올랐으며 하워드한테는 무척 고귀한 로맨스가 되었다.

비리 다브──본명 릴리안 보니──는 열여섯 살 때 포리즈의 일원이 되어 뉴욕의 사나이들을 매료시켰다. 완벽할 정도의 미모는 그녀에게 많은 영화출연 계약을 가져왔으며 1922년에 콘스탄스 달마지와 공연한 〈포리 오브 더 포리즈〉(포리즈의 포리)로 영화계에 데뷔, 이내 주연급의 스타가 되었다. 〈블랙 파이레트〉(검은 해적, 일명 해적)에서는 더글라스 페아반크스의 상대역으로 출연하였다.

1920년대 말에 비리를 만난 하워드는 사랑의 포로가 되었다. 그로서는 처음의 연애였다. 그는 열렬한 사랑을 쏟았다. 그렇지만 자신을 완전히 잊은 적은 없는 것 같았다.

여기서도 다시 소유욕이 그를 지배하여 하워드는 영화 스타로서의 비리 다브를 독점하려고 했다. 그녀는 마침 퍼스트 내셔널과의 계약이 끝났을 때였으므로 그는 그녀의 영화를 한 개에 8만 5천 불씩 다섯 작품을 찍겠다는 계약을 하였다. 그렇지만 불운하게도 비리는 여배우로서의 생명은 이미 끝나가고 있었다. 영화에 소리가 첨가되자 그녀에게는 이와 같은 유성영화시대에 살아남을 만한 목소리라든가 연기력도 없었다. 그러나 그녀에게 홀딱 반한 하워드한테 그러한 점에 대해 냉정한 판단을 요구한다는 것은 무리였다.

비리 다브와 하워드는 늘 함께 있게 되었다. 함께 파티에 갔으며 하워드의 비행기로 함께 하늘을 날았으며, 함께 요트로 바다로 나갔다.

요트로 항해한다는 것은 그때까지 하워드가 하지 않았던 새로운 놀이였다. 나는 그의 전화로 비로소 그가 요트 놀이를 시작한 것을 알게 되었다.

"요트를 사고 싶으니 찾아봐줘. 30노트 이상의 속도를 낼 수 있고 편안히 쉴 수 있는 캐빈이 달린 것으로."

요트를 구하는 것은 처음이었지만 나는 이제 하워드의 어떠한 주문에도 놀라지 않았다. 즉각 나는 산페드로 항으로 자동차를 질주시켜 두세 업자한테 쓸만한 쾌속선이 있는지 알아봤다. 그렇지만 적당한 배가 없는 것 같았다. 체념하고 돌아서려 하자 한 업자가 힐더 호라고 하는 호화스러운 요트를 팔기 위해서 내놓았다고 일러주었다.

전장이 170피트로 열여덟 명의 승무원이 필요한 힐더 호를 본 하워드는,

"이것이면 됐어."

하고 말하였다.

나는 정말로 좋은지 어떤지 한번 시승해보도록 권유하였다. 그러자 하워드는 주말마다 세 번씩 비리와 단 둘이서 힐더 호를

시승하였다.
 그런데 4주째가 되는 금요일에 다시 하워드한테 전화가 걸려와 다시 한 번 주말에 시험 항해를 하겠다고 하였다. 나는 배의 주인인 힐더 보르트 부인한테 전화를 걸었다. 보르트 부인은 산타바바라의 철강 왕의 미망인으로서 요트는 그녀의 이름을 따서 붙여진 것이었다.
 "이제 휴즈 씨는 충분히 시험 항해를 했다고 생각합니다."
 그녀가 이렇게 말하였다.
 "살 것인지 말 것인지 확실한 대답을 주셨으면 좋겠습니다."
 처음에 보르트 부인은 45만 불을 내라고 했는데 그것을 35만 불까지는 내놓을 수 있다고 깎아주었다.
 하워드한테 미망인의 말을 전하면서,
 "조금만 더 기다리면 27만 5천 불까지 깎을 수 있다고 생각하네."
 "그렇지만 이번 주말에 사용하고 싶은데."
 하워드가 말하였다.
 "이미 비리한테 데리고 가겠다고 말해버렸단 말야."
 "하워드, 보르트 부인은 더 이상 시험 항해를 위해 빌려줄 수는 없다고 그런다니까. 만약 살 생각이라면 한두 주 더 기다리는 게 현명할 거야. 틀림없이 값을 내릴 테니까. 미망인은 배가 싫어져서 그것을 처분하고 싶어하니까."
 "안 돼. 꼭 금주에 필요해. 노아 사도록 해요."
 이미 금요일 저녁 무렵이었으므로 은행은 닫혀 있었다. 그리하여 나는 휴스턴에 전화하여 휴즈 공구회사로부터 우편으로 송금케 하여 하워드와 비리 다브의 요트 놀이가 가능하도록 해주었다.
 힐더 호의 선주가 된 하워드는 그 후에도 몇 번인가 주말에 비리와 요트 놀이를 즐겼으며 근거리 항해도 몇 번인가 했지만 본격적인 항해는 한 번도 하지 않았다. 주로 해상 호텔로서 이용했던 것이다.

하워드는 힐더 호에서 낚시질을 한 일도 없었다. 힐더 호뿐만 아니라 어디서도 낚싯대를 든 일이 없었다. 그러나 총을 사용해서 갈매기를 쏘고는 했다.

갈매기가 배 위에 앉으면 하워드는 그것을 쏘았다.

"똥으로 갑판이 지저분해지면 곤란해서 그래."

하고 그는 그 이유를 설명하였다. 하워드가 사냥한 것은 내가 아는 한 이때뿐이었다.

하워드가 힐더 호를 산 지 2, 3주쯤 지났을 때 매우 초초한 듯이 그에게서 전화가 걸려왔다. 시계를 잃어버렸다는 것이다. 시계를 잃어버린 정도로 어째서 하워드가 그렇게 야단인지 나는 알 수가 없었다. 그는 시계를 싫어하여 거의 가지고 다닌 적이 없었기 때문이다── 후에도 주위에 하나도 놔두지 않았다.

그러나 이번에 잃어버린 것은 많은 다이아몬드를 박은 특별한 회중시계로서 비리가 준 선물이었다.

"정말로 곤란해졌어, 노아."

하워드가 이렇게 말하였다.

"비리를 만날 때마다 시계가 어디 있느냐, 왜 착용하지 않느냐고 묻는단 말야. 어떻게 해서든지 찾아주게."

"해보겠어, 하워드. 제일 마지막에 본 곳이 어디였는지 기억하나?"

"아, 배 안에서 본 것이 기억나."

나는 힐더 호를 정박시켜 놓은 곳에 가 선장한테 승무원을 앞갑판에 모이도록 하였다.

"여러분, 휴즈 씨가 시계를 잃어버렸습니다."

나는 일동을 보고 말하였다.

"매우 중요한 시계라 꼭 찾아내고 싶답니다. 따라서 만약 휴즈 씨의 시계에 대해서 뭔가 알고 있는 사람이 있거든 내일 정오까지 말해주세요. 만약 그렇지 않으면 여러분을 전부 교체하게 될 테니까."

나는 이것으로 뭔가 정보를 얻을 수 있을 것이라고 생각하였다. 이들 선원들은, 매우 드물게 항해하는 부자의 요트만큼 편한 일자리가 없다는 것을 알고 있었다. 예상했던 대로 다음날 선장한테서 전화가 걸려왔다.

"1주일쯤 전에 아크세르손이라는 선원을 내보냈는데, 오늘 아침 한 승무원이 아크세르손이 휴즈 씨의 선실에서 시계를 만지는 것을 보았다는 보고가 있었습니다. 아무래도 그 사나이일 게 분명한 것 같습니다."

"그자가 어디에 있는지 아나요?"

하고 내가 물었다.

"모두의 이야기에 의하면 아직도 항구에 있는데 뭔가 다른 일자리를 찾고 있는 모양입니다."

"고마워요, 선장. 만약 이 정보가 확실하다면 선원의 교체따위는 없을 거라고 모두한테 전해줘요."

나는 경찰에 신고하여 아크세르손의 인상을 말하였다. 수일 후에 아크세르손은 붙잡혔고 시계를 되찾을 수 있었다. 그는 비리 다브가 3천5백 불을 주고 산 시계를 백 불로 전당포에 잡혔던 것이다.

이렇듯 누군가에게 뭔가를 도둑맞았을 때만큼 하워드가 화를 내는 일은 없었던 것 같다. 그는 자기가 직접 경찰서에 가서 불쌍한 아크세르손에 대한 소장(疏章)에 서명하였다.

그런데 재판이 가까워짐에 따라 하워드는 안절부절하였다.

"그 자는 도대체 어느 정도의 형을 받을까?"

그는 나에게 물었다.

"검사의 이야기로는 7년은 받을 것 같답니다."

하워드는 골똘히 생각하였다.
"아무래도 좋지 않은데. 생각해봐, 노아. 2, 3년이면 그 치는 가석방이 될 거야. 그렇게 되면 밤에 우리 집에 침입하여 나를 쏠지도 몰라. 검사 보고 그만두라고 말해."
"그렇지만 하워드……."
"좋으니까 그렇게 하라고."
그는 계속 주장하였다.
"그리고 그 사나이한테 내가 고소를 취하했단 것도 분명히 이해시키는 거야."
나는 하는 수 없이 지방검사인 뷰론 피츠한테 가서 하워드의 결정을 전하였다. 상대방을 석방하라는 말을 듣고 피츠는 몹시 화가 났지만 하워드가 증언하지 않겠다고 했기 때문에 어쩔 수가 없었다.
나는 경찰에서 나온 아크세르손을 불러 시계 주인이 당신을 도와준 은인이라면서 순순히 타일렀다. 정말로 죄를 뉘우치고 있는 듯한 그에게 나는 새옷을 사주었으며 뉴욕까지 차표와 2백불의 돈을 주었다.
그러나 은혜도 모르는 형편없는 그 선원은 산바나디노에서 내리자 로스앤젤레스로 되돌아와 하워드 휴즈를 명예훼손으로 고소하려 했다. 그 선원이 고소를 의뢰한 변호사들을 내가 차례로 만나 손을 떼라고 설득하는 바람에 세 사람째에 가서 그도 체념하고 어디론가 가버렸다.

하워드와 비리 다브의 로맨스에는 단 하나의 문제가 있었다. 그녀에게 남편이 있었다는 사실이었다.
비리가 영화배우로 활약한 퍼스트 내셔널 영화의 아빈 빌라트라는 감독이었으며 하워드가 비리한테 마음을 뺏겼을 때는 별거중이었다. 당연히 하워드는 모든 것을 청산하고 비리와 결혼하고 싶어 했다.

하워드가 비리에 대해서 어느 정도로 진지한지를 내가 안 것은 그의 고문변호사인 닐 매카시한테서 온 전화를 통해서였다.

"하워드와 빌라트가 서로 이야기해서 빌라트는 이혼에 동의했어. 그래서 하워드는 빌라트한테 천 불짜리 지폐로 32만 5천 불을 주게 되었으니 준비해두도록."

물론 매카시를 신용하지 않은 것은 아니지만 너무나도 금액이 컸으므로 나는 하워드한테 확인하는 전화를 걸었다.

"아, 맞아 그대로야. 빌라트한테 그만큼 주게."

그렇지만 문제는 천불짜리 지폐로 32만 5천 불이란 돈을 어떻게 마련하는가였다.

가까이에는 당장 그만큼의 천불짜리를 마련할 수 있는 은행이 없다. 그래서 나는 거래하는 은행으로 가 수표를 끊게 한 다음 그것을 연방준비은행으로 가지고 가 3백25매의 천불짜리 지폐를 받아 가지고 나왔다. 32만 5천 불의 현금인 것이다. 그것을 호주머니에 넣고 돌아올 때의 그 불안했던 마음을 상상해보라. 그러나 다행히 그날 나에게 눈독을 들이는 강도는 없었다.

무사히 닐 매카시의 사무실에 도착한 다음 나는 안도의 숨을 내쉬면서 돈을 매카시한테 넘겨줬으며 매카시는 그것을 빌라트한테 갖다주어 거래는 완료되었다.

이혼수속은 하워드 자신이 직접 한다며 자기 비행기로 비리를 네바다로 데리고 갔다. 사람의 눈에 잘 띄는 리노나 라스베가스가 아니고 별로 잘 알려지지 않은 시골 마을에서 비리는 6주일 동안 지낸 다음 조용히 이혼을 성립시켰다.

비로소 자유의 몸이 된 비리를 위해 여러 가지 계획을 세웠던 하워드는 우선 그녀를 두 편의 영화에 출연시켰다. 그 중 하나는 세스타 모리스가 공연한 〈코크 오브 더 에어〉(하늘의 대장)이었는데 하워드는 이 영화 촬영에 〈헬즈 엔젤즈〉의 비행기를 이용하였다. 그렇지만 흥행성적은 앞의 작품에 이르지 못하였다. 나머지 한 개는 〈디 에이지 포 러브〉(사랑할 나이)라는 코미디물이었는데 이 역시 흥행성적은 별로 신통치 못하였다.

하워드는 두번째의 유럽여행에 비리를 동행시켰다. 두 사람이 돌아왔을 때 하워드는 여전히 비리를 열애하는 것 같았지만——이것도 장차 되풀이될 패턴이 되지만——그녀와 결혼하겠다는 그의 계획에는 좀처럼 진전이 없었다. 결국 두 사람 사이에 자주 다툼이 일어나자 헤어졌으며 그녀의 영화 출연계획도 두 편으로 끝나게 되었다.

비리 쪽은 그것을 조건으로 촬영하지 않은 세 영화의 출연료 전액——25만 5천 불을 요구했지만 하워드의 재정을 요리하고 있는 나로서는 그렇게 간단히 응할 수가 없었다. 대체로 영화계에서는 계약문제는 액면보다 낮은 선에서 타결되는 것이 관례였으므로 나도 그와 같은 관례에 따르기로 하였다.

하워드도 이 문제에 대해서는 아무 말도 하지 않았다. 그 결과 비리와의 계약은 10만 불로 깎을 수가 있었다.

12. 수송자가 된 노아

나는 여러 가지로 특수한 일을 하워드한테 지시받았지만 그 중에서도 최고의 일은 휴즈 집안이 간직해둔 술을 텍사스에서 캘리포니아까지 운반했을 때였다.

그 임무는 특수했을 뿐 아니라——위법이었다. 때는 1930년이었으므로 술을 가지고 주(州境) 경계를 을 넘게 되면 실형이 선고되는 금주법시대였다. 보르스테드 법에 의해서 금지된 액체를 취급하는 자에 대해서는 도처에서 연방정부의 검사관이 눈을 번뜩이고 있었다.

나는 술꾼이 아니었다──아니, 제 1 차 세계대전 후에 제18조 수정조항이 시행될 때까지는 한 방울도 마시지 않았다. 그런데 다른 대부분의 미국 시민도 그것이 금지된 후 술을 마시는 일에 흥미를 느낀 것이다. 아무래도 인간에게는 위법인 일을 해보고 싶어 하는 잠재적 욕구가 있는 모양이다.

하워드도 별로 술을 마시지 않았다. 그런데 그에게는 기묘한 소유욕이 있어서 그것을 만족시키기 위해서 자기한테 그다지 필요치도 않은 것까지 소유하고 싶어했다. 내가 이렇듯 위험한 임무를 수행해야만 하는 것도 그 때문이었다.

내가 그 일을 하워드한테 지시받은 것은 1930년에 뉴욕으로 출장갔을 때의 일이었다.

"거기서 휴스턴으로 가주게나. 한 가지 처리해줘야 할 일이 있으니까. 도착하거든 전화해줘."

이미 5년 동안을 그와 관계를 가져온 나로서는, 그로부터 전화를 받았을 때는 아무것도 묻지 않는 것이 현명하리라는 것을 알고 있었다. 그 이유 중 하나는 그가 전화로는 중요한 이야기를 하기 싫어했기 때문이었다. 전화도청이 하나의 기술이 되기 훨씬 이전부터 그는 장사라든가 사생활의 비밀이야기가 전화로 도청되는 것을 매우 경계하였다.

전화뿐만 아니라 직접 이야기하고 있을 때도 하워드는 CIA와 같은 비밀주의에 사로잡혀 있었다──그것도 중앙정보국이 아직 존재하지 않았을 무렵부터였다. 이것은 그의 아버지가 굴삭용 송곳의 특허권을 지키기 위해 무척 애썼으며 마침내는 종업원이었던 리드가 청사진을 가지고 나갔었다는 데 하나의 원인이 있다고 여겨진다.

뉴욕에서의 일을 마치자 나는 휴스턴으로 가서 다음 임무의 구체적인 이야기를 듣기 위해 하워드한테 전화를 걸었다. 하워드는 우리들의 이야기가 도청당할 위험성이 없다는 것을 조심스럽게 확인하고 나서 비로소 이야기의 내용을 밝혔다.

1920년에 금주법이 발효되자 하워드의 아버지는 라이스 호텔 바에 남아 있던 저장분 전부를 사버렸다. 그 많은 술은 휴스턴의 요캄 거리에 있는 휴즈 저택에 봉인된 지하창고에 계속 저장된 채 있었다. 그것을 하워드는 나더러 로스앤젤레스까지 운반하라는 것이었다.

"그렇지만 하워드."

나는 저항하였다.

"주류의 운반은 법률로 금지되어 있단 말야."

"아, 알고 있어. 그렇지만 당신은 여러 모로 재치가 있으니까. 게다가 신뢰할 수 있는 사람도 당신뿐이고."

고용주가 이 정도로 믿어준다는 것은 결코 기분나쁜 일은 아니다. 그렇지만 동시에 나는 보르스테드 법을 어긴 다른 밀수자 내지는 밀주업자와 함께 형무소로 들어가는 자신의 모습을 상상해봤다.

그렇지만 아무리 내가 그만두게 하려 해도 마이동풍격이었다. 뭔가 하고 싶다면 이미 그것밖에 생각하지 않는 그였다.

"어떤 문제가 있든 상관없어. 어떻든 뮤아필드 거리 311의 집에 있는 그 술을 운반해줬으면 좋겠어."

이제는 임무를 수행하는 방법 이외는 다른 방도가 없었다.

우선 나는 신용할 수 있는 변호사한테 의논하여 법률에 저촉되는 부분을 조사하였다. 변호사의 이야기로는 합법적으로 취득한 술이기 때문에 텍사스 내에서의 운반은 위법이 아니지만 역시 캘리포니아까지는 가지고 갈 수 없다고 하였다. 캘리포니아 주는 다른 주보다 제일 먼저 금주법을 그대로 받아들여 합법이건 비합법이건 관계없이 술을 가지고 들어오는 것을 일체 금지해버렸던 것이다.
 따라서 역시 법률을 무시하지 않으면 안 되었다. 그렇다고 해서 나의 고용주가 명령을 철회할 리도 만무할 테니 어떻게든지 하지 않으면 안 되었다.
 하여간 나는 휴즈의 저택으로 갔다. 하워드가 나가버린 후 저택에는 그의 아주머니인 루미스 부인이 살고 있었다. 나는 지하실로 내려가 아버지 하워드가 죽은 후 한 번도 열린 적이 없는 녹이 쓴 쇠문 앞에 섰다. 자물쇠를 여는 방법은 주인의 죽음과 함께 알 수 없게 되었으므로 나는 자물쇠 가게 사람을 불러 열게 하였다.
 철문 안은 그야말로 술꾼들의 천국이었다. 최고급의 스카치, 바본, 진, 럼주, 앵조한 연수가 들어 있는 와인 외에도 각종의 진귀한 술이 여러 줄로 장소가 좁다고 할 만큼 길게 늘어서 있었다. 그렇지만 여기에 감탄만 하고 있을 때가 아니었다. 나는 병 수를 센 다음 그것을 서해안까지 비밀로 운반하는 데 가장 적절하게 짐꾸리는 방법을 생각해봤다.
 하워드의 조수 중에서 믿을 만한 자 두 명을 오라고 해서 셋이서 술병을 책상 크기만한 철상자에 채워넣었다. 병을 한 병 한 병씩 철상자의 칸막이 속에 넣고 그 사이사이에는 톱밥을 채웠다. 가득 채운 케이스는 뚜껑을 닫고 그 사이에 땜질을 했다. 그 금속 케이스를 다시 2개의 나무 상자에 넣어 양철로 된 띠로 묶었다.
 그렇지만 도중에 내용물을 검사하려 할 때 이것을 어떻게 막을 것인가? 나는 생각 끝에 나무 상자에 '노출 끝 미현상 필름'이라고 스텐실로 적어넣었다.
 그런데 그 나무상자의 엄청난 무게! 네 사람이 가까스로 얹어놓을 수가 있었다. 이어 나는 웨스트하이마 스토리지(창고)사한테 그것을 로스앤젤레스까지 수송해달라고 부탁하고는 캘리포니아로 돌아와 짐이 도착하기를 기다렸다. 그 사이에 하워드의 뮤아필드 집 지하실에 철문과 자물쇠가 달린 콘크리트 저장실을 만들도록 수배하였다.

내가 캘리포니아로 돌아온 지 1주일이 지났을 때 사잔 퍼시픽의 화물취급소로부터 필름의 짐이 도착하였다는 전화가 있었다. 나는 한숨 놓았다. 최소한 나의 위장 화물이 검사를 받지 않고 주 경계를 넘어올 수가 있었던 것이다. 난관을 돌파하였다——고 생각하였다.

나는 화차를 하워드의 집에서 수 블록밖에는 떨어져 있지 않은 하이란트 거리와 산타모니카 거리의 모서리인 퍼시픽 일렉트릭의 조차장으로 돌려달라고 부탁하였다. 거기서부터 밤을 이용하여 금속 케이스를 하나씩 트럭으로 운반할 계획을 세웠던 것이다. 이것은 중간 도난을 방지하기 위해서이기도 하였다. 왜냐하면 우리의 짐은 갱들이 침을 흘릴 만한 물건이었기 때문이다.

"짐을 실은 화차를 조차장에 얼마동안 놔둘 수가 있습니까?"
나는 퍼시픽 일렉트릭 조차장의 책임자한테 물었다.
"그것은 시간이 초과되면 초과분의 유치요금만 내면 언제까지 놔둬도 상관없습니다만 단지 하나 문제가 있습니다."
"문제라뇨?"
"휴스턴에서 짐을 운반해온 화차는 솜을 나르는 차로서 그런 화차는 캘리포니아 주에서는 법률로 전부 내용물과 함께 훈증소독(燻蒸消毒)하지 않으면 안 되게 되어 있습니다. 그래서 이미 주의 농무국 쪽에 연락을 해두었습니다.——"
나는 심장이 터질 것 같은 기분이 들었다.
"훈증소독, 그건 어떻게 하는 겁니까?"
"대단한 건 아닙니다. 모든 것을 다 펼쳐놓고 소독할 뿐입니다."

"아……. 그, 그건 안 되겠는데요!"
나는 소리쳤다.
"저건 필름입니다. 나의 고용주는 영화 제작자인데 저 상자에 들어가 있는 것은 다 영화가 될 촬영이 끝난 필름입니다. 만약 연다면 다 못쓰게 돼버려 난 해고당하고 맙니다."
"미안합니다만 화차를 선택할 때 좀 더 신경을 써야 했을 걸 그랬습니다. 이제 어쩔 수가 없습니다. 법률을 위반할 수가 없으니까요."
재치가 넘치는 노아 디트리히도 마침내 스스로 구덩이를 파버리고만 모양이었다. 난 탄식했다. 법망을 뚫고 가려고 하다가 다른 법망에 걸려버린 셈이다.
캘리포니아의 솜을 솜벌레로부터 지키기 위한 법률때문에 하워드는 귀중한 술을 몰수당할 것이며 나는 형무소로 직행을 할 형편에 놓여버렸다.
나는 변호사한테 딱한 입장을 호소하였다.
"그것 아주 딱하게 되었군요."
그는 남의 일처럼 말하였다.
"밤에 트럭을 조차장에 대서 그 상자를 실어내오면 어떻겠습니까?"
하고 내가 묻자 내 앞으로 온 짐을 내 자신이 빼내오는 것은 죄가 되지 않는다고 변호사는 설명하였다.
"그러나 짐을 빼내오려면 주 경계를 넘을 때 화차에 붙인 봉인지를 떼어버리지 않으면 안 됩니다. 그 봉인을 훼손시키는 것은 연방법으로 금지하고 있습니다."
"어기면 어느 정도의 형이 됩니까."
"벌금 1만 불, 혹은 1년의 옥살이……또는 양쪽 모두 다일 때도 있죠. 재판관이 어느 정도로 관대하냐에 달려 있습니다."
"아, 우선 그것만 알아도 훨씬 마음이 가벼워졌습니다."

"그래서 어떻게 할 생각인가요. 노아?"
"아직 모르겠습니다."
내가 이렇게 말하였다.
"당신은 모르고 있는 편이 나을 겁니다."
어쨌든 훈증소독은 2일간 연기를 받았다. 그렇지만 시간은 기다려주지 않고 마침내 다음날 아침 10시에 소독이 있게 되었다. 나는 생각다 못해 전문가한테 의논하기로 하였다.
조차장 옆에 헐리우드 스토리지사라고 하는 필름 전문의 보관 운송회사가 있었으므로 그곳 업무주임을 만나 사정을 설명하였다. 물론 상자 안의 물건에 대해서는 말하지 않았다.
"내일 아침 10시까지 어떻게든지 조치를 취하지 않으면 필름은 다 못쓰게 되어 버립니다."
내가 이렇게 말하였다. 그러자,
"한 가지 방법은 있습니다."
하고 대답하였다.
"어떤 방법이 있습니까? 어떤 방법이?"
"그 화차의 봉인지를 떼내었다가 다시 붙이는 방법이 있습니다. 내가 한다면……2백 불로 맡겠습니다."
"즉 화차에서 짐을 내리고 다시 봉인해둔다는 이야기입니까?"
"그렇습니다."
"그렇지만 검사관이 와서 짐이 없어진 것을 알게 된다면 어떻게 하죠?"
"아닙니다. 제대로 봉인이 되어 있는 이상 어쩔 수가 없습니다. 질책을 받는 건 짐을 잃은 차주 쪽일 테니까요."
나는 싱긋 웃은 다음 2백 불을 건네주었다.
그날밤 11시 반에 내가 조차장에 가자 두 대의 트럭과 두 조의 인부가 기다리고 있었다. 조차장의 관리주임은 부부 동반으로 영화를 보러 갔다고 하기에 우선 안심할 수가 있었다. 그런데 내가 화차로부터 봉인지를 겨우다 뜯어냈을 때 관리주임이 나타났다. 영화를 보고 돌아오는 길에 뭔가 점검할 것이 있어 들린 모양이었다.

한밤중에 조차장에서 나를 발견한 그는 깜짝 놀라며 소리쳤다.

"디트리히 씨? 이런 데서 뭘 하고 있습니까?"

재빨리 변명할 구실을 생각해내지 않으면 안 되었다.

"아냐…사실은…사실을 말하면, 역시 어떤 일이 있어도 이 상자를 내일 아침 개봉할 수가 없습니다."

여기까지는 사실이었다. 나는 계속 말하였다.

"만약 이 필름이 못쓰게 되면 나는 해고되어 아내와 두 딸을 양육할 수가 없게 되어버립니다. 그래서 어떻게라도 해보려는 생각에서……. 지금 여기서 필름을 가져나가게 해준다면 사례로 천 불을 드리겠습니다."

관리주임은 나를 마치 알 카포네의 부하처럼 여기는 듯했다.

"도대체 무슨 꿍꿍이 속이 있는지 모르지만……."

그는 중얼거리듯이 말하였다.

"아무래도 이상하니까 나는 경찰을 부르겠어요."

관리주임이 전화 쪽으로 달려간 사이에 나는 봉인을 다시 붙이고 인부들한테 말하였다.

"미안하지만 여러분, 오늘 밤은 중지입니다. 내일 아침 다시 전화하겠어요."

인부들은 제각기 고개를 흔들며 돌아갔다. 나는 차에 올라타서 조차장에 주의하면서 1시간 정도 그 주변을 돌아봤다. 그때 경관이 도착하였다. 그러나 아무데도 이상이 없었으므로 그 이상의 어떤 행동도 취하지 않고 단지 총만 꽉 잡고 경계하고 있었다.

나는 밤을 세워가며 새로운 대책을 생각하려고 했지만 다가오는 시간에만 신경이 쓰여 머리가 멍해져 아무것도 생각할 수가 없었다.

충혈된 눈을 하고 다음날 아침 9시 30분에 나는 조차장 관리실로 갔다. 관리주임은 아직도 나를 수상쩍게 여기며 냉랭한 눈초리로 보고 있었는데, 조차장에 있는 젊은 사나이를 가리키며 말하였다.

"저 친구가 주의 농무국에서 소독하러 온 사람입니다."

마지막 기회였다.

나는 그 젊은 사나이를 구석진 데로 끌어들여, 필름을 못쓰게 되면 해고당해 아내와 두 딸을 굶어죽게 할 수밖에 없다는 호소를 되풀이하였다. 그러자 놀랍고도 다행스럽게 그가 동정해주었던 것이다.

상대방의 눈에 연민의 불이 켜지는 것을 보고 나는 계속 말하였다.

"실제로 법률을 어기는 일은 되지 않습니다. 안에 벌레가 들어가는 일은 없을 테니까요. 저 나무상자 안에는 금속 케이스가 들어 있으며 땜질하여 밀봉돼 있으니까?"

"으응."

소독계가 앓는 소리를 냈다.

"만약 그 금속 케이스를 열면 큰일납니다."

나는 계속 호소하였다. 그것은 사실이었지만 내 머릿속에 있었던 것과 그가 나의 말을 통해 상상한 것과는 일치하지 않았다. 정말로 '큰 일'은 다음과 같은 신문 머릿기사일 것이다.

하워드 휴즈의 보좌역
술 밀수로 체포되다

이러한 활자가 나의 뇌리 속에서 얼쩡거렸을 때 그가 거의 혼자말처럼 말하였다.
"그렇지만 저도 적당히 일을 할 수는 없잖습니까?"
"이런 일을 계속 하고 싶은가요?"
내가 물었다.
"아니 별로요. 이것은 휴가 중의 아르바이트입니다. 일하면서 대학을 다니고 있으니까요."
"만약 아르바이트를 하지 않아도 된다면 뭣을 하겠습니까?"
"글쎄요, 아내와 아이들과 함께 요세미티 공원에 가서 휴가를 즐기겠습니다."
"그래요. 가족과 함께 요세미티를 가려면 어느 정도의 돈이 듭니까?"
"6,7백 불."
나는 호주머니에서 돈뭉치를 꺼내 7백 불을 뽑아 그의 손에 쥐어 주었다.
"이돈 때문에 무엇을 해야 하는 겁니까?"
그는 이렇게 물었다.
"단지 상자만 화차에서 내가게 해주면 됩니다."
"하긴 남의 물건을 훔치는 것도 아니니까…… 괜찮겠지요. 당신이 상자를 가지고 나간 후 화차를 소독하겠습니다."
"정말 감사합니다."
나는 곧 운송회사에 전화를 걸어 트럭과 사람을 부탁하였다.
'필름 상자'가 화차에서 트럭으로 옮겨지는 사이에 관리주임이나 세무관 같은 인물이 나타나지 않을까 싶어 전전긍긍했지만 다행히 아무도 오지 않았다.
"고마워요."
나는 소독계의 손을 굳게 쥐고는 다시 한 번 감사 표시를 하고는 운전수를 향해 소리쳤다.

"자, 갑시다!"

트럭은 갱 영화의 강탈범인의 차처럼 조차장에서 빠져 나갔다. 나는 미행하는 차가 있나 싶어 뒤를 지켜보았다. 미행자가 없는 것을 확인하자 나는 트럭을 어떤 창고로 몰게 했다. 직접 하워드의 집으로 가져가게 되면 혹시 사건이 생겼을 때 그를 말려들게 할지도 몰라 그것을 피했던 것이다.

며칠이 지났지만 아무 일도 일어나지 않았다. 그래도 여전히 '수수께끼의 짐'의 행방을 쫓고 있는 자가 있을지도 모른다는 생각에 상자를 다른 창고로 옮기도록 명령하였다.

이윽고 아무도 뒤를 쫓는 자가 없다는 확신을 갖게 된 후에 나는 상자를 휴즈의 저택으로 가져가게 했으며, 새로 마련한 콘크리트의 지하 저장실에서 비로소 짐을 풀었다.

술을 다 챙겨넣고 나서 나는 하워드에게 전화를 걸었다.
"술병을 전부 지하실에 넣었어요. 한 방울도 흘리지 않았어."
"좋았어."
하고 그가 말하였다.
"노아라면 가지고 올 수 있을 줄 알았어."

그뿐이었다. 어떤 식으로 운반해왔는지는 묻지도 않았다. 나 역시 형무소행을 각오하고 하지 않으면 안 되었다는 것을 말하지 않았다. 결국 이것도 '노아라면 가능하다'는 하워드의 신념을 굳히게 한 것에 지나지 않았다.

하워드 휴즈의 그 밖의 많은 에피소드와 마찬가지로 이것에도 후일담이 있다.

내가 대량의 술 운송업자 역할을 해낸 다음 2,3개월이 지난 어느 날, 하워드는 나를 자기집으로 불러들여 지하실 앞으로 데리고 갔다.

"이 술창고의 자물쇠의 숫자조립을 바꾸고 싶은데. 아무래도 사용인도 믿을 수 없고 손님들 중에도 내가 다이얼 돌리는 것을 본 자가 있거든. 어쩌면 숫자의 조립을 기억하고 있는지도 모르니까 말야. 신용할 수 있는 건 노아뿐이니까 당신에게만 숫자 조립을 알게 하고 싶어."

하워드가 이렇듯 솔직한 기분을 털어놓는 건 극히 드물었으므로 나도 기뻤다. 실제로 하워드는 나에 관한 한 근심할 필요가 없었다. 나는 거의 술을 마시지 않았을 뿐 아니라 그 정도의 술을 살 만한 여유가 있으니까 말이다.

"그럼 둘이 기억하기 쉬운 숫자의 조립을 생각해보도록 하자구. 적어두지 않아도 되도록 말야."

하워드가 말하였다.

이것저것 생각한 끝에 우리들은 7의 배수를 쓰기로 하였다. 왼쪽으로 7, 오른쪽으로 14, 다시 왼쪽으로 28, 이어 오른쪽으로 56.

그로부터 몇 달 동안은 나나 하워드나 술 창고를 열 기회가 없었다. 그러던 어느 무렵에 하워드는 휴가를 얻어 그의 새로운 요트 '사잔 크로스(남십자성)'호를 정박시켜두었던 낫소로 향했다. 사교계의 친구들을 초청해서 파나마 운하를 통과해서 멕시코 연안을 거슬러 올라가는 항해에 데리고 갔다.

아카푸르코에서 하워드는 전화를 걸어왔다.

"여기까지 비행기를 보내줘, 돌아갈테니."

"로스앤젤레스까지 배로 돌아올 예정이 아니었나?"

하고 내가 물었다.

"아, 그럴 예정이었지만 이들 명사라는 작자들한테 이미 싫증을 느꼈어. 그저 마시는 일밖에 생각하지 않는단 말야."

끊기 전에 하워드는 두세 가지를 지시하였다.

"하인들한테 내가 돌아간다는 것을 전해주고……그리고 술창고를 열어놓아주게나. 두세 명 손님을 데리고 가서 마실 테니까."
 나는 아카푸르코로 비행기를 보내고 이어 뮤아필드 거리에 있는 하워드의 집에 들러 하인들한테 주인이 돌아온다는 것을 알려주었다. 그리고는 지하로 내려가 술 창고의 자물쇠를 열려고 하였다.
 숫자 조립은 7의 배수였다. 7, 14, 28, 56. 이것으로 열릴 것이다. 그러나 철문은 은행의 금고처럼 굳게 닫힌 채 열리지 않았다.
 다시 한 번 시험해봤다. 7, 14, 28, 56. 여전히 열리지 않았다. CPA(공인회계사) 시험을 돌파한 기억력이 쇠약해진 것일까? 그럴 리가 없었다. 나는 20번 이상 다이얼의 숫자를 맞추어 보았지만 철문은 꼼짝도 하지 않았다.
 그렇지만 열어놓으라는 하워드의 명령이었다. 그렇다면 방법은 하나밖에 없다. 나는 자물쇠 집의 사람을 불러 드릴로 자물쇠를 빼내게 한 다음 새로운 것으로 바꾸었다.
 아카푸르코에서 돌아온 하워드한테 술창고의 자물쇠가 열리지 않았었다고 이야기하였다.
 "지하실에는 습기가 많기 때문에 틀림없이 녹슬은 거야."
 이렇게 내가 추측하자 그는 얼굴에 쑥스러운 듯한 웃음을 지어보이며
 "미안해, 노아. 잊고 있었어. 그날 밤 노아가 돌아간 후 다시 자물쇠를 다른 숫자의 조립으로 바꾸어놓은 거야."
 이렇게 말하면서 그는 나의 옆구리를 쿡쿡 찌르며 웃었다.
 후에 나는 이러한 작은 사건의 의미에 대해서 생각해봤다. 나는 형무소행의 위험까지 무릅쓰고 그 술을 몰수되는 상황으로부터 구했었다. 게다가 나는 그에게 가장 가까운 보좌역이며 그가 가장 신뢰하고 있는 사람이다.
 그런데 그는 나한테까지도—— 술은 거의 마시지 않는 나한

테까지도 술 창고 자물쇠의 숫자 조립을 가르쳐줄 수가 없었던 것이다.

13. 억만장자가 되는 방법

"만약 지금 가지고 있는 돈이 다 없어지면 어떻게 할 텐가?"
언젠가 나는 하워드한테 이렇게 물은 적이 있었다.
"비행기를 타고 태평양 한복판으로 나가……."
그는 대답하였다.
"바다로 추락하는 거야."
행인지 불행인지 그의 이와 같은 결심을 시험할 기회는 결국 주어지지 않았다. 휴즈 공구회사의 오직 한 사람의 주주로서의 그는 한번도 가난을 경험하지 않았다. 그러나 그러한 그도 현금이 없어 곤란을 받은 일이 있었다. 사실이다—— 하워드 휴즈도 현금 부족으로 시달림을 받은 적이 있었던 것이다. 경제 불황 때에는 어떤 일이라도 일어날 수 있다.

불황이 아니더라도 하워드 휴즈와 같이 무계획적이기 그지 없는 재정으로는 어떤 일이 발생할는지 모르는 일이다. 휴즈 공구회사는 거의 쉬는 일 없이 이익을 낳았다. '풍요의 뿔'(그리스 신화에서 제우스한테 젖을 먹인 양의 뿌리라고 하며 곡물이나 과일이 넘쳐흐른다고 한다. 풍요의 의미로 쓰이는 물건)이었다. 그렇듯 경이적인 회사도 비상식적인 주인의 낭비를 따라갈 수가 없었다.

초기의 하워드는 그렇게 특필할 만한 큰부자는 아니었다. 모간, 메론, 록펠러, 반다빌트 등과 같은 대재벌의 수준에는 크게 미치지 못하였었다.

그렇다면 어떻게 해서 하워드 휴즈가 이들 대재벌 속에 한몫 끼게 되었으며 마침내는 그들을 앞질러 미국 제일의 대부호가 될 수 있었을까?

그 까닭을 이야기하기로 한다.

본래 그와 같은 성공의 이야기는 1924년에 18세 된 한 젊은이가 유정굴삭용 송곳의 생산과 소유권으로 번영을 계속하고 있는 회사의 4분의 3을 상속한 데서부터 비롯된다. 이 젊은이는 휴즈 공구회사의 백 퍼센트의 소유자가 될 때까지 만족하려고 하지 않았다.

그는 나머지 4분의 1을 상속한 친척들로부터도 자신에게 팔도록 요구하였다. 처음에는 모두 팔려고 하지 않았으므로 하워드는 집요하게 설득을 계속하였다. 그것이 너무나도 끈질겼으므로 화가 난 숙부 루파트는 한 차례 그의 멱살과 바지를 잡고는 밖으로 내던졌다고까지 전해지고 있다. 그래도 하워드는 다시 돌아와 계속 요구했으므로 드디어 그의 끈기에 항복하고 단지 그를 쫓아내기 위해 가지고 있는 주식 전부를 팔아버렸다.

그로부터 그는 계속 휴즈 공구회사에 대한 그의 권리를 분할하려고 하는 경영진이라든가 융자가 및 투자가들과 싸워왔다.

"나는 어떤 일이 있어도 공구회사의 소유권을 분할하는 일을 절대로 하지 않을 거야."

하고 그는 내내 이렇게 말하였으며 그 말을 지켰다.

그렇지만 공구회사의 전체 권익을 완전히 장악하고 있다는 것만으로는 그도 억만장자가 될 수 없었을 것이다. 그가 그런 부호가 될 수 있었던 것은 1930년에 발생한 몇 가지 사건이 요행을 안겨주었기 때문이었다.

이런 경위를 이해하려면 휴즈 공구회사의 특이 체질에 대한 지식을 다시 한 번 머릿속에 넣어둘 필요가 있다. 이 회사는 다른 대부분의 제조회사와 다음과 같은 점에서 달랐다.
 1. 완전히 하워드 휴즈 한 개인이 소유하고 있는 회사였다.
 2. 배당을 한 번도 한 일이 없었다.
 아니 한 번도는 아니다. 내가 알고 있는 한에서는 꼭 한 번 공구회사가 정식으로 배당을 발표한 일이 있었다. 하워드가 사장이 된 지 얼마 안 되어서의 일이었다. 그는 자기한테 7만 5천 불의 배당금을 지불하고 자신의 연봉을 5만 불로 정하였다. 그 이후 공구회사로부터의 그의 연봉이 5만 불을 초과한 일이 없다.
 1930년에 휴즈 공구회사의 이와 같은 특수성이 연방정부의 눈에 띄게 되었다. 당시 정부는 이익 잉여금의 부당한 축적에 대해서 범칙을 만들어놓고 있었다. 이것은 기업의 이익을 강제적으로 배당이나 설비투자에 충당케 하여 통화의 유통을 원활하게 유지하려는 데 목적이 있었다. 이와 같은 초과 수익의 축적에 대한 범칙금은 최초의 10만 불에 대해서 27.5퍼센트, 그 이상은 37.5퍼센트라고 하는 지독한 것이었으며 그것도 초과액이 아닌 회사의 총순이익금에 대한 것이었다.
 휴즈 공구회사는 이 징벌적(懲罰的) 초과 이득세를 자그마치 5백만 불이나 지불하라는 명령을 받았다.
 이를 들은 하워드는 몹시 화가 났다. 누구나 세금을 싫어하겠지만 하워드만큼 이것을 싫어한 인간은 없을 것이다.
 "정부에 그만한 돈을 줄 수는 없어!"
 그는 물어뜯을 듯이 이렇게 말하였다.
 "어떻게 하면 물지 않을 수 있을까?"
 "초과 이득세 면제 소송을 제기하는 거야."
 "좋아, 곧 제소하겠어."
 하워드는 인터내셔널 리베뉴 서비스(내국세 수입국)의 상소부에 이의를 신청하였다. 당시에는 이 상소부가 세금관제의 법원으로서 역할을 다하고 있었다. 나는 휴즈 공구회사가 확장계획을 세우고 있음을 나타내는 많은 자료를 준비했으며 하워드는 변호사를 고용하여 자신의 주장을 진술케 하였다. 그리하여 전적으로 승리하였다. 그런데 이번에는 그 변호사가 17만 5천 불을 청구해왔다. 나는 너무 비싸다고 생각하여 5만 불을 불렀다. 그러자 변호사는 이를 거부하고 소송을 제기했다. 재판장은 나와 변호사의 자료를 비교하고는 변호사가 받아야 할 타당한 변호 수수료를 3만 불로 판결하였다.

하워드는 재판에 이겨 기분이 좋았지만 다음 해부터의 일을 걱정하지 않으면 안 되었다.

"두 번 다시 초과 이득세를 부과당하지 않으려면 어떻게 하면 좋지?"

하고 묻는 그에게 나는 세무관과의 오랜 교제에서 배운 것을 가르쳐 주었다.

"내 경험으로는 세무관이란 회사의 장부의 고정자산을 볼 때 기계 등의 과대감가상각에는 매우 까다롭지만 감가상각이 통하지 않는 토지의 평가액에 대해서는 그다지 주의를 기울이지 않아. 게다가 정부로서도 이익이 회사의 확장에 충당되어 축적만 하지 않으면 잔소리할 게 없는 거야. 그러니까 회사는 그러한 명목으로 이익을 자산으로 바꾸어가면 될 걸세."

이와 같은 사고방식으로 해서 '휴즈 제국'의 경이적인 성장의 패턴이 생긴 것이다. 하워드는 과세대상이 되는 배당료를 자기 자신한테 지불하지 않음으로써 소득세는 피했으며 설비확장이라는 명목으로 부동산을 취득함으로써 초과이득 축적세로부터 벗어날 수가 있었다.

때로 그는 타작앵화라든가 주식의 매매, 비현실적인 사업, 거대한 비행정의 제작 같은 것에 돈을 허비하는 일은 있었지만 그의 여타의 사업이 꿈도 꾸지 못했을 만큼의 이익을 가져다 주었다. 그러한 사업 가운데는 TWA라든가 휴즈 에어크래프트(항공기 회사)도 포함된다.

이렇게 해서 토지가 '휴즈 제국'의 주요 자산이 되었다.

여러 해에 걸쳐 하워드가 사업확장이라는 명목으로 사모은 방대한 부동산은 세금을 부과당할 염려없이 장부에 기재해 둘 수가 있었던 것이다.

그러한 몇 가지 예를 들어보기로 한다.

첫째, 하워드는 휴즈 항공기회사의 설립과 운영을 위해 캘리포니아 주 카르비 시티에 1천2백 에이커의 땅을 취득하였다. 그렇지만 1950년대 초에 하워드가 휴즈 항공기회사를 제너럴 일렉트릭사에 팔려고 교섭했을 때에는 회사의 운영에 필요한 땅은 고작 2백 에이커뿐이었으며 그 밖의 땅은 거래에 포함되지 않았다. 후에 로스앤젤레스 주에 토지수용권으로 백 에이커 정도를 마지나 딜레이의 개설을 위해서 양도하게 되었지만 나머지 9백 에이커는 그대로 살아남게 되었다.

둘째, 휴즈 항공기회사는 국가예산이 통과되면 군에 양도한다는 약속으로 츠손에 파르콘 미사일 제조공장을 건설한 일이 있었다. 그때 하워드는 마을에 인접한 땅을 7섹션(1섹션은 1평방 마일의 구획으로 640에이커)을 샀는데 공장과 함께 군에 인계한 것은 1섹션뿐이었다. 나머지 6섹션은 사원용 주택용지로서 휴즈 항공기회사가 보유했지만 주택은 건립되지 않았다.

셋째, 1950년대 초기에, 하워드는 휴즈 항공기 회사를 네바다 주로 옮길 의사를 발표하여(결국 옮기지 않았다) 라스베가스 근처의 땅을 2만 5천 에이커나 사모았다. 어디서 그런 자금이 났었느냐 하면 TWA에서 그가 가지고 있는 주식을 약 5천 6백만 불에 팔았던 것이다. 그리하여 그 돈으로 호텔의 카지노라든가 목장 혹은 광산을 닥치는 대로 사버렸다.

여기서 당연히 연봉 5만 불의 배당도 받지 않는 사나이가 어떻게 해서 황후처럼 생활할 수 있을까 하는 의문이 생길 것이다.

　대답은 간단했다. 하워드는 자신의 생활 비용 전부를 회사로 하여금 지불케 했던 것이다.

　그의 비행기, 자동차, 저택 등 돈이 많이 드는 물건들은 모두 휴즈 공구회사에 의해서 지불되었다. 물론 인터내셔널 리베뉴 서비스는 그의 신고서를 면밀하게 조사하여 개인적인 출비가 분명한 금액에 대해서는 경비로서 인정하지 않았다. 그렇지만 어떤 것이 회사의 지출이고 어떤 것이 개인 지출인지 구분하기란 상당히 어려웠다.

　이처럼 억만장자가 되는 방법은 매우 간단하다. 어째서 더 많은 사람들이 억만장자가 될 수 없는지 이상할 정도이다.

14. 노력하지 않고 손해를 보는 방법

　젊었을 때의 하워드 휴즈한테는 억만장자가 될 기미가 보이지 않았다. 오히려 백만장자를 유지해나갈 수 있을까 하는 위태위태한 생각이 들기까지 하였다.

　하여간 손해볼 게 뻔한 터무니없는 일에 고개를 틀어박고만 있었기 때문이다. 예를 들면 앞서 말한 '휴즈 증기 자동차'가 그러했다. 이어 〈스웨르 호건〉이라든가 〈헬즈 엔젤즈〉 등의 적자를 낸 영화도 마찬가지였다. 침대 옆에 스톡 티커(주가 거래 표시기)를 부착했을 때는 예상이 빗나가 5백만 불 '수업료'를 지불하였다.

　주식으로서 그는 후에도 다시 5백만 불을 잃었다. 그러나 이때는 그것을 옆에서 거든 자가 있었다.

내가 그것을 처음으로 안 것은 하워드가 나를 그의 방으로 불러, 로스앤젤레스에서 유망한 보험업을 경영하고 있다는 사나이를 소개했을 때였다. 하워드는 그 사나이한테서 받은 2만 불의 수표를 나에게 넘겨주면서 말했다.

"이것을 나의 구좌에 넣어줘, 노아."

어째서 안면도 없는 사나이가 하워드에게 2만 불의 수표를 갖다주는지 그 까닭을 전혀 짐작할 수가 없었다. 그리하여 그 사나이가 돌아간 후 하워드한테 그 까닭을 물었다.

하워드의 이야기에 의하면 그 사나이는 두 명의 친구와 의논하여 자기를 만나러 왔다고 하였다. 세 명은 모두 디트로이트의 유명한 자동차 메이커를 포함하는 주식투자 금융단체의 회원이라는 이야기였다.

"우리들의 금융단체는 대단합니다." 보험업을 한다는 사나이가 하워드한테 말한 모양이었다.

"투자한 주식마다 다 크게 히트해서 모두 크게 벌었습니다. 그래서 우리들 셋이서 의논하여 하워드 휴즈 씨도 꼭 한몫 끼게 하지 않으면 미안해질거라는 생각이 들었습니다. 그렇지만 갑자기 그러한 이야기를 하면 현명한 휴즈 씨가 신용할 까닭이 없으니까, 금융단체의 일이 얼마나 돈을 버는지 알게 하려고 휴즈 씨한테는 비밀로 그 전의 매매에 휴즈 씨의 몫으로 한 장 끼어넣었던 것입니다. 이것이 그 분배금인 2만 불입니다."

이 이야기를 들은 나는 내 귀를 믿을 수가 없을 정도였다. 우선 돈으로 봉을 낚는 그러한 사기의 상투수단에 넘어가는 하워드의 순진함에 놀랐다.

"하워드, 그들이 노리는 게 뻔하지 않아?"

하고 내가 말하였다.

"당신을 봉으로 잡을 속셈인 거야."

"아냐, 그것은 지나친 생각이야, 노아."
하워드가 이렇게 고집하였다.
"그 사나이의 말에 거짓은 없어. 그렇지 않다면 어째서 2만 불이나 되는 대금을 나에게 주겠나? 그것이 무엇보다도 틀림없는 증거야."

나는 하워드를 설득시킬 수 없었으며 그는 그 금융단체에 선심쓰듯이 돈을 투자했다. 그리고는 당한 것이다. 후에 안 일이지만 그들 세 사람의 '동료'들은 싸게 산 제너럴 모터즈의 주식을 3백불의 최고가로 그에게 사라고 강요했던 것이다. 이윽고 대폭락과 함께 그 주식은 고작 8불로 떨어졌으며 하워드는 막대한 손해를 입게 되었다.

1930년에 주가가 두번째로 대폭락했을 때 나는 뉴욕에 있었는데 그 쪽으로 하워드가 전화를 걸어 다음과 같이 지시하였다.
'월 가로 가서 그쪽 거물들한테 주가가 어떻게 움직일 것인지 들어보라고."

몇 명인가 되는 전문가를 찾아가 알아본 결과 나로서는 중매인인 루로프 카튼의 의견이 제일 잘 맞는 것처럼 여겨졌다.

"휴즈 씨한테는 한동안 주식에 손을 대지 말라고 전하는 게 좋을 겁니다. 아직도 주가가 안정되어 있지 않으니 한 번쯤 더 충격이 있을지 모릅니다."

나는 이 정보를 하워드한테 전했다. 그런데 다음 날 카튼한테서 전화가 왔다.

"도대체 당신은 하워드한테 뭐라고 전했나요? 오늘 아침 그 한테서 전화로 7만 주를 사겠다는 주문이 들어왔어요. 크라이슬러 같은 것을 마구 사고 있는데 이제 곧 쓰라린 경험을 하게 된 겁니다."

그의 말 그대로 하워드는 쓰린 맛을 보았다. 그는 신용거래를 했기 때문에 예상에 빗나간 것에 대해 많은 현금을 지불하지 않으면 안 되었다. 그 돈은 여느 때처럼 휴즈 공구회사에서 나왔다. 이때는 공구회사도 그의 투자를 따라갈 수 없을 정도였다.

이 투자 금융단체 사건은 값비싼 교훈이 되었으며 남에 대한 불신감을 조장하는 결과가 되었다.

당초 하워드한테 2만 불을 베푼 보험업을 한다는 사나이는 결국 사기죄로 기소된 끝에 중국으로 도망쳐 자살하고 말았다.

〈헬즈 엔젤즈〉를 제작하고 있을 때에는 그가 컬러 필름업에 손을 대었다, 영화계에서 있어서 컬러의 중요성을 생각하면 이것은 선견지명이 있다고도 할 수 있을런지도 모른다. 단지 손을 댄 것이 10년이 빨랐던 것이다.

어떤 날 영화 감독인 로란드·V·리와 그의 의붓아버지이며 역시 감독인 윌리엄 와진턴이 컬러필름의 새로운 처리방식을 개발하겠다는 이야기를 하워드한테 했다. 당시에는 컬러필름이 거의 제작되지 않았으며 그보다 전인 초기 무렵에는 필름에 색깔을 첨가하고 싶을 때에는 손으로 채색하였다. 그 후 몇 개인가의 영화에서 특정 장면이 그 장면에 맞는 단색으로 —— 밤의 장면은 청색, 화제장면은 빨간색, 폭풍의 장면에는 암갈색 식으로 —— 염색을 한 일이 있었다. 테크니컬러사에 의해서 컬러 처리방식이 개발되어 있었지만 이것 역시 실용적이 아니었으며 어떤 회사도 사용하려고 하지 않았다.

리와 와진턴은 크레스피넬이라는 영국인 화학자를 하워드한테 소개하였다. 크레스피넬은 필름을 일련의 처리액에 담아서 발색시키는 방식을 고안해냈다. 이 방식은 워너 브러더즈가 영화계에서 컬러 혁명을 일으킨 것처럼 컬러 혁명을 가져온 게 틀림없었다. 다음은 자금만 있으면 실용화할 수가 있다. 여기에 하워드한테 돈을 가지고 참여해달라는 이야기였다.

그는 투자하기로 하였다. 설립된 회사는 마르티컬러사라고 불리었다. 나는 장래의 일을 생각하여 만약 회사가 도산했을 경우에는 채권자 속에 낄 수 있도록 꿔주는 형식으로 투자하도록 하워드한테 충고하였다. 그는 나의 의견에 따라 마르티컬러사의 자금의 51퍼센트를 출자하였다. 그래도 처음에는 그다지 큰 금액은 아니었다.

마르티컬러사의 거처는 헐리우드의 로메인 거리 7000번지의 2층 빌딩에 설치되었다. 이 장소는 후에 '휴즈 제국'의 유명한 거점의 하나가 되었다. 캐르틱사로부터 두 사람의 화학자를 고용했으며 마르티컬러사의 새로운 처리방식 개발을 돕게 되었고 휴즈 공구회사에서도 한 사람의 기사가 파견되었다.

언제나처럼 하워드는 다른 일에 정신을 팔았으며 새로운 사업의 감독을 나에게 전적으로 맡겨버린 셈이 되었다. 그때의 그의 관심의 초점은 비리 다브였으며 그녀를 데리고 유럽여행을 떠나버렸다.

마르티컬러사에 대한 투자는 경이적으로 불어갔다. 사옥과 새 컬러처리 방식의 개발을 위한 예산은 최초 25만 불이었지만 19만 불을 더 추가하지 않으면 완성되지 않는다고 경영 스탭진이 나에게 와서 말하였다.

나는 그 이상 투자할 가치를 인정하지 않았으므로 하워드에게 전보를 쳤다.

'컬러 영화에 대한 수요로 봐서 더 이상의 투자는 중지해야 한다고 생각함.'

하워드로부터 전보가 날아왔다.

'필요한 만큼 내줄 것. 돈에 쪼들리고 있다고 세상 사람들이 생각하는 것이 싫어.'

같은 이유로 해서 마르티컬러사에 대한 투자는 마침내 150만 불에 달했다.

그렇지만 이 사업이 실패로 끝난다는 것은 명백하였다. 우선 첫째로 처리방식 그 자체가 별로 좋지 못하였다. 1권이 깨끗이 완성되었는가 싶으면 그 다음 권은 선명하지 못해 쓸 수 없는 정도여서 그야말로 불안정하였다.

그러나 무엇보다도 타격이 컸던 것은 극장이 컬러 영화에 대해서 흑백 영화와 똑같은 금액밖에 지불하려고 하지 않는다는 점이었다. 컬러필름의 현상처리는 무척 돈이 많이 들며 당시에 영화 한편에 대해 12만 5천 불이나 들었다. 이것은 한 편의 흑백 영화에 대한 전체 제작비와 맞먹었다. 그럼에도 불구하고 대중은 컬러 영화에 별로 흥미를 나타내지 않았으며 값비싼 터키 설비로 바꾸었을 뿐인 극장은 여분의 돈을 한푼도 내려고 하지 않았다.

하워드는 마침내 양보하여 나의 투자 효율론을 받아들였다.

"좋아, 노아."

그는 한숨을 쉬면서 말했다.

"폐쇄하지."

마르티컬러사의 문은 닫혔으며 하워드와 채권자들 사이에 골치 아픈 오랜 권리투쟁이 시작되었다. 채권자들은 하워드의 마르티컬러사에 대한 투자는 자본투자이기 때문에 그에게는 자금을 회수할 권리가 없다고 주장하였다. 휴즈 공구회사가 우두머리의 채권자로 되어 있으므로 하워드 휴즈가 그 유일한 주주이기 때문에 그의 분신에 지나지 않는다는 설을 제창했던 것이다. 이것에는 하워드도 다소 두려워한 것 같다.

그 이상으로 그가 두려워한 것은 어느 날 아침의 일이었는데, 하워드는 당황하여 나한테 전화를 걸어왔다.

"차압인이 두 사람의 보안관 조수를 데리고 집에 와있어. 영장을 가지고 있고 도젠바그를 가져가겠다는 거야, 노아."

"어떻게 해서든지 붙잡아둬."

내가 말하였다.

"곧 갈 테니까."

뮤아필드의 거리를 서둘러 달리면서 나는 작전을 생각했다. 이것 역시도 나한테는 새로운 임무였다. 하워드는 여러 가지 일을 맡겼지만 그의 차를 못 가져 가게 하기 위해서 대항하게 되리라고는 생각해 본 적이 없었다, 그러나 도젠바그를 가져 가려 한데 대해서는 하워드도 큰 충격을 받았을 게 틀림이 없다. 이 자동차는 당시 세계 최고의 이름있는 차로서 그의 큰 자랑이었기 때문이다.

휴즈의 저택에 가까워지자 보안관의 차가 보였다. 아직 가져 가지는 못한 것 같다. 나는 나의 차 링컨을 차고 앞으로 몰고 가 도젠바그를 내올 수 없도록 길을 막았다, 그리고는 창문을 닫고 브레이크를 잡아당기고 문을 잠궜다. 그리고는 세 명의 차압 집행인들한테로 가까이 갔다.

"어떻게 하겠다는 겁니까?"

나는 강경한 어조로 물었다.

차압인은 나에게 영장을 보였다. 그것은 정식이었으므로 트집을 잡을 수가 없었다. 마르티컬러사의 채권자들이 청산을 위해 담보로 하워드의 도젠바그를 차압할 것이다.

차압인들과 내가 입씨름을 하고 있자 레카 차가 도착하였다.

"차를 빼내도록 해요."

보안관 조수가 나한테 명령하였다.

나는 단호하게 고개를 흔들었다.

그러자 레카 차의 운전수가 나의 링컨 안을 기웃거리고는 세 사람을 보고 말하였다.

"문제 없습니다. 기어를 넣지 않았으니 핸드브레이크의 핀을 빼버리면 이 링컨은 간단히 움직일 수 있습니다."

"내 차에 손대지 마!"

나는 경고했다.

그렇지만 우락부락하게 생긴 운전수는 나이 40에 신장 5피트 6의 나한테는 전연 위압을 느끼지 않는 모양으로 브레이크를 벗기기 위해서 차 밑으로 기어들었다. 나는 양복을 입고 있었지만 구애받지 않고 링컨 밑으로 기어들어가서 콘크리트의 차도에 모로 누워 운전수와 대치하였다.
"내 차에 손대지 말라고!"
나는 거듭 이렇게 외쳤다.
그러나 운전수는 난폭한 말을 나한테 던지고는 브레이크를 벗기려들었다. 나는 어떻게 해서든지 그것을 방해하고 싶었지만 차 밑이었으므로 몸을 자유로이 움직일 수가 없었다. 그리하여 최대의 효과를 노려 그의 급소를 힘껏 걷어찼다.
"아, 어!"
운전수는 크게 신음소리를 내며 차밖으로 굴러나갔다. 내가 일어서자 두 명의 보안관 조수가 나의 팔을 양쪽에서 잡고는 한 사람이 이렇게 말하였다.
"공부집행 방해죄로 체포하겠어."
두 사람이 나를 그들의 차로 데려가려고 했을 때 하워드가 집 안에서 나왔다.
"잠깐 기다려, 보안관."
두 사람한테서 내가 한 행위에 대해 설명을 들은 그는, 변호사와 전화로 의논할 동안 체포를 기다려달라고 부탁하였다. 이윽고 돌아온 하워드는 도젠바그와 같은 액수의 증서를 써서 차압인에게 넘겨주었다. 이것으로 모두 만족한 모양이었다. 아니 단 한 사람 불만스러운 자가 있었다. 그것은 레카 차의 운전수로서 그는 투덜투덜 나를 위협하는 식의 말을 하면서 돌아갔다.
아끼는 차를 빼앗길 뻔한 그때의 경험은 하워드에게는 상당히 충격을 주었던 모양인지 그는 마르티컬러사의 채권자들과 화해할 결심을 하였다. 채권자들한테 유동자산을 다 주고 그는 부채와 저당에 들어가 있는 건물을 짊어진 것이다.
 그렇지만 마르티컬러사의 채권자들은 결국 1불 당 25센트밖에 회수할 수가 없었다. 수년 후 휴즈 기업의 그룹이 커다란 이익을 올리게 되었을 때 나는 채권자들한테 전액을 지불하도록 하워드한테 제언하였다.
 "그렇게 하면 당신에 대한 세상의 평이 훨씬 좋아질 거야, 다해서 50만 불 정도밖에 안 되니까."
 그는 내가 머리가 이상해진 게 아니냐는 식으로 이렇게 말했다.
 "농담하지 말게."

 극장 체인 왕 하워드 휴즈.
 이익도 없는 사업만 쫓아다니고 있는 동안에 하워드가 연기한 또 하나의 역할이 있었다면 그것은 극장에 손댄 일이다. 내가 그것을 처음으로 알게 된 것은 어느 날 하워드한테 불리어 그의 방에 들어갔을 때였다. 그곳에는 옷차림이 단정하고 구변이 좋을 것 같은 사나이가 있었는데 하워드는 그를 해럴드 프랭클린이라고 소개하였다. 프랭클린이 포크스 웨스트코스트 극장 체인의 사장이란 말을 듣고 나는 이내 그들의 대화 내용을 알아차렸다.
 "저는 포크스 웨스트코스트에서는 숨이 막힐 것 같습니다."
 하고 프랭클린이 말하였다.
 "그곳 패거리들은 어떤 작자나 다 돌대가리이고 어수룩하기만 해서 장래도 없을 뿐 아니라 상상력도 없습니다. 만약 제게 맡겨준다면 고작 한 주먹의 돈으로 포크스 웨스트코스트가 해나갈 수 없을 만한 극장 체인을 만들어보이겠습니다."
 이것은 하워드가 손대고 싶어하는 이야기였다. 독립 프로로서 그는 큰 영화사가 지배하는 대규모의 극장 체인에 시달려왔기 때문이다. 이들 극장 체인은 항상 모회사(母會社)의 작품한 테 제일 좋은 상영시기라든가 시간을 할당하여 하워드와 같은 독립 프로의 작품에 대해서는 항상 뒷전이었다. (20년쯤 후에 정부는 영화회사와 극장 체인을 때어 놓았다.))

 나는 독자적인 판단으로 프랭클린을 조사해봤다. 포크스 웨스트코스트에 친구가 있어서 그에게 물어 보자 다음과 같은 회답이 돌아왔다.

 "프랭클린은 회사에 있을 수 없게 된 거야. 회사를 망치는 거래를 해버렸단 말야."

 내 친구의 말대로 포크스 웨스트코스트는 그 후에 도산하였다.

 그런데 하워드는 내가 얻은 정보에는 귀를 기울이지 않은 채 프랭클린을 믿고 극장 체인의 경영에 나서게 되었다. 그렇지만 역시 '한 주먹의 돈'이 상당한 액수라는 것을 알게 되었으며 결국 하워드는 휴즈 프랭클린 극장 체인에 125만 불을 출자하지 않으면 안 되게 되었다.

 프랭클린은 실제로 체인 형성을 시작했으며 한 사람의 대리인을 시켜 각지를 돌게 하며 극장의 매점에 나서게 하였다. 나는 프랭클린도 대리인도 신용할 수 없었으므로 즉각 한 사나이로 하여금 그 뒤를 쫓게 하였다——사립탐정이었다.

 프랭클린의 대리인은 우선 몬타나 주 비링그스로 가서 그곳에서 극장 하나를 샀다. 이어 캔자스시티에서 몇 개의 작은 극장을 사고 또한 텍사스로 내려가 하나의 극장 체인을 일괄해서 사버렸다. 돌아온 사립탐정의 보고에 의하면 대리인은 이들에 대한 매수계약에 대해 회사에 수수료를 청구했을 뿐 아니라 극장의 주인한테서도 받아갔다고 한다. 나는 하워드에게 그러한 사실을 알려주었다.

 "양쪽에서 받았다고 하면 텍사스의 극장 체인에서만도 8만 불이 되는데."

내가 이렇게 말하자 하워드는 모자를 들고 나가려고 하였다.

"어디를 가는 거야?"

내가 이렇게 물었다.

"플랭클린한테 가는 거야."

"뭘 하러?"

"그 대리인의 일을 분명히 하고 올 걸세."

"하워드, 그 사나이가 돌아올 때까지 기다리는 게 좋지 않을까? 분명히 프랭클린과 나누어 가질 속셈일 테니까, 그렇게 하면 단번에 두 사람의 꼬리를 잡을 수 있을 텐데."

"아냐, 기다릴 수가 없어."

하워드가 헐리우드 거리의 프랭클린의 사무실로 가서 대리인의 수수료 이중취득에 대해서 캐어묻자 플랭클린은 몹시 놀라는 듯했으며 대리인은 곧 해고되었다.

그렇지 않아도 극장경영을 시작하는 데에는 최악의 시기였다. 불황은 더욱 깊어져 사람들은 오락에 돌릴 만한 돈의 여유가 없었다. 이내 휴즈 프랭클린 극장 체인은 매주 2만 5천 불씩의 적자를 내게 되었다.

나는 하워드로한테 그러한 적자사업을 계속 유지할 수가 없다고 말하였다.

"좋아, 노아. 그만두기로 하지."

하워드가 한발 물러섰다.

"폐쇄하고 될 수 있는 데까지 회수해주게나."

휴즈 프랭클린 극장 체인은 간판을 내렸다. 마르티컬러사의 경우와 마찬가지로 채권자들은 돈의 반환을 요구했는데 그 중에서도 강력했던 것은 아메리칸 시팅(극장 내장)사였다. 하워드로부터 될 수 있는 한까지 회수하라는 지시를 받은 나는 각 지방의 휴즈 프랭클린 극장을 처분하며 돌아다녔다. 프랭클랭의 매수조건은 장부 가격에다가 전년도 실수입의 3.5배를 최초에 4분의 1, 나머지를 분할로 지불하게 되어 있었다. 나는 본래의 소유주들한테 나머지 분할지불을 깍는다는 조건으로 극장을 다시 찾아가게 하였다.

 이것을 마지막으로 하워드는 새로운 사업에 손을 대지 않게 되었다——최소한도 얼마 동안은 손을 대지 않게 되었다. 생각하면 상당히 값싼 교훈이었다. 그렇지만 그것조차도 그는 이내 거의 잊어버리고 말았다.

15. 화려했던 여자 친구들

 "나 다시 한 번 결혼할 생각이야, 노아. 그렇지만 이번에 결혼할 때는 영화계의 여성 외의 사람과 하겠어."
 어떤 날 하워드는 나한테 이런 말을 한 적이 있었다. 그 말을 생각할 때마다 과연 하워드답다고 생각하였다. 여배우 이외의 여성과 결혼하고 싶다고 말하면서도 여배우하고밖에 데이트하지 않았으니까. 휴즈적인 부조리라고 할까.
 내가 알고 있는 범위 내에서 이 무렵 그는 오직 한 번 여배우 이외의 여성과 교제한 일이 있었다. 상대방은 저명한 외교관의 딸로 사교계에서 알게 되었다. 그런데 겨우 발견해낸 이 아가씨한테도 그는 여배우로 키워주겠다고 말했던 것이다. 이 여성은 사잔 크로스 호의 대서양으로부터 아카푸르코까지의 항해에 따라갔었는데 하워드는 아카푸르코에서 뮤아필드의 집으로 데리고 와 여느 때와 같은 '장기 체류객'으로 놓아두려고 하였다. 그런데 그녀의 양친이 뛰어와 데리고 가버렸다.

하워드의 여배우에 대한 관심은 그의 집념에서 온 것이었다. 그는 평상시부터 얼굴이나 스타일에 있어서 '완벽한 여성'을 발견하겠다고 말하였다. 그래서 찾아내게 되면 영화계의 대스타로 만들겠다고 마음먹었다.

결국 하워드의 그러한 야망은 실현되지 않았지만 여러 차례에 걸쳐 시도해 본 것은 사실이었다. 아무래도 그에게는 찾는 일만이 즐거움이었던 모양이다.

그는 데이트하는 방식도 특이했다. 하워드 휴즈는 세계의 미녀를 데리고 다니며 이름을 날렸다. 여성관계가 많은 것으로 유명한 인물로 알려져 있었다. 그런데 그는 매번 첫 데이트 약속은 스스로 하지 않았다. 상대방 여성이 그와 데이트하고 싶은지 어쩐지 누군가한테 대신 물어보도록 했다. (거절한 여성은 얼마 없었다.)

이것을 어떻게 설명해야 좋을까? 부끄럼을 많이 타서 그럴까? 그렇지 않으면 거절당하는 것이 두려워서 였을까? 그러한 판단은 정신분석 전문가한테나 맡기자.

하워드의 데이트는 언제나 똑같은 패턴이었다——최소한 최근까지는 그러했다. 대개의 경우 그는 상대방 여성을 식사의 자리에 데리고 갔다. 이것은 여성의 입장에서는 대체로 지루한 경험이다. 그것도 그럴 것이 하워드는 별로 이야기를 잘하지 못했으며 거의 여성 쪽에서 얘기하지 않으면 안 되었기 때문이다. 아직도 사교적인 모임에 얼굴을 내밀고, 가끔씩 헐리우드의 파티같은 데 참석할 때는 의식적으로 명랑하게 행동하려고 하지만 역시 그것에 익숙하지 못하였다.

곧잘 그는 데이트 상대를 전용 시사실로 데리고 가서 둘이서 영화를 봤다. 이것 역시도 아마 여성한테는 지루했으리라고 생각된다. 시사실에서 그는 묘한 행동을 하는 경우는 없었으며, 옆에 있는 여성보다 오히려 더 스크린에 열중했기 때문이다.

파티와 영화 후에 어떤 일이 있었는지는 내가 알 까닭이 없다. 그것은 나와 관계가 없는 일이다. 내가 이런 일에 대해서 언급하는 것은 여성관계를 말하지 않고는 하워드의 인생을 옳게 말할 수가 없다고 생각하기 때문이다.

그의 인생에 들어선 미녀는 많았지만 나는 그가 섹스 광이었다고는 생각하지 않는다. 그는 젊은이로서 이성의 정복에는 정상적인 흥미를 가졌다고 할 수 있다. 단지 부자이고 핸섬했기 때문에 우리들 서민보다 더 많은 기회가 주어졌을 뿐이다.

여자들도 그에게 호감을 가졌다. 단지 그가 백만장자로서 그녀들을 영화 스타로 만들 수 있기 때문만이 아니다. 그의 소년 같고 어딘지 나약해 보이고 이지적인 느낌에 끌렸던 것이다.

"나는 고아와 마찬가지인 사람이야."

하워드는 데이트 상대에게 곧잘 이렇게 말하였다.

"12세 때 학교 기숙사에 들어간 후부터는 진짜 어머니의 정이란 것을 모른단 말야."

여기에 여자들의 모성본능이 발동하게 된다. 그녀들은 그의 어머니 역할을 하려고 했으며 하워드는 어리광을 부린 셈이다.

하워드 휴즈의 전기 중에는 그가 키운 여배우는 당연히 다 그의 애인이었을 것이라고 짐작하고 있지만, 그것은 사실이 아니다. 최소한 그가 발견한 최초의 스타, 진 하로의 경우는 그렇지 않았다.

만약 그랬다면 내가 알 수 있었을 것이다. 그의 지불은 모두 내가 대행하고 있었으므로 하워드가 진에게 뭔가 개인적으로 지불하는 것이 있었다면 내 눈에 띄지 않을 리가 없을 것이다.

나의 주장을 증명하는 에피소드를 소개하겠다.

뉴욕의 두 극장에서 시사회가 있은 후 〈헬즈 엔젤즈〉는 전국에서 로드쇼에 걸리게 되었다. 그때 하워드는 선전을 위해 진에게 각지를 돌게 하였다. 출발 전에 진은 천5백 불어치의 옷을 사고 나서 그 돈을 회사가 지불할 것을 요구했다. 그런데 하워드는 그 지불을 거절했다.

진은 내 사무실로 찾아와서 지불해 달라고 호소하였다.

"안 돼요, 진."

내가 말하였다.

"하워드의 결정을 어길 수가 없으니까."

"응, 그러지 말아줘요."

언제나와 같은 고혹적인 웃음을 입가에 담으면서 그녀가 말하였다.

"살짝 지불해주면 되지 않아요? 하워드는 알 까닭이 없어요. 그렇게 해주면 정말로 감사하겠어요. 응, 노아. 부탁해요."

진은 노출이 심한, 크고 풍만한 몸의 선이 뚜렷한 뇌쇄적인 드레스를 입고 있었다. 그런 모양으로 그녀는 나를 사무실의 소파로 끌어들였다. 하워드에 대한 나의 충성심이 이렇듯 엄한 시련을 받은 일은 없었다. 그런데도 나는 정신을 똑바로 차리고 일어섰다.

"미안해 진. 아무래도 지불할 수가 없어요."

나는 서둘러 그녀를 사무실에서 몰아냈다.

진은 그 후에 우리 회사의 뉴욕 대표한테 똑같은 수법을 써서 성공하였다. 그녀는 결혼하겠다고까지 한 모양으로 고지식한 카톨릭 신자였던 그 사나이는 아내와 네 자녀를 버리고 말았다. 그러나 결국 진은 곧 헐리우드로 돌아가버렸고, 스타와 관계하여 일생을 그르친 사나이는 수년 후 완전히 영락(榮落)하여 죽었다.

하워드가 진 하로에게 흥미를 가지고 있지 않았다는 또 하나의 증거는 그녀의 계약을 MGM에 고작 4만 불로 팔아버린 사실이었다. 이것은 그가 영화 배우로서의 그녀의 가치를 꿰뚫어 볼 만한 안목도 가지고 있지 않음을 증명한 것이 된다.

다른 많은 여배우의 경우는 하워드 휴즈와의 계약은 로맨스의 시작을 의미하였다. 그 한 예가 비리 다브였다. 그녀에게 이미 남편이 있다는 것은 하워드에게는 아무런 장해도 되지 않았다. 코린 그리피스를 계약하려 했을 때도 그러한 일은 거의 그의 안중에 없었다. 하워드는 코린한테 사로잡힌 나머지 나는 그녀를 위해 주에 만 7천 불이라는 고액의 계약서를 준비하였다. 그러나 그녀의 남편인 월터 모로스코(연극 프로듀서, 올리버 모르스코의 아들)가 하워드의 의도를 알아차리고는 그녀에게 서명하지 못하게 하였다.

1930년대에 하워드는 유명한 여배우와 차례로 로맨스의 꽃을 피웠다. 그 중에서도 내 기억에 가장 선명하게 남아 있는 것은 진저 로저스였다. 왜냐하면 내가 하워드의 울상을 본 것은 오직 그때 한 번뿐이었는데 그 한 번은 바로 진저 때문이었다.

어느 날 밤, 내가 뮤아필드 거리의 그의 집에 가보니 그가 울고 있었다. 나는 깜짝 놀라 물었다.

"왜 그러지, 하워드?"

"진저때문이야……. 그녀가 나한테서 떠나버렸어."

그가 말했다.

"내가 다른 여자와 같이 있는 것을 보면서 말도 하지 않는 거야."

그러나 그의 비판은 오래 계속되지 않았다. 그의 주위에는 항상 또 다른 여성이 있었기 때문이다. 팜스프링스의 레스토랑에서 아이다 루피노를 본 하워드는 이번에도 또 사랑의 포로가 되었다. 콘스탄스 베네트와는 편력이 시작되자마자 불타올라 피일 프잔트와의 결혼을 포기케 하려 했지만 실패하였다. 낸시 캐롤하고는 짧았지만 진지한 로맨스였다.

가장 오래 계속된 상대 중의 한 사람은 캐서린 헵번이었다. 그녀는 하워드가 좋아한 관능적인 타입이 아니었으므로 이 경우는 약간 이상한 조화였다. 그렇지만 캐서린은 하늘을 날으는 것도 좋아했을 뿐 아니라 골프도 즐겼으며, 두 사람 사이에는 여러 가지 면에서 상호신뢰가 있었던 모양이다. 하워드의 데이트 상대 중 그에게 아무런 거리낌 없이 터놓고 말할 수 있었던 사람은 그녀뿐이었다. 두 사람은 친한 친구 사이 같았지만 그 이상의 것이 있었다.

하워드와 데이트를 한 여성의 대부분은 그의 상식에 벗어난 행동들을 너그럽게 봐주었다. 그가 약속시간에 늦어 기다리게 해도 무례해서가 아니라 잊어버리기를 잘 하기 때문이라고 생각해 주었다. 차의 문을 열어주지 않거나 담배에 불을 붙여주지 않거나 혹은 제대로 말을 걸어주지 않아도 원래의 성격때문이라고 믿고 있었던 것이다.

그러나 어떤 여성은 하워드의 그렇듯 비상식적인 행동에 대해서 그다지 참을성이 많지 못했다. 어느 날 밤 하워드는 그 여성을 집으로 데리고 와 침실로 유도한 다음,

"잠깐 실례."

하고 말하고서는 화장실로 사라졌다. 이미 말한 것처럼 그는 변비증때문에 화장실에서 상당히 오랜 시간을 보내는 것이 보통이었다. 그러한 시간이 아깝다고 하며 나와 회의는 매회 화장실에서 갖자고 했을 정도였다. 나는 그것이 습관이 되기 전에 그렇게 하지 않기로 했지만 회의를 가질 수 없게 되자 이번에는 화장실에다가 커다란 대리석 테이블을 갖다놓고 그 위에 잡지와 책들을 늘 산처럼 쌓아놓고는 용변 중에 그것을 읽고 영화의 스토리를 찾곤 하였다.

그건 그렇고 그날 밤 화장실로 사라진 그는 쌓여있는 책 중 한 권의 소설에 열중해 침실의 여성을 까맣게 잊고 말았다. 성격이 격하기로 이름이 나있는 그녀는 40분을 기다리고 나서는 화가 머리끝까지 치밀어 옷을 걸쳐 입고는 수 블록 떨어진 곳에

있는 그녀의 고급 아파트인 엘로얄로 돌아가버렸다.
 이윽고 정신이 든 하워드가 허둥대며 차를 집어타고 뒤를 쫓았지만 그녀는 이미 아파트로 들어가버린 후였고 하워드와는 말도 나누지 않았다. 로맨스의 끝이었다.
 하워드 휴즈의 가장 가까운 보좌역으로서 나는 그의 생활의 공적·사적 양면에 깊은 관련을 갖게 되었다. 그 결과 사적인 면에서도 여러 차례 기묘한 일을 하도록 지시를 받았다. 그 중 세 가지가 특히 기억에 남아 있다.
 그 하나는 캐서린 햅번하고의 관계였다. 내가 휴스턴에 있을 때 하워드로부터 전화가 걸려왔다. 캔자스시티에서 건 전화인데 곧 와달라는 얘기였다. 한겨울이었으므로 나는 두터운 옷가지를 트렁크에 챙겨넣고는 그곳으로 날아갔다.
 지정된 장소에 도착했지만 언제나처럼 이틀 동안 아무런 연락도 없었다. 하는 수 없이 하워드가 묵고 있는 호텔에 가자 그의 요트 중 하나인 '사잔 크로스'를 팔고 싶으니까 버뮤다에 가달라고 하였다. 그 말을 듣고 나는 화가 났다기보다 이상한 생각이 들었다. 어째서 캔자스시티로 오라고 하기 전에 전화로 연락해주지 않았는가?
 덕택에 나는 따스한 카리브 해로 완전한 겨울준비를 하고 가지 않으면 안 되었다.
 "그리고 하나 더 부탁하고 싶은 것이 있어."
 하워드가 이렇게 덧붙였다.
 "케이티(캐서린)한테 매일 노란 장미꽃을 두 다발 보내도록 해 줬으면 좋겠어."
 여기서 비로소 캔자스시티로 불려온 진짜 이유를 알게 되었다. 이때의 하워드는 순업(巡業) 중인 캐서린 햅번을 따라 다니고 있었는데 나는 하워드가 그녀한테 보낸 꽃을 주문하기 위해서 6백 50마일이나 비행기 여행을 했던 것이다.

내 기억에 남아 있는 또 하나의 기묘한 역할은 로스앤젤레스에서도 있었다. 어느 날 밤 나는 하워드한테서 언제나처럼 전화를 받았다.
"노아, 곧 이리 와줘. 급하니까."
이번에는 어떤 긴급사태인가 하고 뮤아필드 거리로 달려 가자, 이런 일이었다――그의 집에 가장 새로운 체류객은 무대여배우였는데 잘 알려져 있는 예능알선업자(후에 브로드웨이의 프로듀서가 되었다.)인 남편과 최근에 별거하였다.
"남편이 오늘밤 이곳에 오게 되어 있어."
하고 하워드가 말하였다.
"영화에 써먹을 만한 각본이 있다고 해서 이야기를 듣기로 했는데 그녀가 이곳에 있는 것을 알게 하고 싶지 않네."
"그렇다면 그 사나이가 이곳에 있는 동안에 그녀에게 드라이브라도 하라고 하면 되잖아."
나는 이렇게 제안하였다.
"문제는 그녀가 아냐."
"그럼 무엇이 문제지?"
"소파야."
"소파?"
"서재 난로 앞에 놓여 있는 소파야. 그녀의 것이지. 그녀가 에젠트와 함께 살고 있을 때 사용했던 것이라 그 사나이의 눈에 띄게 되면 금방 알아차릴 거란 말야."
나는 하인을 두 사람 불러 함께 무겁고 큰 그 소파를 차고로 운반하였다. 이야기가 끝나고 문제의 사나이가 돌아가자 소파는 무대여배우와 함께 다시 먼저 자리로 되돌아왔다. 이렇게 해서 내가 하워드를 위해 한 임무 중에는 가구운반이라는 것이 추가 되었다.
하지만 이번의 에피소드는 아무래도 셋 중에서 가장 특이하여 하워드 휴즈라는 인간을 가장 잘 나타내 준 것이 아닌가 싶다.
 언제나처럼 다시 긴급호출을 받고 그의 집으로 갔더니,
 "지금 당장 칸바스의 주머니를——우편국에서 사용하고 있는 것 같은 큰 놈이야——6개만 사다줘. 끈이 달려 있는 것으로 말야. 끈이 달려 있는 것으로 말야. 끈이 달려 있는 것이 아니면 안 돼. 빨리."
 이런 명령이었다.
 나는 군용품을 팔고 있는 가게로 급히 가서 6개의 칸바스 백을 사가지고 하워드한테로 돌아왔다. 하워드는 그것을 2층 침실로 가지고 가 그의 옷을 그 안에 쑤셔넣기 시작하였다. 그의 몸에 걸치고 있던 것도 다 벗어서 집어넣었다——양복, 셔츠, 넥타이, 양말, 오버——욕실의 수건에서 융단까지 다 주머니 속에 집어 넣었다. 다 집어넣자 하워드는 나에게 말하였다.
 "이 주머니를 전부 빈 터로 가지고 가서 태워주게나. 완전히 재가 될 때까지 지키고 있어야 돼."
 나는 이유를 알 수 없었지만 그가 설명하려고도 하지 않았으므로 나도 묻지 않았다. 6개 주머니를 차에 싣자 나는 그 집을 나가 구세군으로 갔다. 아직 전연 망가지지는 않고 충분히 입을 수 있는 옷을 재로 만들어버릴 것까지는 없다고 생각했기 때문이다.
 그렇지만 아무리 생각해도 하워드의 그와 같은 행동을 이해할 수가 없었다. 그의 세균공포증에 대해서 알고 있었지만 균이 무섭다는 것만으로 자기가 입고 있었던 것까지 다 버리는 일이 있단 말인가?
 그로부터 얼마 후에 비로소 그 사연을 알게 되었다.
 나의 귀에 들어오는 단편적인 정보라든가 하워드의 매일의 언동을 통해 어떤 일이 있었는지 그런 대로 짐작할 수가 있었던 것이다.

하워드는 어느 미인 여배우를 집에 묵도록 했는데 이 여배우는 다정한 여성이었고 연애에 대해서도 상당히 자유스러운 사고방식을 가지고 있었다. 어느 날 그녀는 촬영소에서 한 사람의 프로 골퍼한테 안겼다. 프로 골퍼는 하워드와 함께 곧잘 코스를 돈 사나이로서 경도의 사회병──당시 성병을 그렇게 불렀다──에 걸려 있었다. 그 결과 여배우한테도 감염되었으며 그것을 하워드가 알게 된 셈이었다.

큰 주머니 6개 분의 하워드의 옷과 함께 또 하나의 로맨스가 끝난 것이다.

16. H·휴즈의 기벽에 관한 추가 데이터

휴즈의 일하는 방법은 '특이한' 정도가 아니었다. 더구나 나이를 먹어감에 따라 점점 더 정상에서 벗어났다. 대개의 인간은 낮 오전 9시경부터 오후 6시 사이에 일을 한다. 그런데 하워드는 밤새 일을 하고 낮에 잠을 자는 일이 보통이었다.

나는 우선 그의 야행성에 익숙해지지 않으면 안 되었다. 나는 그의 '비서'였으며 '무엇이든지 바로 하는 사람'이었다. 하워드는 한밤중이라 하더라도 뭔가 생각하는 게 있으면 즉각 전화를 걸어 왔으므로 나는 전화기를 침대 옆에 놓고 벨이 울리면 언제라도 잠이 깨도록 자신을 훈련시켰다.

어느 날 아침 일찍 하워드한테서 걸려온 전화로 약이 올랐지만 그의 색다른 사고방식을 듣고는 재미있어졌다. 그의 부하한테 할 전언을 나한테 일러준 것인데 그다지 급한 일은 아니었다. 하워드는 생각났을 때 잊어버리지 않으려고 나한테 일러두려 한 것에 지나지 않았다.
"아, 그런데 노아. 9시가 되기 전까지는 전화걸지 않도록 해."
이어 그는 한 마디 더 이렇게 덧붙였다.
"잠을 방해하면 괴로우니까."
"나는 아침 일찍 깨워놓아도 좋고?"
나의 이와 같은 항의에 하워드는 놀란 모양이었다.
"뭐라고? 아 그건, 노아는 별도잖아."
그래도 최초에는 일의 순서를 정상으로 바꾸어놓으려고 노력한 적이 있었다. 제일 처음 앰버서더 호텔을 사무실로 사용했을 때는 그야말로 일 처리가 엉망진창이었다. 그래서 그가 메트로폴리탄 촬영도 안으로 활동의 본거지를 옮겨 보다 능률적으로 일하게 되었을 때는 나도 기뻐했다. 그렇지만 촬영소의 사무실은 하워드가 관계하고 있는 광범위한 사업을 운영할 수 있는 적당한 장소가 못 되었다. 그래서 나는 하워드를 설득하여 할리우드 거리의 태프트 빌딩 안에 본부를 설치하였다.
많은 돈이 든 새 사무실은 젊은 사업가의 활동의 근거지로서 안성맞춤이었다. 거울을 붙여놓은 벽, 손으로 조각한 몰팅, 만들어 붙인 캐비닛,──하워드의 방은 호화롭고도 넓었다. 그런데도 그는 결국 그곳을 사용하지 않았다. 나는 2년 동안 하워드를 위해 태프트 빌딩의 사무실을 열어두었지만 정상적인 실업가로서의 정상적인 일을 하게 하는 것은 체념하지 않을 수 없었다. 이렇게 해서 태프트 빌딩의 사무실은 폐쇄되었다.
이어 나는 하워드가 영화를 만들고 있었던 유나이티드 아티스트 촬영소에 그의 사무실을 만들었다. 이 무렵부터 하워드는 점점 더 비밀주의로 굳어져버렸으며, 이 사무실은 그의 주문대로 무엇하나 빠지는 것 없이 시설되었다. 우선 사무실 전체에 방음장치가 시설되었으며 입구에도 완전 방음의 투박한 문이 부착되었다. 물론 이것은 바깥의 음이 방해가 된다고 해서가 아니다──그는 귀가 잘 들리지 않아 바깥 음은 그다지 문제가 되지 않았다. 말하자면 사무실 안에서의 이야기가 밖으로 새어 나가는 것을 방지하기 위한 방음이었다.

또한 차고에서 사무실 옆의 건물로 들어갈 수 있는 문이 만들어졌다. 이것은 그가 산타모니카 거리에서 차로 들어와 차고에 주차한 다음 누구도 만나지 않고 사무실로 들어갈 수 있게 하기 위해서였다.

그 후 하워드는 마르티컬러 연구소였던 로메인 거리 7000번지에 있는 빌딩에서 많은 시간을 보내게 되었다. 이 건물은 일시적으로 맥주 회사에 빌려준 적이 있었는데 그 회사가 도산하자 하워드는 이곳을 편집실 겸 필름 도서관으로 이용했다. 그리고 이어 6만 5천 불을 들여 공조장치(空調裝置)가 부착된 완전 방음의 프린트실을 곁들였다. 이 프린트실에는 필름에 먼지가 앉지 않도록 해야 한다는 그의 주장으로 이중 문이 설치되었다. 이것은 바깥쪽 문이 닫히지 않으면 안쪽 문이 열리지 않게 되어 있는데, 프린트실로 들어오는 자는 양쪽 문 사이에 서서 수동 진공소제기로 옷의 먼지를 제거하지 않으면 안 되었다. 그 밖에 복도에도 공기를 깨끗이 하기 위해 삼중의 필터가 부착되었다.

영화의 프린트를 만들 때 하워드는 곧잘 이 프린트실에서 2, 3일씩이나 묻혀 있었다. 그리곤 충혈된 눈과 피곤한 얼굴로 비틀거리듯 나와서는 잡지가 산처럼 쌓인 식탁 앞에 앉는다.

그는 소지품에 대해서도 생각하는 게 달랐다. 자기 소지품에 대해서만 그런 것이 아니라 남의 것에 대해서도 마찬가지였다. 어느 날 그의 파카드를 도둑맞아 크게 소란스러웠던 적이 있었다.

"노아, 걱정하지 않아도 된다니까."

나는 이렇게 위로해주었다.
"그 차에는 듬뿍 보험금이 걸려 있으니까."
"그렇기는 하지만 그 차를 다시 찾지 않으면 안 돼! 그 차에는 잡지가 많이 놓여 있었어. 내가 읽고 있는 연재물이 전부 갖추어져 있는 잡지가 말야. 그것을 계속 읽을 수 없게 되었다니까!"
하워드는 나한테 물건을 빌리고 돌려주지 않는 것을 아무렇지도 않게 생각하였다. 어느 날 밤, 그는 내가 묵고 있는 호텔에 셔츠바람으로 온 일이 있었다. 무척 추운 날이었으므로 나는 이렇게 말하였다.
"하워드, 그런 차림으로 돌아갔다가는 감기 들겠어. 오버를 입고 가라고."
5피트 6인치의 내 오버는 6피트 3인치 반의 그에게는 약간 우스꽝스러워 보였지만 그래도 그는 입고 돌아갔다.
그런데 입고 간 지 여러 주가 지나도 하워드는 그 오버에 대해서 일언반구도 없었다. 그래서 어느 날 오후 나는 그의 집으로 가 하우스보이한테 내 오버를 가져오라고 말하였다. 그러나 보이는 방으로 들어가는 일이 허용되지 않는다고 말했으므로, 나는,
"열쇠를 빌려줘요."
하고 말하였다.
보이는 망설였다.
"열쇠는 가지고 있지만 빌려드려도 좋은지 어떤지 모르겠습니다······."
"알겠어요. 난 당신의 상관이야. 당신 봉급에 대한 수표는 내가 끊는단 말이오. 열쇠를 빌려줘요."
보이는 열쇠를 내주었고 나는 오버를 회수해가지고 돌아갔다. 그로부터 2주일쯤 지났을 때 하워드는 나에게 이렇게 말하

였다.
 "노아, 미안해. 전에 빌려 입고 간 오버가 아무데도 없어. 누가 훔쳐간 게 틀림없어."
 "내가 훔쳐갔어."
 나는 정직하게 말하였다.
 "내가 찾아가지고 온 거야."
 오버의 이야기는 그뿐이있다. 하워드는 내가 어떤 식으로 방에 들어갔는지는 묻지 않았다. 그는 나를 비판한 적이 거의 거의 없었다── 우리들이 알게 된 32년 동안 단 한 번도 없었다. 이것은 내가 완벽했다는 이야기가 아니다. 그는 남을 함부로 비판하지 않으며, 또한 내 능력에 대해서도 신뢰하고 있었으며 비판해서 나의 기분을 상하게 하는 일은 하지 않았다.
 물건을 빌리고 빌려주는 일에 대해서는 또 하나의 에피소드가 있다.
 1930년의 일로 당시 나는 내가 바라던 새 차 비크를 막 샀을 때였다. 어느 날 촬영소에서 하워드가 나한테 가까이 와 이렇게 말하였다.
 "노아, 차 좀 빌려주겠나?"
 "자네 것은 어쨌고?"
 나는 이렇게 물었다.
 "한 대가 더 필요해서 그래."
 "이봐, 하워드. 그 비크는 나한테 당신의 요트만큼 소중한 거야. 당신도 내가 요트를 빌려달라고 하면 빌려주지 않겠지?"
 "노아, 약속하겠어. 4일 이내에 돌려줄게. 다른 사람한테는 절대로 운전을 시키지 않겠어."
 "그렇지만 아직도 2,3백 마일밖에 달리지 않았단 말야."
 "문제없어, 노아. 걱정하지 않아도 돼."
 하워드는 이런 식으로 한 번 결정하면 어린애처럼 고집을 부리고 양보하지 않는 성미라서 나는 하는 수 없이 비크를 빌려주었다.
 약속한 4일이 지났다. 그런데도 비크는 돌아오지 않았다. 하워드의 집에 전화하자 하녀는 하워드가 없다고 했다.
 "내 차 보지 못했어요?"
 하고 내가 물었다.
 "예, 봤습니다. 내내 안마당에 있었는데요."
 "지금도 있어요?"
 "아닙니다. 지금은 없습니다."
 "마지막으로 본 게 언제죠?"
 "1시간쯤 전이었습니다. 디치코 씨가 세 여자를 태우고 나갔습니다."
 하워드는 패트 디치코한테 여자들을 실어나르게 하기 위해 나의 비크를 빌려갔던 것이다! 나는 하녀의 이야기로 일행이 하워드의 요트가 있는 쪽으로 간 것이라 판단하였다. 요트가 정박하는 항구의 주차장으로 전화를 해보니 예상했던 대로 비크가 있었다.
 그래서 나는 자동차를 판매하는 헐리우드의 한 점포로 가서 휴즈 공구회사의 수표로 새 차인 닷지 한 대를 샀다. 그리곤 그것을 타고 항구로 가서는 그곳에서 스페어 키로 나의 비크와 바꾸어 탔다. 그리고 하워드한테 전화를 걸어 주차장의 닷지는 당신의 차라고 알려줬다.
 항해에서 돌아온 하워드는 몇 번이고 나에게 사과를 하였다. 그는 그대로 닷지를 계속 사용했으며 몇 년 후에는 고용인 한 사람한테 물려주고 말았다.
 1930년대 초기에 하워드는 보디가드를 고용하기로 결심하였다. 국내에서 유괴사건이 계속 일어나고 있을 때였으므로 자기도 당할지도 모른다는 두려움때문이었다.

"누군가가 이 집에 같이 살았으면 좋겠어. 차고 위의 방이 비어 있으니까 말야."
"알았어, 하워드."
내가 이렇게 말하였다.
"적당한 사람을 찾아보겠어."
"텍사스의 총잡이가 좋겠어."
"텍사스의 총잡이라구?"
갑자기 튀어나온 하워드의 고향인 텍사스에 대해 나는 다소 어리벙벙하였다.
"아, 뭐니뭐니 해도 텍사스의 총잡이는 정평이 나있으니까 말야."
하워드가 필요하다면 나는 텍사스의 총잡이를 찾을 수밖에 없다. 나는 텍사스에 있는 내 친구인 저지 안돌즈── 저지라고 하지만 진짜 판사가 아니고 텍사스에서는 법률가를 다 그렇게 부르는 일이 많다── 한테 전화를 걸어 총솜씨가 좋은 독신의 텍사스 총잡이를 한 명 구해달라고 부탁하였다.
저지 안돌즈는 수명의 총잡이들과 면접하여 그 중의 한 사람을 골라 캘리포니아로 보내왔다. 하워드 휴즈의 신변을 보호하기 위해 멀리 텍사스에서 온 그 사나이를 보고 나는 어이가 없었다. 5피트 5인치 정도의 살이 찐 체구로 전연 텍사스의 총잡이처럼 보이지 않았다. 그래도 총만은 자신 있다고 하기에 그 사나이를 하워드의 집 차고 위의 방에 살도록 하였다.
한 달이 지나 그가 내 사무실로 왔다. 나는 4백 불을 수표로 끊어 급료를 주었다. 수표는 건너편에 있는 은행에 가면 현금으로 바꿔준다고 가르쳐주자 그는 나갔다.
그런데 이내 돌아왔다.
"신분증명서가 없으면 현금으로 바꿔 줄 수가 없다고 합니다."

그래서 나는 그가 하워드 휴즈의 고용인임에 틀림이 없다는 메모를 적어 가지고 가게 하였다.
그런데 이번에는 약 30분쯤 지나 전화를 걸어왔다. 그는 50불 좀 꿔줄 수 없냐고 하였다.
"조금 전에 바꾼 4백 불은 도대체 어쩌고 그러지?"
하고 내가 물었다.
"어떻게 됐는지 알 수가 없어요."
하고 멍청한 대답을 하였다.
"호주머니에 넣은 것은 기억합니다. 그리고 아랫마을에 가려고 전차를 탔는데 세 사나이가 어디서 내려야 하는지 잘 모르는 것처럼 몇 번인가 내리려 하면서 나에게 부딪쳐오지 뭡니까."
"돈은 거기서 없어진 걸세. 자네는 소매치기한테 당한 거야."
그로부터 얼마동안 텍사스의 총잡이는 아무 일 없이 근무를 계속하였다. 그런데 어느 날 밤 하워드가 혼자 서재에 있을 때였다. 갑자기 총소리가 울려 하워드가 안마당으로 뛰어나가보니 신음소리가 들려왔다. 신음소리가 나는 쪽으로 가보니 텍사스의 총잡이가 땅에 웅크리고는 고통을 참고 있었다. 속사연습을 하다가 발을 쏘아버렸다는 이야기였다.
총잡이는 며칠 동안 입원했다가 다시 근무에 들어갔다. 그로부터 수주일 후 독신인 줄 알았던 그에게로 처자 5명이 찾아왔다.
그 후부터 하워드는 보디가드를 둘 생각을 포기하였다.

17. 그 후의 영화

하워드는 1930년대 초까지 계속해서 영화를 제작하였다. 패턴은 언제나 똑같았다──유능한 감독을 고용해서 자유로이 제작케 하면 히트했고 하워드 자신이 촬영에 간섭하면 실패하였다. 그런데 유감스럽게도 후자의 경우가 많았다.

하워드는 자신을 빈틈이 없는 수완가로 생각하고 있는 모양이었지만 그건 그렇다 치더라도 손해보는 이야기에 잘 넘어갔다.

언젠가 파라마운트의 중역이 하워드한테 가져온 이야기도 그런 종류의 것이었다. 파라마운트는 토마스 미안과 계약한 영화를 두 편 남겨놓고 있었다. 이 두 편의 영화를 하워드가 대신 찍어주면 파라마운트는 한 개에 대해 최저 40만 불의 배급수입을 보증하겠다고 하였다.

"절대로 손해는 보지 않아, 노아."

하워드는 이렇게 나에게 말하였다.

그런데 그는 손해를 보았다. 그 두 편의 영화, 〈더 메이팅 콜〉(사랑을 부르는 소리)와 〈더 라켓〉(폭력단)은 백만불 이상이 들었으면서도 하워드는 그것을 회수하지 못하였다. 미안의 인기가 내리막길에 접어들어 파라마운트가 그를 차버리려고 한 것을 알아차리지 못하여 하워드가 봉이 되었던 것이다.

1931년에 대영화의 제작자가 되려고 했던 하워드의 야망은 암초에 부딪치고 말았다. 돈이 바닥난 것이다.

그는 모든 희망을──그리고 3백50만 불을──〈헬즈 엔젤즈)에 기대했다. 확실히 이 영화는 불황 때치고는 상당한 수입이 있었다. 그러나 투자한 자금을 다 회수할 정도에는 이르지 못하고 결국 이 영화에서 1백50만 불을 잃었다.

게다가 설상가상으로 휴즈 공구회사는 돈을 낳는 알을 잃고 말았다. 미국의 모든 분야에 엄습해온 불황은 마침내 유전에도 미쳤으며 공구회사도 창업 이래 처음으로 적자를 냈던 것이다.

그렇지만 이미 조세프 스켄크와 1931년에 5개 영화를 유나이티드 아티스트에 넘겨주기로 계약을 체결한 하워드는 어떻게 해서든지 이 5개의 영화만은 제작하겠다고 말하였다. 그것도 그럴 것이 그 중 2개의 영화는 그가 그 무렵 사랑에 홀딱 빠져 있었던 비리 다브가 주연하기 때문이었다.

언제나처럼 자금은 내가 마련하지 않으면 안 되었다.

나는 어떻게 해서든지 모으려고 하였다. 물론 공구회사의 수익은 믿을 수가 없었다. 하워드의 3백만 불의 증권은 60퍼센트나 값이 떨어져버렸다. 공구회사도 증권을 상당히 가지고 있었지만 1백 불에 산 오스트레일리아의 증권거래 가격이 고작 38불이었다. 자금을 만드는 방법은 오직 하워드가 돈을 빌려 영화를 제작하는 일이었다.

나는 우선 휴스턴으로 가서 공구회사의 경영진과 의논하였다. 공구회사의 간부가 말하기는 휴스턴의 은행에 융자를 부탁했지만 거절당했다고 말하였다. 아마 그것은, 그들 자신이 하워드의 돈도 벌지 못하는 사업에 빚을 지는 일을 찬성하지 않았기 때문일 것이다.

그래서 나는 뉴욕까지 가서 시티 뱅크 파마즈 트러스트(시티 농민신탁)과 교섭하였다. 이 은행의 조건은 까다로웠다. 3백만 불의 융자에 대해 10퍼센트의 이자를 선불해야 한다고 했으므로 손에 들어오는 것은 2백70만 불뿐이며 더구나 그 중 70만 불은 특정목적에만 사용할 수밖에 없는 예비금으로 따로 떼놓아야 한다는 이야기였다. 다시 말해서 하워드는 2백만불을 가지고 5개의 영화를 제작하지 않으면 안 되게 되었다.

그런데 그 융자조차도 은행의 간부는 쉽게 인정하려고 하지 않았다. 그러자 어느 날 나와 이야기했던 대표가 나에게 말했다.

"뭔지 모르지만 성인용으로 만들어진 영화가 있다면서요?"
"아, 포르노 말입니까? 예, 있다는 이야기는 들었습니다."
"디트리히 씨, 그것을 한 개 구해준다면 어떻게든지 융자해드리겠습니다."

나는 캘리포니아로 돌아가 그런 종류의 고전영화라고도 할 수 있는 〈고진타〉라는 작품을 발견해냈다. 그렇지만 당시에는 아직 포르노 영화는 법으로 상영이 허용되지 않았던 시대였다. 침대에서의 각종 행위를 촬영한 이 영화를 나는 상당한 위험을 무릅쓰고 뉴욕의 은행가 앞으로 보냈다.

이렇게 해서 하워드는 간신히 자금을 구하게 되었다.

5편의 영화가 제작되었다. 그렇지만 이번에도 역시 패턴은 같았다. 하워드가 손을 댄 2편의 비리 다브 주연 영화는 값비싼 실패작으로 끝났다. 스펜서 트레시와 윌리엄 보이드가 주연하여 〈헨즈 엔젤즈〉의 비행기를 활용한 〈스카이 디빌즈〉(하늘의 악마)는 그런 대로 다소 좋은 성적을 거두었다.

나머지 2편은 성공하였다── 그것도 그럴 것이 하워드의 간섭을 허용하지 않는 강력한 감독이 맡았기 때문이다.

그 하나는 루이스 마길스톤 감독의 〈더 프론트 페이지〉(첫 페이지·일명 범죄도시)였는데 벤 헥트와 찰즈 맥아더의 히트극을 영화화한 것이었다. 여기에는 아돌프 만쥬가 신문사의 사회부장으로 출연했으며 무대배우로 처음 영화에 출연한 새 얼굴 패트 오브라이언이 주연인 기자 힐디 존슨 역을 맡았다.

또 하나는 하워드 포크스 감독의 〈스카페이스〉(얼굴에 상처가 있는 사나이, 일명 암흑가의 두목)였는데 이것은 폴 마니와 조지 래프트라는 두 스타를 낳았으며 갱 영화의 고전이 되었다. 또한 이 작품은 하워드 휴즈의 검열기관과 최초의 커다란 충돌을 가져오기도 하였다.

호크스 감독은 이 영화에서 많은 잔혹한 장면을 집어넣었는데 기관총을 맞고 벌집 모양으로 변하는 갱, 격돌하는 차의 장면 등이었다. 영화산업의 자치검열기관인 헤이즈 사무실은 이에 강하게 반대했으며 하워드는 잔혹한 장면을 좀더 부드럽게 만들어 폴 마니가 라이벌 갱한테 기관총으로 살해되는 마지막 장면을 교수형에 처하는 것으로 고치도록 명령하였다. 말하자면 스카페이스가 그 죄에 대해서 법률적인 처벌을 받도록 하라는 이야기였다.

하워드는 특히 잔혹한 장면을 다소 커트했지만 결말에 대해서는 양보하지 않았다. 결국 헤이즈 사무실은 그것으로 허락했지만 〈스카페이스〉가 이번에는 뉴욕을 위시해서 그 밖의 주의 검열기관에 의해 걸려버렸다. 하워드는 이들하고도 싸웠는데 이것이 오히려 〈스카페이스〉를 크게 선전한 결과가 되어 결국은 최종적으로 승리한 셈이 되었다.

폭력에 대해서는 하워드도 검열기관에 다소 양보하였지만, 〈스카페이스〉에는 당시의 검열 코드에 의해서 엄격히 금지되어 있던 또 하나의 요소가 가미되어 있었다. 하워드는 이 영화에서 스카페이스와 앙 드보라를 연기하는 여동생 사이의 근친상간을 암시하려고 생각했으며 포크스 감독도 이에 찬성했던 것이다. 이 근친상간은 매우 미묘하게 묘사되어 있었기 때문에 검열관도 알아차리지 못했지만 그러한 암시는 충분히 담겨져 있었던 것이 틀림없다.

이 〈스카페이스〉를 마지막으로 하워드 휴즈의 영화 프로듀서 시대가 끝나게 된다. 정말로 믿을 수 없는 일이지만 실제로 하워드는 돈줄이 막혀 버렸던 것이다──물론 현금에 한한 일이었지만.

1932년에서 2, 3년 동안은 나의 일도 비교적 평온하였다. 하워드는 거의 동부에 머물러 있었으며 나는 그의 권익을 관리하는 일에 전념하였다. 그러나 이 4년 동안에도 휴즈 공구회사의 결산보고는 약간이기는 했지만 적자가 계속되어 현금이 부족하였다. 한번은 헐리우드의 스탭들의 급료를 지불하기 위해 내 돈을 2천 불이나 썼을 정도였다.

그럼에도 불구하고 롱아일랜드라든가 플로리다에서 사교계의 친구들과 보내고 있었던 하워드는 뉴욕에 근거지를 갖고 싶다고 말하기 시작하였다. 그리하여 나는 마천루에 사무실 하나를 빌려 내 비서를 파견하였다. 그런데도 그가 그 사무실에 모습을 나타내는 일은 극히 드물었으며 로메인 7천번지와 마찬가지로 그곳을 연락장소로만 사용하였다.

어쨌든 이 수년 동안은 그의 생애에 있어서 기묘하게도 조용했던 시기였다. 그렇지만 하워드 휴즈가 언제까지 조용히 있을 리는 없었으며 이윽고 다시 파란의 시기가 시작되었다.

18. 세계 제일의 비행가가 되고 싶다

하워드 휴즈는 야심가였다. 다른 비행가들의 모든 기록을 능가해보고 싶다고 여러 차례에 걸쳐 털어놓은 적이 있었다. 그뿐만 아니라 실제로 수많은 비행기록을 세워서 세계적인 명성을 얻었으며, 브로드웨이의 종이 꽃가루를 맞으며 퍼레이드했고 대통령으로부터 훈장을 받은 일까지 있었다.

확실히 그는 우수한 비행사였지만 너무 무모하였다. 3번에 걸친 추락사고를 일으켰다는 사실이——모두 기적적으로 살아나기는 했지만——그것을 증명하고 있다고 나는 생각한다.
언젠가 한 번은 그와 비행기를 같이 탄 적이 있었는데, 그때는 나도 전용기를 가지고 있었으므로 비행기에 대해서는 약간 알고 있었다. 조종실에 그와 나란히 앉은 내가,
"내 조종사는 마니홀드 압력을 그렇게 높이 하지 않는데."
하고 말하자 하워드는 입술에 손가락을 갖다대고는,
"누구한테도 말하지 말게."
하고 말하였다. 그는 언제나 비행기의 성능을 최고로 발휘케 하고 있었던 것이다. 대부분의 경우 비행기는 그대로 따라줬지만 세 번은 그의 의사를 따르지 못하여 죽을 뻔했다.
1930년대에 영화제작을 일시 중단한 하워드는 그 대신 그의 단 하나의 도락——비행기에 열중하기 시작하였다.
동부에 있을 때 그가 가끔씩 비행기를 탄 것은 나도 알고 있었다. 그는 아무 말도 하지 않았지만 엔진 고장으로 그가 롱아일랜드의 들판에 불시착했다는 소문도 듣고 있었다. 물론 휴즈 공구회사의 사장이며 유일한 소유자인 그가 비행기로 위험한 짓을 하지 않기를 바라고 있었지만 나로서는 어떻게도 할 수가 없었다. 좀더 안전한 생활을 영위해나가라고 타이를 입장도 못되었으며 설사 그러한 입장에 있었다고 하더라도 귀를 기울여 들어줄 그가 아니었다.
비행사로서 명성을 떨치고 싶다는 하워드의 야심은 일찍이 알고 있었지만 그가 어느 정도까지 진지한지는 추측할 수가 없었다. 내가 그것을 알게 된 것은 그가 수륙양용비행기를 사서 로키드 사의 바반크 비행장에서 개조하기 시작했을 때부터였다. 다행히 휴즈 공구회사가 금의 알을 낳기 시작했으므로 그 비용을 지불할 수가 있었다.

이 수륙양용비행기의 개조는 그가 할 법한 일이었다. 그는 산 그대로의 비행기로는 절대로 만족하지 않았으며 반드시 개조할 여지가 있다고 믿고 있었다. 보잉사의 비행기를 사서 더글러스로 하여금 개조시킨 것도 그러했으며 이 수륙양용비행기를 비롯해서 그 후에 산 비행기의 경우도 그러했다. 실제로 그의 이와 같은 부단한 개량에 대한 노력은 마침내 수많은 스피드 기록을 가져오게 하였다. 그러나 동시에 그는 뒤에서 설명하듯 이 점차로 스피들광으로 변모해가고 있었다.

　개조한 수륙양용비행기로 그는 우선 여유있는 대륙횡단비행을 시도하였다. 여기에는 바반크에서 알게 된 젊은 조종사 겸 기계기사인 글렌 오디카크와 동행하였다. 1934년 1월 하워드는 마이애미의 아마추어 비행 레이스에 참가하여 우승하였다. 이것이 계기가 되어 그는 비행사로서의 영광을 적극적으로 구하게 되었으며 마침내는 세계를 일주하게 되었다.

　비행 레이스의 매력에 사로잡힌 하워드는 캘리포니아로 돌아오자 자기의 손으로 고속비행기를 제작할 의도를 분명히 하였다. 이제는 남이 만든 비행기를 개조하는 일에는 싫증을 느꼈다는 이야기였다.

　그는 로키드사의 비행장 격납고를 작업장으로 하여, 캘리포니아 공대 출신의 수재 항공기사인 리처드 포마의 협력을 요청하였다. 개발팀의 또 한 사람의 멤버는 글렌 오디카크였다.

　목적은 세계에서 제일 빠른 비행기 H1의 제작이었다.

　18개월 동안에 걸쳐 세 사나이는 H1과 씨름하였다. 물론 그 작업장은 하워드의 지시로 완전히 비밀공장화되었다. 여기서도 또다시 휴즈 공구회사에서 청사진을 도둑맞은 옛날의 기억이 그로 하여금 엄중한 기밀보호의 조치를 취하게 한 것이다.

　하워드는 그 사이에 지금까지와 마찬가지로 사교계에 얼굴을 내밀고 있었지만 정기적으로 H1의 격납고를 방문하는 일은 절대로 게을리하지 않았다. 그래서 때로는 정확하게 공기역학의 지식이라든가 중요한 세부를 빼놓지 않는 날카로운 관찰을 하였다.

"이봐요."

하고 어느 날 그는 두 기사한테 말하였다.

"날개라든가 동체 표면의 공기의 흐름을 방해하는 모든 것은 기체의 속력에 방해가 돼요. 이것은 볼트나 리베트의 머리에도 그대로 해당돼요. 그러니 표면은 전부 납작한 리베트로 해서 저항을 적게 하면 어떨까?"

머리가 납짝한 리베트는 당시에 이미 개발되어 있었으며 그것이 H1에 응용되었다. 또 하나의 커다란 개량점은 이륙 후 바퀴를 기체 안으로 들어가게 한 것에 있었다. 이 납작한 리베트와 안으로 들어가도록 한 다리는 다른 설계자에 의해 고안되었는지 모르지만 이러한 새로운 비행기의 축을 적극적으로 활용하여 보급시킨 것은 하워드가 최초였다. 그리고 이것이 근대적인 항공기의 발달에 크게 공헌했던 것이다.

당시의 기준으로 보면 H1은 기묘한 모양의 비행기였다. 동체는 둥글고 매끄러운 유선형이었으며 날개도 고작 이름 값만 겨우 할 정도로 적었다. 당연히 이착륙에는 상당한 스피트가 필요했다.

이 H1이 만들어지고 있는 동안 만큼 하워드가 즐거워한 것을 나는 본 일이 없다. 그는 정말로 기계만지는 일을 좋아했다. 격납고 주위에 있을 때만큼 그가 행복해 한 일은 없었다. 그는 다른 비행사들과 편한 마음으로 대화를 나누었으며 다른 비행사들한테도 억만장자인 하워드 휴즈가 아니라 또 한 사람의 비행사였다. 사교계의 대화에 따라갈 수 없는 그도 프로펠러라든가 엔진 혹은 항공연료의 이야기가 나오면 몇 시간이고 계속 말할 수 있었다. 하늘을 날고 있을 때의 그는 지상에서 사람들한테

둘러싸여 있을 때와 전연 딴 사람 같았다. 날씨와 엔진과 지도 이외에도 신경을 쓸 일이 없는 하늘이 그에게는 가장 마음 편한 장소였던 것이다.

　1935년 여름의 어느 날 H1이 드디어 빛을 보게 되자 하워드는 자기가 제일 먼저 시험해보겠다고 말하였다.

　물론 나는 찬성할 수가 없었다. 오디카크와 파마도 근심하였다. 둘은 특히 H1이 여태까지 없었던 혁명적인 비행기라는 것을 알고 있었던 것이다. 반드시 성공한다고는 보증할 수가 없었다. 그러나 하워드는 여전히 자기가 최초로 확인하겠다고 주장하였다.

　H1은 멋있게 날았다. 그것도 무서운 스피드로 지금껏 사람들이 봐온 어떤 비행기보다도 빨랐다. 하워드는 이미 비행기의 스피드 기록에 도전하기로 결심하였다.

　때는 1935년 9월 12일, 장소는 산타나의 마친 비행장에서였다. 하워드는 나를 불러주었는데 나는 언제나처럼 그가 날고 있는 동안 내내 불안하기만 하였다. 이 날 그는 한 차례 기록을 위해 비행을 시도했지만 규정인 4회 비행을 끝내기 전에 날이 저물어버렸다. 그때문에 다음날──13일의 금요일로 연기되었다.

　당시의 비행사들 중에 길흉의 전조를 생각하는 사람이 많았는데 하워드의 동료 중 몇 사람인가도 이 '13일의 금요일' 비행을 그만두라고 그에게 말하였다. 그러나 하워드에게 기타의 공포증은 여러 가지 있었지만 미신만은 전연 개의치 않았다. 13일의 금요일이라도 날씨만 좋다면 그로서는 비행하기에는 안성맞춤의 날이 되는 것이다.

　하워드의 비행속도 측정에는 웨스턴 유니온이 개발한 복잡한 장치가 사용되었다. 이것은 전기적으로 접속된 2개의 시계를 1마일 떨어진 지점에 놓고, 각각 카메라를 조립하여 시계와 머리

위를 통과하는 비행기를 동시에 촬영할 수 있게 한 것으로서 비행기는 그 판별 마크가 카메라에 찍히도록 고도 2백 피트의 지점을 날지 않으면 안 되었다.

하워드는 H1에 올라타고 날았다. 상공에서는 그의 곡예를 지켜보기 위해 스턴트 파일럿인 아미리아 에하하트와 폴 만츠의 비행기가 선회하고 있었다. 하워드는 H1기의 최고 성능의 한계까지 속력을 올려 4회 측정 코스를 날았다. 관람석에서 구경하고 있던 우리는 이미 기록을 돌파했다고 생각하였다.

그런데 그는 만족하지 않았다. 아직도 최고의 속도가 나오지 않았다고 말하며 다시 한 번 1만 2천 피트의 고도로 상승했는가 싶자 기수를 내리고 지상을 향해 급강하하기 시작하였다.

조금도 기수를 바로잡지 않고 더욱 더 스피드를 올려 우리들 쪽으로 뛰어들고 있는 작은 비행기를 보고 있는 동안 나의 심장은 목 언저리까지 튀어올라오는 것 같은 기분이 들었다. 그러자 측정 코스 바로 앞에서 H1은 기수를 올려 질풍처럼 날아가버렸다.

그 순간 엔진이 딱 정지해버리고 만 것이다.

저공으로 비행장에서 날아가려 했던 H1은 그대로 1천8백 피트의 고도까지 상승한 다음 지상으로 곤두박질쳤다.

비행장에 있던 우리들은 모두 차에 올라타고 H1이 사라진 콩밭쪽으로 달려갔다. 이윽고 우리가 현장에 당도하자 어찌된 일인지 하워드가 H1에서 비실비실 기어나왔다. 그는 거의 상처 하나 입지 않았으며 비행기의 손상도 경미하였다.

하워드의 극적인 비행은 온 세계에 대대적으로 보도되었다. 시속 352.39마일—— 그때까지의 육상기의 기록을 자그마치 40마일이나 상회하는 당당한 신기록이었다.

사고의 원인에 대해서 신문지상에 여러 가지 억측이 있었다. 한 기사는 연료 파이프 속에 강철물건이 발견되었다고 보도하면서 비행 방해행위를 은근히 내비쳤지만 이것은 사실이 아니었다. 하워드는 단지 가솔린 부족을 몰랐을 뿐이었다. 기체의 중량을 줄이기 위해 그는 최소한의 연료밖에 싣지 않았으며, 오디카크로부터 연료계에서 눈을 떼지 말라고 여러 차례 주의를 받았으면서도 깜빡 잊어버리고 만 것이다.

하워드는 다음 기록에는 노스롭프 간마로 도전하겠다고 생각하였다. 이 비행기는 근처 유명한 여류비행사인 재클린 코크란이 한 대 가지고 있었으므로 나는 그 비행기를 그녀한테 빌리는 섭외를 하였다. 그런데 하워드는 이미 양도받았다고 생각하여 이것에도 대대적인 개조를 하였다. 1936년 1월 13일 그는 이 간마로 바반크에서 뉴욕까지 9시간 27분으로 날았으며 미대륙 횡단비행의 새 기록을 수립하였다. 그 밖에도 뉴욕과 마이애미 사이 및 시카고 로스앤젤레스 사이의 기록도 갱신했다.

후에 간마에 화재가 나 타버리자 재클린 코크란은 두고두고 그 일을 분개하였다. 언젠가 워싱턴에서의 파티에서 그녀와 마주친 적이 있었는데, 그때 손님의 한 사람이 휴즈는 천재라고 말하자,

"도대체 그 사람의 어디가 천재란 말인가요?"

하면서 화를 냈었다.

1937년 1월, 하워드는 항공기의 발전에 공헌했다는 공적으로 하몬 트로피를 받았다. 이 트로피를 받기 위해서 그는 개조한 H1으로 동부를 향해 날았으며 7시간 28분이라는 시간으로 재차 대륙횡단 비행기록을 돌파하였다. 이것은 서해안에서 동해안까지 평균시속 3백32마일에 날았다는 이야기가 된다.

뉴욕에 착륙하자, 하워드는 오하이오 주 라이트 필드 기지 사령관인 O·P·애콜즈 장군한테서 전화를 받았다.

"휴즈 씨, 육군은 당신의 H1에 대해 매우 흥미를 느끼고 있습니다."

장군이 이렇게 말하였다.
"무엇보다도 우리들의 가장 빠른 요격기의 배에 가까운 스피드로 날았으니까요. 캘리포니아로 돌아가는 길에 라이트 필드의 기지에 들려서 H1을 한번 보여줄 수 없을까요?"
"예, 들렀다 갈 수 있을 것 같습니다."
"그래요! 그럼 곧 워싱턴으로 전화를 걸어 군장성들 이곳에 대기시켜 놓겠습니다. 모두들 당신 비행기의 성능에 홀딱 반했답니다."
애콜즈 장군은 H1을 환영하여 점검해볼 작정으로 군의 톱클래스 장군들을 모아놓고 기다렸다. 그런데 하워드는 나타나지 않았다.
그는 디톤을 통과하여 시카고에서 급유하였다. 이어 그곳에서 곧바로 캘리포니아로 돌아와버렸다. 애콜즈 장군은 고관들에게 주빈이 나타나지 않은 변명을 하느라고 상당히 땀을 뺐을 게 틀림없다.
내가 그렇게 하는 것은 좋지 않다고 충고하자, 하워드는,
"어쩔 수 없지 뭐야. 디톤에 들른다는 것을 깜박 잊어버렸으니까."
하고 말하였다.
하워드를 알고 있는 나로서는 그가 잊어버린 게 아니라는 것을 알고 있었다. 그는 단지 장군들이 비행을 칭찬한 끝에 아이디어를 도둑맞을까봐 싫었던 것이다. 그러나 그와 같이 '헛되게 한 일'이 후에 이야기하는 것처럼 상당히 비싸게 먹히게 되었다.
결국 하워드는 H1에 흥미를 잃었으며 팀사에 고작 12만 5천불로 그 회사의 주와 교환으로 양도해버렸다. 그런데 팀사는 이 비행기를 생산도 하기 전에 도산해버렸고 H1은 스미소니안 박물관에 보존되었다.

1941년 12월 7일 갑자기 한 떼의 비행기가 파르 하바에 나타났다. 그것은 하워드가 설계도를 도둑맞은 게 아닌가 싶을 정도로 H1과 흡사했다. 제 2 차 세계대전의 유명한 비행기로 이름을 날렸던 레이센(零戰)이었다.

19. 세계일주 91시간

내가 하워드의 세계일주 비행계획을 알게 된 것은 그에게 불려 격납고에 가서 방금 산 시콜스키 수륙양용 비행기를 보았을 때였다. 그 뒷좌석은 전부 제거되었으며 대신 커다란 연료탱크가 두 줄로 늘어서 있었다. 탱크의 높이는 바닥에서 천장까지 닿아 있었으며 1개에 2백 갤런은 들어갈 것 같았다. 하워드는 이 비행기로 지구를 일주하겠다고 하였다.

"어느 정도의 스피드로 날을 셈인가?"

하고 내가 물었다.

"시속 47마일이야."

나는 그것으로는 와이리 포스트가 1933년에 단독비행으로 세운 기록을 깰 수 없다고 생각하였다. 그래서 내가 그렇게 말하자 하워드는 볼트를 집고는 그 주위를 손가락으로 더듬었다.

"노아, 와이리 포스트는 이런 식으로 돈 거야. 그렇지만 나는 그 위쪽을 도는 거야."

그의 손가락은 북극에 가까운 루트를 집었다.

그 후 그는 역시 시콜스키의 속도로서는 부족하다고 생각하여 로키드의 로드스타를 샀다. 이 비행기도 거의 껍질만 남을 정도로 안의 것은 다 떼어냈으며 대신 연료탱크를 부착하였다.

하워드는 탱크의 연료가 새는 것을 방지하기 위해 네오프렌으로 코팅하는 새로운 방법을 생각해냈다.

그가 처음에 시콜스키 수륙양용기를 산 것은 육지는 물론 바다 위에도 내릴 수 있는 것이 안전하다고 생각했기 때문이며 그런 점에서 육상기인 로드스타는 물 위에서는 내릴 수 없었다. 그러나 하워드는 이것에도 새로운 대책을 생각하였다.

"80파운드의 탁구공을 기체의 틈새마다에 집어넣는 거야."
하고 그는 나한테 말하였다.
"그러면 만약 바다에 불시착하여 날개가 찢겨져도 여전히 떠 있을 수가 있다는 이야기지."

탑승 멤버를 고르는 일에 그는 특히 신중하였다. 우선 1930년의 유명한 몬트리올 런던 간 비행의 부조종사 겸 항공사였던 하리 코너를 뽑았다. 그 밖에도 육공항공대의 중위로서 라이트 필드 기지의 항공술 전문가였던 토마스 사로, NBC의 무선기사 리처드 스트나트가 선정되었다.

기계기사로 당초 그렌 보디카크가 탑승할 예정이었지만 그는 마지막에 가서 빠졌으며 그 대신 기계기사인 에드 란드가 동행하기로 결정되었다.

하워드는 무엇 하나도 운에 맡기는 그런 일은 하지 않았다. 필요한 것은 다 가지고 가기로 하였다. 맹수가 있는 위험한 장소에 불시착했을 때를 대비한 엽총, 바닷물을 보통물로 바꾸는 태양열 이용의 증류기, 무선의 안테나를 올릴 수 있는 연, 소형 무선기가 달려있는 낙하산을 비롯해서, 지정 연료를 입수할 수 없을 때 보통 휘발유에 섞을 4에틸 염까지 준비하였다. 탑승원의 샌드위치용 빵도 30종류 이상 주문하여 영양가를 테스트했을 정도였다.

이 세계일주 비행계획에 크게 조력한 인물은 엔진을 공급한 커티스 라이트 코퍼레이션의 알 로드워크 부사장이었다. 하워드와 기상학자인 W·C 록펠러가 결정한 비행 루트에 얽힌 각종의 세세한 문제를 처리한 것이 이 알 로드위크였다. 그는 각 착륙지에서의 필요한 일들을 섭외했으며 비행허가도 받아냈고 연료의 보급태세도 정비하였다.

이 로드위크라는 사람은 매우 솔직하게 말을 하는 사람으로 상대방이 하워드 휴즈라 하더라도 예의를 벗어난 일에 대해서는 주저없이 주의를 주었다. 하워드가 커티스 라이트 본사의 간부를 찾아갔을 때 로드위크는 그에게 이렇게 말한 적이 있었다.

"사무실에서 나갈 때 비서들에게 아무 말 없이 나가는 것은 좋지 않아. 비서들한테도 안녕하고 말해야 돼."

하워드는 이와 같은 충고를 진지하게 받아들여 비서 한 사람 한 사람한테 인사를 했을 뿐 아니라 꾸벅하고 가볍게 고개를 숙이기까지 하고 나왔다.

1938년 7월 10일 뉴욕의 프로이드 베네트 비행장에서는 마침내 로드스타의 출발준비가 갖추어졌다. 하워드는 뉴욕 시와 제휴하여 세계일주 여행에 떠나는 그 비행기를 '뉴욕 월드 페아, 1939(1939년 뉴욕 만국박람회)호'라고 명명하였다. 물론 환송식도 거행되었으며 피오레오 라가디아 시장과 유명한 변설가인 그로봐 호에이렌 만국박람회 회장의 연설이 길게 계속되었다. 이윽고 두 사람의 연설이 끝나자 하워드는 드디어 비행기에 올랐으며 '만국박 호'는 활주로를 달리기 시작하였다.

그런데 하워드는 하마터면 이륙에 실패할 뻔하였다. 무거운 짐때문에 로드스타는 여간해서 날아오르지 않았으며 활주로를 지나 들판으로 들어가버렸다 —— 그러나 선견지명이 있는(?) 하워드가 사전에 펜스를 철거시켜놓았기 때문에 간신히 기수를 올려 흙먼지를 일으키며 동쪽 하늘로 날아갈 수가 있었다.

16시간 35분 후 로드스타는 파리의 르브르제 비행장에 착륙하였다 —— 신기록이었다. 그렇지만 어쩔 수 없이 그곳에서 8시간이 늘어질 수밖에 없었다. 뉴욕에서 이륙했을 때 손상을 입은 뒷부분의 바퀴를 수리하지 않으면 안 되었기 때문이었다.

파리에서 모스크바로 날아간 일행은 여기에서도 열광적인 환영을 받았다. 다음 착륙지인 옴스크에서는 가지고 갔던 4에틸염을 사용해서 연료를 혼합하지 않으면 안 되었다. 그런 일에 언제나 빈틈이 없는 하워드는 혼합한 연료를 로드스타의 탱크에 넣을 때는 동으로 된 필터를 사용하도록 지시하였다. 그런데 그 필터를 어디에 넣었는지 알 수가 없었다. 아무리 찾아도 나타나지 않자 하워드는 대출력의 무선기로 뉴욕의 오디카를 불러내어 그것을 넣은 장소를 묻고 난 후 비로소 찾아낼 수가 있었다.

하워드가 운이 좋은 사람이라는 것은 여기서도 엿볼 수가 있었다. 파리와 옴스크에서 늦은 덕택으로 그의 '만국박 호'가 산허리에 충돌하는 것을 모면할 수 있었기 때문이다.

하워드의 처음 스케줄에는 밤에 시베리아 상공으로 진입할 예정이었다. 그의 지도에 의하면 아크츠크 앞으로 비행예정 코스가 통과할 산맥의 높이는 6,500피트로 되어 있었다. 따라서 하워드는 고도 8,500피트로 밤에 그곳을 넘을 예정이었다. 그것으로 충분히 정상보다 높은 지점을 통과할 수 있다고 생각한 것이다. 그런데 예정이 늦어져 낮에 그 산맥에 접근해보니 자그마치 높이가 1만 피트의 벽을 이루고 있었던 것이다. 하워드는 아슬아슬하게 급상승하여 그것을 넘고는 알래스카로 진로를 잡았다.

전세계가 그들의 뒤를 추적하는 가운데 '만국박 호'는 베링해를 건너 페아반크스에 도착하였다. 여기서 그는 와일리 포스트 부인의 환영을 받았다. 그가 돌파하려고 하는 기록을 세운 비행사의 미망인이었다.

로드스타는 계속 날아 폭풍우로 해서 착륙 예정지였던 비니

페그를 그대로 통과하여 미니애폴리스에 착륙하였다. 그곳에서부터 골인 지점까지는 가장 위험한 비행구간이었다. '만국박호'가 우박이 쏟아지는 폭풍 속으로 들어가자 날개가 마구 흔들리기 시작하였다. 하워드는 거의 정지상태와 다름 없을 정도로 속도를 줄여 무사히 그곳을 빠져나왔다.

많은 군중들로 들끓는 프로이드 베네트 비행장에 '1939년 뉴욕 박람회 호'는 골인하였다. 젊고 핸섬한 '하늘의 영웅' 하워드 휴즈가 나타나자 큰 환성이 물끓 듯 일어났으며 라가디아 시장과 그로봐 호에이렌이 음정을 잡는 환영식은 혼란의 소용돌이 속으로 말려 들어가버렸다.

뉴욕의 번화가인 브로드웨이에서는 하워드를 위해 관례인 종이 테이프와 종이 눈보라의 퍼레이드가 개최되었으며 그는 개선장군을 방불케 하는 환영을 받았다. 이러한 환영행사도 비행루트의 마련과 마찬가지로 커티스 라이트사 부사장인 알 로드위크에 의해서 마련된 것이다. 퍼레이드와 환영회는 시카고, 로스앤젤레스 및 하워드의 고향인 휴스턴에서도 거행되었다.

또한 온갖 영예가 하워드한테 주어졌다. 미국청년 상업회의소는 윌리엄 더글라스, 존 스타인벡, 토마스·E·듀이 등과 함께 그를 1938년의 걸출한 청년으로 선정하였다. 또한 미국 항공협회가 그를 그 해의 최우수 비행사로 선정한 것도 그때였다.

잡지 '코리아'는 매년 항공계의 최대 공적에 대해 부여하는 가치가 있는 트로피를 하워드한테 주겠다고 발표하였다. 수여식은 백악관에서 행하여졌으며 트로피는 루즈벨트 대통령이 주었다.

이러한 하워드를 어떻게 생각해야 좋을지?

은둔자적이며 공적인 장소를 싫어했고 고독한 마음의 소유자로 통하는 하워드 휴즈가 모든 사람에 의해 칭송을 받게 되고, 많은 군중들 앞에서 퍼레이드를 하고 연설을 한 것은 무엇때문일까?

 그것을 이해하려면 '세계 제일의 비행사가 되고 싶다.'고 한 그의 야심을 생각할 필요가 있다. 항공사에 있어서 극히 짧은 기간이기는 했지만 이때의 그는 진정 '세계 제일의 비행사'였다. 퍼레이드나 환영회는 그를 공적으로 증명하는 증거였던 것이다.

 그래도 소문나게 수줍음이 많은 하워드한테는 그렇듯 세상의 눈에 띄게 되는 일은 괴로운 일이었다고 생각하는 것이 상식일 것이다. 그렇지만 나는 그렇게 생각하지 않는다. 그에게는 전연 신경이 쓰이지 않았던 게 아닐는지. 혈관에 얼음물이 흐르고 있다고 여겨질 정도로 하워드는 감정이 결핍되어 있었기 때문이다.

20. 돈 거위의 감시역

 1930년대 중엽부터 나는 그다지 바쁘지 않았다. 영화를 제작하는 일에서 떨어져 나온 그는 항공관계의 연구에 시간을 거의 보냈으며, 나는 그 일에 별로 관여하지 않았다. 캘리포니아 쪽으로는 거의 볼 일이 없게 된 나는 휴스턴으로 본거지를 옮겨 휴즈 공구회사를 감독하게 되었다. 공구회사는 일시적인 슬럼프에서는 벗어났지만 아직도 그 능력에 알맞은 만큼의 성적은 올리지 못하고 있었다. 이와 같은 나의 이동은 타이밍이 좋았다. 두 딸의 결혼을 했고 나는 이혼을 한 상태여서 마침 변화가 필요한 때였기 때문이다.

 나는 1936년에 휴스턴으로 옮겨갔는데 공구회사의 상태는 10

년 전에 내가 봤을 때와 별로 다르지 않았다. 생산공정은 구식이었으며 판매노력 또한 소극적이었고 사원의 사기도 사장이 없기 때문에 저조했다.

중역이나 종업원은 모두 하워드가 공구회사를 자신의 사치스러운 도락을 계속하기 위한 수입원으로밖에 생각하지 않는다고 느끼고 있었다. 또한 사실이 그러했다. 그러한 상태가 기업에는 커다란 마이너스가 되는 것은 말할 것도 없다.

여태까지 공구회사는 여러 문제가 일어나도 그대로 간과되어 왔다. 하워드한테 해결을 구해봤자 헛수고였기 때문이었다. 공구회사의 문제에 그의 주의를 끌어들이는 것은 불가능하였다. 그가 공구회사에 주의를 기울인 것은 1930년 초기 회사가 이익을 낳지 않게 되었을 때뿐이었다.

그러한 하워드가 나에게 휴스턴으로 가서 공구회사의 운영을 감독하라고 말한 것은 회사가 간신히 적자에서 탈출하기 시작했을 때였다.

"여기는 나만으로도 충분하니까."

그가 말하였다.

"휴스턴으로 가서 공구회사의 문제를 차분히 생각해봐주게나."

문제는 이내 분명해졌다. 단지 생산공정이 구식이고 경영진이 무기력할 뿐만 아니라 중역 한 사람이 회사를 미끼로 개인의 이익을 채우고 있었기 때문이었다.

CPA(공인회계사)는 말하자면 경리를 내사하는 일이었다. 따라서 휴스턴에서의 일은 나에게 가장 적합하였다. 맥주를 생산하고 있는 자회사의 장부를 보았을 때 나는 거기서 최초의 실마리를 잡았다.

이 맥주회사는 '휴즈 제국'에 새로 합병된 것으로써 금주법의 철폐가 결정되었을 때 맥주가 부업으로 적당하지 않을까 하는 공구회사 경영진의 제언을 받아들여 하워드가 만든 것이었다. 공구회사의 소유지에 공장이 세워졌으며 그것은 완전한 자회사 '가르프 양조회사'로서 발족하였다. 만들어지는 맥주의 명칭은 '그랜드 프라이즈(대상) 맥주'로 결정이 되었다──이것은 벨지움의 박람회에서 상을 받은 맥주와 똑같은 양조법에 의해 만들어지기 때문에 그렇게 이름 붙여진 것이다. 이 양조법의 개발자인 아들이 경영을 맡았으며 맥주는 그다지 좋은 것은 아니었지만 그래도 이 맥주회사도 호경기일 때는 하워드를 위해 1년에 230만 불을 벌어 주었다.

이 회사의 제품수송 코스트를 장부로 봤을 때 나는 장거리 수송의 코스트가 다른 회사에 비하여 상당히 높은 것을 알아차리게 되었다. 그리곤 그 이유를 이내 알게 되었다.

가르프 비어사는 20만 불 분의 트럭을 사모아놓고 있으면서도 한 사람의 운송청부업자와 계약하여 수송업무를 맡겨놓고 있던 것이다. 게다가 이 업자는 회사의 트럭을 사용하면서도 수송거리 1마일마다 엄청난 수수료를 받고 있었다. 말하자면 회사는 회사 자체에서 할 수 있는 일을 굳이 청부업자한테 맡겨 막대한 돈을 지불하고 있었던 것이다.

나는 그런 일에 대해서 담당 중역에게 물어보았다. 그러자 대답은 아무런 망설임없이 돌아왔다.

"그것은 말입니다. 우리 회사의 트럭은 거의 언제나 적재 제한 이상을 싣고 달리고 있습니다. 그 사나이는 검사관한테 얼굴이 알려져 있어 고용해두면 말썽이 났을 때 편리합니다."

나는 이상하다고 생각하여 다른 맥주회사에 물어봤다. 그러자 역시 적재 초과의 트럭을 내보내고 있지만 청부업자따위와는 계약하고 있지 않다는 이야기였다.

나는 옛날의 나의 고용주인 하스킨 앤드 셀즈에 회계감사를 부탁하였다. 그 결과 몇 가지 재미있는 사실이 판명되었다.

맥주 양조의 부산물은 맥주가 분리된 다음에 남는 맥아(麥芽)의 찌꺼기로 이것은 가축의 사료로 팔린다. 목장주들이 트럭을 가지고 와서 1파운드에 얼마씩 사가지고 가는 것이다.

장부에는 이 맥아의 찌꺼기의 수입이 전연 기재되어 있지 않았다. 그래서 맥아의 찌꺼기의 행방을 추적해보니 문제의 중역의 목장으로 운반된 것을 알게 되었다.

그뿐만이 아니었다. 그 중역은 뻔뻔스럽게도 회사 트럭을 사용하여 운반시키고 있었다!

회계감사 결과 종업원의 후생자금의 일부를 포트와스의 의사한테 주고 있는 것이 밝혀졌다. 그는 그 돈으로 의사한테 자기 목장에서 키우고 있는 순혈종의 소를 사가게 하고 있었다. 더 나아가서 중역은 회사의 카페테리아에 우유를 공급하는 계약을 자기 목장으로 독점하고 있었다.

그야말로 이 중역의 철면피 같은 행동에는 탄복할 수밖에 없었다. 종업원의 후생자금을 횡령해서 소를 샀으며 그 소를 회사의 맥아 찌꺼기로 키우고 짜낸 우유는 종업원한테 팔고 있었던 것이다. 이 정도로 탐욕스러운 인간도 드물 것 같았다.

게다가 그 밖에도 또 있었다.

이 사나이는 회사로 온 우편물을 언제나 제일 먼저 훑어봤다. 그리하여 임시의 입금── 소송사건의 배상금이라든가 보험의 리베트 등──이 있으면 그것을 은행의 자기 구좌에 넣어버렸다. 예를 들면 1만1천불의 수표에 자신이 이서를 하여 휴스턴의 퍼스트 내셔널 은행의 자기 구좌에 예금할 정도로 뻔뻔스러웠다.

또한 이 사나이는 사치스러운 취미를 가지고 있었으며 이 역시도 약삭빠른 도둑질로 만족시키려 하였다. 뉴욕의 화랑에서 몇 점인가의 유화를 2만불로 사서 그 돈을 휴즈 공구회사의 경비로 지불하고 있었던 것이다.

이 유화가 어디 있는가 하여 나는 회사 안을 찾아봤지만 아는 사람이 아무도 없었다. 그리하여 당사자인 중역한테 묻자 역시 즉석에서 대답이 돌아왔다――휴스턴 컨트리 크럽에 빌려줬다고. 나는 휴스턴 컨트리 클럽에 전화를 걸었다. 그러나 없다는 대답이었다. 리바오크 컨트리 클럽에도 전화했지만 역시 없다는 이야기였다.

나는 중역한테 캐물었다. 그러자,

"아닙니다, 사실은……."

하고 중역은 싱글거리며 말하였다.

"유화는 저의 집에 있습니다. 그렇지만 컨트리 클럽에 빌려줄 예정이었습니다."

이제는 더 이상 조사해볼 필요가 없었다. 나는 캘리포니아로 가서 하워드한테 보고하였다.

"그 사나이는 회사를 자기 맘대로 이용하고 있어, 하워드."

중역의 배임행위에 대해서 내가 늘어놓자, 하워드는,

"노아, 말하고 싶어 하는 것을 알고 있어."

하고 말한 다음 이렇게 물었다.

"1년에 어느 정도 해 먹었다고 생각하나?"

"약 25만 불 정도일 걸세."

그러자 하워드는 약간 생각하고 나서 이런 말을 하였다.

"그렇지만 노아, 그 치를 내쫓는 것은 바보스러운 일이 아닐까? 그 사나이는 석유업계에 상당히 얼굴이 통한단 말야. 돈으로 큰 회사에 연줄을 대온 셈이니까. 1년에 25만 불 정도 해먹는다고는 하지만 만약 지금 그치를 내쫓으면 그 치가 개척한 단골 거래처에서는 분명히 화를 낼걸세. 내가 한 처사가 부당하다고 말하며 다들 우리에게 사가는 것을 중지하고 리드 사로 옮겨가버릴 걸세. 그렇게 된다면 우리는 4백만 불의 손실을 보게 되지. 25만 불과 4백만 불을 저울에 달면 어느 쪽이 더 이익인가." 나는 하워드의 이와 같은 반응에 놀랐다.

"나는 그런 식으로는 생각하지 않는데, 하워드."

나는 이렇게 주장하였다.

"그 사나이는 우리들이 냄새 맡은 것은 알아차렸지만 우리가 어느 정도까지 알고 있는지는 몰라. 따라서 만약 여기서 우리가 아무런 조치도 취하지 않고 내버려두면 앞으로도 더욱 더 많이 한다는 이야기가 될 거야."

하워드가 내 말을 가로막았다.

"어쨌든 내쫓지 않고 현상유지를 하는 거야. 단지 1년에 25만 불 이상 해먹지 않도록 주의하면 되는 거야."

나는 휴스턴으로 돌아가 명령에 따를 수밖에 없었다. 그로부터 2주일쯤 후 수송업무를 맡고 있는 청부업자가 나를 찾아왔다. 그리고는 캔슬한 수표 한 묶음을 내 앞에 내던졌다.

것은 전부가 중역 앞으로 끊은 수표로서 총액이 10만 불을 넘고 있었다.

"어째서 이것을 내게 보이는 거지?"

하고 내가 청부업자한테 물었다.

"그 욕심쟁이 놈이 2만 5천 불을 더 내놓으라는 겁니다. 이 이상이면 어느 놈이 해나갈 수 있습니까!"

청부업자가 말하였다.

"수송계약뿐아니라 타이어의 납입계약까지 취소하겠다고 위협하는 겁니다. 저는 휴즈 공구회사에 상당수의 타이어를 납입하고 있습니다만——그래서 그 치한테 더 이상 동전 한 푼이라도 지불해야 한다면 그만두는 편이 차라리 낫다고 생각한 것입니다."

나는 청부업자한테 감사의 말을 하고 문제를 선처하겠다고 약속하였다. 나는 공구회사의 임원을 소집하여 이렇게 말하였다.

"우리들의 동료 한 사람이 어떤 일을 했는지 여러분은 잘 알 것입니다. 나도 대체적인 전모를 알게 되었습니다. 나는 더 이상 참을 수가 없습니다."

다른 임원들도 전원이 똑같은 의견이었다. 우리는 하워드한테 우리들과 악덕 중역 중 어느 쪽을 택할 것인지 묻기로 했으며 그에게 전화를 걸어 한 사람씩 똑같은 일을 호소하였다.

내가 마지막으로 수화기를 들었을 때는 더 이상 말할 필요가 없었다.

"좋아, 노아."

하고 하워드가 말하였다.

"적당한 기회를 봐서 그만두게 하라고. 얼마 동안은 급료를 주고 이어 퇴직을 발표하는 거야—— 가능하면 스스로 말하게 하는 편이 좋겠는데."

"그것만으로 끝나지 않을 거야. 맥아의 찌꺼기를 비롯해서 회사의 수입이 되었어야 할 일에 대해서는 전부 세금이 부과되는 거야. 이것은 그 사나이가 지불해야 옳지."

"아냐, 그것도 이쪽에서 지불하라고."

하고 하워드가 말하였다.

나는 문제의 중역을 2, 3주 동안 급여명단에 남겨둔 후 어느날 그를 불러 선고했다.

"당신은 해고야."

그뿐이었다. 그 중역은 상처를 입지 않고 나갔으며 휴즈 공구 회사는 그에게 횡령당한 몫의 세금을 지불하지 않으면 안 되었다.

여기에서도 하워드의 모순이 보인다. 한편으로 회사 소유권의 1퍼센트의 절반조차도 완강히 아무에게도 양도하지 않으면서도 다른 한편으로 중역이 회사 돈을 몇 십만 불씩 가로채도 아무렇지 않은 것이다. 당연히 그 돈을 회수하고 중역을 교도소로 보낼 수 있는데도 그는 그렇게 하지 않았다. 이런 문제는 어떻게 생각해야 좋을 것인가? 나로서도 알 수 없는 문제였다.

이렇게 해서 나는 돈주머니의 구멍을 막아놓았지만 휴즈 공구회사의 성적은 여전히 형편 없었다, 그 하나의 이유는 하워드가 사내에서 인재를 등용한다는 방침을 고집했기 때문이다. 몇 차례 공장장이 바뀌었지만 모두 그러한 요지에는 적당치 못한 사람이었다. 그렇지만 다른 일로 바쁜 하워드는 휴즈 공구회사의 만성적인 결함에 주의를 기울이지 않았다.

21. 항공회사의 구매방법은 이런가?

1937년 어느 날 휴스턴의 내 사무실에 있을 때 뉴욕에서 전화가 걸려왔다.

"디트리히 씨, 당신은 저를 알지 못할 것입니다만……."

하고 전화의 목소리가 서두를 꺼냈다.

"저는 트랜스콘티넨탈 앤드 웨스턴 에어 웨이즈(TWA)의 사장인 잭 프라이입니다. 좀 알고 싶어서 그러는데 리만 프라자즈로 가는 수표는 언제쯤이나 끊어 주시겠는지요?"

나는 무슨 일인지 몰라,

"수표라니요?"

하고 물었다.

"이번의 거래입니다."

상대방은 다소 초조해하며 말하였다.

"프라이 씨, 저는 아무것도 들은 게 없습니다만 무슨 일인지 자세히 말씀해주실 수 없겠는지요?"

프라이는 한 순간 아연했던 모양이었다.
"휴즈 씨가 리만 브러더즈가 가지고 있는 TWA의 주식 10만 주를 사주시기로 했습니다. 1주에 10불씩으로. 지불은 당신이 휴즈 공구회사의 이름으로 수표를 끊어주신다고 했습니다."
"아니 저는 처음 들었습니다. 약간 확인하고 난 후 다시 전화를 드리지요."
"어떻게 된 일일까요?"
프라이는 걱정스러운 듯이 말했다.
"저는 모든 것이 섭외되어 다 된 것으로 알고 있었습니다. 이것은 저에게 있어 무척 중요한 일이니까요. 얼마 후에 주주총회가 있는데 저의 지위가 문제가 될 것 같습니다."
그 후 나는 프라이가 이 거래에 그렇듯 신경을 쓴 이유를 알게 되었다. 지난 날 우편 파일럿이었던 그는 고작 1년 전에 TWA의 사장이 되었을 뿐이며 사장이 된 후에도 파일럿으로서 이곳저곳으로 뛰어다니고 있었다. 행동적인 그는 이내 회사의 확장 계획을 세웠지만 주주들을 설득하지 못했을 뿐 아니라 반대로 주주들로부터 위협을 당하고 있었다. 하워드와는 TWA에서 DC2를 실험용으로 빌렸을 때부터 서로 아는 사이였으며, 프라이 씨는 주주 사이의 사장 추방의 움직임을 봉쇄할 결정적인 수단으로 하워드에게 희망을 걸었던 것이다. 리만 브러더즈사가 가지고 있는 보통주 9만 9천2백93주를 그가 사준다면 총회를 제압할 수가 있기 때문이었다.
나는 하워드한테 전화를 걸어 사정 이야기를 들었다.
"아, 그랬었어, 노아! 까맣게 잊어버리고 있었네!"
하고 말하며 그는 TWA 주의 과반수를 취득한 의도를 말하였다.
"만약 정말 그럴 생각이라면 곧 수표를 끊어 보내야겠는데? 프라이 씨는 서둘러 결정하고 싶은 모양이니까 말야."

"아냐, 기다려 줘, 노아. 프라이에게는 1주에 10불로 산다고 말했지만 지금 TWA는 딱한 입장에 처해 있으니까 8불이 될 것이라고 생각한단 말야. 교섭해봐달라고. 구두약속에 대해서는 적당한 변명거리를 생각해내서 노아가 악인이 되어줬으면 싶은 거야. 나는 프라이 씨를 적으로 돌리고 싶지 않으니까."

'피그서의 노아'는 활동을 시작하였다. 뉴욕의 프라이 씨한테 전화를 걸어 이렇게 말하였다.

"지난 번의 것은 휴즈 공구회사의 이사회의에서 검토해봤습니다만 우리는 아무래도 회사이기 때문에 무엇이든지 절차를 밟지 않으면 안 됩니다. 그래서 댁의 업적을 조사케 해봤습니다만 그 결과 현재 TWA의 주는 10불이라는 높은 값으로는 살 수 없다는 결론에 도달했습니다. 8불이면 어떨까요?"

"8불?"

프라이 씨가 소리쳤다.

"휴즈 씨는 10불이면 된다고 말씀하셨는데요!"

"알고 있습니다. 그렇지만 사장의 결정도 이사회의의 승인을 얻지 않으면 안 되기 때문에 검토한 결과 8불이 타당한 값이라는 것으로 된 것입니다. 뭣하면 사장한테 직접 물어보셔도 상관없습니다만 여태까지 사장은 이사회의 결정에 따르지 않은 적이 없으니까요."

물론 중역회의 같은 건 열지 않았다. 만약 열린다고 하더라도 나처럼 하워드가 말한 값에 찬성했을 것이다.

그런 것을 모르는 프라이 씨는 다음 날 대답을 해보냈다.

"8불 25센트까지로 사주시지 않으시려는지요?"

그는 이렇게 간청하였다.

"곧 이사회의에 걸어보겠습니다?"

하고 말하였다.

20분 후 나는 다시 한 번 프라이 씨한테 전화를 걸었다.

"이사회의에서 승인했습니다."

잭 프라이와의 구두약속을 깸으로써 하워드는 20만 불을 절약할 수 있었다. 그렇지만 그 결과로 프라이 씨는 나를 적으로 간주하게 되었다. 1주당 10불에 사겠다고 한 하워드의 약속에 개입하여 그것을 휴지화시킨 '귀신같은 사나이'가 나라고 믿어버린 것이다. 그렇지만 나는 그런 역을 맡는 데 익숙해져 있었다. 하워드가 이런 식으로 약속을 깬다든가 간부를 해고한다든가 거래 상대한테 곤혹한 조건을 강요 혹은 요구 사항을 일축하고 싶어진다거나 하면 미움을 받는 역할은 언제나 나에게로 돌아왔다. 게다가 상대방이 딱한 입장을 늘어놓게 되면 하워드는 동정의 빛을 나타내며 위로해주는 것이었다.

"노아는 고집불통이고 인정사정 없는 사나이이니까."

하고 언젠가 한번은 그러한 상대의 한 사람이 하워드한테 이렇게 말한 적이 있었다.

"그 피도 눈물도 없는 작자를 해고하는 게 어때?"

"노아를 해고하라고?"

하워드가 대답하였다.

"그건 안 되지. 그 사나이는 나보다 내 사업에 대해서 더 자세히 알고 있으니까."

만약 이때 내가 해고를 당했다면 잭 프라이는 거리 한복판에서 춤이라도 추었을 것이다. 그러나 나는 하워드가 TWA 주의 과반수를 취득한 직후부터 그의 주장으로 이 항공회사의 이사회의의 일원이 되었다. 내 판단으로는 잭 프라이의 회사 경영법에는 칭찬할 데가 없었다. 당신의 TWA의 목표는 '비행사들이 경영하는 항공회사'였지만 회사는 역시 비지니스의 전문가가 봐야 하는 것이다. TWA는 만성적인 적자에 시달렸는데 나는 프라이 씨가 경영상의 재능이 없는 것이 원인이라고 봤다.

나와 프라이 씨는 공개적으로 충돌하지 않았지만 TWA의 경영면의 문제점에 대해서는 계속해서 하워드에게 보고했으며 이사회의에서 기탄없이 의견을 말하였다.

그런 식으로 2년쯤 지났을 때 하워드가 나를 불렀다.

"노아, 뭐라고 말해야 좋을지 모르지만 당신은 프라이의 경영 방식에 대해 무척 비판적인 모양이더군. 그런데 나는 처음부터 그 사나이가 원하는 대로 내버려둔다고 약속해버렸단말야, 노아. 디트리히가 있으면 자기가 원하는 대로 할 수 없다고 잔소리가 많아."

"나를 이사회의에서 제외시키라는 이야기군요?"

"응, 그런 거야."

"하워드, 나는 기꺼이 그런 이사회의에서 빠지기를 바라네. 그런 것에 빼앗기는 시간이 아까워 견딜 수가 없었거든."

"그래, 그것 참 잘되었구먼."

하워드는 마음을 놓은 것 같았다.

"그렇지만 앞으로도 TWA의 문제점에 대한 분석 검토는 계속 해줘야 하네."

내가 TWA의 이사회의에서 떠나자 잭 프라이 씨는 크게 기뻐하였다. 그렇지만 나는 그 후에도 계속 TWA의 경영상태에 대해서 보고를 받았으며 그것을 분석하여 하워드한테 보고하였다.

프라이 씨도 상상력이 풍부한 사나이로서 민간 항공로가 얼마큼 지구 전체를 뒤덮게 될 것인가에 대한 정확한 비전을 가지고 있었다. 그렇지만 실업가로서의 센스는 부족했으며 언제나 회사의 한계가 있는 자력에 부담을 주는 일만 하고 있었다. 그 결과 아무래도 새로운 자금이 필요하게 되었으며 하워드는 TWA의 주를 다시 더 백50만 불이나 사지 않으면 안 되었다. 하워드는 자신이 지배하는 회사의 주식 공모를 용납하지 않았다. 이것도 소유권은 절대로 약화시키지 않겠다는 그의 생애의 방침에 연유한 일이었다.
 그런데 다른 많은 항공회사와 마찬가지로 전쟁의 발발과 함께 TWA의 업적도 상향으로 방향을 전환하게 되었다. 수송력의 수요가 급격히 증대했으며 여객기는 어떤 것이든 만원이 되었다. ── 너무나도 혼잡하여 군인이라든가 그 밖에도 중요한 손님을 우선시키는 조치를 취하지 않으면 안 되게끔 되었을 정도였다.
 또한 전쟁 직전에 하워드는 현명하게도 6대의 보잉 스트라트라이너를 구입하였다. 언제나처럼 휴즈 공구회사를 통해서 샀으며 한 대는 그가 사용했고 나머지 5대는 TWA로 돌렸다, 이 6대는 보잉사의 공장을 나온 최초의 스트라트라이너였다.
 이 스트라트라이너는 당시로서는 획기적인 비행기였다. 최초로 내부기압 조정장치가 부착된 4발 여객기였으며 승객을 40명 정도 수용할 수가 있었다. 이것은 DC3의 33명과 비교하여 훨씬 많은 수였다.
 파르 하바 공격 후 전황은 연합국에 유리하게 전개되지 않았으며 수송기의 수요는 점점 더 증대해갔다. 그 중에서도 B17에 해당하는 성능을 가지고 있으며 대양을 논스톱으로 건널 수 있는 민간 항공기였던 스트라트라이너는 매우 귀중하였다. 특히 육군은 톱 클래스의 요인(要人)을 아프리카나 유럽으로 옮기기 위해 휴즈의 스트라트라이너가 절실하게 필요하였다. 그러나 몇 차례 하워드로 해서 불유쾌한 생각을 갖게 된 장군들은 군이 비행기 양도를 교섭하려고 하지 않았다.
 대신 제시 존즈한테 그 역할을 맡기게 되었다. 루즈벨트 정권의 상무장관으로서 강한 신념을 가졌으며, 더구나 똑같은 텍사스 출신의 존즈라면 틀림없이 하워드를 설득하여 스트라트라이너를 내놓게 할 수 있다고, 육군의 상부 사람들은 생각하였다.
 나는 존즈하고는 휴스턴 시대에 친교를 갖게 되었으며 후에 그는 나를 내셔널 상업은행의 임원이 되게 해주었다. 그래서 존즈는 우선 나를 불러 육군의 제안을 설명하였다.
"군은 정말로 그 비행기를 필요로 하고 있어, 노아. 한 번 휴즈한테 이 기회에 애국자가 되어달라고 부탁해봐 줄 수 없을까? '부디 나라를 위해 도움이 되어주십시오, 조건은 일임하겠습니다.'하고 말해주기만 하면 육군은 그것을 은혜로 생각할 것이며 실제로 나라를 돕는 일도 되는 것이네."
나는 존즈의 이야기를 하워드한테 전하였다. 그러자 그는,
"아, 괜찮을 거야. 프라이한테 말하여 섭외토록 하겠어."
하고 말하였다.
그런데 다음의 전화에서 하워드는 다음과 같이 말하였다.
"프라이가 이것은 성급하게 결정할 문제가 아니라는 거야. 그는 스트라트라이너를 양도해버리면 그 구멍을 DC3로 메꾸지 않으면 안 되는데 DC3는 거의 절반밖에 탈 수가 없다, 따라서 배의 DC3를 할당해준다는 보증을 먼저 얻어야 한다고 말했어. 그리고 TWA가 현재 신청하고 있는 새로운 노선을 인가한다는 보증도 얻고 싶다는 거야."
"어째서 그런 조건을 붙이고 싶은 건가, 하워드?"
나는 이렇게 물었다.
"그것은 프라이가 말하는 대로야. 뭔가 대신할 수 있는 것을 받지 않으면 안 되지."

나쁜 예감이 들었지만 나는 워싱턴의 상무성에서 제시 존즈와 잭 프라이 씨를 만나게 해주었다. 프라이는 교환조건을 말하기 시작하였다.
"만약 TWA에 배의 DC3를 할당해주시고 신청 중인 노선을 전부 인가해 주신다면 스트라트라이너를 제공하겠습니다."
점차적으로 제시 존즈의 얼굴이 굳어졌다.

"프라이 씨, 죄송합니다만 디트리히 씨와 할 이야기가 있으니 자리를 비켜주시지 않겠습니까?"
그는 차갑게 말하였다.
프라이가 나가자, 존즈는 나에게 말하였다.
"노아, 나는 손을 떼겠어. 이젠 그만하겠어."
나는 휴즈 측의 사람이었지만 기분상으로는 존즈한테 동조하지 않을 수 없었다. 재차 불러들여온 프라이한테 존즈는 분명히 말하였다.
"이 이야기는 이것으로 끝내겠습니다. 실례합니다."
나는 대화의 결과를 하워드한테 말하였다. 그는 부끄러워했다.
"그렇게 됐어, 노아? 아무래도 어처구니없는 실수를 해버린 셈이군."
"아, 나도 그렇게 생각해, 하워드."
"다시 한번 존즈를 만나게. 프라이는 대화에 참가시키지 말고 그리고 정부 앞으로 비행기를 양도한다고 말해."
나는 존즈한테로 다시 돌아갔다. 그러나 그는 아무것도 듣지 않겠다고 하였다.
"나는 일체 손을 떼었어. 육군한테도 방금 그렇게 전해줬어. 휴즈하고 직접 교섭해달라고. 욕심꾸러기 어린애를 상대하고 있을 만큼 나는 한가롭지 않단 말야."
결국 스트라트라이너는 육군이 말하는 값으로 증발되었으며 TWA는 새로운 항로 신청에 대한 특별한 배려도 받지 못했을 뿐 아니라 대신할 비행기의 할당도 받지 못하였다. 그렇지만 정부의 손에 넘어간 것은 5대뿐이었으며 한 대는 하워드가 그것으로 중요한 연구를 하고 있다는 구실로 확보하였다. 실제 그는 그것에 보다 커다란 엔진을 갖다달았다.
이 스트라트라이너의 에피소드로 재미있는 후일담이 있다.

전쟁 중으로부터 전후에 걸쳐 하워드는 스트라트라이너로 실험을 계속하였다. 1950년대 초에 그는 이 비행기에 휴스턴의 명물의 사나이인 글렌 매카시를 태우고 라스베가스로 날아갔다. 매카시는 돈이 많은 투기꾼으로 당시에 여러가지 것들을 사모으고 있었다. 그 사나이가 스트라트라이너를 넋을 잃고 바라보고 있는 것을 보고, 하워드는 농담삼아,

"사지 않겠나?"

하고 말하였다.

"사겠어."

하고 매카시가 대답하였다.

"얼마에 팔겠나?"

"50만 불."

"좋아, 결정했어."

하워드는 매카시를 태운 채로 스트라트라이너를 휴스턴에 갖다주었다. 그런데 매카시한테는 단지 구두약속만 했을 뿐 서류 같은 것은 아무것도 받아가지고 오지 않았다.

그로부터 몇 달인가가 지났는데도 매카시는 한 푼도 보내주지 않았다. 나는 그 일에 대해서 몇 차례 하워드한테 주의를 주었다. 이윽고 그의 허가를 받아 어떻든 지불증이라도 받기 위해서 휴스턴의 매카시 사무실로 갔다. 그런데 매카시는 마음에 들지 않는 상대가 오면 갑자기 책상 위로 뛰어올라가서 상대방의 턱을 걷어 차버린다는 사나이였다. 그래서 마음이 다소 편치가 않았다. 더구나 나는 그에게 하워드 휴즈에 대한 50만 불의 빚을 상기시키기 위해서 가는 것이다.

그렇지만 매카시는 조금도 화를 내지 않았으며 나는 50만 불의 지불증을 받아가지고 돌아왔다.

그렇지만 결국 하워드는 그 돈을 받아낼 수가 없었다. 스트라트라이너도 되찾지 못하였다.

매카시의 로라코스타와 같은 재산이 어떻게 된 일인지 갑자기 기울어져 개장을 의뢰해두었던 스트라트라이너는 채권자한테 차압당하고 말았다. 하워드는 그것을 되찾기 위해서 다시 막대한 돈을 지불하지 않으면 안 되었다.

이와 같은 50만 불의 손실에 대해서 하워드는 기분이 언짢았을까? 그렇지 않았다. 전연 신경을 쓰지 않는 것 같았다.

"매카시라는 자는 운이 없는 자야."

하고 그는 어깨를 으쓱해보였다. 그리고는 '휴즈 증기 자동차'로 50만 불을 버렸을 때와 마찬가지로 태연한 얼굴로 다른 일에 신경을 돌렸다.

22. 무뢰한과 젠 러셀

1939년까지 7년 동안 영화계에서 떨어져 있던 하워드가 다시금 영화제작자로서의 꿈을 꽃 피우고 싶은 기분으로 들먹거리기 시작하였다. 그의 의도를 내가 안 것은 정기적인 보고를 하기 위해 휴스턴의 사무실에서 캘리포니아를 찾아갔을 때의 일이었다.

"노아, 언젠가 내가 7만 5천 불 이하로 영화를 제작할 수 없으면 두 번 다시 영화를 만들지 않겠다고 말한 적이 있었잖아?"

"응, 그렇게 말했었지."

내가 대답하였다. 그가 그 다음으로 할 말을 알고 있었다.

"아냐, 사실은 도저히 놓치고 싶지 않은 아까운 각본이 발견됐거든. 비리 더 키드의 이야기인데, 스토리가 재미있어. 물론

7만 5천 불로 만든다는 건 지금으로 봐서는 비현실적이고 억지 이야기겠지만 25만 불로 만들어보이겠어. 그 이상은 쓰지 않겠어."

"절대로?"

"응, 절대로야. 돈을 마련할 수 있을까?"

"그 정도라면 어떻게 되리라고 생각하는데── 감독은 누구로 하는 거지?"

"하워드 포크스."

포크스는 하워드가 제작한 〈스카페이스에서〉 일을 잘했으므로 그 점에 대해서는 걱정할 게 없었다. 나는 감독을 만나 비리더 키드의 영화를 제작하는 데 비용이 얼마나 드는지 물어보았다. 포크스가 제시한 예산은 4만 불이었다. 나는 하워드한테로 돌아와 포크스가 제시한 숫자를 내밀었다.

"이것은 25만 불의 거의 배에 가까운 액수야, 하워드. 게다가 헐리우드라는 곳은 예산을 초과하는 게 당연한 모양이니까."

"아냐, 그런 일은 없어."

하워드가 대답하였다.

"걱정하지 않아도 돼, 노아. 내가 비용을 최대한으로 줄여 25만 불로 만들 수 있도록 할 테니까, 돈을 마련해줘."

〈아우트로 (무뢰한)〉는 자그마치 3백4만 불이 들었다.

이 영화에서도 하워드는 신인으로 주연 여배우를 선정하여 〈헬즈 엔젤즈〉의 진 하로처럼 스타로 키우려 하였다. 그리하여 이번만은 그 스타를 놓치지 않을 생각이었다.

어느 날 내가 가자 하워드는 드물게 흥분하고 있었다.

"오늘 말야."

하고 그가 말했다.

"여태껏 본 일이 없는 멋진 가슴을 가진 주인공을 발견했어."

하워드는 치과에 다니고 있었는데 그곳의 젠 러셀이라는 19세의 접수양이 보기 드문 멋진 가슴을 가지고 있었다. 하워드는 그녀와 계약했으며 도크 홀리테이의 여자친구인 리오의 역으로 발탁하였다. 비리 더 키드에는 마르크스 형제의 한 사람인 탈렌트 에젠트의 가모가 추천하는 무명의 잭 뷰테르를 기용하였다.

그리하여 이 두 명의 문외한을 월터 휴스턴과 토마스 미치엘의 두 베테랑 배우로 보충했다.

〈아우트로〉의 촬영은 애리조나의 로케로 시작되었다. 매일 그 날 촬영된 몫이 특별기로 헐리우드에 급송되었으며 하워드는 그것을 전용 시사실에서 봤다. 당연히 그의 편집광이 고개를 들기 시작하였다. 1주일 후에 그는 애리조나로 날아가 연출하는 포크스한테 이것저것 주문을 하거나 제의하기 시작하였다.

이와 같은 참견에 특히 자존심이 강한 포크스가 화는 내지 않을 리가 없다. 3주일의 지났을 때 그는 하워드를 향해 말하였다.

"더 잘 만들 수 있다고 생각한다면 스스로 감독을 하는 게 어때 ?"

하워드는 그렇게 하였다. 포크스는 〈아투트로〉에서 떠나 워너 브러더즈로 가서 〈서젠트 요크〉(요크 상사)를 촬영하였다. 이 영화는 1941년도에 최고 수입을 올렸으며 게리 쿠퍼에게는 아카데미 상이 수여되었다.

한편 하워드 휴즈는 그의 페이스로 〈아우트로〉를 찍어나갔다. 언제나처럼 좀처럼 진척되지 않았으며 월터 휴스턴과 토마스 미치엘은 수많은 재촬영과 끝없이 계속되는 촬영일정으로 싫증이 나버렸다. 그렇지만 신인인 뷰테르와 젠 러셀은 영화란 다 그렇게 촬영되는 것으로 믿고 있었다.

하워드는 젠 러셀의 가장 눈에 띄는 소유물을 최대한으로 이용하려고 하였다. 특히 하워드가 신경을 쓴 것은 상처를 입은 비리가 헛간에서 오한의 엄습을 받는 장면으로 비리의 침대 위로 몸을 꾸부리는 젠의 가슴선이 충분히 노출될 때까지 수없이 촬영하였다. 이것이 시사회에서 한 병사로 하여금 '폭탄 투하!'라고 소리치게 만들어 극장을 뒤흔들어놓은 장면이었다.

대개의 일을 스크린을 통해 볼 수 있는 오늘날에는 여배우의 몸매가 그 정도로 노출되는 것은 아무 일도 아니었으며 오히려 문제로 삼으면 웃음거리밖에 되지 않겠지만 당시에는 아직도 윌 헤이즈가 검열기관에서 엄격히 체크하고 있었으므로 〈아우트로〉는 대폭적인 커트가 예상되었다, 그렇지만 〈스카페이스〉때와 마찬가지로 하워드는 표현의 자유를 위해 단호히 싸우기로 하였다——물론 그렇게 함으로써 세상의 이목이 작품에 모여 크게 선전이 될 것을 기대했던 것이다.

하워드의 신문담당인 러셀 바드웰은 '스칼렛의 오하라 찾기' 등의 아이디어로 세상의 주목을 끈 유능한 선전원으로 이때에도 젠 러셀을 스크린에 등장하기 전에 스타로 만들어버린 솜씨를 보여주었다, 신문이나 잡지를 젠이 선정적인 포즈로 메웠으며 그녀를 온세계의 GI의 핀나프 걸로 만들어버렸다.

하워드는 〈아우트로〉를 계속 만지작거렸으며 여러 밤을 시사실에서 보내는가 하면 배역진과 스텝을 전원 소집하여 필요하다고 생각되는 추가 장면을 찍게 하곤 하였다.

그는 글자 그대로 마지막 순간까지 〈아우트로〉를 편집하고 있었다.

1943년 2월에 드디어 월드 프레미아가 샌프란시스코의 기아리 극장에서 있게 되었으며 초청된 힐리우드 관계자라든가 예능기자들이 대거 올라왔을 때 하워드는 센트 프랑시스 호텔에서 병으로 누워 있었다. 편집담당인 월터 레이놀즈는 극장의 영사실에 있었는데 영화가 시작될 즈음 하워드한테서 전화가 걸려왔다.

"곧 제 3 권을 가지고 와줘."

레이놀즈는 까닭을 알지 못했지만 어쨌든 제3권을 센트 프랑시스 호텔로 가지고 갔다. 그러자 하워드는,
"커트할 데가 있어."
하고 말하는 것이 아닌가. 방에는 영사기도 없었다.
"안 됩니다!"
레이놀즈가 말하였다.
"지금 제1권을 돌리고 있단 말입니다."
그러나 하워드는 태연한 얼굴이었다.
"필름을 통에서 꺼내라고."
하고 지시하자 그는 연필로 필름을 걸어 꺼냈다. 그곳의 배경음악을 허밍하면서 필름을 봐나갔다. 한 곳에서 하워드는,
"여기를 자르라고."
하고 말했으며 계속 필름을 보면서 꺼내고 있었다. 허밍이 계속되었다.
"그리고 여기도 자르라고."
이렇게 해서 제3권에서 다시 13피트가 커트되었다. 스프라이사는 방에 있었으므로 레이놀즈는 서둘러 필름을 연결해 극장으로 돌아왔다. 그가 영사실에 들어갔을 때 제2권이 끝나려 하고 있었다. 놀랍게도 하워드의 커트는 완벽했다. 배경음악에는 연결부분을 짐작케 할 만한 틈이 없었다, 그는 악보를 전부 암기하고 있었던 것이다.
〈아우트로〉는 비평가들의 혹평을 받았다. 그렇지만 하워드는 낙심하기는커녕 일시적으로 개봉을 보류하여 더욱 더 선전 캠페인에 힘을 기울였다. 물론 그 초점은 젠 러셀의 가슴과 검열기관과의 싸움이었다.
"개봉이 연기되면 될수록 이 영화의 가치는 증가하게 될 거야."
하워드는 나한테 말하였다.

"〈아우트로〉를 보고 싶다는 대중의 기분이 더욱더 고조될 테니까 말일세."

그는 세상에 그가 검열기관과의 싸움에 많은 시간을 소요하고 있는 것 같은 인상을 주려고 하였다.

그렇지만 실제로 〈아우트로〉는 제쳐놓고 다른 일에 열중하고 있었다.

그 사이에 나는 하워드의 명령으로 뉴욕의 스페르만 추기경을 만나 그의 영향력으로 〈아우트로〉에 대한 가톨릭 교회의 비난이 철회되도록 해줄 수 없는가에 대해 교섭하였다. 추기경과 나는 수차에 걸쳐 만나 터놓고 이야기했으며 아주 친한 사이가 돼버렸다. 어느 날 추기경으로부터 전화가 걸려왔다.

"노아, 간신히 교회로 하여금 그 영화를 인정시켰어."

1946년 하워드는 비로소 〈아우트로〉를 전국에 공개하였다. 그러나 수년에 걸친 선전에도 불구하고 큰 성공을 거둘 수는 없었다. 비평가들은 여전히 진부하다고 비판했으며 관객들은 웃지 않을 곳에서 웃었다. 흥행적으로 상당히 좋은 성적을 거두기는 했지만 그것은 대부분 대중의 호기심이 가져다준 결과였으며 결국 하워드가 투자할 돈을 회수할 만큼의 수익은 올리지 못하엿다.

젠 러셀이 하워드가 발탁해서 키운 여배우였기 때문에 두 사람 사이에 로맨스가 있었을 것이라고 상상하는 사람이 많다. 그러나 이것은 사실이 아니다. 젠은 그녀의 고등학교 풋볼 팀의 영웅으로 후에 대학과 프로의 스타 플레이어가 된 보브 워터필드와 이전부터 사랑하는 사이였으며 두 사람은 1943년에 결혼하였다.

따라서 성적매력으로 팔리기 시작한 또 한 사람의 스타인 진 하로와 마찬가지로 젠도 하워드하고는 로맨스가 없었다, 그렇지만 하워드가 싫어했던 하로의 경우와는 달리 두 사람은 서로 호감을 가지고 있었다. 하워드는 젠의 솔직하고 대범한 성격을 좋아했으며 젠은 하워드한테 여배우 젠 러셀을 키워준 것에 감사하고 있었다.

하워드는 새로 찾아낸 스타를 특히 소중하게 생각했으며 그녀를 다른 제작자한테 양보할 때는 그녀를 최고로 대우하도록 강력하게 요구하였다. 그는 여배우로서의 젠의 관리를 철저하게 하였다. 어느 정도로 철저했는지 1950년에 젠이 〈마카오〉에서 주연했을 때 하워드가 쓴 특이한 메모로도 짐작할 수가 있다.

이 메모는 RKO 스튜디오 주임인 C.J.테브린한테 보낸 것으로 하워드는 우선 싱글스페이스로 프로듀서인 샘 비숍, 선전부장인 페리 리바, 이어 지바가 선정한 의상계한테 메모를 남겨 놓도록 지시하고 있었다.

"젠 러셀의 의상에 관한 이 메모와 사본은 앞서 말한 관계자가 읽은 다음 반드시 나한테 돌려보내도록 하며 절대로 파일 등에 철해두지 않도록 해주기 바람."

그는 다시 덧붙여 특히 지바한테,

"의상계한테는 젠 러셀의 가슴에 관한 나의 의견을 몇 차례 읽게 하여 잘 기억하도록 해야 하며 결코 메모를 밖으로 가지고 나가 외부 사람이 보지 않도록······."

하고 주의를 주었다.

메모의 내용은 다음과 같았다.

우선 촬영기사인 하리 와일드한테 주의시킬 것이 있어. 그가 찍은 젠 러셀의 사진은 만족할 수가 없어요. 어제 그와 이야기했지만 러셀 양의 코의 결점이 너무나도 뚜렷하게 나타나버려서 그녀의 이미지에 마이너스가 된 점이 많아.

그리고 그녀의 의상이 문제인데 시험삼아 입은 것이 모두 형편없는 것 뿐이었어요. 그녀의 아름다운 선이 감추어져버렸을 뿐 아니라 어울리지도 않는 등, 하여간 전체적으로 마땅치가 않아요.

딱 하나 예외가 있는데 그것은 금속 천으로 만든 드레스였어. 이 드레스는 정말로 멋있으니까 많이 사용하는 게 좋겠어요.

그러나 이 드레스도 가슴 언저리의 재단이 잘 안 되어 러셀 양의 가슴에 패드라도 들어가 있는 모양처럼 보여서 그녀의 가슴이 인공적인 느낌을 주고 있어. 이것은 정말로 어처구니없는 일이야. 하여간 바스트의 윤곽이 자연스러운 선으로 보이지 않아. 뭔가 그녀의 유방이 자연스런 윤곽에 맞지 않는 딱딱한 질의 브래지어를 하고 있는 것처럼 보여.

특히 유방 주위가 드레스 밑에 딱딱한 뭔가가 들어가 있는 것처럼 부자연스러운 윤곽을 나타내고 있어.

물론 나도 브래지어를 하지 않는 것이 좋다는 이야기는 아냐. 러셀 양한테도 브래지어가 필수품이라는 것은 나도 알고 있어. 단지 유방이 처지지 않도록 떠받쳐주고 그러면서도 드레스 위로는 나타나지 않는 아래쪽으로 절반만 있는 것이라든가, 아니면 자연스러운 유방의 윤곽이 드레스를 통해서 그대로 겉으로 나타날 수 있는 극히 엷은 천으로 만든 브래지어를 사용할 수 있다면 이상적일거야. 브래지어뿐만 아니라 드레스도 그녀의 윤곽이 좀더 자연스럽게 나타날 수 있도록 다시 재단할 필요가 있을 것 같아.

다음으로, 이것은 무척 중요한 점인데 브래지어라는가 드레스의 젖꼭지가 닿는 부분에 뭔가 뾰죽 나온 것을 부착하게 되면 매우 효과적일 것일세. 왜냐하면 러셀 양의 경우 자연 그대로는 그것이 나타나지 않기 때문이야. 그녀의 유방 끝은 그저 둥글기만 하기 때문에 여기에 다른 부분의 자연스러운 윤곽을 망치지 않는 한 인공적인 조치를 하는 것이 바람직해요.

　이번 의상에 대해 내가 반대하는 것은 러셀 양의 바스트가 아무리 봐도 리얼하게 보이지 않기 때문이야.

　전체적인 모양이 부자연스럽고 더구나 젖꼭지의 부위에 하나의 뾰죽한 것이 있는 게 가장 자연스럽고 바람직한데 여러 개의 작은 돌기가 있는 것처럼 보여. 마치 드레스의 안쪽이나 브래지어에 수개의 단추가 붙어 있는 것 같이 보이는 거야.

　젖꼭지처럼 보이는 자연스러운 돌기만이 브래지어에 리얼리티하게 부착되고 그것이 드레스 위에서도 알 수 있도록 보이는 것이 제일 좋아. 이번 의상의 곤란한 점은 젖꼭지 언저리에 하나 이상의 돌기가 나타나기 때문에 무척 부자연스러운 점이지. 게다가 유방의 다른 부분도 기묘하게 원추형이어서 어딘지 모르게 인공적인 느낌을 주어 자연스럽지가 않아요.

　말로는 잘 설명할 수 없지만 필름을 통해 보면 한눈에 알 수가 있어.

　요컨대 필요한 것은 러셀 양의 유방의 자연스러운 윤곽이 나타나도록 극히 얇은 천의 브래지어가 필요하며 그것도 가능하면 유방의 아래쪽만을 떠받치는 절반의 것이 좋아.

　그런 브래지어가 있으면 유방이 처지지 않도록 떠받칠 수가 있고, 자연스러운 윤곽으로 부자연스러운 모양이 되지 않을 거야. 그리고 만약 그곳에(러셀 양은 가지고 있지 않을 거야) 젖꼭지를 대신할 진짜의 것과 똑같은 인공적인 돌기를 붙일 수 있다면 이상적이라는 이야기야.

　이상은 금속적인 천으로 만든 드레스에 대해서 내가 느낀 점들이야.

　그렇지만 이것은 그녀가 입은 어떤 옷이건 다 해당되니까 꼭 이 점들을 고려해서 모든 옷을 디자인해줬으면 좋겠어.

　다음은 네크라인인데 금속성 천의 드레스는 하이네크라 하더라도 디자인이 매우 참신하므로 상관없다고 생각해. 그러나 다른 의상들은 가능한 한 로네크(이 말은 검열기관이 허용하는 데까지 낮게)로 하여 돈을 내고 러셀 양의 멋있는 소지품을 보러 오는 손님들이 충분히 즐거울 수 있도록 천으로 가리거나 하지 않기를 바래.(금속적인 천이건 무엇이건 간에!)

이번의 시험촬영에서 젠 러셀과 조이스 매켄지가 껌을 씹으면서 연기를 하고 있었어. 이것이 단순히 부주의했다든가 의상 테스트였기 때문이라면 크게 문제가 되지는 않아.

그러나 만약 폰 스탠버그가 연기로서 껌을 씹게 했다면 난 강력히 반대하겠어. 껌을 씹고 있는 여성은 결코 매력적이지 못하기 때문이야. 또한 비록 의상 테스트라 하더라도 껌을 씹지 않는 쪽이 더욱 정확한 판단이 가능하다는 건 새삼 말할 필요도 없을 거야……

이 메모로도 알 수 있는 것처럼 하워드는 젠 러셀의 브래지어 디자인에 있어서나 세계 일주를 위한 로키드 로드스타의 개조에 있어서 결국은 아마추어에 지나지 않았던 것이다.

1955년에 젠과의 계약이 끝났을 때 하워드는 영화를 제작하는 일에서 손을 떼려 하고 있었음에도 불구하고 그녀를 놓칠 수가 없었다. 자기가 키운 스타를 통해서 다른 제작자들에게 돈을 벌게 하고 싶지 않았던 것이다.

그는 나에게 젠과 다시 계약을 체결하라고 말하였다. 그것은 젠한테 주당 천 불씩 20년 동안을 지불하며 그 동안 그들의 영화를 5편 제작한다는 결정이었다.

그것은 아무래도 너무 많이 지불하는 것이라고 생각했지만, 하워드는 다음과 같이 설명하였다.

"결국 나는 젠한테 5편 영화의 출연료로 백만 불을 지불하게 되는 셈이지만 그녀 정도의 스타에겐 한 편에 20만 불이라는 것은 그렇게 비싼게 아냐. 게다가 20년 동안에 걸쳐 나누어 지불

하게 되므로 노아가 언제나 말하는 것처럼, 전액을 지금 다 지
불했다고 생각하여 그것을 투자한다면 절반 정도는 이자로 지
불할 수가 있으니 공짜가 되는 거야. 그렇지 않은가?"
 하워드의 젠에 대한 재계약은 이론적으로는 그럴 듯하였다.
그러나 그는 결국 계약 기간 동안에 그녀의 영화를 하나도 촬영
하지 않았다. 따라서 젠은 아무것도 하지 않고 매주 천 불씩 받
은 것이 되었다.
 그녀의 재계약은 1975년까지였는데 그 동안 그녀는 하워드한
테 항상 충실하였다. 계약을 체결한 지 몇 년인가 지났을 때 그
녀는 나한테 이런 말을 한 적이 있었다.
 "하워드의 영화라면 전 어느 때라도 나가겠어요. 비록 계약이
끝났다 하더라도 무료로도 출연하겠어요."

23. 휴즈 항공기회사의 탄생

 언제부터 시작된 것이었을까?
 휴스턴의 어린 시절에 하워드가 자기 자전거에 모터 부착에
했을 때부터였을까? J·B·알렉산더가 5인승의 구형 웨코로
그에게 조종을 가르쳤을 때부터였을까? 그것이 아니라면 도널
드 더글라스를 괴롭힌 보잉 P4의 개조가 계기였을까?
 그러나 역시 휴즈 항공기회사를 만들게 된 원인은 하워드가
최초로 만든 비행기인 H1때문일 것이다. 그렇지만 그때에도 그
것이 새로운 항공기회사를 창립하는 단서가 될 그런 기미는 전
연 보이지 않았다. 평생을 통해 그는 장기적인 계획을 세운 적
이 없었다. —— 공구회사도 그랬고 영화제작도 그랬으며

항공기를 비롯하여 그가 손댄 여타의 사업에 있어서도 그러했다. 그가 하는 일은 대개의 경우 충동적이며 그것에 의해서 이내 얻을 수 있는 결과 이외에는 염두에 없었다. 장차 어떤 일이 생기든 그런 일은 그에게 있어 문제가 되지 않았다. 때로는 이러한 방법이 멋들어지게 성공하는 경우도 있었다. 그런가 하면 어느 경우에는 그저 혼란만을 가져오기도 하였다. 그렇지만 그는 전반적으로 운이 따랐으며, 좋은 결과가 나쁜 결과보다도 훨씬 더 많았다.

1939년에 유럽에서 전쟁이 시작되자 미국은 방위력 증강을 도모하기 시작하여 정부는 폴란드를 전격적으로 공격한 독일 공군기에 필적할 만한 비행기를 찾았다. 이것을 안 하워드는 정부로부터의 계약을 얻기 위해 동체가 둘이고 그 사이에 조정실이 있는 획기적인 쌍동 전투기의 모형을 만들었다. 그리하여 언제나처럼 그 제작은 로키드사 바반크 비행장의 그의 격납고 안에서 비밀리에 진행되었다.

그 비밀유지가 철두철미했기 때문에 미국 육군 항공대의 사령관까지도 문전에서 그대로 돌아가야 했을 정도였다.

쌍동 전투기의 소문은 워싱턴에까지 들어갔으며 헨리·H(하프)·아놀드 장군은 그것을 보면서 하워드 휴즈가 충분한 항공기 생산시설을 가지고 있는지 없는지 시찰하기도 하였다. 장군 일행이 바반크의 하워드의 격납고 입구에 도착하자 무장한 가드맨이 그 앞을 막아섰다.

"죄송합니다만 패스가 없으면 어떤 분이건 들어가실 수가 없습니다."

가드맨이 이렇게 말하였다.

"이분은 미국 육군항공대 사령관 아놀드 장군이시네."

보좌관이 옆에서 이렇게 말하였다.

"제작 중인 신형기를 시찰하고 싶은데."

"유감이지만 예외는 인정할 수 없습니다."

가드맨은 뒤로 물러서지 않았다.

"휴즈 씨는 패스가 없는 분은 절대로 통과시키지 말라고 하셨습니다."

이렇게 해서 아놀드 장군 일행은 입구에서 그대로 돌아가고 말았다. 후에 그 이야기를 들은 하워드는 죄송해하며 장군이 오는 것을 아무도 말해주지 않았기 때문이라고 변명하였다. 그렇지만 사실은 어떠했을까? 비밀을 지키기 위해서 몰랐다고 시치미를 떼어 장군까지도 안에 못 들어오게 한 일은, 그야말로 하워드가 할 법한 일이었다.

아놀드 장군을 쫓아보낸 하워드를 육군항공대가 호감을 가져줄 리 없었다. 요격기의 계약은 휴즈, 로키드, 뉴올리언즈의 웨데르 윌리엄즈의 삼자 사이에 경합이 되었지만 웨데르 윌리엄즈는 계약이 주어지기도 전에 망해버렸으며, 하워드도 생산능력이 결여되어 있다는 이유로 제외되어서 계약은 결국 로키드와 체결되었다. 그 결과가 제 2 차대전 중 가장 빠르고 강력한 전투기의 하나로 일컬어진 P38이었다.

이 P38은 하워드의 쌍동 전투기와 무척 흡사했으므로 하워드는 무척 분해하였다.

"빌어먹을. 앞으로는 경계를 더 철저히 해서 절대로 스파이들을 작업장에 접근시키지 말아야지.!"

그는 이렇게 맹세하였다.

"그리고. 육군 항공대가 팔아달라고 머리를 숙이고 부탁하러 올 만한 최고의 비행기를 만들어야지."

도저히 이 이상은 무리라고 할 정도로 하워드의 비행기 공장에 대한 경계가 한층 더 엄중해졌으며 그 안에서 글렌 오디카크의 지휘 아래 새로운 쌍발의 중형 폭격기가 설계되었다, 하워드는 이것을 D2라 불렀다. 또한 20밀리 기관포의 피드 슈트[給彈

裝置]로 개발되었다.

 1940년에는 바반크의 격납고 공장에서는 모든 작업을 수용할 수 없다는 것이 확실해지자 서둘러 새로운 공장을 세울 필요성이 생기게 되었다. 하워드는 로스앤젤레스 지구에 이에 적합한 광대한 대지를 구했는데 어느 날 오디카크와 둘이서 산페르난드 계곡과 칼바시티의 두 후보지를 보러 갔다. 바다에 가까운 칼바시티의 땅 쪽이 마음에 든 하워드는 우선 1에이커 당 4백 불씩 몇 에이커를 샀고, 이어 결과적으로 전부해서 1천2백 에이커를 사들였다.

 1941년 초에 새 공장의 건설이 시작되자 그는 나를 불렀다.
 "미국도 전쟁에 참가하게 돼. 그곳도 곧 말야, 노아."
 그는 나에게 이렇게 말하였다.
 "루즈벨트는 우리를 전쟁에 끌어넣을 거야. 어떤 일이 있더라도. 따라서 그 동안에 군수의 일부가 우리한테 돌아올 수 있도록 섭외해놓아야 돼. 이번에는 군의 패거리들도 우리한테 생산능력이 없다고는 말하지 못할거야. 칼바시티에 공장이 생기니까 말일세."

 나는 워싱턴으로 가서 육군항공대의 조달담당인 올리버·P·애콜즈 장군한테 면회를 요청하여 허락을 받았다. 그런데 애콜즈 장군은 하워드가 H1을 라이트 필드 기지에서 보여주겠다고 약속했다가 하워드가 어기는 바람에 곤란을 겪은 사람이었다. 그래서 나는 불안해하며 장군 앞으로 갔다.

 예감은 들어맞았으며 장군은 하워드의 이름만 듣고도 화를 내기 시작하였다.
 "그 친구한테는 10센트짜리 계약도 하지 않겠어. 내가 항공대의 조달을 담당하고 있는 한 말일세."

 떠들어대는 애콜즈 장군한테 내가 국가의 긴급시에는 개인적인 감정 같은 건 잊어버려야 하지 않겠느냐고 설득해봤지만 이야기는 조금도 진전되지 않았다. 하워드에 대한 장군의 반감은 너무나도 뿌리 깊었기 때문이었다.

그리하여 나는 제시 존즈의 도움을 빌려 전 제너럴 모터즈의 중역이었던 윌리엄 뉴드슨 군수생산 관리국장을 만났다. 뉴드슨 국장은 방위생산을 위해 휴스턴과 칼바시티의 하워드 휴즈의 공장을 이용해달라는 나의 제안에 상당히 동조적이었다.

휴즈 공구회사에 대해서 군의 계약이 있었으며 회사는 B25 폭격기의 골조의 일부를 생산하게 되었다. 그 밖에도 육군이 특히 필요로 하고 있었던 원심주조(遠心鑄造)의 대포발주도 받았다. 이 대포는 그때까지 워터타운 병기창에서만 만들어지고 있었으며 층 위에 층을 쌓아가는 복잡한 제조공정은 2년이란 긴 세월이 필요했다.

우리는 톱 클래스의 기술자를 워터타운 병기창에 보내어 대포의 제조방법을 연구케 하였다. 이 방법은 프랑스에서 개발된 것으로, 주형에 흘려넣은 뜨거운 쇳물을 천5백 회전으로 돌려 원심력으로 바깥쪽 밀도를 짙게 하고 중심에 공목(空目)을 이용해 모아 파나가는 것이었다.

처음에 육군은 이 대포의 계약을 휴즈 공구회사에 줄 때 병기생산의 경험이 없다고 하여 반대하였다. 그리하여 나는 다시 친구인 제시 존즈를 불러내어 둘이서 윌리엄 뉴드슨을 만나 이 공구회사는 충분히 계약을 이행할 능력이 있다는 것을 납득시켰다.

그리하여 국방예산이 통과되기 전에 우리는 휴스턴에 땅을 구입하여 공장을 세웠으며 2년이나 걸렸던 대포 제조를 30일에 생산하기 시작하였다.

국방면에서 또 하나의 중요한 공헌은 서해안에서 이루어졌다. 칼바시티 공장의 젊은 기사 크로드 스레트가 개발한 기관포용 급탄장치에 대한 육군항공대의 발주계약을 얻기 위해, 로메인 거리 7천 번지의 전 말티칼라 사옥을 공장으로 개조하여 제2차대전 중 미국 폭격기에 실렸던 20밀리 기관포의 급탄장치의 거의 전부를 생산해낸 일이었다.

하워드는 여전히 세계에서 제일 빠른 폭격기를 만들겠다는 생각을 버리지 못하여 D2의 개발에 3백만 불의 큰 돈을 쏟아넣었다. 그러나 결국 이 비행기는 항공대에 의해 실용적이 아니라는 이유로 거부당했다.

휴즈 항공기회사는 처음부터 문제가 많았다. 그런데 하워드는 부질없이 D2에 큰 돈을 쏟아넣었을 뿐 아니라 영화〈아우트로〉의 제작에도 깊이 관여하여 젠 러셀의 가슴 촬영과 검열기관과의 싸움에 많은 시간을 허비하고 있었다.

그는 비행사 친구인 글렌 오디카크에게 칼바시티 공장의 총지휘를 맡겼다.

그러나 인선부터가 잘못이었다. 오디카크는 경영의 재능이 부족하여 새로운 항공기회사에 많은 문제가 생겼다. 오디카크는 호감이 가는 사나이로 나하고도 친했지만 그의 친구에게 이렇게 말하지 않을 수가 없었다.

"이번만은 아무래도 오디카크에게 분에 넘치는 일을 맡긴 모양이야."

나는 하워드한테도 이런 말을 했으며, 하워드도 비로소 그것을 인정하게 되었다. 그로부터 몇 차례 휴즈 항공기회사의 우두머리들이 교체되었지만 모두 성공하지 못하였다. 문제는 경영진의 능력에만 있었던 것이 아니고 새 회사의 체질 그 자체에 효율적인 경영을 저해하는 요소가 있었던 것이다. 로키드의 격납고에서는 몇 안 되는 기술자들과 함께 한 대 한 대씩 손으로 비행기를 제작해왔다. 그런 체질을 계승한 휴즈 항공기회사는 전면전쟁으로 대량생산이 요구되어도 이에 능할 만한 태세가 갖추어져 있지 못하였다. 다른 회사의 경영진과 기술진이 대대적인 개혁을 추진하고 있는 동안 하워드 혼자만은 옛날 방법을 그대로 유지해나가고 있었다. 그는 융단 폭격을 위해 폭격기를 대량생산해야 하는 일과 대륙횡단의 스피드 기록을 깨기 위해 고성능 비행기 한 대를 제작하는 것의 차이를 알지 못했다.

기술자가 손으로 만드는 식의 제작방법은 이미 시대에 뒤떨어진 것이고 채산도 맞지 않았다.

전쟁 초에 나는 여러 차례 이 점을 강조하였다. 비로소 1943년에 그는 이렇게 말하였다.

"노아, 우리 항공기회사의 여태까지의 경영진은 적임자가 아니었다는 것을 인정하네. 내가 회사를 맡기고 싶은 자는 책임감을 가지고 최소의 생산 코스트로 될 수 있는 한 많은 비행기를 공군에 납품할 수 있는 사나이어야 하네. 그런 사람을 찾아봐주게나."

나는 업계의 소식통을 만나 본 결과 최고의 생산실적을 내고 있는 회사가 콘솔리디티드 발티회사라는 것을 알게 되었다. 그리고 그러한 좋은 실적의 원동력이 되고 있는 사람이 찰즈 페레라는 것을 알았다.

내가 그런 사실을 보고하자 하워드는 즉각 그가 자랑하는 은밀한 행동으로 들어갔다. 그는 달라스로 가서 페레르에게 접근하여 달라스 혹은 포트와스 거리에 차를 세워놓고 그 안에서 교섭하기 시작하였다.

이때 하워드가 취한 은밀한 행동에는 언제나 같은 비밀주의 이외의 또 하나가 있었다. 그것은 당시 항공업계에서 전시체제 동안에는 피차 상대방의 간부를 빼앗지 않겠다는 약속이 되어 있었기 때문이었다.

그런데 페레르에 대한 하워드의 교섭 사실이 콘솔리디티드 발티사의 이사회의의 귀에 들어가 그쪽 간부가 크게 화를 내는 바람에 어이없이 교섭이 중단되고 말았다.

그런데 1944년에는 페레르쪽에서 먼저 하워드한테 전화를 걸어와 이렇게 말하였다.
"이번에 회사를 그만두게 되었는데 아직도 내가 필요하다면 저는 언제라도 괜찮습니다."
페레르는 하워드한테 어떤 일이 있었는지는 말하지 않았지만 사실은 리퍼블릭 스티르 코퍼레이션으로부터 콘솔리디티드 발티사에 파견근무중이었던 톰 가드라가 본래의 자기 회사로 돌아가게 되었으므로 가드라는 페레르를 자기 회사의 적으로부터 보호할 수 없게 되었다고 전해왔다. 그리하여 여러 가지로 알력이 많았던 페레르는 '휴즈 항공기회사'로 옮기기로 한 것이다.
페레르가 하워드에게 전화를 했을 때 나는 로스앤젤레스의 찬세라 호텔에 있었는데 하워드가 직접 호텔로 와서 나에게 사정을 설명하였다. 그리고는 "페레르를 고용하는 일을 찬성해주겠나?" 하고 물었다.
"하워드, 당신이 누구를 고용하든 난 반대하지 않아. 그 사나이가 당신을 위해서 제대로 일만 한다면 말일세."
"아마 그래도 오늘 밤 한 번 더 잘 생각해보고 어떻게 생각하는지 내일 아침에 알려주게나."
다음날 아침 나는 하워드한테 전화를 걸어 이렇게 말하였다.
"하워드, 나는 지금도 어제 저녁과 똑같은 생각이야. 당신이 누구를 고용하든 나는 협력하겠어── 그 사나이가 그 일에 적임자라고 생각되면."
하워드는 닐 매카시를 페레르가 있는 샌디에이고로 보내 계약을 체결하였다. 그제서야 비로소 휴즈 항공기회사도 경영진에 유능한 인재를 구한 것 같았다. 그런데 과연 그러했는지?

24. F11

하워드는 어째서 우리들이 정부로부터 큰 계약을 얻지 못하는지 이상해하였다. 그가 아놀드 장군을 문전에서 쫓아보낸 일이라든가 애콜즈 장군과의 약속을 어겨서 군부로부터 반감을 살 만한 일을 차례로 해놓고는 그런 일을 완전히 잊어버리고 있는 것 같았다.

계약경쟁에서 로키드사의 P38에 패한 후에도 하워드는 집요하게 중형 쌍발폭격기의 개발구상을 밀고 나갔다. 그는 그것을 D2라 불렀으며 대대적으로 기술진을 동원하여 엄중한 기밀유지 체제 속에서 제작케 하였다. 이윽고 그것은 완성되어서 하워드는 그 베일을 벗겼다. 그렇지만 군부에서는 그다지 감동하지 않았으며 사려고 하는 움직임도 보이지 않았다.

그래도 하워드는 체념하지 않았다. 정면으로 접근하는 것이 불가능하다면 샛길이 있다는 식이었다. 그 방면에서 그는 누구한테도 지지 않는 권위자였다.

하워드는 고관들한테 환심을 사기 위해서 조니 마이아라고 하는 지극히 애교가 있는 사나이를 고용하였다.

조니는 다소 살이 찐 명랑한 사나이로 누구에게도 실수가 없었다. 당연한 일이었다. 그는 영화회사의 신문담당으로서 사람을 다루는 일에 충분한 훈련을 쌓아왔기 때문이다.

하워드가 조니의 유용성에 대해서 착안하게 된 것은 조니가 워너 브러더즈의 스타들을 한창 선전하고 있을 때였다. 언제나 '완전한 미녀'를 구하고 있던 하워드는 마음에 쏙드는 젊은 후보자를 발견했다. 그 미녀는 새까만 머리를 하고 있는 페이스 돈이라는 여배우였다. 그런데 유감스럽게도 그녀는 워너 브러더즈와 계약하고 있었다.

한편 워너의 젊은 탤런트의 PR를 담당하고 있던 조니 마이아는 하워드의 페이스 돈에 대한 집념을 알게 되자 그녀의 워너 브러더즈와의 계약을 슬쩍 하워드 휴즈와의 계약으로 바꿔치기 해버렸다. 이런 엉터리짓이 재크 워너의 귀에 들어가 크게 화가 난 재크는 조니를 해고해버렸다. 그래서 하워드는 조니를 고용할 수밖에 없었다.

조니 마이아는 주 2백 불로 우리의 급료 지불명부에 실리게 되었다. 타이틀은 홍보담당이었지만 그의 임무는 그것으로 끝나지 않았다. 하워드는 휴즈 항공기회사를 위한 큰 계약을 얻어낼 목적으로 정부 고관들한테 접근하는 일을 주로 시켰다.

나는 하워드한테 그러한 방법은 잘못이라고 말하였다. 관계자의 환심을 사는 것은 즉시 효과가 있을지 모르지만 궁극에 가서는 파멸과 연결된다고 설득하였다.

그렇지만 그는 듣지 않았다. 정문으로 들어갈 수 없다면 뒷문으로 들어가겠다는 것이었다.

이렇게 해서 조니 마이아의 정부 관계와의 화려한 교제가 시작되었다. 1942년부터 46년에 걸쳐 그는 전국의 높은 양반들을 대접하기 위해 자그마치 17만 불을 지출하였다. 확실히 조니는 피곤한 정치가라든가 장군들을 기쁘게 하는 요령을 알고 있었다. 그들을 위해서 하룻밤에 백 불이 드는 미녀는 말할 것도 없고 호텔의 쾌락 고급 요정, 샴페인에 캐비아 식으로 기분좋게 돈을 썼다. 얼마나 많은 상원의원, 지사 혹은 장군들이 그의 대접을 받았는지, 그 진상이 밝혀진다면 세상이 놀랄 게 틀림이 없었다.

그야말로 속이 들여다보이는 방법임에도 불구하고 조니 마이

아는 휴즈 항공기회사를 위해서 좋은 결과를 가져왔다. 그가 붙잡은 최대의 걸물은 엘리엇 루즈벨트였다.

대통령의 아들인 엘리엇은 군수의 할당을 받고자 하는 하워드한테 매우 중요한 인물이 되었다. 엘리엇 루즈벨트는 전쟁 전에 조종술을 배웠으며 아마추어 비행사로서 하스트계 신문에 항공 기사를 쓰고 있었다. 그 후 대위로서 항공대에 입대하여 초기의 아프리카 및 유럽 전선에 참가하여 상당한 전적을 남겼다. 정찰이 전문이었다.

당시의 정찰기는 적의 것과 비교해서 성능이 좋지 않았으므로 전투부대에서 불평이 나오기 시작했다. 그 때문에 정찰기를 개선할 응급계획이 세워졌으며 H·H·아놀드 장군은 대령 엘리엇 루즈벨트에게 개선방법의 조사를 명령하였다.

여기에 조니 마이아가 등장하게 됐던 것이다.

전선에서 돌아온 엘리엇 루즈벨트가 휴가를 갖고 싶어 하자 조니 마이아가 그것을 충족시켜주었다. 조니는 워너 브러더즈에서 알게 된 여배우 페이 에머슨과의 데이트를 주선해주었다. 그런데 이 데이트가 본격적인 로맨스의 꽃을 피우게 되어 엘리엇은 페이 에머슨을 신부로 맞아들이게 되었을 뿐만 아니라, 조니 마이아는 그들을 시중드는 역까지 맡고 나섰으며 결혼식과 신혼여행의 비용까지 보살펴주었다.

정찰기의 성능향상 조사를 위한 일환으로서 휴즈 항공기회사가 추천한 신형기인 F11을 점검한 엘리엇 루즈벨트는 이 비행기를 워싱턴에 강력하게 밀고 나갔다. 그렇지만 다른 관계자들은 그다지 밀지 않았으며 특히 하워드와는 개와 고양이 사이였던 올리버·P·애콜즈 장군은 F11이 합판제라는 점에 대해 강하게 난색을 표명하였다. 이에 대해서 하워드는 영국이 합판제의 스피트파이야로 좋은 성적을 올리고 있다는 예를 들었으며 합판을 사용하게 되면 오히려 귀중한 금속자원을 절약하게 된다고 반론을 폈다.
 결국 엘리엇 루즈벨트의 의견이 그대로 통하게 되어 1943년 말 휴즈 항공기회사는 정부로부터 한 대에 70만 불씩의 F11 정찰기 백 대의 계약을 체결하게 되었다.
 조니 마이아는 또 한 사람의 중요한 인물과 친하게 되었다.
 공군 참모차장이라고 하는 유력한 지위에 있으면서 자료조달의 일을 담당하고 있던 베네트 마이야즈 소장이었다. 조니 마이아는 소장한테 접근하여 친한 사이가 되었으며, 하워드 휴즈의 초대손님으로 캘리포니아에 오게 된 마이야즈 소장은 조니가 마련해놓은 사치스러운 휴가를 충분히 만끽하게 되었다.
 마이야즈는 하워드의 가장 강력한 지지자가 되었다. 그러나 그가 노리는 것은 조니가 준비해 놓은 스테이크의 식사라든가 호텔의 쾌락이 아니었다. 베네트 마이야즈의 계획은 훨씬 더 스케일이 컸다.
 그는 하워드한테 하나의 흥정을 하였다. 국채를 사서 한몫 단단히 보겠다는 것이다. 이것은 절대로 빗나가는 일이 없으며 또한 합법적이다. 단지 자금만 있으면 반드시 돈을 벌게 된다. 그래서 하워드한테 2백만 불 정도만 단기간 무이자로 융통해줄 수 없는가, 그렇게 되면 그것으로 국채를 신용으로 매입하여 얼마 동안 가지고 있다가 값이 올랐을 때 팔아버려 이익금을 벌겠다, 만약 값이 떨어지게 되면 하워드 쪽에서 구멍을 메꿔주었으면 좋겠다——는 이야기였다.
 무척 뻔뻔스러운 이야기였지만 하워드는 거절하지 않았다. 자기 편이 적은 워싱턴에서 베네트 마이야즈는 틀림없이 도움이 될 것이라고 그는 생각하였다.
 나는 관계하고 싶지 않다고 말하자 하워드는 닐 매카시한테 세부 사항에 대한 결정을 맡겼다. 그러나 일은 잘 풀리지 않았다

"매카시를 해고해버려."

그는 나에게 말했다.

"지금 당장에 해고시키라고."

나는 그의 지시를 따르지 않았다. 그의 명령을 무시하는 일이 별로 없었는데 이것은 아주 드문 경우의 하나였다. 닐 매카시는 1925년부터 하워드가 신뢰했던 고문변호사였는데 그를 그렇듯 급히 해고시켜버리는 것은 어리석은 일로 여겨졌으며, 게다가 매카시는 내가 바보스럽고 위험한 일이라고 생각했던 임무에 실패했기 때문이기도 하였다. 그의 이름은 그로부터도 1년 동안 더 봉급지불명부에 남아 있었다.

25. 비 행 정

정식 이름은 HK1, 혹은 '헤라클레스 호.'

신문기자는 그것을 보고 '사치스러운 거위' 혹은 '하늘을 날으는 목재 설치장'이라고 농담을 하였다.

이것을 건조하기 위해 고생한 사람들 사이에서는 그것을 '지저스 크라이스트'(예수 그리스도를 놀릴 때 하는 말)라 불리어졌다.

물론 이런 모독적인 호칭에는 이유가 있었다. 작업원 한 사람이 이 이름의 기원을 나에게 이야기해 주었다.

"처음으로 격납고에 들어온 사람마다 한순간 흠칫 놀랍니다. 입을 벌리고 멍하니 선 채 꼭대기를 올려다 보지요. 그리고는 반드시 '지저스 크라이스트!'라고 말하는 겁니다."

사실 나도 여러 차례 헤라클레스 호를 봤지만 그때마다 엄청나게 큰 데 놀라곤 하였다. 날개는 축구경기장보다 더 길었으며 꼬리 날개의 높이가 8층짜리 빌딩 정도나 되었다. 어떻든 같이 거대한 물건이었다.

747이 처음으로 공개되었을 때 많은 사람들이 그 크기에 경탄하였다. 그 747의 승객 수용능력이 490명이었지만 하워드의 비행정은 한 번에 7백 명을 수송할 수 있도록 설계되었다.

이 비행정에는 수많은 최상급형의 형용사가 붙여졌는데, '사상 최대의 비행기', '한 대의 비행기에 든 돈으로 최고', '가장 오래 걸린 건조기간' 등등이 그것들이었다.

나는 여기다 한 가지를 더 추가하고 싶다──'하워드 휴즈 최대의 어리석은 짓'이라는 형용사이다.

그것을 하워드한테 사주한 사람은 헨리·J·카이자였다. 그는 도전적이며 자기를 나타내기 좋아하는 뚱뚱한 실업가로서 제2차대전 초기에는 국가가 필요로 하는 화물선을 대량으로 생산하여 세상의 주목을 끈 인물이었다. 카이자는 어려운 문제에 부딪치면 형식이라든가 종래의 사고방식에 사로잡히는 일 없이 독창적인 해결방식을 시도하기 좋아했다.

1942년 초 대서양에서의 독일군 잠수함에 공격에 의한 수송선단의 손해가 미국으로서 중대한 문제가 되었다. 어떤 경우에는 선단의 5할 이상이 니보트에 의해서 해저에 격침되었다. 그 결과 인명의 손실도 컸으며 수가 적은 귀중한 선박은 한층 더 줄게 되어 전선에 대한 병력과 자재의 수송이 위기에 빠지게 되었다.

이와 같은 상황에 대해서 핸리 카이자는 발본적인 제안을 하였다. 대량의 병력이나 자재를 싣고 대양을 건널 수 있는 비행기를 자기한테 만들게 하지 않겠느냐고 했던 것이다.

카이자의 이와 같은 제안은 크게 보도되었지만 워싱턴의 수뇌들의 찬동은 얻지 못하였다. 정부의 고관들은 카이자가 말하는 것 같은 큰 기계가 하늘을 날을 수 있다고는 믿지 않았기 때문이었다. 어쨌든 항공기 생산 경험이 없는 카이자한테 그러한 계획을 맡기는 것은 위험하다는 의견이 지배적이었다.

그렇지만 카이자는 그 정도로 물러날 사나이가 아니었다. 누군가 비행기 제조에 대한 경험이 있는 파트너를 찾아내어 어떻게 해서든지 자신의 아이디어를 실현시킬 결심이었다. 그리하여 1942년 8월 어느 날 절호의 파트너를 샌프란시스코의 센트 프란시스 호텔에서 발견해냈다.

하워드는 가끔 장사라든가 개인적인 문제의 중압에 견딜 수 없게 되었을 때 곧잘 '증발'해버렸다. 이때는 폐렴을 앓고 난 직후였으므로 모든 일을 다 제쳐놓고 샌프란시스코로 날아가 센트 프란시스 호텔에 파묻혀 요양을 하고 있었다.

어느 날 하워드가 로비를 가로질러 가려고 했을 때 헨리 카이자를 만났다—— 아무래도 우연 같지는 않았다. 두 사람의 유명인은 인사를 나누고 하워드는 카이자를 자기 방으로 초청하였다. 카이자는 그곳에서 즉시 자신의 생각을 털어놓기 시작했으며 두 사람의 억만장자는 이틀 동안에 걸쳐 이야기를 주고 받았다.

카이자의 제안은 하워드의 모험심을 자극했다. 나치 잠수함의 위협을 피할 수 있는 대형비행기를 개발한다—— 도저히 불가능한 것 같은 대담한 생각이었다. 그렇듯 불가능하다고 생각되는 점에 하워드의 마음이 끌렸다. 또 하나 항공대의 장군들이 반대했다는 점에 또한 그러했다. 하워드는 그가 '하워드 휴즈를 미워하는 모임'이라고 부른 반(反) 휴즈의 장군들한테 단단히 한 번 맛을 보여주겠다고 결심하였다.

하워드 휴즈와 헨리 카이자는 대형비행기의 개발에 힘을 모으자는 계약을 체결했으며 카이자는 즉시 신문지상을 통해 '항공사상 가장 야심적인 개발계획'을 발표하였다.

나는 이 계획에 처음부터 반대였다. 군부에서 반대하고 있다는 것 하나만으로 계획을 성공시키는 데 있어서 상당히 큰 장해가 될 것으로 여겨졌다. 하워드 휴즈가 참가했다고 하면 장군들이 한층 더 반대할 게 틀림이 없었다. 그러나 무엇보다도 나는 하워드가 예정을 지연시키는 버릇을 걱정하였다. 카이자의 공약대로 10개월 이내에 비행기를 완성시킨다는 보장은 할 수가 없었다.

그런데도 하워드는 대형비행기를 만들 기분이었으므로 나는 굳이 그만두게 할 생각이 없었다. 결국 센트 프란시스 호텔에서의 우연한 만남은 상당히 비싼 값이 먹힌 셈이며 최종적으로 5천만 불의 하워드의 돈이 지출되게 되었다.

헨리 카이자와 하워드 휴즈의 협력이 원활하지 못할 것은 처음부터 나타나 있었다. 내가 그것을 실감한 것은 샌프란시스코에서의 가계약 후 두 사람이 최초로 회합을 가졌을 때의 일이었다.

회합은 오전 10시부터 로메인 거리의 나의 사무실에서 거행되기로 되어 있었다. 카이자는 정각 10시에 모습을 나타냈다. 그런데 하워드가 오지 않았다. 나는 정오까지 카이자의 시중을 들면서 그 자리를 적당히 수습했으며 카이자를 점심식사에 데리고 나갔다. 그런데 저녁식사까지 대접하지 않으면 안 되게 되자, 카이자도 얼굴이 시뻘개져서는 화를 내기 시작하였다. 나도 마침내 변명할 여지가 없게 되버렸다.

이윽고 하워드가 열심히 변명과 사과를 하며 모습을 보인 것은 한밤중이었다. 이럴 때의 하워드의 태도는 순진한 어린애 같았으므로 그때까지 잔뜩 화가 나있던 상대방도 맥이 빠져버렸다. 또한 그러한 태도가 효과가 있어 카이자는 기분좋게 그의 사과를 받아들였다.

초대형기 5백 대의 생산을 목표로 카이자 앤드 휴즈 코퍼레이션이 설립되자 카이자는 군부의 지지를 얻기 위해 돌아갔다. 당연한 일이지만 지지를 얻지 못하였다. 그러나 루즈벨트를 지지한 얼마 안 되는 수의 한 사람이었던 카이자는 루즈벨트 정부에 그런 대로 얼굴이 상당히 통했다. 백악관으로부터 디펜스 플랜트 코퍼레이션(군수 시설공단)은 카이자 앤드 휴즈사한테 대형 비행정 3대를 발주하였다. 1대에 6백만 불로 총액 천8백만 불의 계약이었다.

정부와의 계약에는 그 밖에도 여러 가지 이익이 있었다. 디펜스 플랜트 코퍼레이션은 HK을 건조하기 위해 8백 피트의 거대한 격납고를 만들어주었다. 전쟁 종결 후 하워드는 그곳을 원가의 몇 분의 1 값으로 사들였다. 또한 8개의 거대한 엔진을 비롯하여 HK1의 기재 일부는 정부의 공급품이었다.

이렇게 해서 초대형기의 제작이 시작되었다. 카이자는 기술진을 칼바시티로 보냈다—리버티 선(船)을 양산하는 방법을 고안했던 엔지니어들이었다. 몇 주일인가 지난 후 이들 기술자들은 절망한 나머지 오크랜드의 자기들의 회사로 철수해버렸다. 그래도 핸리 카이자는 몇 차례에 걸쳐 하워드 휴즈와의 효과적인 협력체제를 만들어보려고 노력을 되풀이했다. 그러나 모든 것이 잘 되지 않았다. 10개월로 비행정을 완성시키겠다는 카이자의 공약기간이 지났는데도 그것은 아직 제도판 위를 떠나지 못하고 있었다.

본질적으로 현실주의자였던 헨리 카이자는 마침내 계획이 실현 불가능한 것으로 보고 손을 떼고 말았다.

그 결과 하워드는 혼자서 조소자들을 대항하지 않으면 안 되었다. 휴즈는 비행정을 완성할 수 없다(전시 중의 금속 부족때문에)라든가, 바깥쪽에 합판을 사용한 것은 비현실적이다, 헤라클레스 호는 돈만 잡아먹고는 결코 날지 못할 무용지물이다—이러한 소리가 항간에 많이 떠돌아다녔다.

이와 같은 비난으로 인해 하워드가 한층 더 비행정을 완성시키려는 결의를 굳힌 것은 말할 것도 없다.

헤라클레스 호의 건조는 니보트의 위협이 사라진 후에도 내내 계속되었으며 전쟁이 끝나버린 후에도 그는 중단하지 않았다. 정부에서 계획을 중단하려고 했지만 그는 물고 늘어져 다시 2백만 불의 예산을 획득했으며 정부로부터 기재의 공급까지 받았다. 그리하여 마침내 세금원조가 중단되자 자기의 돈으로 계획을 속행시켜 나갔다.

하워드가 계획에 자기의 돈을 7백만 불 투자했을 때 헤라클레스 호는 비로소 테스트 단계에 도달하였다.

처음으로 거대한 모습을 격납고 밖으로 드러낸 헤라클레스 호는 보는 사람 전부를 어안이 벙벙하게 만들었다. 그렇듯 큰 기체를 칼바시티부터 롱비치 하버까지 운반한다는 것이 또한 큰 문제였다. 헤라클레스 호는 세 부분으로 나누어졌지만 그래도 그들 부품을 운반하기 위해서 도로상의 전선을 자르지 않으면 안 되었다.

롱비치의 가설 격납고에서 다시금 헤라클레스 호가 조립되었을 때 하워드는 중대한 발견을 하였다. 조정장치의 규모가 너무나도 커 조종사의 손 힘만으로는 충분히 조작할 수 없다는 것을 알았던 것이다. 그래서 그는 동력을 이용한 조종장치를 개발시켰다── 이 기술── 오늘날 자동차의 파워 스테어링 비슷한 장치의 개발이 항공기술 발전을 위해 헤라클레스 호에 의해 이루어진 유일의 중요한 공헌이 아니었을까?

이렇듯 해결 불가능한 것으로 여겨지는 큰 문제가 계속해서 발생한다면 하워드가 하더라도 이 거대한 비행정을 포기할 마음이 들었을 것이다. 실제로 그는 과거에 '휴즈 증기자동차'와 '말티컬러'는 포기했었다.

그러나 워싱턴에서의 그 후의 사건이 그의 태도를 한층 더 굳혀 이 비행정을 날게 할 결의를 굳히게 했다.

26. 하워드, 다시금 옷을 태우다

하워드의 행동이 우리들에게 무척 신경이 쓰이는 현상이 나타나기 시작한 것은 제2차대전 중의 일이었다. 물론 그는 당초부터 흔하게 있는 단순한 백만장자가 아니었다. 특이한 옷차림, 지나친 비밀주의, 목숨을 돌보지 않는 모험, 상식에서 벗어난 사업 등 그가 하는 일은 하나같이 세인과는 달랐으며 살아 있을 때 이미 그는 전설적인 인물이 되었다. 그러나 초에는 매력적이기까지 했던 그러한 기인과 같은 행동이 점차 더해짐에 따라 정상적인 생활에 지장을 초래하게끔 되었다. 그리고 그것을 가중시킨 것은 그를 덮쳐 온 각종의 압력이 아니었을까 하고 생각한다.

제2차대전 무렵에 그는 지나치게 여러 가지 일을 무턱대고 하려고 했으며 그러면서도 무엇 하나 만족하게 이루어놓지 못하였다. 우선 그는 F11의 개발을 추진하고 있었지만 군부 내에서뿐만 아니라 그의 스텝 사이에서도 이 비행기는 아무 소용이 없는 게 아닐까 하는 의심이 퍼져나가고 있었다. 또한 그가 열심히 씨름했던 비행정이 세계 최대의 다루기 어려운 물건이 되어가고 있었던 것도 이 시기였다. 한편 그는 〈아우트로〉와 젠 러셀의 두 가지 챰포인트의 판매에도 노력을 계속했으며 TWA의 경영에도 신경을 쓰고 있었다. 게다가 그러는 동안에도 올리버 드 하비란드에서 시작하여 라나 타나에 이르기까지 헐리우드의 유명한 여배우들과 로맨스의 꽃을 피우고 있었다.

한 사람의 인간이 이 정도까지 한다는 것은 큰 일이었다. 게다가 그는 건강한 것도 아니였다.

하워드한테는 여전히 〈헬즈 엔젤즈〉 촬영 중의 비행기 사고의 영향이 남아 있었다. 거기다 전쟁 중에는 커다란 자동차 사고를 당하였다. 차를 운전하고는 비버리의 거리를 로스모아 쪽으로 꺽으려 했을 때 동쪽으로 향하던 차가 정면으로 부딪쳐 왔던 것이다. 핸들이 날아가버렸으며 하워드는 앞 유리창에 목을 틀어박고 말았다.

의식이 몽롱했지만 그는 스스로 수 블록 떨어진 뮤아필드의 집으로 간신히 가서 그곳에서 의사의 치료를 받았기 때문에 그 사고는 신문에 기사화되지 않았다. 내가 병문안을 가자 하워드는 아직도 의식이 없었으며 앞뒤가 맞지 않는 말을 중얼거리고 있었다.

내 차는 크게 망가져 쓸 수 없게 되었으므로 나는 별도로 차를 산 후 그 돈을 회사가 지불하도록 하였다.

하워드는 그 전에도 한 번 자동차 사고를 당한 적이 있었다. 1936년의 어느 날 밤 그는 한 여성을 집까지 배웅해주기 위해 도젠바그에 태워 제3거리를 서쪽으로 향해갔다. 그런데 로메인 거리에 이르렀을 때 갑자기 시가전차로부터 한 노인이 내렸다. 순간적인 일로 하워드는 피할 수가 없었으며 결국 그 노인을 치고 말았다. 즉사였다. 하워드는 여성한테 돈을 건네주고는 센트바바라에 숨어 있으라고 말하고 다음 전차에 오르도록 하였다.

다행히 경찰이 노인이 시가전차에서 갑자기 뛰어나왔다는 하워드의 증언을 인정하는 바람에 그는 죄에서 모면할 수가 있었다. 노인은 혼자 사는 양복쟁이로서 형제 몇이 있을 뿐이었으므로 우리는 그들한테 2만 불의 합의금을 지불하여 이 사고도 신문에 실리지 않았다.

자동차나 비행기에 의한 이와 같은 사고는 얼핏 보아 후에까지 하워드한테 영향이 있을 것 같지 않았지만, 지금 돌이켜보면 역시 표면에 나타나지 않은 상처로 남아 있었던 게 분명하다. 하워드에게 이상이 나타나 보이기 시작했기 때문이었다.

내가 보이지 않는 상처의 깊이를 알고 놀란 것은 1944년의 어느 날, 그와 전화로 이야기하고 있을 때의 일이었다. 우리는 그때까지 수천 번이나 해왔던 것처럼 장사 이야기를 하고 있었다. 그런데 도중에 하워드가,

"노아, 약간 조사해볼 게 있는데 말야······."

하고 말하며 사소한 문제에 대한 조사를 지시하였다.

그리고 나서 1분 쯤 지난 후에 그는,

"노아, 약간 조사해볼 게 있는데 말야······."

하고 말하며 똑같은 일을 지시하였다. 이렇듯 똑같은 지시를 몇 차례나 거듭했던 것이다. 나는 한동안 멍청히 듣고만 있었다. 마치 똑같은 말이 여러 차례 거듭되는 악몽을 꾸고 있는 기분이었다.

나는 종이와 연필을 가지고 하워드가 똑같은 말을 되풀이할 때마다 표시를 하여 그 횟수를 세어보았다. 30분 후 나는 그의 말을 가로막았다.

"하워드, 당신은 자신이 말하고 있는 것을 알지 못하는 모양이군."

"그게 무슨 뜻이지?"

그는 다소 불안한 듯이 말하였다.

"아까부터 똑같은 말을 몇 차례씩이나 되풀이해서 말하고 있단 말야."

하워드는 화를 냈다.

"도대체 무슨 이야기를 하는 거야?"

"의사한테 진찰을 받아보는 게 좋겠어. 메모 용지에 표시를

해서 세어보았어. 똑같은 이야기를 33번이나 되풀이했어. 하여간 최근에 똑같은 일을 되풀이하는 일이 많아."
하워드는 한동안 잠자코 있었다.
"농담이 아니고, 노아 그것이 사실이란 말이지?"
"정말이야. 하워드 어딘가 좋지 않은 게 틀림없어."
다음 날 하워드한테서 전화가 걸려왔다.
"잘 말해줬어, 노아. 의사의 진찰을 받았더니 신경쇠약에 걸렸다는 거야. 모든 것을 팽개치고 스트레스로부터 도망치지 않으면 정말로 머리가 이상해진다고 말했어."
"휴양이라도 취하는 게 어떨까, 하워드? 이곳 일은 걱정 안 해도 되니까."
"아, 걱정하지 않고 말고. 내가 여기 있어도 노아가 전부 처리해내고 있는데 뭘."
"어디로 갈 셈인가?"
나는 이렇게 물었다.
"그것은 말하지 않기로 하겠어. 절대로 나를 찾거나 하지 말아주게. 내 자신이 괜찮다고 생각되었을 때 돌아올 테니까. 단지 내가 없는 동안에 해주었으면 싶은 것이 두 가지가 있어."
"뭔데?"
"잭 프라이와 찰즈 페레르를 감원하지 않는 일이야. 그것만 하지 않는다면 나머지는 좋은 대로 해도 돼."
하워드는 내가 TWA 사장인 프라이를 별로 높이 평가하고 있지 않으며 또한 휴즈 항공기회사의 페레르한테는 그 이상으로 실망하고 있다는 것을 알고 있었으므로 자기가 없는 동안에 감원시키지 않도록 못을 박은 것이었다.
이렇게 해서 하워드는 모습을 감추었다. 그의 신경상태를 잘 알고 있는 나는 조심스러운 나머지 가만히 있을 수가 없는 심경이었다. 그렇지만 약속대로 행방을 알아보려고는 하지 않았다.

불안한 수주일이 지났을 때 하워드의 숙모인 루미스 부인으로부터 전화가 걸려왔다. 부인은 휴스턴에서 여러 차례에 걸쳐 하워드한테 전화를 하려고 했지만 아무리 해도 행방을 알 수 없었다고 말하면서 상당히 흥분한 것 같았다.
"디트리히 씨, 하워드가 어디에 있는지 아시나요?"
그녀가 물었다.
"아니오, 모릅니다."
내가 대답하였다. 행방을 모르는 건 사실이었다. 그렇지만 부인이 더욱 근심하는 것이 안타까워 알고 있는 것까지 말하지 않았다.
"어쩐지 하워드가 매우 걱정이 됩니다."
루미스 부인이 말하였다.
"여태까지도 여간해서 찾지 못한 경우도 있었지만 2,3일이면 반드시 연락을 취할 수가 있었습니다."
"곧 알아보고 만약 알게 되면 연락드리겠습니다."
나는 루미스 부인한테 약속을 하고는 하워드한테 전화를 걸어봤다. 하인들의 이야기에 의하면 그는 스테이션왜건을 타고 나갔지만 역시 행선지에 대해서는 아무 말도 하지 않았다고 했다. 로메인 거리 7천번지에 있는 하워드의 사무실에도 물어봤지만 아무런 연락도 없다는 이야기였다. 공항에 문의해봤더니 하워드의 스테이션왜건이 주차장에 있으며 시콜스키의 수륙양용기가 보이지 않는다고 하였다.
하여간 나는 이 정도를 루미스 부인한테 전해주었다. 그렇지만 그녀는 믿지 않았다. 믿지 않았을 뿐 아니라 나를 수상쩍게 여기기 시작하였다.
"설마 하워드가 죽었는데도 당신들이 재산을 차지하려고 시체를 감추고 있는 건 아니겠지요? 그런 일도 생각할 수 있으니까요."

알고 있는 것은 전부 말하였다. 내가 알고 있는 한 하워드는 아직도 살아있다고 아무리 설명하여도 루미스 부인의 의심을 풀어줄 수는 없었다.

그로부터 며칠 후 나는 회의에 참석하기 위해 휴스턴에서 로스앤젤레스로 갔다. 내가 로메인 거리 7천번지에 가있을 때 휴즈 공구회사의 루이지애나 주 슈리브포트 영업소장인 롱이라는 사나이한테서 전화를 받았다.

"디트리히 씨, 놀라지 마시오."

하고 그는 말하기 시작하였다. 나는 그가 말한 대로 놀라지 않도록 마음을 다부지게 먹었다.

"도저히 믿을 수 없는 일이니까요. 휴즈 씨가 유치장에 들어가 있습니다."

롱의 이야기에 의하면 하워드는 루이지애나 주까지 날았을 때 시콜스키의 상태가 이상해져 슈리브포트 비행장에 내려 거리로 비실비실 나갔던 모양이다. 수염은 길게 자라고 허름한 옷에 운동화를 신었으며 손에는 우유병이 들어 있는 종이 주머니를 든 모습으로 길을 물으며 걸었던 것이다──그것도 남이 들으면 좋지 않다는 식으로 목소리를 죽여 물었다. 그 때문에 차를 빌려 플로리다까지 가고 싶다는 그의 이야기를 들은 주유소의 주인이 수상쩍게 생각하고는 경찰에 연락을 하였다. 경관이 조사하자 그의 호주머니에 1천2백 불의 현금만 있을 뿐 신분증명서가 없었다. 그래서 하워드는 부랑자로 수용되었다.

"난 하워드 휴즈야."

하고 그는 말하였다.

"아, 그럴 거야."

경관이 대답하였다.

"난 정말로 하워드 휴즈란 말야. 내 말이 믿기지 않으면 노아 디트리히라는 사나이한테 전화를 걸어봐."

"이봐, 설마 정말로 하워드 휴즈는 아니겠지? 어딘지 닮기는 했지만."

유치장 옆에 있던 경관이 말하였다. 그러나 다른 경관이,

"아냐, 그저 부랑자야."

"그렇지만 만일이라는 게 있어. 휴즈 공구회사 영업소에 전화를 걸어 확인해보라고."

경관 한 사람이 슈리브포트 영업소에 전화를 걸었다.

"방금 한 사람을 수용했는데 자기가 하워드 휴즈라고 주장하고 있어요. 잠시 서까지 와서 확인해주실 수 없는지요?"

롱은 서둘러 경찰서로 갔지만 입장이 난처하게 되어버렸다. 유명한 억만장자인 하워드 휴즈가 룸펜 같은 모습을 하고 슈리브포트 경찰의 유치장에 들어가 있을 리도 없지만, 그는 휴즈 공구회사에 들어온 지 18년 동안 한 번도 사장의 얼굴을 본 일이 없었으므로 어떤 식으로 확인해야 좋을지 몰랐다.

"하긴 우리 사장하고 비슷하기는 합니다만."

유치된 사나이를 보고 롱이 말하였다.

"그렇지만 수염이 나 있어서 뭐라고 말할 수가 없습니다."

"무슨 소리야! 난 하워드 휴즈야!"

하워드는 화를 냈다.

롱은 그를 타이르면서,

"회사 일에 대해서 두세 가지 물어봐도 좋습니까?"

하워드가 그래도 좋다고 하자 그는 회사의 내부 사람밖에 모르는 몇 가지에 대해서 물었다.

"예, 휴즈 씨임에 틀림이 없습니다."

롱이 말하였다.

경찰은 즉각 하워드를 석방하였다. 그리고 난 후 롱이 나한테 전화를 건 것이었다.

"어떻게 했으면 좋겠습니까?"

그가 이렇게 물었다.
"아무것도 하지 않아도 좋아요."
내가 말하였다.
"휴즈 씨가 하고 싶은 대로 하게 두면 됩니다."
그것이 하워드의 지시였으며 하워드 자신이 자신을 건사하지 못하게 될 때까지 나는 그것을 따를 생각이었다.
이어 나한테 전달된 하워드의 소식은 한층 더 이상했다.
플로리다로부터의 전화였는데 건 사람은 하워드의 옛날 친구였으며 하워드가 그 친구의 집에 들러 2,3일 머물렀다는 이야기였다.
"도대체 어떻게 했으면 좋을는지 모르겠어요."
하고 그 친구가 말하였다.
"하워드는 흡사 룸펜 같은 모습으로 와서는 갑자기 뒷마당으로 갔는가 싶더니 입고 있던 것을 전부 벗어서 불태워버렸습니다."
나는 10여 년 전에 있었던 캔버스의 큰 주머니를 생각해냈다.
"하워드는 상당히 신경이 이상해진 겁니다."
내가 이렇게 말하였다.
"신경쇠약이라 휴식을 취하라고 의사가 말했습니다. 죄송합니다만 입을 것을 주고 만약 필요하다고 생각하시거든 의사한테 보여주시지 않겠습니까? 그 밖에 무슨 일이 있거든 전화해 주십시오."
그 후 전화가 없었으므로 하워드의 증상은 나은 것 같았다.
그로부터 아무런 소식도 없이 모습을 감춘 지 6개월만에 하워드는 돌아왔다. 반년 동안의 행동에 대해서 하워드는 아무 말도 하지 않았으며 나도 묻지 않았다. 그러나 그의 숙모인 루이스 부인한테는 그가 무사히 돌아오자마자 즉시 전화를 걸었다. 내가 그녀의 조카의 유체를 몰래 장사지내고 '휴즈 제국'에 군림

하려 한다는 오해는 받기 싫었기 때문이었다.

27. 하워드의 행동패턴 변화

제 2 차대전 중의 어느 날 나는 휴스턴에 재임중인 어떤 장군을 찾아간 일이 있었다. 그 장군의 방문 앞에는 나무 판에 다음과 같은 글이 걸려 있었다──'긴급시에는 재빠른 상식 판단 쪽이 늦은 이상적 시책보다 바람직하다.'

장군이 이와 똑같은 글을 시긴 패를 나에게 주었으므로 나는 그것을 정기보고 때 캘리포니아로 가지고 가 다음과 같이 말하면서 하워드한테 선물로 주었다.

"이것이 참고가 되지 않겠어 ?"

하워드는 한동안 그것을 쳐다보고 있더니 갑자기 아무 소리도 없이 패를 휴지통에 버렸다.

그가 그의 방식을 바꿔주기를 기대하는 건 무리였다. 하워드 휴즈는 역시 하워드 휴즈였으며 그가 그런 글 하나 둘로 달라질 리가 없었다.

30대 후반에 하워드의 상식에서 벗어난 행동은 점차 몇 개의 패턴으로 굳어져버렸다──그것은 나이를 먹어감에 따라 한층 더 확고해졌다.

세균공포증은 한층 더 심했다. 심장쪽은 부친의 강함을 이어받지 않았다는 것을 알게 되었다. 한번은 그가 세인트 빈센트 병원에서 계단을 뛰어오르는 등의 정밀검사를 받았을 때 심장에는 전연 이상이 없다고 의사들이 장담하였다.

그렇다면 양친처럼 일찍 죽지 않으려면 나머지는 위험한 세균의 감염을 방지할 수밖에 없다. 이렇게 믿어버린 하워드는 어쩔 수 없을 때 이외에는 누구하고도 악수를 하지 않았다. 또한 사람이 붐비는 곳을 극도로 두려워하여 그가 공적인 장소에 나타나는 횟수가 줄어 들었다.

당연히 몸의 이상에 대해서 그는 매우 겁이 많았다. 언젠가 한번은 그가 목에 이상이 생겼다고 믿어버린 적이 있었다. 그러자 1주일 동안 한 마디도 말을 하지 않는 것이었다. 대화는 모두가 다 필담(筆談)으로 대신하였다. 그러다가 목의 상태가 원상으로 회복되자 그는 다시 말하기 시작하였다.

그렇듯 세균감염을 두려워하면서도 미인 여배우와 로맨스를 계속 추구하는 것은 도대체 어떻게 이해해야 좋을까? 세균은 여성한테도 있으며 아무리 미인이라 하더라도 예외가 아니라는 것 정도는 그도 알고 있을 법한 일이었다.

돈에 대한 그의 태도는 모순에 가득 차 있었다.

바다의 것인지 산의 것인지도 모르는 것에 몇 백만 불씩 소비하는가 싶으면 고작 몇 불에 무척 신경을 쓰기도 하였다. 〈아우트로〉 촬영 중에 그는 식사하는 장면을 몇 차례나 다시 찍은 적이 있었다. 소도구에는 다시 찍을 때마다 조제 식품판매점으로부터 닭고기를 가져오게 하였다. 그것을 안 하워드는 화를 냈다.

"어째서 매일 새로 닭고기를 주문하지 않으면 안 되는 건가? 쓰고 나면 냉장고에 넣어두었다가 다시 사용하면 되지 않느냐 말야."

〈아우트로〉의 제작비가 너무 많이 들어서 내가 하워드한테 주의를 주자 그는 나와 함께 지금까지 든 지출비를 재검토해서 밝히기로 동의하였다. 우리는 하나 하나의 품목의 금액을 살펴보고 있었는데 하워드의 눈은 거의 그 전부를 그대로 지나쳐버리고 말았다. 그러자 그 눈이 한 점에서 멈추더니 그곳에 기록되어 있는 숫자를 문제로 삼았다. 헐리우드의 〈시티즌 뉴욕〉지의 구독료 한 달분인 65센트였다.
"영화를 만드는 데 어째서 이런 것이 필요하지?"
그는 화를 냈다. 그리고 그 일로 담당자를 해고하겠다는 것을 나는 간신히 달래어 그대로 넘어갈 수가 있었다.
하워드는 자신을 위해서 일하고 있는 자에 대해서 거의 배려하는 것을 보여준 일이 없었다. 어떤 때 그는 사실(私室)에서 3일 동안 계속되는 작업에 편집담당인 월터 레이놀즈와 함께 한 일이 있었다.
몇 시간인가의 마라톤 시사 후 하워드의 요리사인 에디가 언제나와 같은 휴즈 정식——스테이크, 콩, 바닐라 아이스크림, 쿠키——을 은식기에 얹어 가져왔다. 그것을 본 레이놀즈는 도저히 가만히 있을 수가 없었다.
"너무하신데요, 사장님. 저라고 배고프지 않을 리가 있겠습니까?"
레이놀즈의 말에 하워드는 약간 놀란 것 같았다.
"그런가, 미안해."
하고 말하며 그는 에디한테 지시하였다.
"내일 밤은 레이놀즈한테도 뭔가를 가져다주라고."
그리고 조금 생각하고 나서는 레이놀즈한테 쿠키 하나를 주었다. 그것도 손이 닿는 것을 피하기 위해 수저에 얹어서 주었던 것이다.
하워드가 뮤아필드의 집을 팔아버리고 집안 이름이 들어 있는 은그릇을 비롯하여 모든 것을 경매케 한 것은 전쟁 중의 일이었다. 그 후 그는 벨 에아의 셋집으로 옮겼고, 그로부터는 한 번도 집을 가진 적이 없었다.
하워드의 전쟁에 대한 태도는 반드시 애국적이라고는 할 수 없었다.

제2차대전 초기에 국내에서 휘발유가 부족할 게 확실해지자 그는 산페르난드 바레의 땅에 커다란 탱크를 몇 개나 묻고 그곳에 휘발유를 저장하였다. 또한 탄약부족을 예상하고는 스키트 사격용의 탄환을 대량으로 확보하였다.

하워드의 이와 같은 태도는 세금에 대한 원망에서 온 것일 거라는 동정적인 견해도 있을 법 했지만, 그러나 그는 국가로부터 몇백만 불이나 되는 군수상의 은혜를 입고 있는 것이다. 그럼에도 불구하고 그런 일에 대해서 국가를 위해 편의를 도모하는 일은 아무것도 하지 않았다.

예를 들면 요트인 카시아나 호와 같은 그런 것 중의 하나였다. 이것은 전쟁 전에 하워드가 플로리다에서 할인 때 산 특별히 큰 요트였는데 전 소유주였던 뉴욕의 은행가가 10만 불의 값어치가 있다고 했던 물건이었다. 이에 대해서 하워드는 3만 불이라는 값을 내세웠다. 당시는 심각한 불황으로서 요트 같은 건 팔리지 않았다.

은행가가 3만 불로는 팔 수 없다고 말하자 하워드는 이렇게 말하였다.

"그럼 이렇게 하지. 일단은 지금 3만 불을 지불하고서 계약하기로 하지. 만약 당신이 4개월 이내에 그 이상의 값으로 살 사람을 발견하게 되면 나는 차액을 지불하거나 요트를 반환하며 당신한테 3만 불을 돌려받도록 하겠네."

은행가는 어떻게 해서든지 팔고 싶었으므로 하워드의 조건을 받아들였다. 4개월이 지났지만 그 밖에 살 사람이 나타나지 않았다. 이렇게 해서 하워드는 파격적인 싼값으로 대형 요트를 손에 넣을 수가 있었다──그러나 이것 역시도 그는 거의 사용하지 않았다.

전쟁이 시작되자 연안경비대는 카리브 해를 정찰할 대형선이 필요하게 되었다. 그리하여 그러한 목적에 이상적인 배로서 발견한 것이 '카시아나 호'였다. 그렇지만 하워드는 여간해서 내놓으려고 하지 않았다. 이윽고 연안경비대가 징발하겠다고 위협하자 그는 결국 팔기로 동의하였다——7만 5천 불의 값이 지불되었다.

정부가 TWA로부터 5대의 스트라트라이너를 샀을 때에도 하워드는 끝까지 자기 전용기 한 대만은 내놓지 않았다. 그렇지만 이것 역시 전쟁 중 거의 로키드사의 격납고에 넣어둔 채 방치되었다.

시콜스키의 수륙양용기도 하워드는 어떻게 해서든지 내놓지 않으려고 하였다. 육군 공병대가 팔자고 요청해왔을 때에도 실험 중이다 어쩌다 하면서 군의 압력을 피해왔다.

그렇지만 하워드도 더 이상 피할 수 없게 되면 시콜스키를 공병대에 양도하기로 동의하였다. 단지 그 전에 최후의 시험비행을 하고 싶다고 말하였다. 엔진을 개량했으므로 그 시험을 해보고 싶다는 것이 이유였다.

민간항공 관리국의 두 조종사와 항공기사 및 기계기사를 각각 한 명씩 시콜스키에 태우고 하워드는 이착수 시험차 미드 호로 날았다. 그가 최후의 착수시험을 하려고 했을 때 한쪽 날개를 물 속으로 처박고 말았다. 그 바람에 기체가 부러지고 CAA (민간 항공 관리국)의 조종사 한 사람이 즉사했으며 기계기사도 중상을 입은 후 얼마 후에 숨을 거두고 말았다.

하워드 자신은 큰 상처를 입고 가라앉아가는 기체 속에 갇힌 채 하마터면 익사할 뻔하였다. 그런데 다행히도 나머지 탑승자와 함께 시콜스키가 호수 밑바닥으로 가라앉기 전에 구출되었다.

상처가 회복되자 하워드는 시콜스키를 호수 밑바닥에서 인양하겠다고 말하였다.

"뭣 때문에 다시, 하워드——호수 밑바닥에 가라앉혀 두는 것이 좋지 않을까?"
　하고 나는 반대하였다.
"다시 개조하고 싶어서 그래."
　하워드가 말하였다.
"뭐하러? 무엇에 쓰려고?"
"다시 한 번 날게 하고 싶어서 그래."
　한번 말하기 시작하면 듣지 않는 경향이 점점 더 강해지고 있었으므로 내가 뭐라고 말해도 소용이 없었다. 시콜스키의 인양 작업은 돈이 많이 들었을 뿐 아니라 눈을 돌리고 싶은 참상을 나타내고 있었다. 수면에 나타난 기체에는 아직도 살점과 뼈가 붙어 있었다.
　시콜스키의 수륙양용기는 재생되었지만 결국 두 번 다시 회사를 위해 활용되지 않았다. 후에 그는 이 비행기를 처분하고 싶어지자 나에게,
"딜 웨프한테 어거지로라도 강요해버리게."
　하고 말하였다. 딜 웨프한테 말바시티 공장의 대부분의 건설공사 청부를 맡게 하고 있었으므로 비행기 한 대 정도는 필요하든 않든 살 의무가 있다고 하워드는 생각했던 것이다.
　그러나 웨프는 그렇게 간단히 응하지 않았다. 나는 그와 몇 차례나 교섭을 거듭한 끝에 이렇게까지 말하였다.
"휴즈 씨는 만약 당신이 시콜스키를 사지 않는다면 —— 그가 말하는 값으로 사지 않는다면 더 이상 일을 주지 않겠다고 합니다."
　이와 같이 위협하는 말도 효과가 없었다. 결국 하워드는 이 수륙양용기를 휴스턴으로 보내면서 이렇게 지시하였다.
"나한테서 별도 지시가 있을 때까지는 아무도 손대지 말도록."
　그로부터 30여 년이 지난 지금에도 시콜스키는 여전히 휴스턴

에 방치된 채 하워드 휴즈의 지시를 기다리고 있다.

28. '휴즈 제국'의 정리 정돈

　제2차대전이 끝났을 때 휴즈 그룹의 각 기업은 혼란상태에 있었다.
　휴즈 항공기회사는 여전히 전쟁용의 두 기종——F11과 헤라클레스 호의 개발에 고심하고 있었으며 독일과 일본이 항복해 버린 후에도 아직 그것을 군에 인도하지 못하고 있었다. 육군은 F11 백 대의 발주를 3대로 줄여버렸다. 헤라클레스 호에 대해서도 정부는 2천만 불의 세금을 소비한 후 더 이상 개발비는 내놓지 않겠다고 선언하였다. 그런데 하워드는 고집세게도 그저 무용의 물건으로 화해버린 비행정에 몇백만 불이나 자기 돈을 계속 쏟아넣었다.
　휴즈 공구회사는 대량의 대포를 기한 내에 납품하는 등 보다 착실하게 정부와의 계약을 이행해왔다. 그렇지만 이 회사도 오랫동안 주인이 자리를 비웠기 때문에 합리적으로 경영이 이루어지지 않아 그 능력에 맞는 실적을 올리지 못하고 있었다.
　TWA는 다른 많은 항공회사와 마찬가지로 전쟁 종결 후 커다란 어려움에 직면하고 있었다. 단지 TWA의 경우는 잭 프라이의 서투른 경영이 한층 더 심각하게 만들었다. 항공회사는 모두 종전 직후의 수개월 동안 평균 96퍼센트라고 하는 거의 만원에 가까운 승객들이 있었다. 그러나 병사들이 다 귀국해버리자 그 숫자는 58퍼센트로 갑자기 떨어져서 대부분의 경우 그것은 채산점 이하였다. 그렇듯 엄숙한 현실을 무시하고 잭 프라이는 사업

확장의 꿈을 계속 쫓고 있었던 것이다. 어느 땐가 그는 각 부 과장들한테 고용인원이 4만 5천 명으로 증대된다는 전제 아래 다음 해의 계획을 세우도록 지시한 일이 있었다. 당시의 TWA 의 종업원 수는 1만 7천 명이었다. 이와 같은 경영감각은 바보 스럽다고 하지 않을 수 없다. 그런데도 하워드는 잭 프라이한테 계속 TWA를 맡겨놓고 있었다.

각 사업의 혼란상태에 더하여 하워드는 다시금 영화제작을 시작하였다.

이번에 그와 짝이 된 상대는 〈더 미라클 오브 모간즈 크리크〉 (모간의 작은 개울의 기적)이라든가 〈헤이르 더 콘쿼링 히어로〉 (정복자 만세) 등을 썼고 동시에 감독까지 한 프레스턴 스타지스였다. 그는 우수한 감독이기는 했지만 실패도 많았다. 하워드는 스타지스가 경영하는 선셋 스트립의 클럽 〈더 플레이워즈〉에 곧잘 데이트 상대를 데리고 갔다. 거기서 하워드와 스타지스 사이에 둘이서 영화를 몇 개 만들어보자는 이야기가 시작되어, 그 중 몇 개는 스타지스가 시나리오를 써서 감독하며 몇 개의 제작만을 맡기로 되었다. 하워드가 다시 손을 대기 시작한 주요한 동기는 조니 마이아와 공모하여 워너 브러더즈에서 납치해온 여배우의 알인 페이스 돈을 스타로 만들어주겠다는 약속을 지키고 싶어서였다. 하워드는 그녀의 예명을 본명인 페이스 드마그로 돌려놓고는 오랫동안 노래와 춤과 연기의 레슨을 받게 하고 있었는데, 아무리 기다려도 지켜지지 않는 약속에 더 이상 참지 못하자 스타지스를 고용하여 그녀의 영화를 만들도록 했던 것이다.

그러나 전쟁이 끝난 후의 혼란기에 '휴즈 제국'이 직면한 가장 급한 일은 역시 휴즈 항공기회사의 문제였다.

헤라클레스 호와 F11의 개발이 앞서도 말한 것처럼 좀처럼 진전되지 않았다. 이것은 하워드 자신의 꾸물거리는, 성격도 하나의 원인이 되었지만 공장의 운영방식에도 원인이 있었다. 나는 한층 더 찰즈 페레르를 휴즈 항공기회사의 총지배인으로 앉힌 것이 잘못이었다는 확신을 굳혔으며 그것을 하워드한테 이해시키려고 하였다. 그렇지만 그는 여전히 총지배인을 해고시키는 것을 싫어했다. 페레르가 취임 초의 1년 동안에 5백만 불의 결손을 내었음에도 불구하고 하워드는 그를 그만두게 하려 하지 않았다.

그런데 1945년 전쟁 후 크리스마스 때 하워드의 태도가 달라졌다.

내가 휴스턴의 집에서 아내와 세 아이들과 함께 조용한 크리스마스를 보내려는데 하워드한테서 전화가 걸려왔다. 그야말로 여느 때의 하워드처럼 그 날이 크리스마스 이브인데다가 그의 마흔 번째 생일이라는 것도 관계치 않았다.

"노아."

언제나와 같은 높고도 가는 목소리로 말하였다.

"곧 이리 와서 페레르 놈을 해고시켜 주게나."

나는 하워드가 비로소 결심한 것을 알고 기뻐했지만 시기에 대해서는 어이가 없어졌다.

"하워드, 나는 이 세상에 어떤 일이 일어나더라도 크리스마스 이브에 가족과 떨어지는 일은 하지 않겠어."

"그렇지만 이건 중요한 일이야!"

하워드의 어조가 강해졌다.

"그건 알고 있어. 그렇지만 만약 나한테 가족이 없다고 하더라도 지금은 가지 않겠어."

"어째서?"

"크리스마스에 직원을—— 그것도 중요한 지위에 있는 자를 감원하는 것만큼 회사의 이미지를 손상시키는 일은 없기 때문이지"

그러한 생각은 하워드는 결코 꺾지 않는 성질의 것이었다. 그렇지만 그는 간신히 꺾였으며 나는 가족과 함께 크리스마스를 보낼 수가 있었다. 크리스마스 휴가가 끝나자 나는 찰즈 페레르를 해고시키기 위해 캘리포니아로 갔다. 그건 그렇고 하워드가 어째서 페레르를 해고시킬 마음이 생겼는지에 흥미가 있었던 나는 그 이유를 그에게 물어봤다.
 "아냐, 페레르가 처음 해에 5백만 불의 적자를 냈다고 노아가 언젠가 이야기한 것을 생각해냈던거야."
 "그래서 그만두게 할 마음이 생겼다는 건가?"
 "아냐."
 "그럼 왜?"
 "그 자는 나를 내 공장에서 내쫓겠다는 편지를 나한테 보냈어."
 "뭐라고?"
 "그렇다니까. 나는 어째서 그쪽이 그렇게 잘 안 되는가 하고 가끔씩 밤에 칼바시티까지 가봤던 거야. 경비원은 다 나를 알고 있으니까 말야. 그런데 내가 밤에 보러 온 것을 알게 되면 페레르 그 치는 오는 것을 사전에 알리지 않았다고 하여 자물쇠를 다 바꾸어버릴 뿐만 아니라 경비원한테 나를 들여보내지 말라고 지시하겠다는, 사람을 바보 취급하는 편지를 보냈단 말야! 정말로 어이없는 놈이야!"
 그것으로 페레르의 한 막은 끝난 셈이었다. 그는 물론 호소하였다. 그렇지만 타당한 퇴직금을 받고 물러났다. 나는 이 페레르의 해고가 휴즈 항공기회사를 위해 하나의 전기가 마련되기를 바랐다. 그러나 그것은 높은 바람이었다. 하워드는 공구회사의 감사역으로 있는 프랑크 맥도웰을 임시로 페레르의 후임으로 앉혔지만 여전히 칼바시티의 공장을 자기의 직접 지배 아래 두려고 하였다. 그러면서도 군수생산에서 평시생산으로 전환해야 하는 급한 일에는 그다지 주의도 시간도 돌리려고 하지 않았다.

휴즈 그룹의 대들보인 공구회사도 역시 가지고 있는 능력을 최대한으로 활용하지 않고 있었다. 1930년부터 나는 공구회사의 생산공정을 근대화할 필요가 있다고 하워드한테 말했으며, 1936년에 휴스턴으로 옮겨간 후에도 그것을 계속 주장하였다. 그러나 하워드는 닥치는 대로 일을 해나가는 방식을 개선하려고 하지 않았으며 외부에서 유능한 관리인을 고용하는 것도 거절하였다. 그의 비밀주의가 외부인사를 공구회사 안에 들여놓는 것을 허용하지 않았던 것이다. 그 결과로 회사는 무력한 간부에 의해 계속 운영되게 되었다. 그 중의 한 사람은 근무중에 죽었으며 또 한 사람은 자살하였다.

전쟁이 끝나고 얼마가 지나자 하워드의 태도가 달라졌다. 휴즈 항공기회사, TWA 그리고 영화제작이 커다란 결손을 계속했으며, 황금 알을 낳는 거위에게 가속을 올리게 하지 않으면 안 되게 되었기 때문이다.

1946년에 하워드는 나에게 이렇게 말하였다.

"노아. 공구회사를 맡길 테니, 봐주지 않겠나?"

그것이야 말로 오랫동안 내가 기다리고 있었던 말이었다. 즉시 나는 생산기술의 전문가를 찾았다. 전시 중에 제시 존즈를 통해 알게 된 전 제너럴 모터즈의 회장이며 군수생산 담당의 윌리엄 뉴드슨 장군한테 의논하자,

"당신은 운이 좋은 사람이야."

라고 말하였다.

"프레드 에아즈가 있어요. 우리의 카딜락 공장을 만든 사나이인데 생산기술에 있어서는 그보다 더 우수한 자는 없소. 전쟁 중에 영국과 소련에 대한 생산관계 어드바이저로 가있었는데 마침 얼마 전에 돌아와 있단 말이오."

나는 즉시 프레드 에아즈를 만났는데 만나자마자 반해버렸다. 130파운드도 될까 말까한, 몸집이 작고 약해 보이는 사나이였지만 영국에 있을 때 몸에 익힌 듯 싶은 영국 사투리로 말하는 태도에는 예술가와 같은 품격이 있었다. 실제로 그의 생산기술은 예술이라고 불러도 좋을 만한 것이었다.

에아즈는 공구회사의 무질서한 생산공정을 개선하는 일에 보람을 느꼈으며 나는 높은 급료로 그를 맞아 신뢰를 표시하였다. 하워드는 나에게 전권을 부여했으므로 나는 그에게 의논도 하지 않고 계속적인 개혁을 단행하여, 공장의 능률을 최고의 경지에까지 가져가기 위해 회사의 예비금 5백만 불을 사용하였다.

에아즈는 커다란 기계를 사들였으며 그때까지 손으로 하고 있었던 많은 작업을 기계화하였다. 비로소 석유굴삭용 송곳의 능률적인 생산태세가 정비되기 시작하였다. 나는 생산하는 송곳의 종류를 줄이고 채산이 맞지 않는 부분을 잘라버렸으며 광고에 한층 더 힘을 기울였다.

그 결과로 휴즈 공구회사는 다시금 업계의 왕자의 자리에 올라섰으며 시장의 80퍼센트를 점유하였다. 이익이 매상고의 51퍼센트라는 기록적인 고율에 달했던 것이다.

수익률은 급격히 증가했다. 그때까지의 공구회사의 연간 순이익 총액 최고 기록은 6백만 불이었는데 개혁 후의 순이익은 그것을 가볍게 돌파하여 9백만 불로 상승했으며, 이어 천3백만 불, 2천2백만 불, 2천9백만 불로 급증했다.

그리고 그 후에는 다시 급상승하여 마침내 3년 연속 6천만 불이라는 기록을 달성하였다. 그것도 총수익은 그만큼 극단적으로 증가하지 않았음에도 말이다.

이와 같은 개혁 후의 8년 간에 휴즈 공구회사는 자그마치 2억 8천5백만 불의 순익을 올렸다. 하워드의 호주머니는 윤택해져 갔다.

그렇지만 당사자인 하워드는 그러한 경위를 거의 알지 못하고 있었다. 예를 들면 아일랜드와 서독에 공장을 만들었을 때에는 나는 그에게 의논하지 않았다. 공장을 완성한 지 1, 2년이 지난 후에 그는 나한테 다음과 같이 물었을 정도였다.
 "유럽에 우리 공장이 있다는 이야기를 들었는데 도대체 어떻게 된 거지?"
 "그 말이 맞아, 하워드."
 내가 대답하였다.
 "그렇지만 어째서지?"
 "이유는 두 가지 —— 유럽에서는 인건비가 싸다는 것과 아라비아와 소련의 단골 거래선에 대한 운송비가 훨씬 적게 든다는 사실 때문이야."
 하워드는 유럽 진출에 대해 만족하는지 내가 사전에 의논하지 않은 일에 문제를 삼지 않았다. 내가 그에게 의논하지 않았던 것은, 만약 의논했을 경우 언제 그가 결단을 내릴 것인지 염려되었기 때문이었다.
 이 공구회사의 이익의 급증이 결국 세계 유수의 자산가 하워드 휴즈를 탄생시키게 된 셈이었다. 만약 공구회사가 매년 최대한 6백만 불 정도의 이익밖에 올리지 못했더라면 그가 그 후 10년 동안에 쌓아올린 막대한 재산은 얻지 못했을 것이다. 1930년대 초에 자금이 떨어져 영화제작에서 손을 떼어야 했던 것처럼 휴즈 항공기회사와 TWA를 유지해나갈 수 없었을 게 틀림이 없었다.
 그렇지만 공구회사가 대량으로 돈의 알을 계속 낳아주었기 때문에 하워드는 이들 사업에 충분히 자본을 쏟아넣을 수가 있었으며 마침내 이 두 회사도 돈의 알을 낳게 되었다.
 이렇게 해서 하워드는 억만장자의 길을 걷기 시작하였다.
 그는 이에 대해서 감사했을까?

그의 반응은 그야말로 하워드 휴즈적이었다.
"노아, 자네는 천재야. 그런데 다음으로 또 해줘야 할 일은 말야……."

29. 그 후의 F11

　하워드는 어떻게 해서든지 F11을 물건이 되게 할 생각이었다. 군과의 계약대수가 백 대에서 세 대로 삭감되어 버렸지만 그는 이 정찰기의 개발에 돈을 아낌없이 계속 써나갔다. 그 비행기로 그는 하마터면 죽을 뻔하기도 하였다.
　휴즈 항공기회사의 기술진은 새로운 프로펠러 방식을 실험하기로 하였다. 네 개의 이중 반전 프로펠러를 한 조씩──6 즉, 도합 여덟 개씩 양쪽의 날개에 부착시켰던 것이다. 이 방식은 보다 빠른 스피드를 얻을 수 있을 것이라 믿고 있었다.
　1946년 7월 7일, 새로운 방식은 마침내 테스트를 받게 되었다. 자기 회사 비행기의 이와 같은 최초의 실험비행에 대하여 하워드는 특별한 생각을 가지고 있었다. 그것은 이 F11로 자기가 최초로 시험하겠다는 주장이었다. 2,3시간 동안 칼바시티의 활주로를 왔다갔다 하면서 안절부절했던 하워드는 이제는 날아도 안전하다는 자신감을 갖게 되었다.
　F11은 멋있게 떠올랐으며 시속 4백 마일 이상을 기록하였다. 당시로서는 항공사상 획기적인 스피드였다. 그런데 그 후에 이상이 발생하였다.
　하워드는 기체가 오른쪽으로 끌려가는 것을 느꼈다. 조종장치를 아무리 조작해봐도 그것을 막을 수가 없었다. F11은 이내

속도와 고도를 상실했다. 하워드는 왼쪽으로 선회하려고 했지만 오른쪽 엔진에 전혀 힘이 없었다. 비버리힐즈의 집들이 점차로 눈 앞으로 닥쳐왔다. 그때 로스앤젤레스 컨트리 클럽의 넓은 녹색 잔디밭이 눈에 들어왔으며 그는 그쪽으로 기수를 돌리려고 하였다.

그러나 이미 때가 늦었다. 비행기 바퀴가 어떤 집 지붕을 째고 지나갔으며 한쪽 날개가 전신주를 두동강 냈다. 그 후 기체는 호이티아 드리아브 80번지로 추락했다. 그 충격으로 기체도 가옥도 한 순간에 불꽃으로 휩싸였지만 우연히 근처에 있었던 해병대 상사가 그 안으로 뛰어들어 하워드를 구출하였다. 하워드는 비행기 안에 아무도 없음을 알린 다음 추락으로 부상자가 생겼느냐고 물었다. 기적적으로 한 사람도 없었다.

하워드는 구급차로 굿 사마리탄 병원으로 운반되었으며 주치의인 반 메이슨의 진단을 받았다. 중상이었다. 늑골 9개와 쇄골이 부러졌고 코에도 골절의 가능성이 있었으며 두부에도 깊은 상처를 입었고 왼손, 가슴, 엉덩이에 중도의 화상을 입었다. 찰과상은 온몸에 나있었다. 왼쪽 폐가 찌그러져 피가 고여 있었다.

이 추락사고가 발생했을 때 나는 자동차로 뉴욕에서 휴스턴으로 향하고 있었다. 도중 아칸소 주 호트스프링에서 휴식을 취하고 있었는데 그곳으로 메이슨 의사가 연락을 해왔다.

"살아날 가망이 어느 정도입니까?"

내가 이렇게 물었다.

"절반 절반이라고 할 수 있습니다."

메이슨 의사의 대답이었다.

"하워드한테 제가 그쪽으로 가는 게 좋은지 어떤지 물어봐 주실 수 있겠습니까?"

메이슨 의사한테서 이내 다시 전화가 있었으며, 하워드가,

"노아는 오지 않아도 좋습니다. 회사쪽을 잘 돌보도록 말해주십시쇼."
라고 말했다는 것이다.

나는 다시 휴스턴으로 돌아갔으며 이어 캘리포니아로 갔다. 그러나 하워드는 면회사절이었기 때문에 병원으로는 찾아가지 않았다. 그러자 하워드를 좋아하는 숙모인 루미스 부인이 휴스턴의 내 사무실에 나타났다.

"하워드를 문병하러 갔지만 방에 들어갈 수가 없었어요."
그녀는 나에게 이렇게 말하였다.
"어떻게 좀 안 될까요?"

나는 루미스 부인과 함께 병원으로 가서는 아주머니가 일부러 휴스턴에서 얼굴만 보는 것으로도 좋으니까 한 번 만나보고 싶다는 메모를 하워드한테 보냈다.

돌아온 대답은 '노'였다.

그러고 보니 나는 사이에 낀 셈이 되고 말았다. 루미스 부인은 내가 하워드의 기분을 상하게 해서 친척들을 꺼리게 한 게 틀림없다고 말하기 시작하였다──그녀는 하워드가 1944년에 '증발'했을 때의 의혹을 잊지 않고 있었던 것이다.

그래서 나는 다시 한 번 하워드한테 메모를 보내기로 하여 이번에는 다음과 같이 썼다──'하워드, 당신 때문에 나는 매우 난처한 입장에 놓여 있어. 루미스 부인은 당신이 면회를 거절하는 것은, 내가 고의적으로 당신과 당신 친척 사이를 이간시키려고 하기 때문이라고 말씀하시는 거야. 난 당신이 아무하고도 만나지 않는 걸 그다지 중요하게는 생각하지 않지만 친척들한테는 대단한 근심거리인 모양으로 일단 원기있는 얼굴을 보여주어 안심시켜 드리는 게 좋을 것 같네.'

이 메모는 사전에 루미스 부인한테 보여 승인을 받았다. 그러나 하워드의 대답은 역시 '노'였다.

이어 프레드 루미스 박사가 휴스턴에서 왔다. 루미스 부인의 남편으로 유럽에서 의학을 공부한 박사는 하워드를 진찰하고 싶다고 제의하였다. 그렇지만 대답은 역시 똑같았다.
　휴스턴으로 돌아가기에 앞서 나의 사무실에 들린 박사가 나를 동정하였다.
　"이제야 겨우 하워드와 늘 접촉하고 있는 당신의 고생을 잘 알게 되었습니다. 그 사나이는 정말로 이해할 수가 없군요!"
　하워드는 위기를 벗어나 회복단계에 들어갔다. 그 동안 그는 마취약은 물론이고 수면제도 복용하지 않았다. 그런 점에서 놀라울 정도로 참을성이 강했다. 화상, 골절, 게다가 무수한 찰과상과 기타 상처가 한 번에 겹친 아픔이 격렬했을 게 분명한데도 그는 어떠한 진통제이건 거부하였다. 만약 죽는다면 최후까지 정상적인 의식을 가진 채 죽고 싶다는 것이었다.
　세균을 두려워하여 악수조차도 하지 않는 겁쟁이인 반면 어떠한 고통에도 진통제 사용을 허락하려고 하지 않다니 그야말로 불가사의하다고밖에 말할 수가 없었다. 통증은 조금도 두려운 일이 아니라고 보는 것 같았다. 한번은 애라와 결혼하고 있었을 때 그는 지독한 감기에 걸린 일이 있었다. 의사는 감기를 고치기 위해서 매일 아침 피하주사를 놓았다. 어느 날 의사의 조수가 그 주사를 놓으려 왔을 때 하워드는 그 주사를 빼았었다.
　"피부 밑에만 주사해봤자 무슨 소용이 있나? 혈관 안까지 들어갈 턱이 없을 텐데."
　그렇게 말하고 나서 그는 자신의 팔 근육 부분에 바늘을 찔렀다. 다음 날 아침 그 부위가 계란 크기만하게 부어 있었다.
　하워드다운 일은 비행기 사고의 상처의 고통을 기계적으로 약하게 하려고 한 점이었다.
　침대 위에서 조금만 몸을 움직여도 심한 아픔을 느끼게 된 그는 침대를 연구하면 좀더 편하게 몸을 움직일 수 있을 것이라고 생각하여 글렌 오디카크한테 지시하였다.
"몸의 일부를 움직였을 때 온몸에 영향을 주지 않는 그런 침대를 만들어 주게나."
 휴즈 항공기회사로 돌아온 오디카크는 즉시 기술자들과 작업을 하기 시작하였다. 그리하여 만 하루만에 매트리스를 32개의 부분으로 나누어 그 하나하나를 패널의 스위치로 자유로이 조작할 수 있는 특제 침대를 만들어냈다. 이 침대는 온갖 연구의 부산물이었는데, 변기를 넣는 오목한 부분까지 만들어져 있었다.
 한 차례 악화했을 뿐 하워드의 상처는 눈에 띄게 좋아졌다. 헐리우드의 유명한 스타들이 그를 문병왔으며 온세계의 선의의 사람들로부터 격려하는 전보가 답지하였다. 그 중의 한 사람으로 트루만 대통령도 끼어 있었으며 대통령은 의회가 하워드의 세계일주 비행에 대해서 수여하기로 되어 있었던 훈장도 함께 보내주었다. 하워드는 백악관까지 훈장을 받으러 갈 생각이 없다고 말했으므로 이와 같은 추락사고가 일어 나지 않았다면 이것을 받지 못했을지도 모른다.
 병원생활에 염증을 느낀 하워드는 얼마 동안 더 입원해 있으라는 의사의 명령을 무시하고 퇴원해버렸다. 화상으로 손가락 사이가 붙어버린 왼손의 정형수술도 받지 않았으므로 그는 그 후 왼손을 정상으로 사용할 수가 없었으며 따라서 골프도 체념하지 않으면 안 되었다.
 다시 걸을 수 있게 되자 그는 즉시 사고원인을 규명하기 시작하였다. 결국 그가 얻은 결론은 오른쪽의 이중반전(二重反轉) 프로펠러에 결함이 있었으며 계기는 정상적인 도수를 나타내고 있었음에도 옳게 작동하지 못했기 때문에 추진력이 떨어져버린 것이었다.

하워드는 이 프로펠러를 개발한 유나이티드 항공기회사에 대해 배상금을 청구했으며 응하지 않을 경우에는 소송을 제기하겠노라고 말했다. 하는 수 없이 유나이티드 항공기회사는 17만5천불의 합의금을 지불하였는데 이것은 휴즈 항공기회사에 대해서가 아니고 하워드의 부상에 대해서 지불되었기 때문에 세금도 물을 필요가 없었으므로 하워드는 무척 만족하는 눈치였다.

이 지불을 받자 하워드는 F11에 대한 흥미를 잃었다. 결국 그는 세 대의 F11을 제작한 셈이 된다──한 대는 공전(空電) 시험기로서 공군한테 넘겼고 한 대는 화재로 잃어버렸으며 나머지 한 대는 비버리힐즈에 추락하여 잔해가 되어버린 것이다. 하워드는 두 번 다시 F11에 대해서는 말하지 않게 되었다.

후일담──

불덩어리가 된 호이티아 드라이브의 잔해에서 하워드를 구출한 영웅은 온통 나라 안 사람들의 칭찬을 받았다. 해병대인 윌리엄 로이드 다칸 상사였으며, 이와 같은 생명의 은인에 대한 하워드의 처우방법이 재미있다.

다칸 상사는 매월 2백불씩 평생동안 받게 되었다. 왠지 모르지만 하워드는 그에게 해병대에 계속 남아 있으라고 권유하였다. 내 앞에서 그는 상사한테 이렇게 말하였다.

"당신은 해병대원으로서 사명을 다해야 하오. 그것이 나라에 대한 당신의 의무죠. 그리고 지원병으로서의 복무기간이 끝나면 그때는 내가 책임을 지겠소. 당신이 원하는 회사에 넣어주겠소."

상사는 하워드의 말대로 했다. 몇 년이 지나 만기가 되어 해병대를 제대한 다칸이 나에게 전화를 걸어왔다.

"디트리히 씨, 휴즈 씨가 나한테 한 약속 기억하시겠죠?"

"아, 기억해요."

내가 말하였다.

"단순한 구두약속이었지만 제대 후에 돌봐주겠다고 했습니다. 그래서 휴즈 씨의 말을 믿고 해병대에 30년이나 근무한 끝에 지금 제대를 했는데 뭔가 일을 하고 싶습니다. 지금도 매달 2백불씩 받고 있습니다만 그것만 가지고는 살 수 없습니다."

"휴즈 씨한테 연락해봤나요?"

내가 이렇게 물었다.

"그것이 문제입니다. 연락해봤습니다만 비서도 행방을 모른다고 합니다. 그래서 당신이라면 알고 있을 것 같아서."

그때는 나도 하워드 휴즈와 연락이 끊어진 상태였다. 나는 다칸한테 힘이 되어줄 수 없어 미안하다고밖에 말할 수 없었다.

30. 휴즈, 워싱턴으로 가다

많은 미국인들은 마치 프랑크 카플라의 〈스미드 도시로 가다〉를 보는 기분이었다. 야윈 몸의 핸섬한 청년이 미국 상원의 부패조직에 대항하는 영화였다. 그러나 이 경우의 주인공은 제임스 스튜어트가 아니고 맨발의 억만장자인 하워드 휴즈였다.

이와 같은 사건을 이해하려면 그 시대적 배경을 알 필요가 있다. 때는 1947년 제80의회의 시대였다. 다음 해인 1948년에는 민주당의 하리 트루만이 의회를 지배하는 공화당을 누르고 대통령에 당선되었다.

그렇지만 1947년에는 공화당 쪽이 훨씬 우세하였다. 20분 동안 빼앗겼던 의회의 주도권을 잡은 공화당은 화이트 하우스를 차지하려고 버티고 있었다. 그리하여 오랫동안 정권의 자리를 민주당에게 넘겨 주고 있었던 당 간부의 일부는 자기당의 이익을 도모하기 위해 상대방을 헐뜯는 일에 정신이 없었다.

그러한 간부의 한 사람이 메인 주의 오엔 부르스타 상원의원이었다. 그는 주의회의 하원의원을 시발로 주 상원의원 메인 주지사를 거쳐 합중국 하원의원에 뽑혔으며 중앙정계에까지 진출하였다. 그리하여 1947년에는 상원의원으로서의 2기째에 들어서고 있었다. 이때의 그의 목표는 1948년의 부대통령 후보의 지명획득이었다. 그야말로 야심만만한 사나이였다. 그렇지만 결국은 그다지 현명하지 않았다고 할 수 있다.

부르스타는 국방계획 조사특별위원회의 위원장이 되었다. 이것은 하리 트루만을 일약 전국적으로 유명하게 만든 직무였으며 부르스타는 자신도 똑같은 은혜를 누리게 될 것이라 믿고 있었다. 그러나 그러려면 신문이 크게 보도할 만한 커다란 먹이를 발견하지 않으면 안 된다. 그 후보로서 하워드 휴즈보다 더 큰 먹이가 어디 있단 말인가?

하워드는 부르스타에게 적당한 공격목표였다. 세계적으로 유명한 인물이었으므로 어떤 일을 해도 크게 보도된다. 정부로부터 9천만불이 넘는 군용기의 발주계획을 받고서도 거의 납품하지 않았다. 더구나 그 계약의 하나는 고 루즈벨트 대통령의 아들인 엘리엇 루즈벨트가 추천한 것이다.

우리가 상원위원회의 조사 대상이 된 것을 내가 알게 된 것은 위원회의 법률고문이었던 프란시스·D·프라나간이 캘리포니아로 온 후의 일이었다. 그는 하워드 휴즈에 대한 법원의 기록제출 명령을 기다리고 있었다. 그것을 알게 된 하워드는 잔뜩 화가 났다. 비밀주의자인 그에게는 상원위원회의 조사단이건 뭐건 남한테 회사의 기록을 열람당하는 일 같은 건 절대로 용납할 수 없는 일이었다.

의회의 이와 같은 기업에 대한 간섭에는 나도 하워드 만큼 화가 나서 프라나간한테 말하였다.

"어째서 휴즈 항공기회사를 조사하는 거지? 우리의 군수계약은 고작 9천만 불밖에 안 돼. 제너럴 모터즈나 제너럴 일렉트릭 혹은 크라이슬러를 조사하는 것이 어떨까? 몇억 불이나 되는 계약을 얻고 있는 곳을 말야."

프라나간는 무겁게 말했다.

"나는 휴즈를 조사하라는 말만 들었을 뿐이야."

"아, 그 이유는 알고 있어."

내가 말했다.

"당신들 공화당은 루즈벨트 일가를 망하게 하려는 거야. 그렇게 하자면 우선 하워드 휴즈를 쳐야 한다고 생각했기 때문에 이런 일을 시작한 것이겠지. 그렇지만 그러한 방법을 나는 아주 싫어해."

물론 하워드나 내가 화를 냈다고 하여 프라나간이 조사를 중단할 리가 없다. 프라나간은 오엔 부르스타의 심부름꾼에 지나지 않았으며 또한 오엔 부르스타 역시도 쥬안 트립이 이끄는 에어웨이즈의 심부름꾼에 지나지 않았다.

이것은 다들 알고 있는 사실이었다. 부르스타 상원의원은 노골적으로 판아메리칸의 권익을 옹호하는 입장을 취하고 있었다. 그는 항공회사의 첫손가락에 꼽히는 대변자였으며 국제선 일본화 법안을 제출한 것도 쥬안 트립의 의향을 따른 일이었다. 이 법안은 엘 프랑스, 독일의 르프트한자, 영국의 BOAC 등이 누리고 있는 것과 같은 국제선의 점유권을 판아메리칸에 주려고 한 것이었다.

온세계로 노선을 확장할 계획을 세우고 있었던 TWA로서는 이와 같은 부르스타의 안은 심장에 칼을 들이민 것과 같은 것이 되었다. 물론 하워드는 가만히 있지 않았다.

그런데 하워드는 어떤 면에서 마키아벨리도 무색케할 정도로

권모술수를 구사할 줄 알았다.

　하워드의 반공의 첫걸음은 판아메리칸의 톱인 쥬안 트립과 TWA의 합병교섭을 시작한 일이었다. 트립은 제대로 이와 같은 함정에 걸려 전용기를 타고 팜스프링스의 화학장소로 왔다. 하워드도 전용기로 그곳에 갔으며 나도 내 비행기로 휴스턴에서 날아갔다.

　우리들은 하워드가 이 모임을 위해 특별히 빌린, 마을에서 멀리 떨어진 외딴집에서 대화를 나누었다. 하워드는 미국의 해외항공 노선을 판아메리칸만으로 독점하려고 하는 트립이 몹시 불쾌했겠지만 표면으로는 매우 부드럽게 담소하였다. 대화는 저녁때까지 계속되었으며 다음 날 아침에도 계속되었다.

　트립은 물론 이것을 이내 항공회사의 진지한 합병교섭으로 받아들이고 있었다. 그렇지만 하워드한테는 그런 생각이 전연 없었다. 그는 단지 해외시장으로부터 TWA를 쫓아내려고 하는 부르스타의 법안에 대한 작전을 세울 수 있는 시간을 벌려고 했을 뿐이었다.

　교섭은 뉴욕에서도 계속되었다. 나는 맨하탄의 호텔에서 트립을 만났으며 우리들은 양사의 밸런스 시트까지 교환하였다. 그런데 비로소 트립은 하워드한테 진짜로 합병할 의사가 없다는 것을 알게 되자 부르스타의 조사를 추진하기 위한 청문회를 예정하였다.

　청문회의 의장에는 미시간 주 출신의 호마 파거슨 공화당 상원의원이 지명되었으며 나는 워싱턴으로 가서 청문회가 열리기 전에 파거슨 상원의원과 몇 차례에 걸쳐 대화를 가졌다. 처음 만났을 때 문제의 법률적인 면에 대해서 말하자 파거슨 상원의원은,

　"디트리히 씨, 당신은 변호사입니까?"
　하고 물었다.

어쩌면 그렇게 생각되었는지도 모른다. 그것도 그럴 것이 하워드가 계속해서 일으키는 법률문제의 뒤처리에 쫓겨 상당히 단련이 되었기 때문이었다.
"아닙니다. 변호사는 아닙니다."
나는 대답하였다.
"변호사는 되고 싶지 않습니다――상원의원을 하라고 해도 마다 하겠습니다."
파거슨 상원의원은 웃었으며 그로부터 우리는 허심탄회하게 되었다. 청문회에 대해 내가 파거슨한테 물은 것은 조니 마이아의 출두를 보증할 수 있느냐 하는 문제였다. 나는 조니를 증인석에 앉히는 것이 다소 불안했지만 그를 감추는 건 뭔가 꺼리는 일이 있다는 것을 인정하는 결과가 된다.
"조니 마이아는 칸느에 가 있습니다."
내가 이렇게 말했다.
"그렇지만 어떻게 해서든지 돌아오도록 할 것입니다."
나는 조니한테 귀국하도록 전보를 치고는 뉴욕으로 마중나갔다. 워싱턴으로 가기 전에 그와 만나 그 자신뿐만 아니라 회사까지도 함정에 빠뜨리는 일이 없도록 하라고 다짐하고 싶어서였다. 옛날의 공인회계사의 입장으로 돌아간 나는 조니가 회사의 이익을 위해 사용한 경비의 세목을 하나하나 캐어나갔다.
"조니, 알겠지, 증언하기 전에 반드시 이 점만은 확실하게 해둬야해."
하고 나는 강조하였다.
"경비 명세서는 대개 1개월에서 6주일쯤 후에 만든 것으로 반드시 정확하다고는 할 수 없다는 사실이야. 그렇게 말해두면 사실과 다른 점이 있더라도 발목을 잡히지 않는단 말야."
1947년 여름 상원위원회 앞에서 증언한 조니 마이아는 나의 충고에 따라 그런 대로 자기자신은 어려운 지경에서 모면할 수 있었다. 그러나 그의 증언이 회사의 이미지에 끼친 부정적인 영향을 도저히 씻어낼 길이 없을 정도로 심각했다.

조니는 상원의 '목사냥족'한테는 그지없이 좋은 먹이였다. 휴즈 항공기회사의 군수획득에 공헌한 호화로운 파티라든가 배덕적(背德的)인 여자들에 대해서 그들이 조니로부터 끌어낸 증언이 많은 신문에 큰 제목으로 보도되었다.

파거슨 상원의원은 일의 진행상황을 지켜보는 국민 앞에서 조니의 경비 명세서의 항목을 하나하나 검토해나갔다. 여기에 그 증언의 일부를 소개하기로 한다.

문— 다음 항목은 무엇인가?

답— 다음은 토요일 밤이었으며 '호텔에서 여자들, 저녁 식사 후'라고 쓰여 있으므로 식사대는 아니라고 생각합니다.

문— 얼마를 지불했나?

답— 50불입니다.

문— 식사대가 아니라고 생각한다는 것은 무슨 뜻인가? 언제 50불을 지불했는가?

답— 확실히 여자들이 늦게 스타트라 호텔에 왔을 때라고 생각합니다.

문— 무엇에 대해서 지불했는가?

답— 서비스에 대해서입니다.

문— 그것과 항공기 생산과는 어떤 관계가 있는가?

답— 역시 회사를 위한 일이라고 생각했으므로 경비로 달아 놓은 것입니다.

문— 그 서비스란 루즈벨트 대령을 접대하기 위한 것이었나? 그래서 회사의 경비로 했단 말인가?

답— 그렇습니다.

파거슨은 더 나아가서 페이 에마슨에 관한 경비에 대해서 조니를 신문하였다.

문― 다음 항목.

답― 그날 오후 에마슨 양의 선물로 산 나일론 스타킹 값 132 불입니다.

문― 그 다음은?

답― 집까지의 차비 20불입니다.

문― 에마슨 양의 나일론 스타킹 값 132불과 차비 20불을 휴즈 항공기회사의 경비로 돌린 이유는 무엇인가?

답― 그것은 그녀가 무척 매력적인 여자였기 때문입니다.

문― 무척 매력적이었다고?

답― 역시 여자는 좋은 것입니다.

문― 그것과 항공기 생산과 어떤 관계가 있는가?

답― 매사에 여자는 따르게 마련입니다. 업계의 어느 회사나 다하고 있습니다. 우리만이 아닙니다.

신문은 모두 조니 마이아의 증언을 제1면에 크게 실었으며 그것이 미국국민의 마음속에 빚어낸 영향에 대해서 하워드도 나도 파랗게 질렸다. 휴즈 항공기회사가 언제든 단지 술과 콜걸로 군수를 획득해나가고 있는 엉터리 기업처럼 보였기 때문이다.

하워드의 최초의 반응은 숨으려고 하는 일이었다. 적시에 '증발'하는 기술을 습득한 그는 매스컴의 특종찾기가 수그러질 때까지 행방을 감추려고 하였다. 그렇지만 나는, 그와 같은 행동은 최악의 PR이며 죄를 인정하는 것이라고 설득하였다. 그럴 정도라면 상원위원들과 대결해서 우리들의 변명과 주장을 국민한테 듣게 하는 것이 차라리 나았다.

하워드는 나의 의견을 받아들여 밤새도록 B23을 조종하여 캘리포니아에서 워싱턴으로 비행하였다. 집사용의 짧은 코트를 입고 갈아입을 셔츠를 넣은 종이상자를 옆에 낀 묘한 모습으로 워싱턴에 도착한 그는 완전히 지쳐 있었으며, 그날 아침 10시에

위원회 앞에 설 예정이었으나, 나에게 이렇게 말하였다.
"노아, 조금 쉬고 싶어. 위원회에 청문회를 오후부터 열어달라고 부탁해주게나."

그날 아침 상원위원회에 청문회의 시간변경을 통보한 다음 나는 백화점으로 가서 하워드를 위해 몇 벌의 셔츠와 넥타이를 사가지고 칼톤 호텔로 그를 깨우러 갔다.
그런데 그가 일어나지 않는 것이었다. 벨을 눌러봤지만 거실과 그 양쪽의 두 개 침실로 되어 있는 그의 방에서는 아무런 대답도 없었다. 문을 두드려 봤지만 그저 조용하기만 하였다. 전화를 찾아 걸어봤으나 역시 받지 않았다.
점점 근심이 된 나는 호텔 지배인을 불렀다. 지배인은 방 담당과 경비원을 데리고 와 마스터 키로 문을 열었다. 그렇지만 하워드는 체인까지 질러놓고 있었다. 약간 나있는 틈새로 나는 그의 이름을 불러봤지만 역시 대답이 없었다.
다음으로 손을 쓴 방법은 방 담당자한테 철사로 된 옷걸이를 가져오게 하여 구부려서 그것을 틈새로 집어넣고 간신히 체인을 벗겨냈다. 침실로 뛰어들어가보니 하워드는 침대에 죽은 사람처럼 누워 있었다. 순간적으로 정말로 죽은 게 아닌가 하고 생각했지만 그제야 그는 간신히 잠에서 깼다. 귀가 멀고 또한 피곤이 겹쳐 그때까지의 소동도 전연 알지 못했던 것 같았다.
하워드는 약속시간보다 한 시간 늦게 위원회 앞에 나타났다. 그리고는 당당하게 답변했을 뿐만 아니라 청문회를 완전히 멋대로 요리해버렸다. 이것은 나뿐만 아니라 모든 사람이 다 놀랐다.
조니 마이아의 증언을 부정의 증거로 하여 궁지로 몰아넣으려고 하는 상원의원들의 칼 끝을 그는 재치있게 피하였다.
"모든 항공기회사가 똑같이 하고 있습니다."

하워드는 이렇게 말했다.

"마이아는 다른 회사가 그렇게 하는 것을 보고 대항하기 위해서 하는 수 없이 한 일이 틀림없습니다. 경쟁 상대가 모두 정부의 관계자를 접대하고 있는데 우리 회사만이 팔장을 끼고 구경해야만 하는 것은 다소 공평성이 결여되어 있다고 생각합니다.

만약 여러분이 어떤 사람도 군의 고관을 접대해서는 안 된다는 법률을 제정하고 더 나아가서 그것을 철저히 지키게 하려 한다면 우리도 기꺼이 그것을 따를 것입니다. 저는 그런 일을 좋아하지 않습니다. 다른 회사들이 다 공명정대하게 장사하도록 여러분이 보증한다면 우리도 그렇게 하겠습니다."

이어 하워드는 교활한 전법을 사용하였다——'공격은 최대의 방어'라는 격언대로 오엔 부르스타 상원의원에 대한 공격으로 화살을 돌렸다.

국제 항공노선 일본화법안의 대항책을 짤 시간을 벌고 있는 동안에 그는 거짓 합병설로 판아메리칸을 현혹시켰을 뿐 아니라 법안의 제창자인 부르스타 상원의원한테도 유혹의 손을 뻗치고 있었다.

"내가 특히 문제삼고 싶은 것은……."

눈부신 조명을 받으며 하워드는 한층 더 목소리를 높였다.

"1947년 2월 10일부터 시작되는 주에 워싱턴에서는 메이플라워 호텔 부르스타 상원의원이 묵고 있는 방에서 베풀어진 점심식사 석상에서 부르스타 상원의원은 나한테 확실히, 만약 내가 TWA와 판아메리칸의 합병과 국제선 일본화법안에 동의한다면 이 사건에 관한 청문회는 열지 않겠다고 교섭해 온 일이 있습니다."

부르스타는 예상했던 대로 얼굴이 새빨게지면서 격노했으며 그러한 이야기는 일체 하지 않았다고 부정하였다. 결국 이것은 두 사람 중 어느 한 쪽이 거짓말을 하고 있다는 것이 된다. 보도진은 이 두 사람의 정면대결에 초점을 맞추어 보도하였다.
 오랜 토론 후 파거슨 의장은 부르스타 상원의원에 대해서 일련의 질문을 하고 싶다는 하워드의 요구를 인정하였다. 부르스타는 처음에는 노련한 의원답게 하워드의 질문에 여유를 가지고 응수해나갔지만 점차로 그 여유를 잃고 있었다.
 그는 국제선 일본화법안을 하워드와 이야기한 일, 판아메리칸과 TWA로부터 프리패스를 얻고 있는 일, 더 나아가서 판아메리칸의 부사장 소유의 플로리다의 별장에서 휴가를 보낸 일 등을 인정하지 않을 수 없게 되었다. 이미 하워드의 질문에 대답하는 부르스타의 태도에는 여유가 전연 없었으며 그저 화를 내고 또한 당황하고 있을 뿐이었다. 그는 자신의 부통령 후보 지명을 얻어내려는 야망이 무너져 내리는 것을 눈앞에 보고 있는 것만 같았다.
 부르스타가 증인석에서 내려오자 하워드는 마침내 결론으로 들어갔다. 그는 우선 싸움 상대의 평판을 총괄하였다.
 "듣는 말에 의하면 부르스타 상원의원은 재치가 무궁무진한 웅변가로서 청중을 손바닥 안에서 마음대로 요리한다고 합니다. 그는 또한 정계 굴지의 재주꾼으로서 워싱턴의 실력자 중의 한 사람이라고 일컬어지고 있습니다."
 다음으로 하워드는 자신한테 조명을 비추었다.
 "이에 비해서 저의 평판은 어떻습니까? 저에 대해서도 여러 가지로 말이 많습니다만 그 대부분은 별로 자랑할 게 없는 것들입니다. 저는 변덕스럽다는 말을 듣고 있습니다. 플레이보이라고도 불리지요. 이상한 사람이라고도 말합니다. 그렇지만 거짓 말쟁이라는 말을 들은 적은 없습니다. 그 동안 23년의 세월을 통해서 오늘 이 순간까지 나의 말을 의심한 사람은 한 사람도 없었습니다. 이것은 텍사스 사람인 저한테는 매우 중요한 일입니다. 즉 굳이 진부한 표현을 용서해주신다면 많은 사람에게 저의 말은 저의 증서임을 밝힙니다."
 하워드가 웅변을 터뜨리고 있는 동안 나는 그의 옆에 앉아 있었는데 그는 그러한 말에는 얼굴을 찡그리지 않을 수 없었다. 하워드 자신이 감독한 영화가 어째서 언제나 실패로 끝났는지 그 이유를 알 수 있었다. 그 자신이 말하고 있는 것처럼 그의 표현은 진부했으며 또한 그의 그러한 표현을 좋아했던 것이다.
 그렇지만 이 청문회에서 하워드가 우위를 차지한 것은 분명하였다. 그는 부르스타 쪽이 거짓말쟁이라는 인상을 사람들한테 정착시키는 데 성공하였다. 파거슨 상원의원이 동료를 구하려고 열심히 노력했지만 잘 되지 않았다. 부르스타는 자신이 파놓은 함정에 빠져버린 것이다. 하워드는 청문회를 진짜 목적인 휴즈 그룹의 군수계약의 조사로 되돌리려는 움직임도 일축해버렸다. 그야말로 멋있는 솜씨라고 하지 않을 수 없다.
 상원위원회의 간섭에 대한 하워드의 반항이 절정에 도달한 것은 파거슨 상원위원이 다시금 조니 마이아를 증인석에 끌어내리려고 했을 때였다. 우리들은 조니의 소환장이 기한이 넘었으므로 이미 그를 위원회의 손이 닿지 않는 유럽으로 보내버렸던 것이다.
 "조니 마이아 증인은 어디 있습니까?"
 하고 파거슨 상원의원이 물었다.
 "어디 있는지 모릅니다."
 하워드의 대답이었다.
 "그만 8천 명이나 되는 종업원의 거처를 일일이 기억할 수는 없는 일이니까요."
 "정말로 모른단 말입니까?"
 파거슨이 다시 물었다.
 "모릅니다."
 "오후 2시까지 이곳에 오도록 불러 주실 수 없습니까."

"글쎄요. 그와 내가 여기에 나란히 선다는 것은 부질없이 세상의 주목을 끌어 그릇된 인상을 주게 됩니다. 그렇지 않아도 우리 회사는 커다란 괴로움을 당하고 있습니다. 마이아는 이미 이곳에 두 번씩이나 불려 나왔으므로 심문의 기회는 충분히 있었을 것입니다."

"회사의 사장으로서 종업원의 거처를 알고 있다고 생각하는 것은 당연한 일이므로, 만약 명확한 답변을 해주시지 않는다면 모욕죄로 문책을 당할 가능성이 있다는 것을 주의해둡니다. 그럼 다시금 나의 앞서의 질문에 대답해주십시오."

파거슨은 얼굴이 빨개져서는 입을 날카롭게 하였다.

"있었습니다."

하워드는 쾌활하게 대답하였다.

"오후 2시까지 마이아 증인을 이곳으로 나오게 할 수 있습니까?"

"못 합니다."

하워드는 조용히 말하였다.

"부를 생각이 없습니다."

파거슨 상원의원은 화가 머리끝까지 뻗쳤다.

이와 같은 하워드의 말에 방청하고 있던 사람들은 모두 기뻐하였다. 전국의 신문독자들도 마찬가지였다. 하워드 휴즈는 돈이 많고 유력한 인물이기는 했지만 국민의 눈에 부패한 권력에 대항하는 상징으로 비친 것이다. 그는 체제와 싸워 이긴 것이다.

이 상원위원회에 나도 소환되어 휴즈 그룹의 재정에 대해서 증언하게 되었다. 내가 소환되기 전날 밤에 하워드와 나는 칼톤 호텔의 그의 방에서 타합하기로 하였다. 그런데 거실에서 이야기를 시작하자 하워드는 즉시 고개를 흔들며 나에게 이렇게 말하였다.

"이곳은 좋지 않아."

그는 나를 목욕탕으로 안내하여 이야기를 시작하였다. 그런데 다시금 입술에 손가락을 갖다대었다.

"이 목욕탕에도 도청기가 장치되었는지 알 수 없어, 노아. 저 환기구멍에 마이크로폰을 넣는 일은 지극히 간단하니까. 이 근처에서 차를 타고 돌며 이야기하도록 하지."

이렇게 되어 우리는 워싱턴의 밤거리를 드라이브하면서 남은 청문회를 어떻게 돌파할 것인지에 대해 대책을 세웠다.

내가 회사 경비의 일부에 대해 증언을 요구받는다는 것을 알고 있었던 하워드는, 회사의 이미지를 위해 다소 사실과 어긋나게 증언하도록 권고하였다. 그러나 나는 거절하였다.

"하워드, 나는 언짢은 일에 대해서는 금방 잊어버리는 편리한 머리를 가지고는 있어. 거짓말을 하는 것만은 누구를 위해서도 할 수 없어."

이때의 하워드의 도청에 대한 조심성을 나는 이상하게 생각했지만 후에 가서 그가 옳았다는 사실이 판명되었다. 칼톤 호텔의 하워드의 방은 물론이고 메이플라워 호텔의 나의 방에도 도청기가 한 형사에 의해 설치돼 있었던 것이다. 형사는 그 일에 대해서 천 불의 보수를 받았는데 그 돈을 지불한 것이 어느 상원의원이든가 아니면 항공기 업계의 라이벌 회사인 것만은 틀림이 없었다.

국방계획 조사특별위원회의 청문회는 1947년의 여름이 끝날 때까지 계속되었지만 결국 용두사미로 끝나고 말았다. 하워드 휴즈의 신용 실추를 노린 부르스타 상원의원은 자신의 신용에 상처를 입게 되었을 뿐이었다. 그러나 그는 걱정할 필요가 없었다. 1946년 11월에 막 재선되었을 뿐이었으므로 아직도 5년 동안은 메인 주의 선거민들의 심판을 받지 않아도 되었기 때문이다.

이 상원위원회의 최대 피해자는 베네트 마이야즈 장군이었다.

그는 능력 이상의 자리에 밀려 올라와 자신의 욕망때문에 판단을 그르친 불쌍한 인물이었다. 하워드 휴즈가 마이야즈한테 여러 가지로 편의를 도모해주었으며 휴즈 항공기회사의 중요한 자리를 약속하는 듯한 말을 하여 그를 이용한 것은 틀림이 없는 사실이었다. 그러나 하워드의 약속이 공수표로 끝날 것 같자 마이야즈는 커다란 실망을 맛보고 있었다.

상원에서의 청문회에 앞서 나는 마이야즈를 뉴욕에서 만났는데 그는 상당히 신경질적인 기미를 보이며 약속을 이행하도록 요구하였다.

"휴즈가 고용한다고 약속했으니까 그것을 이행해줬으면 좋겠어!"

장군이 주장하였다.

"베니(베네트), 지금 휴즈 항공회사는 정부와의 계약 건에 대해서 조사를 받고 있어요."

나는 사정을 설명하였다.

"그런 때에 당신의 이름이 우리의 급료지불명부에 오른다는 것은 무엇보다도 안 좋은 일이오."

문제가 해결될 때까지 얼마 동안 기다리라고 그에게 말하였다. 그렇지만 하워드한테 그를 고용할 의사가 전연 없다는 것은 알고 있었다. 결국 하워드는 마이야즈의 문제로 해서 골머리를 앓지는 않았다. 상원의 청문회에서 마이야즈가 하청업자로부터 여러 가지로 뇌물을 받은 사실이 밝혀져 그는 재판에 회부되어 7년 형을 언도받고 연방형무소에 수감되었기 때문이다.

후일담——

하워드는 결코 적을 잊어버리지 않았다. 5년 동안에 걸쳐 그는 싸움을 걸어온 오엔 브르스타를 보복할 기회를 기다리고 있었다. 그리하여 1952년 부르스타가 메인 주 선출 상원의원으로서 3번째를 노려 입후보했다. 이에 대립한 후보로서는 신문을 경영하는 프레드릭 베인이 출마하였다. 그러자 하워드는 즉시 우리들한테 지시하였다.

"베인을 전면적으로 지원하라고. 돈은 얼마가 들든 상관없어."

더 나아가서 하워드는 주로 베인에 대한 폭로기사를 깔아뭉개기 위해 카알 브요아 광고사와 계약하였다. 이 브요아사의 또 하나의 역할은 프레드릭 베인의 입후보 원조자금으로서 3만 불의 돈을 두 번에 걸쳐 메인 주까지 운반하는 일이었다, 그 밖에도 베인한테는 오엔 부르스타의 부정행위에 대한 정보가 충분히 제공되었다.

그다지 넓지 않은 메인 주에서는 6만 불의 선거운동자금이면 상당한 위력을 발휘할 수가 있다. 베인의 포스터가 주의 구석구석까지 붙여졌으며 라디오에서도 베인의 CM이 계속해서 흘러나왔다.

한때는 부통령의 유력한 후보라고까지 지목되었던 오엔 부르스타가 이 선거에서 결국 패하였다. 하워드 휴즈의 집념과 풍부한 자금 탓으로 그의 정치가로서의 생명은 끝난 것이다.

31. 그 후의 비행정

······나는 이 비행정에 사용된 너트나 볼트 하나하나에 이르기까지 내가 설계하였다──지금 내가 말할 수 있는 것은 그것

뿐입니다. 지금까지 헤라클레스 호의 절반 이상이 되는 대형기의 제작에 관여했던 사람으로서 나 이상으로 그 설계에 참여한 사람은 없다고 생각합니다. 그 정도로까지 나는 이 비행정의 설계에 정열을 기울였습니다.

……만약 이 비행정이 날지 않는다면 나는 이 나라에 머물러 있지 않을 것입니다. 나는 이것에 내 생명을 걸고 이미 7백20만불의 사재를 털어넣었습니다. 나의 항공기 제작자로서의 신용이 이것에 걸려 있는 것입니다. 지금 나는, 만약 이 비행정이 날지 못한다면 이 나라에서 나간다고 했습니다. 이것은 진심입니다.

이것은 하워드가 상원 청문회의 마지막 장면에서 행한 '스피치'였다. 이와 같은 겉치레가 다시 큰 돈을 잡아먹게 된다.

워싱턴에서 돌아오자 그는 신이라도 들린 것처럼 헤라클레스 호에 열중하게 되었다. 돈을 아낌없이 써가며 제작 스태프를 총동원하여 하루 24시간 작업으로 보다 빨리 이 비행정을 시험할 수 있는 상태로 가져가려고 하였다.

그리하여 1947년 11월 1일, 마침내 그날이 왔다.

하워드는 이 헤라클레스 호의 공개 테스트를 그가 제작한 영화의 시사회를 여는 것처럼 하였다. 그의 부담으로 10명이나 되는 신문기자가 비행기로 로스앤젤레스로 초대되어 귀빈 대우를 받았다. 술이 나왔으며 여배우들의 초년생들도 손님들 사이에 섞여 자리를 빛내고자 했다.

언제나처럼 조종간을 잡는 것은 하워드였다. 이날의 롱비치의 바다는 폭풍의 기미가 있었으므로 최초의 테스트 활주는 시속 40마일을 넘지 않을 것이라고 그는 발표하였다. 그리고는 초대손님들을 헤라클레스 호에 태우고 항구 안을 3마일쯤 '항해'하였다.

다시 도크에 돌아와 승객을 내려놓은 하워드는 최후의 활주를 시작하였다. 해면을 미끄러지는 거대한 비행정의 스피드가 점차 올라갔다. 그것이 시속 백 마일에 도달했을 때 하워드는 트로틀을 최대한으로 열었다. 그러자 헤라클레스 호의 당당한 웅자(雄姿)가 해면을 떠나 공중으로 날아올랐다.

고도가 70피트에 도달하자 하워드는 헤라클레스 호를 여유있게 착수시켰다. 비행거리는 1마일 남짓 —— 즉 이것은 온세계의 신문 제1면을 장식하는 사진을 찍게 하기 위한 시험비행이었다.

그렇지만 역시 이것은 그에게 있어서 가장 기념할 만한 순간이었음에 틀림이 없다. 그의 명예는 지켜졌으며 그의 기술이 최상이라는 것이 증명된 셈이었다.

그는 워싱턴의 부패의원들이라든가 '하워드 휴즈를 미워하는 모임'의 장군들 등의 그의 적들을 한방먹인 셈이 된 것이다. 정상이 아닌 플레이보이가 세계의 최대의 비행기를 날게 하여 고독한 정열가임을 증명한 것이다.

그러나 거기서 그만두었으면 좋았을 것을.

그렇지만 그는 그만두지 않았다. 하워드는 헤라클레스 호에 계속 돈을 쏟아부었다. 시험비행으로 약간을 날았을 때 이미 시대에 뒤떨어진 비행기에 대해 말이다. 이제는 그 누구도 합판제의 비행기에 대해서는 그것이 아무리 거대하다 하더라도 쳐다보지도 않았다.

그러나 그런 말에 귀를 기울일 하워드가 아니었다, 그는 롱비치에 헤라클레스 호의 항구적인 격납고를 만들었으며 그곳에 3백 명의 스태프를 두었다. 헤라클레스 호의 소유권은 국가에 있었지만 —— 현재도 그렇다 —— 보조금은 이미 끊어져 1센트도 나오지 않았다. 하워드는 연구한다는 명목으로 그것을 월 8백 불로 빌렸던 일이 있다.

나와 헤라클레스 호와의 관계는 내가 거기에 드는 비용을 지불하는 것 뿐이었다. 그렇지만 그 액수가 이내 1년에 3백만 불을 넘게 되었다. 나는 그러한 경비가 쓸데없는 것으로 여겨졌다. 회수할 가망성이 없는 1년에 3백만 불이라는 투자는 '휴즈 제국'으로 봐서도 상당히 부담이 되었다. 단지 공구회사에 막대한 이익이 있었기 때문에 주선할 수가 있었을 뿐이다.

하워드는 점차로 헤라클레스 호에 대해서 말하지 않게 되었으며 주위의 사람들도 위험을 느껴 그러한 화제를 피하게 되었다. 그렇지만 재무담당인 나는 가만히 있을 수가 없었다.

어떤 날 나는 그에게 물었다.

"헤라클레스 호의 최종적인 시험은 언제 할 생각인가?"

"알 수가 없어."

그가 대답하였다.

"본격적인 시험비행은 아직도 해볼 기분이 나지 않아."

"하워드, 그 비행기는 1년에 3백만 불이나 되는 비용이 들고 있어. 도대체 어떤 식으로 그것을 회수할 생각인가?"

"모르겠어."

그는 어깨를 으쓱해보였다.

"그것은 아직도 생각하지 못했어."

다른 항공기회사는 이미 제트시대로 들어가 시속 수백 마일로 날으는 후퇴익(後退翼)의 신형기를 설계하고 있었다. 이에 비해 최고 시속이 고작 백80마일의 합판제의 프로펠라 비행기인 헤라클레스 호는 거대한 T형 포드와 같은 물건이었다.— 이런 식으로 설득해봤지만 그는 여전히 이 비행정에 계속 돈을 들였다.

그뿐만이 아니었다. 그와 같은 헤라클레스 호의 도둑맞을 비밀 같은 게 있을 턱이 없는데도 하워드는 그 격납고가 마치 원폭공장이라도 되는 것처럼 엄중한 기밀유지 체제를 펴놓았다.

마지막까지 그는 이 거대한 비행정을 베일에 감춰두었으며 격납고에는 관계자외의 출입을 금지시켜 놓았다.

이와 같은 출입금지령때문에 하워드는 하마터면 20만불의 보험금을 받지 못할 뻔하였다.

격납고 안에 화재가 발생한 것이다. 다행히 불은 종업원들의 손에 의해서 꺼졌지만 헤라클레스 호에 상당한 피해가 있었다. 하워드는 피해액을 계산하여 보험회사에 보험금 지불을 청구하였다. 그런데 사정하러 온 보험회사의 담당자를 격납고에 들어오지 못하게 하였다.

보험금 문제가 중간에서 막히고 말았다. 그것을 해결해 준 것은 하나의 기묘한 우연덕택이었다.

보험회사의 사정계의 이름은 조지 스트레이크라고 하였다. 우연히 휴즈 공구회사의 옛날 고객 중에도 조지 스트레이크라는 이름의 석유업자가 있었는데 이 사람이 휴가로 캘리포니아에 놀러오게 되었다.

그 이야기를 들은 나는 하워드한테 전화를 걸었다.

"조지 스트레이크가 놀러오는 모양이야, 하워드. 그런데 비행정을 구경하고 싶다는군."

"그래?"

하고 하워드가 말했다.

"응, 그 친구라면 괜찮겠지. 지나치게 세밀하게만 보지 않는다면."

하워드는 조지 스트레이크한테 헤라클레스 호의 성역 안에 들어갈 수 있는 허가증을 주었다. 그 허가증으로 보험회사의 사정계는 격납고 안으로 들어갈 수 있었으며 우리는 20만 불의 보험금을 받을 수가 있었다.

하워드는 헤라클레스 호의 기사가 신문이나 잡지에 실리지 않도록 하기 위해 상당한 신경과 돈을 썼다. 예를 들면 기자가 가끔씩 동부에서 〈하워드 휴즈의 사치인 나무의 거위는 어떻게 됐지?〉라는 기사를 쓰기 위해 찾아오곤 하였다. 그러면 그 '카 알 브요아 기관'이 '반선전' 활동을 시작하였다.

 기자는 맛있는 요리 접대를 받게 되며 또한 TWA의 우대 패스 등의 편의를 제공받는다. 그리고 기분이 충분히 부드러워진 상태에서 이런 이야기를 듣게 된다.

 "이젠 아무도 그런 비행정의 기사같은 건 읽지 않습니다――진부한 기사거리니까요."

 이것으로 대개의 기자는 물러갔다. 그렇지만 그 중에는 물러서지 않는 고집불통도 있었다. 이러한 경우에는 그 신문 또는 잡지의 편집이라든가 발행자와 교섭하였다. 여기에도 여러 가지로 설득의 방법이 있었다. 헤라클레스 호의 기사를 기획한 어떤 출판사는 영화잡지도 내고 있었는데 지난날 하워드의 연인이었던 유명한 여배우로부터 명예훼손으로 고발되어 있었다. 이와 같은 고소를 취하하게 해준다는 조건으로 비행정의 기사를 싣지 않게 하였다.

 이렇듯 '깔아내리는' 기관의 노력으로 헤라클레스 호는 점차로 세상에 잊혀지게 되었다. 그런데 1953년 9월 17일 그것은 다시금 세상의 주목을 끌게 되었다. 그날 롱비치의 격납고 주임에게서 전화가 걸려왔다. 그는 제정신이 아닌 것처럼, 큰일이 났다고 했으나 무슨 이야기인지 잘 알 수가 없었다. 나는 그의 마음을 가라앉게 한 다음 이야기를 들었다.

 "격납고 옆으로 끌려가던 짐 실은 배의 로프가 끊어져 그 배가 격납고의 둑에 부딪쳐 뚫고 들어온 겁니다. 격납고 안으로 바닷물이 들어와 비행정이 엉망이 되었습니다. 정말로 지독한 상태입니다, 디트리히 씨. 동체도 안정판도, 그리고 주익(主翼)도 보조 날개도 꼬리 날개도 다 엉망이 되었습니다. 정말로 말할 수 없는 상태입니다. 격납고 안이 온통 물로 가득 차서 5피트나 진흙에 파묻혀버렸습니다.

 관리주임의 비통한 절규를 들으면서 나는 마음이 설레였다. 이제 비로소 쓸데없는 큰 물건을 위해 돈을 마련하지 않아도 된다고 생각한 것이다.

 나는 비버리힐즈 호텔에 있는 하워드한테 전화를 걸어 이렇게 말하였다.

 "이런 좋은 기회는 두 번 다시 없어, 하워드. 지금이라면 비행정을 스크랩한다고 해도 아무도 당신을 비난하거나 혹은 제대로 날지 않았다고 문제삼지 않을 거야."

 그러나 하워드의 대답은,

 "스크랩한다고? 천만의 말씀이야! 롱비치 시로부터 손해배상금을 듬뿍 받아내가지고 다시 만드는 거야."

 나의 바람은 덧없이 뭉개졌으며 하워드는 다시금 막대한 돈을 허비하기 시작하였다.

 그는 롱비치 시에 대해서 1천2백만 불의 손해배상소송을 걸었다. 이와 같은 엄청난 요구에 시의 장로들은 화가 나서 헤라클레스 호의 격납고가 있는 땅의 임대계약을 기한이 끝남과 동시에 끊어버리겠다고 통지해왔다.

 이에 대해서 하워드가 취한 방법은 그야말로 교활하다고밖에 할 수 없었다. 마침 이 무렵 간사지의 석유체굴료를 중심으로 싸우고 있던 롱비치 시와 캘리포니아 주 사이에 타협안이 성립되어 주의회가 심의하게 되어 있었다. 그것이 통과한다면 몇 백만 불이라는 석유체굴료가 들어오게 되는 것이다.

 이것을 알고 있는 하워드는 비싼 급료를 주고 고용했던 두 명의 로비스트(원외 운동원)를 불러,

 "새크라멘트(주의회 소재지)로 가서 석유법안을 방해하여 롱비치를 단단히 골탕먹여주게."

 하고 명령하였다.

두 사람은 즉각 운동을 전개하기 시작하였다. 이들 로비스트는 휴즈의 돈으로 주의회의 많은 상·하원의원들한테 선거운동 자금을 대주고 있었다. 수입이 많지 못한 그들 의원들은 휴즈의 은혜를 느끼고 있었기 때문에 석유체굴료 법안은 이내 제걸음을 걷기 시작하였다. 당황한 것은 롱비치의 관계자들이었다. 여러 해 동안에 걸친 노력의 결과로 간신히 몇 백만 불이라는 석유체굴료가 손에 들어온다고 생각했는데 심술사나운 억만장자가 방해를 하기 시작하였다.

휴전이 성립되었다. 롱비치 시는 하워드 휴즈에게 10년 동안 계약 경신을 인정했으며 하워드는 시에 대한 1천2백만 불의 손해배상소송을 취하하고 50만 불의 금액만 받기로 하였다. 막대한 석유체굴료가 들어오게 된 롱비치 시는 하워드를 흉내낸 것은 아니지만 헤라클레스 호에 맞먹을 만한 '대물'을 그 옆에 정박시키게 되었다. 바로 '퀸 메리 호'가 그것이었다.

재미 있는 이야기로 롱비치 시는 그 퀸 메리 호에 하워드가 헤라클레스 호에 써버린 것과 똑같이 5천만 불을 쏟아넣었다. 그렇지만 퀸 메리 호는 관광수입 등으로 어느 정도까지는 회수할 가능성이 있었지만 헤라클레스 호에는 그런 것이 전연 없었다.

그러한 비행정에 어째서 하워드가 돈을 퍼부었을까—— 그에게는 도대체 어떠한 생각이 있었던가——이것은 내가 여러 차례 걸쳐 받은 의문이었다.

헤라클레스 호에 대해서 온갖 소문이 떠돌았다. 하워드가 영화 촬영에 비행정을 사용할 생각인 거야—— 그는 헤라클레스 호에 원자로를 실을 계획을 세우고 있다—— 아니 그는 후미날개를 단 제트기로 개조할 생각이야—— 등등.

내가 아는 범위 내에서 그는 그러한 계획이나 생각은 가지고 있지 않았다. 그 밖의 어떤 계획도.

하워드는 소용없는 것에 왜 그렇게 돈을 계속 쏟아붓는지 그 이유를 설명한 적이 없었다. 그는 자기가 하는 일에 대해 설명한 일이 거의 없었다. 그러한 경우의 그의 태도는 언제나 똑같았다.
"내 돈이니까, 어떻게 사용하든 내 자유야. 남들이 왈가왈부할 게 없어."
아무래도 그는 딜레마에 빠진 게 아닐까. 하느님과 전국민 앞에서 맹서한 이상 비행정이 날지 못하면 출국하지 않으면 안 된다. 그런데 헤라클레스 호에는 안전성에 있어서 너무나도 문제성이 많아 본격적으로 날으려다가는 자신의 관이 될 가능성이 많다. 그래서 그는 헤라클레스 호를 엉거주춤한 상태로 놔둔 것이다── 그의 패배를 의미하는 건조 중지도 할 수 없고 그런가 하면 그의 죽음을 초래할는지도 모를 완성에도 나설 수 없었던 것이다.
게다가 '휴즈 제국'에는 하나의 철칙이 있었다. 하워드 휴즈의 명령이 휴즈 자신이 중지명령을 내리기 전에는 계속 살아 있으며, 게다가 휴즈는 한 번 내린 명령에 대해서는 중지하는 일이 거의 없는 것이다.
정말로 바보스러운 이야기지만 미드 호에 추락한 시콜스키 수륙양용 비행기의 경우가 그러했다. 인양되어 다시 만들어진 후 하워드의 명령으로 텍사스에 몇 년씩이나 방치돼 있는 것이다.
산타모니카 비행장의 2대의 B25, 콘베아, 그리고 A20도 같은 운명을 걸었다. 샌프란시스코 근처에 있는 비행장에 있었던 비행기도 마찬가지였다. 하워드는 이들 비행기를 그가 샀던 자동차와 마찬가지로 잊어버렸으며 그의 부하 가운데는 이들을 처분할 용기를 가진 사람도 없었다. 그 결과 모두 비를 맞힌 채 방치되어 몇백만 불이라는 돈이 쓸모없이 되어버렸다.

헤라클레스 호의 경우도 마찬가지였다.

32. 40대의 하워드

 워싱턴에서의 경험은 그의 그 후의 행동에 깊은 영향을 끼쳤다. 특히 호텔의 우리들의 방에 도청기가 설치된 것이 판명되자 그 전보다 한층 더 비밀주의에 철두철미해졌다.
 "나는 비밀을 조사당할 만한 짓만은 하지 않으니까."
 이렇게 말하며 프라이버시를 지킬 수 있는 여러 가지 방법을 강구하였다. 그 하나가 시보레를 20대나 사는 일이었다.
 "하워드, 어째서 또 시보레를 20대나 샀지?"
 내가 이렇게 물었다.
 "모르겠나?"
 하고 그는 대답하였다.
 "모두 내 발로 사용하는 거야. 단지 매일 다른 차로 말야. 그렇게 하면 도청당하지 않겠지. 내가 어느 차를 탈는지 아무도 모를 것이고 20대의 차에 다 도청장치를 하는 것은 불가능할 테니까."
 하워드는 또한 대중차인 시보레라면 비밀 행동을 하는 데도 편리하다고 생각한 것 같았다.
 어느 해인가의 크리스마스에는 그가 나에게 멋있는 메르세데스 벤츠 30008L을 선물로 주었다. 내가 그를 그 차에 태우고 근처를 드라이브하자 그는 이 벤츠가, 언젠가 내가 말티컬러회사의 채권자들한테서 지켜준 그의 애차 도젠버그만큼이나 마음에 든 것 같았다.

"이건 정말로 좋은 찬데, 노아."
그는 감탄한 것처럼 말하였다.
"내일 이것과 똑같은 것을 한 대 사달라고."
그러나 그날밤 그는 전화로 마음이 달라진 것을 알려왔다.
"벤츠는 사지 않아도 좋아, 노아. 생각해보니까 그다지 좋은 생각인 것 같지가 않더군. 내가 그런 차를 타고 다니게 되면 다들 그것을 볼 때마다 '아, 하워드 휴즈다!' 하게 될 테니까 말야."

워싱턴의 청문회가 있은 후 하워드는 로메인 거리 7천 번지에 그의 유명한 '연락센터'를 설치하였다. 그는 그곳에 모습을 나타낸 일은 없었지만 참모들은 하루 24시간 상시 대기하였다. 목적은 그의 요구사항이 밤낮없이 언제라도 곧 이루어지도록 하기 위해서였다.

만약 그가 새벽 4시에 스테이크가 먹고 싶다면 연락센터는 즉각 그것이 하워드한테 전달되도록 섭외한다. 만약 그가 칸느 영화제에 가있는 여배우와 이야기가 하고 싶다면 센터를 통해서 이내 국제전화를 연결한다. 어떠한 기분적인 요구사항이라도 채워지는 것이었다. 당연히 이 연락센터의 스태프는 임무에 충실하고 잘 훈련된 사람이 아니면 안 되었다. 이러한 일에 가장 안성맞춤이라고 생각하여 하워드가 고용한 사람들은 몰몬 교도들이었다.

"몰몬 교도들은 이 나라의 어떠한 그룹보다 성실하고 신뢰할 수 있다고 생각해."

하워드는 나한테 이렇게 말하였다.

"자신들 시중은 자신들의 손으로 하고 나라라든가 자선단체로부터 원조를 받지 않지. 특히 내가 감탄한 것은 술을 마시지 않는다는 점이야. 그것만 가지고도 다른 패들보다는 신용할 수가 있지."

하워드는 연락센터의 스태프라든가 시보레의 운전수를 몰몬교도로 굳히기 시작하였다, 그 중의 한 사람인 빌 게이는 후에 '휴즈 제국'의 유력한 간부의 한 사람이 된다.

하워드의 철저한 비밀주의는 집안에서도 그대로 실시되었다. 그의 침실에는 아무도 들어갈 수 없었으며 하녀가 침대의 시트를 가는 것도 허용되지 않았다. 시트는 방문 밖에 놓여져서 하워드가 직접 집어다가 갈았다. 침실의 전화로 많은 사무를 처리한 하워드는 침대 옆 테이블 위의 중요한 메모를 하인들이 부주의하여 잃어버리게 되거나 고의적으로 가지고 나가는 것을 두려워했기 때문이다.

전쟁 후 2년쯤 하워드는 케리 그란트의 비버리힐즈 저택에서 살았다. 그란트가 영화촬영으로 거의 유럽에 가있었는데 그는 하워드의 몇 안 되는 친구 중의 한 사람이었다.

후에 그는 비버리힐즈 호텔의 호화스러운 방갈로식 별채를 빌리기로 하였다. 각 방갈로에는 두 개의 방이 있었는데 하워드는 그 하나를 쓰기로 했지만 옆방에 여러 손님들이 출입하게 되면 스파이가 잠입할 위험성이 있다고 하여 그 방을 비워두도록 호텔 측에 요구하라고 하였다. 그러면서도 그는 단 한푼도 지불하지 않겠다는 것이다. 그래서는 호텔 측에서 수락하지 않을 것이라고 나는 그에게 말하였다.

"어째서 사용하지도 않는 방의 요금을 내가 지불해야 하는 거지?"

하워드의 주장이었다.

"그렇다면 최소한 호텔의 옆방을 손님한테 빌려주는 것을 참아야지 않겠나?"

"그건 절대로 안 돼. 옆방을 빌려서 내 말을 다 훔쳐 들을려고 하는 자가 있는지도 모르니까."

이것은 말이 되지 않는다. 나는 하는 수 없이 호텔의 지배인과 교섭하였다. 별채의 방갈로는 언제나 사람이 다 드는 것도 아니다. 오히려 시즌 오픈 때에는 몇 주일씩이고 비어 있는 일이 많다. 따라서 하워드가 한 개 방을 모든 시즌을 통해 5년 동안 빌린다면 옆방을 비워두어도 호텔로서는 손해되지 않는 게 아니냐── 이런 식으로 은근히 지적하자 지배인도 그런 대로 꺾여 이쪽의 요구사항을 받아들였다. 물론 하워드 휴즈가 상주 손님이라는 선전가치도 계산에 넣었을 게 틀림없다.

이 비버리힐즈 호텔의 방갈로 요금을 깎고 있을 때 하워드는 그가 돌봐줄 스타의 연수생들을 위해 집세가 비싼 고급주택을 5채나 빌려놓고 있었다.

여전히 그는 '완벽한 맵시의 여성'을 찾고 있었다. 이에는 '탤런트 스카우트'라고 불리우는 한 때의 협력자들이 있었다. 그들은 광고 모델이라든가 작은 극장의 여배우, 여대생, 영화의 뉴페이스 등한테 항상 눈독을 들이고 있었으며 하워드가 좋아할 그런 여성을 찾고 있었다, 이 역할을 비공식으로 다한 자 가운데는 패트 디치코, 카비 브로콜리, 조니 마이아, 그레크 바우츠아, 월터 캐인 등이 있었다.

하워드의 눈에 드는 여성이 발견되면 그녀는 하워드가 빌리고 있는 저택 중 하나에 살게 했으며 연기, 발성, 춤 그 밖의 레슨을 받게 하였다. 이러한 레슨은 수개월부터 때로는 몇 년씩이나 계속되었다. 그리하여 어떤 여자는 두 번 다시 하워드를 만나는 일없이 본래의 생활로 돌아갔으며 또 어떤 자는 다시 하워드를 만나게 되면 그들 중 몇은 스타의 자리를 누리게 되었다.

그 자신하고 가까운 관계에 있건 없건 하여튼 이들 여성에 대해서 남이 손을 내미는 것을 허락치 않았다. 그는 반 타스쯤 되는 '안전한' 가드들을 고용하여 아가씨들을 식사나 쇼에 데리고 가도록 했으며 '무사히' 집까지 데려다주게 하였다.

하워드는 매력적인 여성에 대해선 묘한 기호를 가지고 있었다. 남편과 이혼한 직후의 여성에게 사로잡히는 일이 많았다. 수잔 헤이워드와 가까워진 것도 그녀가 제스 바카와 심한 싸움 끝에 이혼한 후였다. 에버 가드너와의 일도 그녀가 미키 루니하고 헤어졌을 때였다, 에버와 하워드 사이는 열렬한 로맨스도 있었지만 그는 그녀한테만 전념할 수가 없었다——여전히 비행정이라든가 그 밖의 일로서 분주하기만 했던 것이다. 에버는 자신이 무시당했다고 여겨 멕시코의 투사와 친해졌다. 이 소식을 들은 하워드는 얼굴 빛깔이 변하여 그녀한테 날아가서 소문의 진상을 캐어 물었다.

그러나 에버도 성격이 격렬하기로 유명한 여자였다. 그녀는 하워드한테 대놓고 말하면서 하워드를 쫓아보내려고 하였다.

그 순간 하워드의 손이 에버의 얼굴을 때려 그녀는 소파에 쓰러졌다. 그러나 그녀는 갑자기 청동으로 된 조상을 손에 들고 나가는 하워드를 쫓아가서 뒤에서 머리를 내리쳤다. 그는 의식을 잃고 쓰러졌다. 만약 이러한 소동을 듣고 달려온 하녀가 에버를 떼어놓지 않았더라면 그는 한층 더 큰 상처를 입었을 것이다.

그렇지만 이러한 경우는 하워드의 인생에 있어서는 극히 드문 일이었다. 그는 좀더 질서가 있는 평온한 로맨스를 좋아했는데 대부분의 여배우는 얌전히 그의 취향에 따랐다. 특히 마음에 든 상대한테는 결혼 의사가 있는 것처럼 비추기도 하였다. 그렇지만 결혼을 하고는 싶으나 사업이 바빠서 못한다는 구실을 붙여 언제까지 결혼하지 않았다. 그러는 중 상대방은 기다리다 지쳐 마음을 달리 먹게 된다. 이런 식으로 해서 그는 여러 여자를 잃었지만 그런 일에는 일체 구애받는 것 같지 않았다. 세균공포증은 한층 더해졌다.

그는 주위의 직원들에 대해서도 세균감염을 예방하기 위해 엄중한 규칙을 강요하게 되었다. 그가 읽는 서류를 타이프치는 타이피스트나 그것을 그에게 갖다 주는 연락원은 하얀 무명 장갑을 끼지 않으면 안 되었다. 이 흰장갑은 장의사에서 대량으로 구입하였다. 그가 다루는 서류는 결코 직접 손으로 만져서는 안 된다는 이야기였다.

나는 그의 이러한 사고방식을 이해할 수가 없었다. 만약 균이 없는 상태가 목표라면 하워드가 하고 있는 방법은 그다지 과학적이지 못하였다. 흰장갑은 눈으로 보기에는 청결한 것 같지만 소독한 것이 아니다. 사람의 손과 마찬가지로 세균이 붙어 있지 않다는 보증은 할 수 없다.

하워드가 악수하는 것을 보는 일이 거의 없게 되었다. 소개를 받을 때는 언제나 상대방한테서 떨어져서 섰으며 손을 내밀려고도 하지 않았다. 상대방이 손을 내밀었을 때는 손가락을 베었다든가 뭔가를 엎질렀다는 구실을 대서 거절하였다.

그는 특히 문의 손잡이를 잡는 것을 극히 싫어했다. 방을 출입할 때는 대개 누군가로 하여금 문을 열게 하였다. 그것이 안 될 경우에는 손수건을 꺼내어 그것을 손잡이에 대고는 문을 열었다.

언젠가 한 번 하워드의 그러한 행동에 대해 물어본 적이 있었다.

"세균이 도처에 붙어 있어서 그래."

그가 말하였다.

"난 우리들 부모보다 오래 살고 싶어. 그래서 세균을 피하는 거야."

33. TWA를 지키는 사람

　제2차대전 후 '휴즈 제국'이 가장 급히 해결하지 않으면 안 될 문제는 역시 TWA였다. 잭 프라이의 경영 하에 있는 이 항공회사는 이전부터 휴즈 그룹의 문제아였는데 그것이 이제는 한층 더 큰 문제아가 된 것이다.
　항공회사는 하나같이 평화체제로 전환하는 데 고심하고 있었지만 TWA는 특히 문제가 많았다. 프라이의 적절하지 못한 코스트 대책, 비능률적인 운영, 채산을 무시한 설비투자—— 이러한 문제가 겹치고 겹쳐 종전 직후 71불이었던 TWA의 주가가 1947년에는 9불로 뚝 떨어졌다.
　그런데도 하워드는 프라이를 해고시키자는 나의 의견을 받아들이지 않았다. 그뿐만이 아니고 둘이서 같이 새로운 여객기를 마구 사들였다. 나는 평화시를 지향하고 있는 과도기라는 어려운 시기를 완전히 극복할 수 있는 때까지 군에서 남아돌고 있는 DC4를 몇 대쯤 사서 여객기로 개조하도록 권유했지만 두 사람은 전연 귀를 기울이지 않았으며, 대신 승객의 눈이 휘둥그래질 만한 신형기를 갖추고 싶어 했다. 그렇지만 문제는 그 정도로도 손님이 없다는 데 있었다.
　다른 항공회사는 주로 더글라스 DC4와 보잉사의 소트라트쿠르저를 샀지만 하워드는 로키드사의 콘스테레이션을 택하였다. 세계 일주여행에 로드스타를 사용한 이후 그는 로키드사에 친근감을 느끼고 있는 것 같았다. 가끔 그는 콘스테레이션은 자기가 설계한 것이라고 자랑하였다. 그 진상은 이러했다. 한 사람의 발명가가 날개의 설계도를 가지고 나한테 왔다. 전문가한테 그 설계도를 보이자 장점이 있다고 하는 바람에 나는 그것을 2천5백 불로 샀다. 그리하여 하워드한테 보였더니 그는 그 설계도를 로키드사의 보브 그로스한테 가지고 갔다. 그 동안에 하워드가 그 자신의 아이디어를 덧붙였는지 어쩐지는 알 수가 없었다.

하여간 그는 전쟁 전에 40대의 콘스테레이션을 발주하였다. 값은 1대당 적당한 42만 5천 불이었지만 이들 비행기는 한 대도 납품되지 않았다. 전쟁이 방해를 한 것이다.

전쟁이 끝나고 민간기가 다시 생산되게 되자 하워드는 다시금 콘스테레이션을 주문하였다. 그렇지만 이때의 가격은 인플레이션으로 42만 9천 불과 엄청난 차가 나는 2백70만 불이나 껑충 뛰어올라 있었다.

하워드가 각별히 싸게 구입한 콘스테레이션은 육군에서 남아돈 4대뿐이었다. 이 4대가 휴즈 항공기회사에 도착하자 하워드는 그 여객기의 개조를 로키드사에 의뢰하기로 하여 그가 직접 로키드사의 사장인 보브 그로스 씨와 교섭을 하기 시작하였다. 그리하여 1대당 총괄적인 개조비가 40만 불로 결정이 되었으며 이윽고 두 사람은 세부사항을 검토하기 시작하였다.

어느 날 밤 내가 헐리우드에서 동생과 식사를 같이 하고 있을 때 하워드한테서 전화가 걸려왔다.

"노아, 보브 그로스 그 치가 말야, 오늘 나를 사무실에서 내쫓았어."

하워드는 자신도 믿을 수 없다는 식의 말투였다.

"설마하니, 하워드."

나는 대답하였다.

"농담이겠지?"

"아냐, 정말이야."

"하워드, 보브가 화가 나서 대화를 중단하는 일은 있을지 모르지만 당신을 내쫓는 일은……."

"아냐, 정말로 내쫓았어! 나는 두 명의 경비원에 의해서 문 밖으로 끌려나갔어. 그 경비원들은 나의 팔을 잡아 내 차에 태운 다음 내가 떠날 때까지 그 자리에서 움직이지 않았어."

"그런 일을 당하다니, 도대체 뭘 어떻게 했길래 그랬지?"

"아무것도 하지 않았어. 단지 명세서 하나하나에 대해 이쪽의 희망사항을 말했을 뿐야."

"아냐, 그것뿐이 아니고 뭔가가 있었겠지."

"하여간 그렇게 되어 보브 그로스는 안에 들어오지 못하게 했어. 이 계약은 한 시라도 빨리 결정하지 않으면 안 되는데 어떻게 하면 좋지?"

"이봐, 내일 아침 첫번째로 그리 갈테니까, 그때 가서 의논하기로 하자구."

다음날 아침에 내가 가자 하워드는 로키드사에 보이려고 하는 명세서 36가지 항목의 리스트를 제시하며 그 중에서 표시가 된 11가지는 꼭 그렇게 해야 한다고 말하였다.

"그로스를 만나가지고 말야."

그는 계속 말했다.

"그 11개 항목만 인정케 한다면 난 만족하겠어. 그 나머지 항목들은 그다지 중요치 않으니까."

"알았어. 어떻게든지 해보겠어."

내가 이렇게 말하였다.

"계약서에 서명할 권한을 내게 부여한다는 위임장을 한장 써 주지 않겠나?"

다음 날 밤 하워드한테서 다시 전화가 걸려왔다.

"그로스와의 이야기는 어떻게 되었지?"

"계약은 다 끝났어."

내가 말하였다.

"11개 항목은 인정받았어."

"그래?"

"그리고 다른 19개 항목도."

"36개 항목 중 30개 항목씩이나! 도대체 어떤 식으로 교섭을 진행시켰길래?"

"간단했어. 까다로운 항목에 가서 그쪽이 망설이면 난 이렇게 말했어. 보브, 지금 내가 이것을 처리하지 않으면 다시 하워드 휴즈와 이야기하지 않으면 안 된단 말야. 그래도 괜찮겠냐고 말야. 그랬더니 보브는 '알았어, 그것도 오케이야.'라고 단번에 인정해버렸어."

이때만큼 하워드가 크게 웃은 적은 없었다. 결코 명예로운 이야기는 아니지만 자기한테 유리한 결과를 얻을 수 있었으므로 재미있다고 생각한 것이다.

개조된 4대의 콘스테레이션은 TWA의 경영에는 다소 플러스가 되었지만 다른 새 콘스테레이션의 값이 너무 비싸서 결손은 커지기만 하였다.

그러나 그것은 TWA의 이사회로부터 기꺼이 손뗀 나로서는 큰 관심사가 아니었다. 나의 중요한 역할은 휴즈 공구회사의 이익을 확보하여 TWA 등 하워드의 사업에 자금을 공급해주는 일이었다. TWA의 상태를 걱정한 하워드가 나한테 전화를 건 것은 휴스턴에서 나의 임무에 전념하고 있을 때였다.

"TWA에 돈이 필요해, 노아."

그가 말했다. 그리고는 잭 프라이와 경리담당인 리 트루맨이 세운 자금조달계획에 대해 이야기하였다. 둘은 은행생명보험 회사 계통으로부터 1천7백만불을 융자받기로 결정했다고 한다.

"그런데 그것만 가지고는 무척 부족하단 말야."

하워드가 인정하였다.

"도대체 어느 정도가 필요한데?"
내가 이렇게 물었다.
"최저 3천만 불――4천만 불이면 더 좋고."
"프라이 쪽에서 1천7백만 불밖에 모을 수 없다면 3천만 불은 어렵겠는데."
"될 수 있는 데까지 주선해줘."
프라이는 수출입은행에도 1억 5천 불의 융자를 신청하고 있었다. TWA가 해외노선을 갖게 되었다는 이유로 그는 수출입은행으로부터의 융자가 가능하다고 낙관하고 있었지만 나는 그렇게 생각하지 않았다.
하워드한테 전화를 받은 후 나는 즉시 알아볼 만한 데를 타진해봤다. 그리하여 2시간 후에는 4천만 불 융자에 대한 확약을 받아냈다. 그렇지만 이것은 나의 재정적인 수완 탓이 아니다. 운명의 여신이 크게 힘을 빌려준 것이다.
나는 린치 피아스 페나 앤드 빈사에 있는 친구인 모리 벤트한테 전화를 걸어 TWA의 궁한 상황을 이야기하였다.
"참으로 우연인데."
하고 그가 말했다.
"어제 낮에 에쿠위터블 생명보험의 파킨슨 사장과 함께 식사를 했는데 그 자리에서 그는 에쿠위터블이 항공사업에 대한 융자를 고려하고 있다는 이야기가 나왔던 거야. 항공은 앞으로의 유망산업이기 때문에 어디든 투자할 만한 확실한 회사를 찾아 달라고 말야."
나는 모리한테 TWA만큼의 항공회사는 없다고 보증하였다.
1시간 후 모리는 다음과 같이 알려왔다.
"들으라고, 노아. 파킨슨 사장이 채무증서로 3천만 불, 만약 필요하다면 그밖에도 다시 1천만 불을 TWA에 융자하겠다고 약속했어. 어떻겠나?"

나는 매우 만족스럽다고 대답한 다음 이어 하워드한테 전화를 걸었다.

"부탁한 TWA에 대한 4천만 불의 융자말야, 내가 섭외해놓았으니까, 프라이보고 에쿠위터블 생명으로 가서 자세한 절차를 밟으라고 말해줘."

하워드는 내심으로 기뻤겠지만 버릇 그대로 말로는 하지 않았다.

이 에쿠위터블사로부터의 융자 조건의 하나는 절대로 결손을 메꾸는 데 사용해서는 안 된다는 점이었다. 그리하여 하워드는 나를 TWA의 감사역으로 앉혔으며 나는 그 역할을 보다 확실히 하기 위하여 워싱턴의 TWA에 사무실을 설치하였다. 그로부터 얼마 후 나는 프라이가 에쿠위터블사와의 협정을 위반한 것을 발견하였다. 증가일로에 있는 TWA의 결손을 그 융자로 메꾸고 있었던 것이다.

나는 프라이한테 경고했으며 하워드한테 이 사실을 보고하였다. TWA가 그 해에 2천만 불의 적자를 내어서 그 대부분을 에쿠위터블사로부터의 차입금으로 메꾼 것을 알고 하워드도 화를 냈다.

"좋아, 노아. 이젠 더 이상 참을 수가 없어."

그가 이렇게 말했다.

"프라이를 감원하게. 어떤 방법으로도 좋아. 그 큰 몸집을 TWA로부터 쫓아내자."

이것은 내가 기다리고 기다리던 말이었지만 실행하기란 그렇듯 간단하지가 않았다.

나는 하워드한테 긴급시를 대비한 비자금으로서 휴즈 공구회사로부터 TWA에게 1천만 불을 투자하도록 약속을 받아냈으며 어어 파킨슨한테 가서 에쿠위터블사의 융자가 대부분 결손을 메꾸는 데 헛되이 사용되었다는 것을 말하였다.

"TWA는 돈이 없어서 급료도 지불할 수 없을 정도입니다."
나는 파킨슨한테 말하였다.
"휴즈는 1천만 불을 투자하겠다고 말했습니다만 그러기 위해서는 프라이를 그만두게 한다는 조건이 붙어 있습니다—— 게다가 이사회도 바꾼다고 합니다. 그렇지 않으면 휴즈의 융자를 얻을 수가 없습니다."
그러나 파킨슨은 불협화음을 바라지 않았다. 나의 의견에는 동조했지만 다음 기의 보고서가 도착할 때까지 TWA의 융자계약 위반이 표면적인 문제가 되지 않는다는 점을 지적하였다. 문제를 표면화하지 않는 이상 조치를 강구할 수는 없다는 이야기였다.
"그때까지 기다리고 있을 상태가 아닙니다."
나는 이렇게 강조하였다.
"금고가 거의 텅 비어 있는데도 프라이를 그만두게 하지 않는 한 휴즈는 단돈 한푼도 투자하지 않겠습니다."
이윽고 파킨슨은 프라이가 스스로 깨끗이 그만두지 않겠는지 이야기를 나누어보겠다고 말하였다. 그러나 그 정도로 물러설 잭 프라이가 아니었다.
다음날 파킨슨이 나한테 전화를 걸어 이렇게 말하였다.
"프라이한테 휴즈의 조건을 받아들이도록 권유해봤지. 그랬더니 큰 소동이 벌어졌어."
파킨슨은 프라이가 워싱턴에 강력한 후원자가 있다는 것을 모르고 있었다. 잭 프라이는 오랫동안 TWA의 돈으로 워싱턴 정계에 커다란 영향력을 가지고 있는 유력한 친구를 만들어왔던 것이다. 그러한 노력이 그의 이와 같은 위기에 크게 도움이 된 것이다.
최초의 전화는 로버트·E·하네간 우정장관으로부터였는데 그는 잭 프라이를 TWA 사장 자리로부터 추방하는 것을 강력하게 반대하고 있었다. 우정장관은 항공우편 계약에 크게 의존하고 있는 각 항공회사에 대해 상당한 영향력을 가지고 있었다.

그 다음으로 전화를 걸어온 것은 톰 클라크 사법장관이었다. 이 역시 사법성의 우두머리로 모든 항공회사에 커다란 영향력을 가지고 있다. 이 클라크 장관도 프라이를 해임 하지 말라고 파킨슨한테 말하였던 것이다.

그러나 정치가의 후원을 받고 있는 것이 잭 프라이 한 사람만이라고 할 수는 없다. 나는 친구인 제시 존즈한테 전화를 했다. 존즈는 상무장관의 자리를 헨리 워라스한테 내줘야 했던 것을 지금도 분하게 여겨 동료인 민주당 간부한테 보복할 기회를 노리고 있었다.

"하네간이나 클라크나 민간 기업의 인사에 개입할 권한은 없다."

하고 존즈가 말하였다.

"만약 계속 개입한다면 그러한 행동은 당연히 의회의 조사대상이 되지. 정 뭣하면 내가 교섭해도 좋아."

그것은 가능한 일이었다. 이것은 공화당이 의회의 주도권을 탈환한 1947년이었으며 텍사스에서 나와 함께 칠면조 사냥을 갔던 찰리 하레크가 공화당 원내 총무로 있었다. 나는 그에게도 TWA의 딱한 사정을 이야기하고는 의견을 물었다.

"당신과 제시 존즈가 말하는 대로야."

그는 화가 나서 이렇게 말하였다.

"프라이가 TWA에서 해고당하건 말건 그런 일은 우정장관한테나 사법장관한테 모두 관계가 없는 일이야. 만약 계속해서 개입한다면 의회는 반드시 그것을 조사하겠어."

이 정도면 충분했다. 나는 다시금 파킨슨한테 가서 공화당이 민주당 각료의 어떠한 위협에 대해서도 싸울 용의가 있다는 것을 말해주었다.

"하네간과 클라크의 전화는 허풍에 불과합니다."
내가 이렇게 말하였다.
"제대로 임자를 만나면 두 사람이 취한 입장은 변호할 여지가 없을 테니까요."
파킨슨은 존즈와 하레크한테 전화를 걸어 두 사람의 의견을 확인하고는 행동으로 옮겼다.
그는 TWA의 각 이사한테 만약 이사회가 하워드 휴즈의 1천만 불의 융자를 거부하여 에쿠위터블이 TWA에 대한 투자로 손해를 입는 일이 있으면 각자가 이에 대한 재정상의 책임을 지게 된다는 내용의 편지를 보냈다.
파킨슨과 나 사이에 이와 같은 이야기가 한창 오가고 있을 때 다행스러운 사건이 발발하였다. TWA의 노무담당자가 나한테 이런 말을 해온 것이다.
"정말로 곤란한 일이 생겼습니다, 디트리히 씨. 조종사 조합이 방금 스트라이크를 통보해왔습니다."
"그것 참 잘 됐군! 난 대찬성이란 말일세!"
기뻐하는 나를 노무담당자는 정신이 이상해진 게 아닌가 하는 식으로 보았다. 내가 생각하는 것을 이해하지 못했기 때문이었다. TWA는 석유회사에 막대한 빚을 지고 있었으므로 더 이상 연료공급을 해줄 수 없는 상태에 있었다. 새로 매입할 돈도 없었으므로 스트라이크는 그 상황으로 봐서는 이상적이었다.
조종사들이 파업에 들어가자 나는 전종업원한테 휴가를 주었다. 행운에 가까운 그 사건으로 TWA의 재정적인 유출은 일시적으로 막을 수 있었다.
다음은 이사회의 문제 처리로 들어갔으며 파킨슨의 편지를 내 손으로 각자한테 직접 전달했다. 이사회도 이치를 깨닫게 되었으며 프라이는 파면이 되었다. 하워드의 1천만 불의 융자도 받아들여졌으며 이사회에 새로 1명이 추가되었다. 하워드가

TWA의 이사회를 장악한 것이다.

TWA에 대한 하워드의 새 투자가 나의 조작에 의해서 큰 이익을 가져다 주게 되었다.

TWA의 이사회는 나의 제안으로 하워드한테 그의 융자를 3년 이내에 언제라도 주식으로 바꿀 수 있는 권리를 부여하였다. 주가는 교환하고자 하는 날의 전인 10일 동안의 평균치로 하기로 결정되었다. 그런데 하워드는 최초 1천만 불의 융자를 주식으로 바꾸려고 하지 않았다.

만약 이때에 바꿨다면 주가가 10불 전후였으므로 백만 주가 그의 손에 들어왔을 것이다. 그런데 그는 연기하였다.

그러자 경영진의 개혁이 단행된 TWA의 재정은 서서히 안정되기 시작했으며 주가가 15불로 올라갔다. 하워드는 좀더 일찍 1천만 불을 주식으로 바꾸어 놓을 걸 그랬다고 속상해했지만 이제는 백만 주의 3분의 2밖에 손에 들어오지 않았다.

"하워드, 일단 조심스럽게 절반만 주식으로 바꾸어놓는 게 어떨까?"

내가 충고하였다.

"업적이 좋아짐에 따라 주가는 더 오를 테니까."

그런데 하워드는 다시금 이것저것 생각하며 결단을 내리지 못해서 결국 기회를 놓치고 말았다.

얼마 후에 주가는 20불이 되었다. 하워드는 당황했다. 그의 항공회사의 업적이 향상되면 될수록 그가 취득할 수 있는 주식은 점점 적어진다는 아이러니한 결과가 되었다. 주가가 21불을 기록했을 때 그는 안절부절 못하였다.

"노아, 어떻게든지 좀 해봐."

"아, 어떻게든 해보겠어."

내가 한 일을 증권거래위원회의 입장에서 보면 반드시 정당하다고는 말할 수 없을는지도 모른다. 그러나 당시의 주식시장의 이면에서 행하여지고 있었던 일부 공작에 비하면 아직도 어린애 장난에 불과했다.

우선 최초로 나는 뉴욕과 워싱턴의 두 개 증권회사를 통해서 TWA의 주식을 백 주씩 거래가보다 싸게 매매하였다. 21불보다 2포인트 싸게 팔리고 있는 주를 21불로 사는 자는 없다.

이어 TWA는 회사의 업적이 그다지 좋지 않다는 것을 나타낼 만한 보고서를 발표하기 시작하였다. 예를 들면 에쿠위터블사로부터의 차입금 4천만 불에 대한 차기 이자를 내지 못할 것 같다는 내용을 암시하기도 했다.

그 순간으로 TWA의 주가는 18불로 떨어졌다.

그때 내셔널 지프샘(석고)사가 공모가격보다 3불 싼 선매권을 주주한테 주는 신주 공모를 발표하였다. 여기에 SEC(증권거래위원회)가 반대하지 않았으므로 나는 하워드의 경우에도 그의 TWA에 대한 융자를 주식으로 거래가인 18불보다 3불 싼 15불로 바꿀 수 있지 않을까 하고 판단하였다.

"물론 나는 TWA의 이사이니까 표결에 참가할 수 없어."

나는 하워드한테 말하였다.

"그렇지만 이사회에 제안할 수는 있어."

한편 나는 어떤 커다란 증권회사의 중역한테도 이 문제에 대한 의견을 물어봤다.

"휴즈 씨의 융자를 언제 주식으로 바꿀 수 있는지 모르는 상태에서는……."

하고 그 중역은 설명하였다.

"장래는 신주 공모가 어려울 것입니다. TWA로서는 지금 휴즈 씨로 하여금 주식으로 바꾸게 하는 것이 유리할 것입니다. 따라서 15불 이하라도 이사회는 승인할지 모릅니다."

물론 하워드가 소유권이 약화되는 것을 싫어하여 신주의 공모는 반대할 것이라는 말을 하지 않았다.

이와 같은 주식의 전문가의 의견은 이사회에 그대로 전달되어 마침내 표결하기로 했을 때 나는 방에서 나갔다. 놀랍게도 이사회는 하워드의 융자를 1주당 10불로 주식으로 바꾼다는 결의를 한 것이다.

 하워드는 나에게 수속을 대행시켰으며 즉시 1천만 불을 주식으로 바꾸었다. 그가 이것으로 얻은 TWA 주는 백3만 9천 주였으며 나머지 3만 9천 주는 빚에 대한 이자의 값이었다.

 나는 이러한 자신의 '쾌거'의 기쁨을 억제할 수가 없었다. 거래가인 18불도 아니고 할인가격인 15불도 아니며 1주에 고작 10불로 1천만 불을 103만 9천 주의 TWA 주로 바꾼 것이다. 최소한 5백만 불의 이익이었다. 1960년대에 하워드가 이들 주를 팔았을 때에 그것은 자그마치 8천3백만 불이 되었다.

 나는 즉시 이 성과를 직접 하워드한테 보고하기 위해 캘리포니아로 날아갔다. 내가 주권을 보이자 하워드는 그것을 힐끔 보고는 말했다.

 "좋았어, 노아. 금고에 넣어두라고."

 그뿐이었다. 세상에 이런 사나이가 다 있다니!

 다음날 하워드는 다른 용무로 여느 때와 같이 비밀회의용의 시보레로 나를 드라이브에 끌어냈다. 얼마 동안 그 문제에 대해 이야기하고 있을 때 그는 내가 창 밖을 보고 있다는 것을 알아차렸다.

 "내 이야기를 듣고 있지 않잖아, 노아."

 그가 말했다.

 "뭔가 신경 쓰이는 일이라도 있나?"

 "그게 바로 당신이야."

 내가 대답하였다.

 "나라고? 내가 어쨌길래."

 "너무나도 하지 않았기 때문이야. 그 주식을 바꿀 때까지의 조작이 상당히 힘이 들었단 말야. 당신의 입장에 있는 사람이라면 누구든 그것에 대해서 뭣인가 했을 거야. 최소한 감사하다는 말 한두 마디는 했겠지. 실제로 거기까지 가지고 가는 데에는 상당히 고생을 했으니까, 그것에 대해서 당신은 그저 '좋았어 노아, 금고에 넣어두자.'만 말했어."

"그렇게 말한다면, 노아."

그가 말했다.

"그렇게 생각한다면 여분인 3만 9천 주를 가지면 되지 않아."

나도 그만 고집을 부리며 이렇게 맞받아버렸다.

"이런 식으로 받아봤자 조금도 기쁘지 않아. 난 한 주도 필요 없어."

하워드로 보면 이것으로 이 문제는 끝난 셈이었다.

"그럼 앞서의 일 말인데……."

하워드가 주식을 가지라고 하기는 극히 드문 일이었다. 나는 그 희귀한 기회를 놓치고만 셈이다. TWA의 주는 그 후 백불까지 올라갔으므로 만약 내가 고집을 부리지 말고 3만 9천 주를 받아뒀다면 실로 3백9십만 불이 되어 있을 것이다.

그러나 그 이상으로 유감이었던 것은 하워드로 하여금 고맙다고 하는 모처럼의 기회를 망쳐버린 일이었다. 물론 그의 일류의 방법 —— 돈으로밖에 말할 수 없었을지 모르지만 그것은 그에게 있어 귀중한 체험이며 비록 다소라도 하워드 휴즈라고 하는 인간을 바꿔놓을 수 있을지도 모르지만.

그렇지만 이와 같은 기회는 두 번 다시 찾아오지 않았다.

여기에는 후일담이 있다.

6개월 후 내가 오래간만에 휴스턴의 집에 돌아가 있자 하워드가 로스앤젤레스에서 전화를 걸어왔다.

"사실은 잭 프라이하고 이야길 했는데……."

하고 그는 말을 꺼내기 시작하였다. 나는 어이가 없었다.

"하워드, 당신은 지난 번에 두 번 다시 그 사나이한테는 기회를 주지 않겠다고 말하지 않았어?"

"아, 그렇게는 말했지만 프라이는 그 정도로 회사의 돈을 써 놓고도 워싱턴에서는 그렇듯 행세를 하고 있으니까, 그것을 이용하지 않고 그대로 내버려두는 게 아깝지 않느냐고. 아냐, TWA의 경영을 다시 맡긴다는 이야기가 아냐. 정계에 대한 우리의 대표자로 하면 좋지 않겠나 싶어서 그러는 거야."

"얼마를 지불할 생각인데?"

"그건 말야, 연봉 10만 불에 조종사가 붙어 있는 로키드 로드스타, 그리고 경비는 무제한으로 해줬으면 좋겠다는 거야."

"하워드, 그렇다면 1년에 25만 불은 들텐데."

"응, 나도 그 정도로 생각하고 있는데."

"물론 나는 반대지만 결정하는 건 당신이니까."

"지금 당장 대답하지 않아도 좋아. 하룻밤 곰곰이 생각해보고 내일 당신 의견을 들려 달라고."

다음날 아침 전국적인 전화 스트라이크가 시작되었기 때문에 나는 하워드한테 이야기를 할 수 없었으며 대신 다음과 같은 내용의 전보를 쳤다.

——나의 결론에는 변함이 없어. 당신이 디트리히나 프라이 중 한 쪽을 택하면 되는 거야. 단 프라이를 택하면 나는 그만두겠어.

그것을 끝으로 하워드는 두 번 다시 프라이의 이름을 들먹이지 않았다.

34. 하워드의 새 장난감——RKO

하워드가 프레스턴 스타지스와 공동으로 새로 시작한 영화제작도 결국은 이렇다 할 성공을 거두지 못하였다. 스타지스는 기분파적인 천재로 파라마운트를 위해 몇 편인가 멋있는 코미디를 제작한 일은 있지만 대 스튜디오의 엄격함을 몰랐기 때문에 홍에 겨워 도를 지나칠 때가 많았다. 그래서, 그는 10년 동안 스크린에서 떨어져 있었던 해롤드 로이드를 컴백시킬까를 생각 중이었다.

그 때문에 스타지스가 기획한 영화는 최초에 로이드의 옛날 무성영화인 〈더 프레시맨〉(신입생)을 가지고 와 이것을 현재의 로이드로 다시 촬영한다는 것이었다. 새로운 부분은 시끄럽기만 한 희극이었는데 스타지스는 이것을 여유만만하게 촬영하였다. 제작비는 하워드가 다 내게 되어 있었다. 그 중에는 로이드의 출연료와 〈더 프레시맨〉의 사용료인 15만 불도 포함되어 있다.

완성된 필름은 〈더 신 오브 해롤드 디드르복크〉(해롤드 디드르복크의 죄)라는 제목으로 유나이티드 아티스트에서 개봉되었지만 거의 손님이 들지 않았기 때문에 일단 철수시켜 〈매드 웬즈데이〉(미친 수요일)라는 이름으로 바꾸어 다시 선전하였다. 그러나 결과는 마찬가지였다.

하워드가 다시금 영화제작에 손대기 시작한 주요한 이유는 자신이 키운 스타 초년생인 페이스 드마그 탓이었다. 그는 그녀의 부족한 재능에 맞추어 시대물인 〈벤데타〉를 기획하여 스타지스가 제작하였다. 연출에는 우수한 독일인 감독인 맥스 오팔르스가 담당했지만 하워드의 계속되는 간섭으로 스타지스나 오팔르스는 모두 염증을 느껴 이 영화에서 손을 떼버렸다.

〈벤데타〉는 그로부터 3년 동안 하워드가 이 시월리 식의 스튜를 만드는 요리사를 바꿀 때마다 여러 가지로 달라졌다. 한편 페이스 드마그는 그 사이에 아가씨에서 성숙한 여인으로 변신하여 처음에 찍은 장면과 앞뒤가 맞지 않았다.

결국 하워드는 〈매드 웬즈데이〉와 〈벤데타〉에 5백50만 불을 쏟아부었지만 이것은 거의 회수하지 못하였다.

1948년의 어느 날 휴스턴으로 하워드가 전화를 걸었다.

"노아, 중요한 이야기가 있어. 전화로는 말할 수 없는 내용이야."

"알았어, 하워드."

내가 이렇게 대답하였다.

"그럼 곧 캘리포니아로 가겠어."

전용 비행기로 서쪽을 향해 날아가는 동안 나는 하워드를 그렇듯 흥분케 한 새로운 일에 대해서 생각해봤다. 신형 비행기일까 아니면 원폭 수주라도? 그렇지만 생각해봐야 소용없었다. 왜냐하면 하워드는 논리를 초월하는 일을 생각해내는 천재니까 말이다.

로스앤젤레스에 도착하자 나는 하워드의 고문변호사인 로이드 라이트한테 전화를 걸었다.

"하워드가 이번에는 뭣을 하려고 그러는 거지?"

"RKO의 지배권을 사겠다는 거야. 그렇지만 나한테서 들었다는 말은 절대로 입밖에 내지 말게. 입밖에 내지 말라고 단단히 부탁을 받았으니까."

"아, 그랬었구나!"

하워드가 큰 규모의 촬영소를 사겠다는 것이었다. 그것도 큰 영화회사 중에서 전통적으로 성공을 보지 못한 최하의 것을 말이다. 그렇지만 RKO는 수많은 옛날 영화라든가 극장 체인 등의 큰 자산을 가지고 있다.

다음 날 하워드는 여느 때처럼 시보레에 나를 태우고 근처를 돌기 시작했지만 좀처럼 입을 열지 않았다. 그러니 나 역시도 가만히 있을 수밖에 없었다.

이윽고 인적이 드문 해안에 도달하자, 그는 생각하고 있는 것을 제대로 표현할 만한 말을 열심히 찾고 있는 모양으로 안절부절 못하였다.

"사실은 내 생각에 대한 노아의 의견을 묻고 싶어서야."

하고 그는 말을 꺼내기 시작하였다.

"알고 있어. RKO를 사겠다는 이야기겠지."

하워드는 평소 거의 놀라는 표정을 짓지 않았지만 이때만은 정말로 깜짝 놀라는 것 같았다.

"다시 '게슈타포'를 이용해서 알아냈지?"

그는 소리쳤다.

"이것 저것 다 알고 있으니까 말야. 그래 이떻게 생각하나?"

"멋있는 생각이라고 여기는데."

이 말에 하워드는 조금 전보다 한층 더 놀랐다.

"정말로?"

"응."

"그렇지만 어째서지? 그런 일을 생각만 해도 잔소리를 들을 줄 알았는데."

"그건 말야, 만약 당신이 다시 영화를 제작할 생각이라면 남의 돈으로 만드는 것이 좋겠다고 생각했기 때문이야. 이미 당신은 영화로 수백만 불이나 손해를 보고 있어. 최소한 당신의 자산이 줄어드는 것만은 방지할 수 있을 테니까 말야. 게다가 RKO는 후에 팔게 될 때도 투자한 돈을 회수할 수 있을 만한 자산이 있기 때문에 그다지 나쁜 투자는 아냐.”
 이와 같은 나의 찬성 이유에 대해서 그는 그다지 만족하지는 않는 모양이었지만 어쨌든 내가 찬성했으므로 기뻐하였다.
 문제는 어떤 식으로 해서 필요한 자금을 마련하는가에 있었다.
 하워드는 여느 때와 마찬가지로 비밀리에 애틀라스 코퍼레이션의 사장인 프로이드 오드람과 교섭을 진행하고 있었다. 애틀라스사는 1935년에 라디오 코퍼레이션 오브 아메리카(RCA)로부터 RKO의 지배권을 수매하여 주식 총수 4백만 주 가운데 92만 9천 주를 소유하고 있었다. 오드람은 영화계 특히 RKO의 장래를 하락세로 보고 그것을 팔기로 한 것이다.
 하워드의 지시로 나는 인디오의 오드람의 집으로 가 교섭을 계속하였다. 오드람이 내세우고 있는 값은 1주에 10불 50센트였는데 한편 하워드는 9불 50센트를 주장하였다. 이것을 교섭하기 위해 나는 몇 차례 오드람과 대화를 나누었지만 공구회사에 급한 일이 생겨 도중에 휴스턴으로 돌아가지 않으면 안 되었다. 결국 하워드는 10불의 약간 하회하는 선에서 타협을 보아 총액 8백82만 5천 불로 사게 되었다.
 하워드는 이것에 휴즈 공구회사의 돈을 쓰고 싶지 않다고 하였다.
 “이것은 내 개인으로 해보고 싶어.”
 하고 그는 말하였다. 그래서 나는 피츠버그의 멜론 은행에서 1천만 불을 꾸었다. 그러나 이 은행에는 휴즈 공구회사의 많은 예금이 있었으므로 하워드는 자신의 돈을 꾼 셈이었다.
 이렇게 해서 하워드 휴즈와 프로이드 오드람 사이의 거래가 성립되었다.
 RKO는 하워드 휴즈가 지배하게 되자 이것이 과연 어떻게 될까 하고 헐리우드는 주목하였다. 오드람 자신이 택한 피터 자스

본 사장은 이에 대해서 하워드가 회사의 운영문제에는 절대로 간섭하지 않겠다고 약속했다고 용감하게 발표하였다.

그렇지만 그렇게는 되지 않는다는 것을 나는 알고 있었다. 그것은 마치 남자 어린이를 과자 가게 안에 멋대로 놔두고 그 아이가 과자에 손을 대지 않는 것을 기대하는 것과 같았다.

최초의 희생자는 도아 샤리였다. 샤리는 RKO의 제작부장으로서 상당히 일을 잘해 왔지만 하워드와는 여러 면에서 맞지 않았다. 샤리는 자유스런 사고를 지닌 그런 성격의 소유자로서 영화는 오락인 동시에 어떤 의미를 갖는 것으로 믿고 있었으므로 그가 손대는 영화는 항상 자유주의적인 호소를 잔뜩 담았다. 이에 반해서 하워드는 업계에서 '유방과 용기'라고 불러 여성의 곡선과 값싼 히로이즘을 주로 나타내는 영화의 신봉자였다.

두 사람 사이는 〈배틀그라운드〉(전장)에서 결렬되었다.

샤리가 제2차대전의 바르지의 싸움을 그린 영화 〈배틀그라운드〉를 기획하자, 하워드는 전쟁영화 같은 건 그다지 보려 하지 않는다고 말하여 그 기획을 취소하도록 말했다. 샤리는 RKO를 그만두고 MGM로으로 옮겼으며 하워드로부터 〈배틀그라운드〉의 권리를 사가지고 제작하였다. 이것이 MGM의 1950년도의 초대 히트작이 되었다.

그 다음으로 그만둔 사람은 피터 라스본이었다. 하워드가 갑자기 7백 명의 종업원을 해고했을 때 그는 사표를 내었다.

하워드는 RKO를 재정적으로 안정시킬 수 있는 자를 이사회장의 자리에 앉히려고 생각하였다. 그가 선정한 후보자의 이름을 들었을 때 나는 당황하였다. 노아 디트리히인 바로 나였기 때문이다.

나는 영화회사를 잘 몰랐을 뿐 아니라 새삼스럽게 연구할 시간도 의욕도 없었다. 그러나 하워드가 강력하게 주장했으므로 최선을 다해보겠노라고 말하지 않을 수 없었다. 나는 시도 로겔한테 제작을 맡겼다. 영화제작의 베테랑이요 분별이 있는 그였으므로 스튜디오를 건전하게 운영해나갈 수 있을 것이라 판단했던 것이다.

실재로 가능할 것 같았다──그러나 하워드 휴즈가 방해를 하였다.

하워드는 제작의 모든 일에 참견을 하였다. 대본 전부를 읽었을 뿐만 아니라 모든 캐스팅을 했으며 세트나 의상도 결정했고 신인스타들을 선택하였다. 게다가 그의 결단력 부족은 여전하였다. 그 결과로 연 평균 30편이었던 RKO의 제작 건수가 하워드의 지배하에 들어간 첫해에 고작 9편으로 떨어지고 말았다.

이렇게 해서 여러 가지로 시끄러운 상황에서 한층 더 혼란을 가져오게 된 것은 하워드가 스튜디오에 전연 나타나지 않는 사실이었다. 사람의 출입이 많은 새로운 장소에는 세균감염의 가능성이 높다는 것이 그 이유였으며 2마일이나 떨어진 골드윈 스튜디오에서 RKO를 지휘하고 있었다.

이와 같은 하워드의 리모콘 운영때문에 여러 가지로 골치아픈 사태가 발생하였다. 한때 하워드는 자네트 리한테 낭만적인 야심을 품은 적이 있었다. 그는 그녀를 MGM에서 스카우트해서 〈투 티켓 투 브로드웨이〉(브로드웨이에 대한 두 장의 표)라고 하는 뮤지컬을 찍으려고 했는데 자네트가 춤을 출 수 없었으므로 유명한 마지 챔피언과 고아 챔피언의 부부를 고용하여 그녀를 지도케 하였다. 그런데 영화가 촬영되는 곳이 RKO가 아니고 골드윈에 세트를 만들게 하여 그곳에서 그녀가 연습하는 것을 매일밤 몇 시간씩 지켜봤다.

하워드는 RKO의 다른 주주들을 위해 이익이 되도록 하는 일에 대해서는 전연 신경을 쓰지 않았지만 이 회사를 통해 자신을 위해 돈을 버는 일에 대해서는 결코 허술하지 않았다.

그러한 하나의 방법으로서 그가 독립해서 제작했던 시대에 만든 〈헬즈 엔젤즈〉라든가 〈스카페이스〉 등의 영화를 RKO에 팔 생각을 하고 있었다. 그것이 가능하다면 당연히 하워드한테는 커다란 불로소득이 생기게 된다. 나는 하워드의 계획에 찬성하여 그것을 이사회에 제안했으며 이사회는 이것을 승인하였다. 그런데 이들 영화의 값을 사정하기 위해 세 명의 저명한 영화인이 그 위원으로 임명되자, 하워드는 그들에게 접근하여 값을 후하게 해달라고 요구하였다. 세 사람은 그것을 단호히 거절하여 사정을 중단했으므로 하워드의 이 계획은 실패하고 말았다.

하워드의 이와 같은 수단은 가끔씩 극단으로 흐를 때가 있다. 그가 큰 기대를 가지고 기획한 영화로 〈제트 파일럿〉이라는 것이 있었다. 이것은 그의 발표에 의하면 제트 시대의 〈헬즈 엔젤즈〉가 될 예정의 것이었다. 그런데 이것 역시도 그 자신의 서투른 짓 때문에 실패로 끝났다. 2년 이상이나 만지작거리는 동안에 제트기는 당연한 것이 되어버려 소재상의 새로운 점이 전연 없게 돼버렸다.

그래도 하워드는 이 영화의 가치를 지키기 위해 경계를 게을리하지 않았다. 여기에는 자네트 리와 함께 존 웨인이 주연했는데 하워드는 웨인이 다른 영화에 출연하여 그것이 〈제트 파일럿〉보다 먼저 개봉될까봐 두려워하였다.

여기서 하워드는 웨인이 다른 회사의 카메라 앞에 서지 못하도록 하기 위해서 하나의 계획을 세웠다. RKO의 부담으로 존 웨인을 남미 쪽으로 친선여행차 떠나게 한 것이다. 웨인은 글렌 오디카크가 조종하는 PBY로 주요한 수도를 돌았으며, 한편 그 동안에 낚시와 사냥을 하며 즐겼다. 그는 정말로 좋은 휴가가 되었다고 기뻐했지만 그것이 단지 다른 회사에 출연시키지 않기 위한 방책에 지나지 않는다는 걸 알지 못하였다.

하워드의 영화관계의 '재산'을 지키기 위한 또 하나의 술책에서 내가 또 한몫 끼게 되었다.

하워드는 그의 귀중한 '재산'인 젠 러셀을 RKO의 대작에 출연시키고자 생각하였다. 물론 그녀의 스타로서의 가치를 고려하여 적당한 출연료로서 휴즈 제작소가 RKO에 빌려준다는 형식이었다. 그런데 이미 그가 RKO의 지배권을 장악하기 전에 독립 영화제작소인 한트 스트롬버그가 젠 러설을 스카우트해갔으며 스트롬버그는 그녀를 써서 〈몬타나 벨〉(몬타나의 미녀)이라는 서부물의 이류영화를 만들고 있었다. 하워드는 그것이 젠 러셀의 RKO의 영화보다 일찍 공개되어 그녀의 가치가 떨어지는 것을 걱정하였다.

그것을 막기 위한 책략의 도구로 내가 선정된 것이다. RKO의 이사회장으로서 나는 스트롬버그와 제휴——특히 〈몬타나 벨〉의 RKO에 대한 참가 교섭에 들어가게 되었으며 교섭할 장소로 뉴욕이 결정되었다.

하워드의 수법을 아는 나는 뉴욕에서 상당히 오래 머물게 될 것이라고 각오하여 가족한테 그렇게 전하고는 북으로 날아갔다.

예상했던 대로 스트롬버그와의 교섭은 길고도 결실이 없었으며 그 동안의 나의 수확은 비둘기의 집짓는 상황을 세밀히 관찰할 수 있었던 일뿐이었다.

내가 메이페어 호텔에 투숙하자 한 쌍의 비둘기가 한창 열애를 하고 있는 중이었다.

하워드의 작전에 따라 나는 한트 스트롬버그와 교섭하기 시작하였다. 그가 하나의 제의를 하면 나는 이에 대한 제안을 했으며, 상대방이 새롭게 제안을 하게 되면 나도 역시 다시…… 이러한 일이 며칠씩이나 계속되었다.

한편 비둘기들은 분주하였다. 나뭇가지라든가 실밥 등을 나르기 시작했고 생각하자 창틀 위에 예쁜 집을 만들었으며 어느 날 내가 스트롬버그와 오랜 대화 끝에 돌아와보니 그곳에는 한 마리의 비둘기가 앉아 있었으며 그 밑에는 두 개의 알이 있었다.
 다시 제안하고 이에 대한 반론, 이어 새로운 제안식을 계속되었다.
 알이 부화했으며 어미 비둘기들은 작은 부리에 먹이를 날라다 주기 시작하였다.
 스트롬버그의 몇 차례째인가의 제안에 대해서 나는 그것을 연구할 시간을 요구하였다. 그리하여 메이페어 호텔로 돌아오자 새끼 비둘기들은 어미 비둘기들의 독촉을 받으며 집에서 날아가려 하고 있었다.
 마침내 스트롬버그는 더 이상 기다리지 못하고 헐리우드로 돌아가버렸다. 나도 비둘기가 집을 만들기 시작한 것부터 집에서 날아가는 것까지를 다 보고는 동시에 하워드 휴즈에 대한 임무를 끝내고 그곳을 떠났다.
 결국 하워드는 〈몬타나 벨〉을 스트롬버그한테서 60만 불로 샀으며 RKO에서 젠 러셀 주연의 대작을 완성할 때까지 개봉을 보류하게 되었다.
 여기에도 후일담이 있다. 이 매매계약을 성립시킨 헐리우드의 변호사가 하워드한테서 6만 불의 수수료를 받았는데 후에 나는 그가 한트 스트롬버그한테서도 6만 불을 받아낸 것을 알게 되었다.
 "하워드, 그는 이중으로 돈을 받아낸 거야!"
 나는 화가 나서 하워드한테 알려주었다.
 "양쪽에서 1할씩을 받아내다니, 그럴 권리가 그 변호사한테는 없어."
 그렇지만 하워드는 조금도 화를 내지 않았다.
 "그런 건 내가 알 바 아냐."

하고 그는 말하였다.
"이쪽의 목적이 달성되었으니까 그만이야."

35. 정　　치

하워드 휴즈는 어떠한 정치사상을 가지고 있었나? ──내가 여러 차례에 걸쳐 들은 질문이었다. 이에 대해서 나는, 그는 아무런 사상도 가지고 있지 않았다고 대답해왔다.

나는 하워드처럼 정치에 무심한 사람을 알지 못한다. 그는 정치가에게는 물론이고 정치문제에 대해서도 완전히 무관심하였다──그런 일들이 자기한테 영향을 끼치지 않는 한에서 말이다.

영향이 있을 경우에는 그것을 돈으로써 자기에게 유리한 쪽으로 가져가려 했다.

"무엇이거나 값이 있는 거야."

하고 늘 그는 말했으며 필요한 것에 대해서는 상대방이 시의회의원이건 대통령이건 그것을 값으로 지불하려고 했다.

민주당이건 공화당이건 상관하지 않았다. 공산당원이나 금주당원한테 돈을 기부하는 것은 본 적이 없었지만 만약 그를 위해 도움이 된다면 그러한 주의 주장에는 관계하지 않고 틀림없이 헌금했을 것이다.

하워드의 이와 같은 정치적인 무절제성은 하지 트루만에 대한 그의 태도에서도 볼 수 있다.

1944년 부통령 후보에 지명된 트루만은 병중에 있었던 프랭클린·D·루즈벨트를 대신하여 선거운동으로 분주하였다. 로스앤젤레스에서는 빌트모아 호텔에 투숙했는데 그때 트루만은 하워드 휴즈와 변호사인 닐 매카시의 방문을 받았다. 하워드가 밖에서 기다리고 있는 동안에 매카시는 트루만을 만나 선거운동의 성공을 기원하고는 봉투에 들어 있는 1만 2천5백 불의 현금을 기부했다. 그리고 나서 둘이 담소하고 있는데 하워드가 갑자기 방으로 들어와서는 트루만을 보고 퉁명스럽게 이렇게 말하였다.

"트루만 씨, 지금 매카시가 건네준 것은 저의 돈입니다. 그것을 잊지마시도록."

트루만은 하워드의 치졸한 소행을 웃어넘겼지만 매카시는 마음속이 편치 않았다고 한다.

1944년의 이 대통령 선거에는 민주당이 승리를 거두었으며 1945년에 루즈벨트가 죽자 트루만이 대통령에 취임하였다. 그러나 1948년의 대통령 선거에 트루만이 혼자의 힘으로 섰을 때에는 그의 인기가 다소 떨어졌으며 여론 조사는 하나같이 공화당 후보인 토마스·E·듀이의 승리를 예상하였다.

이러한 조사결과를 읽은 하워드는 공화당으로 바꾸어 지원할 것을 생각하였다. 그는 나를 불러 이렇게 말하였다.

"듀이의 선거운동 본부에 약간 돈을 넣어주는 게 좋겠지?"

나는 2만 5천 불의 기부금을 듀이의 선거사무소에 전달하기 위해 뉴욕으로 출발하였다. 그렇지만 듀이의 선거참모의 한 사람인 은행가 해롤드 타르보트가 지난날 심장마비로 급사한 동생의 뒤를 이어 TWA의 이사가 되고 싶다는 희망을 당시의 사장이었던 라르프 디몬한테 거절당한 일이 있었으므로 나는 약간 걱정하였다.

생각했던 대로 나를 맞는 타르보트의 태도는 냉랭하였다. 게다가 선거전은 마지막인 몇 주일로 돌입하여 듀이의 진영은 당선이 확실하다는 예상으로 취해 있었다. 당연한 것처럼 타르보트는 내가 내민 2만 5천만 불을 거절하였다.
"그 돈은 휴즈 씨한테 돌려줘요."
그는 오만한 태도로 이렇게 말하였다.
"우리들은 그의 원조가 필요치 않다고 말야."
 나는 하워드의 2만 5천 불을 기부하지 않고 캘리포니아로 도로 가지고 왔다. 그로부터 수주일 후의 어느 날 아침 거의 전문가들의 예상과는 반대로 하지 트루만이 대통령으로 선출되었다. 그것을 알았을 때 그것이 얼마나 고소했는지는 말할 나위도 없다.
 1940년대 말부터 1950년대 전체에 걸쳐서의 하워드의 정치헌금은 1년에 10만 불에서 40만 불 사이였다. 헌금을 받은 상대는 로스앤젤레스의 시의회의원부터 군정 집행관, 과세액 사정원, 보안관, 주 상·하의원, 판사에서 부통령과 대통령에 이르기까지 각양각색이었다. 하워드는 현금 말고도 항공기도 후보자들한테 아낌없이 제공하였다.
 이들 자금원조는 기업의 정치헌금이 연방법에 의해 금지되어 있기 때문에 휴즈 그룹의 정치관계 변호사라든가 혹은 대표를 통해 하워드의 개인헌금의 형식으로 제공되었다. 나는 특히 휴즈 공구회사가 이들 기부에 관계하지 않도록 주의하였다. 그러나 어느 날 이 정치헌금법에 저촉되지 않고 헌금할 수 있는 방법을 알아냈다.
 앞서 말한 판아메리칸과 TWA의 합병교섭을 쥬안 트립프와 했을 때, 이 합병 이야기는 완전한 연극으로 교섭이 성과없이 끝났지만 그 중에서 귀중한 정보가 튀어나왔다.
 어느 날 긴 회의 후 내가 트립프한테 어떻게 해서 그가 워싱턴에서 그렇듯 영향력을 발휘할 수 있게 되었는가 하고 물었다 ── 판 아메리칸의 압력단체는 부르스타 상원의원에 대해서 뿐 아니라 대단한 위력을 발휘하고 있었다.

"아, 그건 말야."

그가 털어놓았다.

"법률은 외국의 회사로부터의 헌금에 대해서는 아무런 언급이 없다는 사실이지. 우리한테는 미국의 선거에 무척 관심을 가지고 있는 자회사가 남미에 있는 거야."

나는 이러한 사실을 하워드와 그 다음에 만났을 때 말하였다.

"좋은 생각인데!"

그가 말했다.

"우리도 만들도록 하지."

고문변호사들도 트립프의 방식은 가능하다면 찬성하였다. 여기서 나는 휴즈 공구회사의 캐나다에서의 매상을 취급하는 자회사를 현지에 설립하여 그 이익을 정치관계의 현지에 설립하여 그 이익을 정치관계의 지출――1년에 35만 불에서 40만 불――이 될 정도로 조절하였다.

그 후부터 캐나다에 있어서의 휴즈 공구회사의 송곳 사용료는 정치헌금으로서 뱅크 오브 아메리카의 웨스트 헐리우드 지점으로 송금되었으며 거기서 새크라멘트로부터 워싱턴에 걸친 정치가들의 금고 속으로 흘러들어갔다.

정치가가 자금을 모으기 위한 만찬회를 연다는 소리를 들으면 비록 회비가 백 불이건 천 불이건 휴즈 그룹은 반드시 한 테이블을 차지하였다. 그렇지만 우리의 로비스트들은 조니 마이아의 화려한 접대방식에 귀중한 교훈을 받아 술과 여자만은 피하였다. 그러나 상대방이 정책을 결정할 만한 입장에 있는 사람일 경우에는 호텔 숙박료라든가 스테이크 식사 정도의 비용은 부담하였다.

이들 운동권은 무모한 짓을 할 정도로 어리석지는 않았다. 모두 비지니스로 처리하면서 이렇게 말하였다.

"우리가 요구하는 것은 하워드 휴즈한테 정당한 권리가 있는 것에 한합니다. 그 이상은 결코 바라지 않습니다."
 그렇지만 때때로 약간의 요구가 하워드의 정당한 권리를 넘어설 때도 있었다.
 예를 들면 마지나 딜루레이의 경우를 들 수 있다. 로스앤젤레스 군은 요트 팬들을 위해 프라야 딜루레이 지구를 개발하여 마리나(노선박용의 항구)를 만들 계획을 세웠다. 그러기 위해서는 하워드가 휴즈 항공기회사를 위해 매입한 천2백 에이커의 땅의 일부——약 10분의 1이 필요하였다.
 그러나 하워드는 1센티 평방의 땅도 내놓지 않으려고 하였다. 2년 동안 그는 그의 땅을 구하는 군에 저항하였다. 무익한 오랜 교섭 끝에 군은 하워드한테 협력할 의사가 없다고 단정하고 강제수용의 소송을 제기하였다.
 그러자 하워드도 정치헌금으로는 마리나의 건설을 막을 수 없다는 것을 깨달았다. 그는 2년 동안에 걸쳐 적당한 인물에게 정치헌금을 뿌리고 있었던 것이다.
 "내놓아야 할 경우라도 에이커 당 3만 불 이하로는 팔지 않을 테니까."
 하워드는 이렇게 주장하였다. 그가 샀을 때의 값은 1에이커당 평균 2천 불이었다.
 하워드는 억지를 부렸으며 군의 담당자는 초조해하며 서둘렀다. 마리나 입구 준설공사는 지금 당장이라도 시작하지 않으면 안 되었다. 군은 우선 해변가의 1에이커 반의 땅을 에이커 당 5만 4천 불로 양도하지 않겠느냐고 제의해왔다. 그때 마침 하워드가 집에 없었으므로 나는 대담하게 그것을 받아 들여 1에이커 당 반을 8만 9천 불로 계약에 서명하였다.
 돌아온 하워드한테 나는 일의 자초지종을 전화로 알렸다.
 "왜 그렇게 했지, 노아! 난 그 땅을 팔고 싶지 않았단 말야."

"하워드, 양도하든가 강제수용당하든가 두 가지 길밖에 없단 말야. 게다가 당신 입으로 1에이커당 3만 불 이상이면 좋다고 말했잖아. 그 이상을 받아냈는데 뭘 그래."
"얼마 받았는데?"
"5만 4천 불."
수화기에서 그는 오랫동안 침묵을 지켰다.
"할 수 없지."
이윽고 그는 겨우 그렇게만 말하였다.
"앞으로는 더 이상 팔지 말라고."
결국 로스앤젤레스 군은 마리나에 필요한 땅을 수매하여 하워드는 막대한 이익을 얻게 되었다.
한편 칼바시티의 땅도 공공용지로서 지목된 일이 있었지만 이때는 끝까지 팔지 않고 지켜냈다. 캘리포니아 주가 휴즈 항공기회사의 땅을 가로지르는 해안선에 따른 하이웨이를 계획했지만 하워드는 그 땅을 이용하고 있지 않으면서도 양도하지 않았다. 휴즈 항공회사의 활주로는 서해안에서는 가장 컸으므로 그는 적국의 공격이 있을 경우에 도움이 된다는 구실을 갖다 붙였다. 그렇지만 활주로는 건설계획에 의해 영향을 받는 것이 아니었다.
하워드는 새크라멘트의 로비스트를 이용하여 요소요소의 인물을 '설득'하였다. 그 결과 캘리포니아 주의 하이웨이는 하워드 휴즈의 땅을 피해서 내게 되었다.
그러나 그러한 하워드도 로욜라의 종루만은 막지 못하였다.
휴즈 항공기회사의 공장을 굽어볼 수 있는 언덕 위에 예즈스회의 신부들이 로욜라 대학을 세워 가톨릭 교도의 자녀들한테 교육을 실시했을 때 하워드는 아무 말도 하지 않았다. 그런데 신부들이 언덕의 정상에 정루를 세운다고 하자 그는 맹렬히 반대하기 시작하였다.

종루는 휴즈 항공기회사의 활주로에 장해가 된다고 주장했으며, 온갖 수단을 다해서 종루 건설을 못하게 하라고 나한테 지시하였다.

나는 할 수 있는 데까지는 하였다. 신부들하고도 사귀게 되어 대학에 유화를 기증하기도 하였다. 그렇지만 에즈스회의 신부들은 종루 건설을 결코 포기하지 않았다.

"비행기에 위험한 장애가 된다."

하워드는 계속 이렇게 주장하였다.

"CAB(민간항공위원회)와 FAA(연방항공국)에 알리라고."

나는 CAB와 FAA에 알렸다. 즉각 조사에 착수한 양정부기관의 결론은, 종루가 항공기에 지장이 없다는 것이었다. 로욜라 대학은 하느님에 대한 헌신의 상징으로 종루를 세웠으며 하워드는 그 종소리를 들을 때마다 마음이 괴로워졌다.

이렇듯 상대가 하느님이든 대통령이든간에 하워드는 간단히 물러서지 않았다. TWA의 국제노선으로서 판 아메리칸에 패배하자 그는 무척 분하게 생각하며 항공노선을 인가하는 민간항공위원회에 압력을 주려고 하였다.

가장 효과적인 것은 톱으로부터의 압력이다——이렇게 믿은 하워드는 당시 TWA의 사장이었던 잭 프라이한테, 트루만에게 언젠가의 기부를 상기시킴으로써 TWA의 요망사항을 전달하도록 지시하였다. 프라이는 망설였지만 하워드의 고집에 졌다.

어떻게 해서 대통령의 요트에 동승할 기회를 얻은 프라이는 포트매크 강을 내려가는 배 위에서 트루만한테 TWA의 요망사항을 말했으며 하워드 휴즈의 1만 2천5백 불의 기부를 상기케 하였다.

프라이가 후에 나한테 전한 말에 의하면 그것을 들은 트루만 대통령은 화가 머리끝까지 나서 자신을 강물에 집어던져도 시원치 않을 정도의 기색이었다고 한다.

하워드 휴즈 정치헌금이 제대로 구실을 한 현저한 하나의 예는 1948년에 휴즈 공구회사의 사원 두 사람이 불행한 사건에 말려들었을 때의 일이었다.

1948년 4월 23일 호놀룰루의 대배심은 휴즈 공구회사 및 공구회사의 사람과 그 밖에 2명을 부정한 방법으로 전시자산 관리국으로부터 6대의 더글라스 C47을 취득한 혐의로 기소되었다. 특권이 부여된 복원군인(復員軍人)을 이용해서 시가 60만 불의 6대의 잉여 군용기를 10만 5천 불이라는 부당한 값으로 사들였다는 것이다.

당사자인 복원군인 한 사람이 그 증거를 제출했기 때문에 상황은 결정적으로 피고들한테 불리해졌다. 유죄로 결정이 나게 되면 휴즈 그룹의 신용에 큰 상처가 된다. 그러나 하워드는 문제의 부정행위에 대해서는 아무것도 모른다고 했으며 나 역시도 물론 관여한 바가 없었다. 나는 종업원들한테 회사를 위해서 복원군인의 입장을 이용하는 일이 없도록 하라고 주의를 주었을 정도였다.

"어떻게 해서든지 휴즈 공구회사를 이 사건에서 떼어내도록 하라."

하워드는 나한테 이렇게 말하였다.

"돈이 얼마가 들든 어떤 수단을 쓰든 상관없어."

나는 휴스턴에서 다소 안면이 있었던 사법장관인 톰 클라크를 방문하여 그의 소개로 주임 검찰관을 만났다. 그러나 휴즈 공구회사는 사건에 관계가 없으므로 기소에서 당연히 제외되어야 한다는 나의 강한 주장에 검찰관은 동조하지 않았다.

나는 이 검찰관을 다시 한 번 만났지만 그의 태도에는 변화가 없었다. 나는 그가 상원의원에 입후보한다는 것을 알고 민주당 본부로 찾아가 하워드 휴즈의 이름으로 10만 불의 기부를 제의하였다.

"휴즈 씨는 호기로운 분이시군요."

간부가 이렇게 말했다.

"만약 우리가 할 수 있는 일이 있거든 말씀해주십시오."

이것이 돌파구였다. 그래서 나는 공구회사가 호놀룰루 사건과는 관계가 없는데도 피고가 되었다고 호소하였다. 간부는 수화기를 들고는 상원의원 후보인 검찰관을 불러 나의 주장을 설명하였다. 그런데 대화내용으로 봐서 상대방이 여전히 반대하고 있다는 것을 알 수 있었다.

그러자 간부의 목소리에 강경한 어조가 나타나기 시작하였다.

"이봐요……. 당신은 상원의원이 되고 싶지 않나요? 그렇다면 휴즈 씨를 이 사건에서 제외시키는 겁니다."

그것으로 골치아픈 일은 끝이 난 셈이었다.

1주일 후 호놀룰루에 있는 우리 측 변호사가 휴즈 공구회사에 대한 공소 취소를 요구하자 검찰 측에서 이에 동의했으며 판사도 이를 인정하였다. 공구회사의 두 사원은 '불항쟁의 답변'을 했으며 각각 1만 불씩의 벌금형이 언도되었다. 이들 벌금은 하워드 휴즈에 의해 지불되었다.

36. 프라이 이후의 TWA

잭 프라이가 어이없이 TWA를 떠난 후 하워드는 라모트 코프를 그 후임으로 택하였다. 항공업계의 베테랑으로 1933년 이래 TWA의 이사를 맡아 일해왔던 코프는 적임자라 할 수 있었다. 1년 후 그는 이사회에서 재임되었다. 그런데 이때에 그는 단 한 마디 '감사한다.'고 말했을 뿐이었다.
 그로부터 1개월 후 나는 그가 재임된 것을 별로 기뻐하지 않았던 이유를 알게 되었다. 워싱턴에서 만난 나에게 그는 이런 말을 했다.
 "휴즈한테 그만둔다고 말해주거나 오드람이 콘솔리디티드 발티의 톱자리를 준다고 해서 말일세."
 코프는 TWA에서 오드람의 항공기회사로 옮겼다. 친구인 오드람이 이와 같이 사람을 빼간 일에 대해서 하워드가 크게 화가 났음은 말할 것도 없다.
 그로부터 얼마동안 TWA의 사장자리는 공석이었는데 어느 날 라르프 디몬한테서 전화가 왔다. 당시 디몬은 아메리칸 항공의 사장이었는데 회장인 C·R·스미드의 경영방침에 불만이 있다는 것을 나는 알고 있었다.
 "스미드는 우리의 해외부문을 판 아메리칸에 팔려 하고 있어."
 디몬이 나한테 말하였다.
 "나는 반대이기 때문에 아메리칸 항공을 그만둘 생각이야."
 나는 이와 같은 정보를 하워드한테 이야기했다.
 "계약하라고."
 하워드가 말했다. 나는 5년 동안의 계약서를 마련하여 결국 라르프 디몬은 TWA의 사장이 되었다.
 그러나 이것이 그에게 좋은 일인지는 알 수가 없다.
 디몬은 이미 두 차례에 걸쳐 하워드의 비정상적인 행위로 해서 충격을 받은 바 있었다.
 1942년 내가 로메인 거리 7천번지의 사무실에 있었을 때의 일이었다. 당시 나는 매년 한여름의 3개월 동안 휴스턴의 무더위를 피하여 로스앤젤레스에서 지내기로 하고 있었다. 그해 여름 로스앤젤레스 근무중에 라르프 디몬한테서 전화가 걸려왔다.

나는 이미 몇 차례 디몬을 만난 바 있어서 그의 인품에 호감을 느끼고 있었다.
"오랜만이야, 라르프."
내가 말하였다.
"지금 어디 있지?"
"비버리힐즈 호텔이야."
"뭐야, 나왔구면 그래? 무슨 일이지?"
"그 일 때문에 전화한 거야, 노아."
 디몬은 자초지종을 이야기하였다. 그 말에 의하면, 하워드는 비밀이야기가 있다고 하면서 그를 캘리포니아로부터 불러냈다. 그 비밀이야기란, 잭 프라이를 그만두게 하고 디몬을 TWA의 사장자리에 앉힌다는 이야기 같았다. 그래서 디몬은 하워드의 지시대로 아메리칸 항공의 그 누구도 눈치채지 못하도록 교묘한 구실을 만들어 하워드 휴즈를 만나러 왔다는 것이었다.
"4일 동안 여기에 꼼짝않고 앉아 하워드를 기다렸단 말야. 호텔 방에 4일간이나 처박혀 있었단 말일세. 그런데도 휴즈는 나타나지 않는 거야. 전달하는 메시지 하나 없고 전화도 걸려오지 않는 거야. 하는 수 없이 이쪽에서 연락하려고 메시지를 부탁했는데도 대답이 없는 거야. 나를 4일 동안이나 호텔에서 기다리게 하다니, 휴즈는 도대체 나를 뭘로 생각하는 건지 모르겠어."
 디몬이 화를 내는 건 당연하였다. 그 역시도 일류항공회사의 사장인 것이다. 그런 사람을 일부러 불러들여서는 호텔에서 마냥 기다리게 했으니 말이다.
"라르프, 나 역시도 하워드가 지금 어디에 있는지 알지 못한다네."
내가 말하였다.
"그렇지만 어떻게 해서든지 알아내서 연락하겠어."
"아냐, 그만두라고. 난 이제 뉴욕으로 돌아가겠어. 지금 표를 예약하는 중이야. 휴즈한테는 두번 다시 만나고 싶지 않다고 말해주게나."

디몬은 수화기를 쾅 하고 내려놓았다.

나는 그후 몇 차례나 그를 달래보려고 했지만 헛수고였다. 디몬을 TWA로 맞아들일 가능성은 이제 완전히 없어졌다고 생각했다. 그렇지만 하워드한테는 아메리칸 항공의 사장을 잔뜩 기다리게 한 정도의 것은 사소한 일로 아무런 장애도 되지 않았다.

그로부터 1년이 채 되지 않은 어느 날 하워드는 연방정부의 대표와 F11의 생산에 대해 대화를 나누기 위해 휴스턴으로 왔다. 그는 해리슨이라는 가명으로 라이스 호텔에 숙소를 정하였으며 회담도 그곳에서 행하여졌다. 회담 후 나는 정부의 대표자들을 저녁식사에 데리고 갔으며 하워드는 방에 남았다.

그날 밤 내가 집에 돌아가자 텍사스 스테트 호텔의 라르프 디몬한테 전화를 해달라는 메모가 있었다. 나는 디몬이 휴스턴에 와있는 것을 알고 놀랐으며 곧 호텔로 전화를 걸었다. 그러나 이미 나가버렸다는 것이었다. 택시로 열차 역으로 향했다는 이야기를 듣고 나는 역으로 전화를 걸어 간신히 디몬을 붙잡을 수 있었다.

"라르프, 휴스턴에는 뭣하러 왔지?"

내가 이렇게 물었다.

디몬은 화가 나서 말도 제대로 할 수 없을 정도로 떨고 있었다.

"또 한 번 그랬단 말야!"

그가 소리쳤다.

"휴즈는 다시금 나를 골탕먹였단 말이야!"

나는 간신히 그의 마음을 가라앉힌 다음 이야기를 들을 수 있었다. 그에 의하면 하워드는 다시 디몬을 TWA의 사장 인사건으로 휴스턴으로 불러들였다는 것이다. 그런데 디몬이 라이스 호텔에 전화를 하자 하워드 휴즈라는 사람은 투숙하지 않았다는 대답이었다.

"그것은 해리슨이라는 이름으로 묵고 있기 때문이야."

내가 이렇게 말하였다.

"하워드는 늘 그래. 특별히 당신을 골탕먹이려는 것이 아니야. 잠깐 기다려줘. 하워드도 틀림없이 기다리고 있을 테니까."

"그렇다면 그렇게 연락하면 되지 않소. 난 가겠어."

"기차로?"

"응, 기차로 오늘밤은 출발하는 비행기는 없으니까. 내일 제일 이른 기차로 돌아가는 거야!"

다시금 그는 수화기를 쾅 하고 놓았다. 이것으로 디몬이 TWA로 올 희망은 완전히 없어졌다고 나는 생각하였다. 그러나 5년이라는 세월이 디몬으로 하여금 분노를 잊게 했으며 1948년에 그는 TWA의 사장이 되었다.

라르프 디몬은 하워드 휴즈 밑에서 일하기에는 너무나도 민감한 사나이였다. 하워드는 TWA를 그의 개인적인 사업처럼 생각하여 멋대로 움직이고 있었다. 날카로운 감각과 비전을 가진 사업가인 디몬은 하워드의 멋대로인 그와 같은 행동에 따라갈 수가 없었다.

디몬이 사장이 된 후로 TWA의 재정상태는 크게 개선되어 갔다. 결손이 없어졌으며, 주가도 60불 선까지 올라갔다. 디몬의 경영상의 여러 아이디어는 널리 업계가 채용하였다.

그 중에서도 가장 중요한 것은 여객기의 좌석을 두 개의 클래스로 만든 일이었다.

"철도에서는 좌석이나 침대에 4종류 내지 5종류의 클래스가 있는데, 손님들은 그 중에서 좋아하는 것을 택할 수가 있다."

디몬은 나한테 실명하였다.

"기선도 마찬가지야. 그것을 비행기에도 적용하면 어떨까 싶은 거야. 특별한 서비스를 요구하는 손님을 위해서 퍼스트 클래스, 값싸게 여행하고 싶은 손님을 위한 이코노미 클래스——이 두 종류의 좌석을 파는 거야."

하워드가 찬성하자 디몬은 민간항공 위원회에 이와 같은 2단계 여객서비스의 인가를 요청하였다. 인가가 나오자, TWA는 즉시 앞쪽 좌석을 이코노미스트 클래스로 정했으며 뒤쪽의 좌석을 퍼스트 클래스로 하여(앞쪽은 프로펠러의 소리가 시끄러워 손님들로부터 경원시되고 있었다.) 2종류의 여객 서비스를 시작하였다. 이것이 크게 히트하자 이내 다른 모든 항공회사들이 이를 따르게 되었다.

라르프 디몬은 결국 7년 동안 TWA의 사장직에 있었는데 하워드 휴즈 밑에서의 7년 간이 그의 신경에 금이 가게 만들었던 것이다. 그는 병적으로 화를 잘내는 사람이 되어버렸다. 한번은 하워드의 간섭에 화를 내었으며 고양된 감정을 참지 못하고 울어버린 것을 나는 본 일이 있다. 그리하여 마지막에는 심장 발작으로 이 세상을 떠났다.

디몬의 갑작스러운 죽음으로 공석이 된 TWA의 사장 자리는 다시 1년 쯤 빈 채로 남아 있었다. 하워드는 자신이 직접 경영할 생각이었던 모양이지만 그것은 억지 이야기이며, 내셔널 카슈 레지스터의 넬슨 탈보트를 위시하여 바우엘 크로스리, 아더 아이젠하워 등 하워드의 입김이 미치지 않는 이사들이, 사장의 후임을 찾아내려고 하지 않는 하워드에 대해 분개하기 시작하였다. 그리하여 마침내 매월의 정례회에서 이사회는 사장후보의 선정을 나한테 일임하였다.

나는 몇 사람의 이름을 하워드한테 제시하였다. 그렇지만 그 어떤 사람에도 수긍하지 않았다. 그리하여 나는 카터 바제스의 이름을 꺼냈다. 바제스는 실업가로서 풍부한 경험을 가지고 있으며 아이젠하워 정권의 병력 담당 국방차관보였다.
 하워드는 이 제안에 대해서는 흥미를 나타냈다.
 "어떻게 해서든지 대통령한테 직접 전화를 걸어 바제스를 어떻게 생각하는지 물어봐주게나."
 하고 말하였다.
 그때 나는 뉴욕의 월도프 아스트리아 호텔에 있었다. 우연히 동료인 아더 아이젠하워 이사도 같이 투숙하고 있었으므로 나는 그의 방으로 갔다.
 "대통령과 형제 사이는 좋은 편인가?"
 나는 농담삼아 아더한테 물었다.
 "왜 그러지?"
 "전화로 불러낼 정도로 사이가 좋으냐 말야?"
 "응, 그래."
 3분 후에는 아더가 건 전화에 화이트 하우스의 대통령이 나왔다.
 "대통령 각하, 우리들은 카터 바제스를 TWA의 사장으로 맞아들이려고 생각합니다만 그 전에 각하가 그를 어떻게 생각하시는지 의견을 듣고 싶어서……."
 내가 이렇게 물었다.
 "아, 카터 바제스는 내가 알고 있는 가장 이지적이며 유능하고 믿음직한 인물의 한 사람이지."
 아이젠하워 대통령이 이렇게 대답하고는 자세하게 바제스의 장점에 대해서 말하였다.
 그 이상의 추천은 없다. 나는 즉시 하워드한테 전화를 걸어 대통령과의 대화를 전했다.
 "고용하게."
 하워드가 말하였다.
 이어 나는 바제스에게 전화를 걸어 그를 뉴욕으로 오게 했으며 연봉 7만 7천 불로 5년 계약을 체결하였다.

바제스는 1957년 1월에 TWA의 사장에 취임하였다. 그러나 그가 그 자리에 머물러 있었던 것은 불과 11개월뿐이었다. 한번도 얼굴을 맞댄 적이 없는 하워드 휴즈가 그와 의논 한 마디 없이 계속해서 내리는 명령에 사사건건 방해가 되었기 때문이다.

내가 하워드의 곁에서 떠난 후의 어느 날 카터 바제스로부터 전화가 걸려왔다.

"정말로, 노아. 당신은 용케도 오랫동안 잘 참아왔군 그래? 도대체 어떤 식으로 해나갔지?"

그가 이렇게 물었다.

나는 하워드 휴즈를 다루는 방법을 가르쳐줄 테니 캘리포니아로 오지 않겠느냐고 그를 유도했다. 바제스는 그렇게 하겠노라고 말하고 나서 다시 며칠 후에 전화가 있었다.

"그곳에 갈 필요가 없어졌어."

하고 그가 말하였다.

"회사를 그만 둘 거니까."

37. 휴즈의 방식을 바꾸게 하려면……

1948년에는 하워드를 위해 내가 할 임무가 너무나도 많아 나는 그 중 몇 개를 덜려고 생각하였다. 나는 많은 실업가들이 각자의 페이스가 떨어지기 시작하는 나이인 60세에 가까워지고 있었다. 그러나 하워드가 이전보다 더 복잡다기한 사업을 확장함에 따라 나의 일상은 분주하였다. 하워드는 더욱더 나를 믿게 되었던 것이다.

중역을 해고시키지 않으면 안 될 때에도 '노아라면 가능하다.'──몇 백만 불이나 되는 돈을 하룻밤 사이에 마련하지 않으면 안 될 때에도 '노아라면 가능하다.'──정치가한테 돈을 건네주는 일도 신인 여배우를 밀어내는 일에도 '노아라면 가능하다.'였다.

그러한 '노아'로 뭣이든지 맡기는 데에서 싫증이 나버렸다.

게다가 나는 이미 보수를 위해 그러한 일을 할 필요가 없어졌다. 휴스턴에서 알게 된 석유사업가들을 통해 나는 유정굴삭사업에 상당히 많은 투자를 하고 있었다. 그것이 큰 이익을 가져다주기 시작했기 때문이었다. 그것을 알고는 하워드까지도 한몫 끼어들었을 정도였다.

"난 그저 당신을 좋아하기 때문에 일하고 있는 거야, 하워드."

한번은 농담으로 이렇게 말한 적이 있었다.

"내가 투자한 유전에서 매월 1만 5천 불씩 들어오니까."

하워드는 눈을 빛냈다.

"나도 한몫 끼어줘."

그가 이렇게 부탁했기 때문에 나는 그와 공동투자하기로 하였다. 이것으로 공구회사의 고객과 경합하지 않도록 석유에 대한 투자를 피해 온 휴즈 집안의 전통은 끝난 셈이었다.

내가 자립의 방향으로 크게 기울어지기 시작한 것은 이와 같은 석유투기의 이익에서이지 결코 하워드로부터의 수입때문이 아니었다.

나의 수입도 상당했으며 이보다 우스꽝스러운 현실만 아니었다면 나도 하워드 휴즈 정도는 아닐지 몰라도 상당한 재산가가 되었는지도 모른다. 이미 억만장자의 영역에 도달하려 하고 있는 나의 고용주인 하워드가 연간 2만 불의 소득세를 지불하고 있었을 때 연수입 50만 불 미만인 나는 그의 15배에서 20배의 세금을 지불하고 있었던 것이다.
 누구도 높은 급료를 받고 있는 자의 재정적인 고민 같은 것에는 동정할 수가 없다. 나는 독자 여러분한테 나의 증상에 대해 눈물을 흘려주십시오, 하고는 부탁하지 않는다. 단지 이렇듯 불공평한 점에 대해 주목해달라는 것뿐이다.
 하워드는 자기한테 5만 불의 연봉밖에 지불하지 않았다. 그의 생활비의 대부분은 휴즈 공구회사에 의해 지불되었다. 그의 회사가 버는 몇 백만 불이나 되는 돈은 설비의 확장이라든가 부동산에 대한 투자형식으로 축적되었으며 그의 자산은 이런 식으로 점점 더 불어나갔던 것이다.
 한편 나는 50만 불에 가까운 연봉을 받고 있었다——상당히 높은 급료였다. 그 중 최초의 10만 불에서는 국세와 지방세로 7만 불이 나갔으며 나머지 40만 불에 대해서는 자그마치 93퍼센트의 세금이 부과되었다. 1불 가운데 나의 손에 남는 것은 7센트뿐이었다.
 즉 하루에 8시간 근무하여 나는 그 중 7시간 반은 정부를 위해 일하는 셈이며 나머지 30분만이 자기를 위해 일한 것이 된다.
 미국의 주요기업의 대부분은 회사간부에 대한 이러한 과혹한 세제를 고려하여 스톡옵션(주식수매선택권)제도를 마련했다. 이 제도를 이용하면 임원의 보수도 25퍼센트의 소득세가 과해질 뿐이었다.
 나 역시도 세금문제를 하워드한테 의논하였다.
 "그것은 나도 어떻게 해야겠다고 생각하고 있었어, 노아."
 하워드는 진지한 얼굴로 말하였다.
 "한번 캐피털게인 방식의 급여안을 만들어보게. 뭔가 좋은 방법을 찾아낼 수 있을 거야."
 나는 즉각 캐피털게인을 기초로 한 독자적인 안을 만들어 하워드한테 보여 주었다. 그것을 보자 그는 말이 없다가 한참 후에야 겨우 입을 열었다.
"아냐, 난 이런 걸 생각한 게 아냐. 다른 안을 만들어줘."
그래서 나는 다시 다른 안을 보여주었다. 그렇지만 그는 여전히 침묵뿐이었다. 몇 달이 지나고 몇 년이 지나도 대답이 없었다. 하는 수 없이 내가 독촉하자 그는,
"미안해, 노아. 그것은 조금 곤란하단말야."
하고 말했다. 그리고는 그뿐이었다.
1948년에 나는 유전으로부터의 수입에 힘을 얻어 하워드한테 한 가지 제안을 하였다.
"이봐, 하워드."
하고 내가 말하였다.
"약간 일을 줄여줬으면 좋겠어. 지금 당장 은퇴할 수는 없을 테니까, 그 대신 이렇게 해줬으면 좋겠어.
나는 앞으로도 휴스턴을 본거지로 하여 공구회사와 양조장과 TWA를 보살필 테니까 누군가한테 서해안의 사업을 보게 할 수 없을까──RKO와 휴즈 항공기회사를."
하워드는 이에 대해서 여러 달을 두고 결론을 내리지 않고 있다가 이윽고 이런 말을 하였다.
"좋아, 노아. RKO와 항공기회사를 맡길 수 있는 사람을 찾아봐줘. 만약 적임자만 발견된다면 노아가 말한 안은 오케이야."
나는 적임자를 찾았다. 내가 처음에 지목한 후보자는 굿이어 타이어 사장인 에드 토마스였다. 에드는 나와 옛날부터의 친구로 나는 그에게 친근감을 가지고 있었다. 그 역시도 고생 끝에 공인회계사의 길을 걷게 된 친구였다. 나는 에드한테 캘리포니아로 와서 하워드를 만나달라고 부탁하였다. 조건은 스톡 옵션으로서의 연봉 20만불이었다. 하워드가 그때까지로 인정하지 않

았던 스톡 옵션에 동의한 데 대해서 나는 놀라워했지만 이와 같은 매력적인 지위를 에드 토마스는 받아들이지 않았다.

그 후 나는 몇 사람인가 되는 후보자의 이름을 댔지만 하워드는 하나같이 만족하지 않았다. 그러자 그는 이런 제안을 하였다.

"하버드에 가서 우수한 졸업생 리스트를 구해오면 어떨까? 최고 성적인 10명을······."

이와 같은 하워드의 제안은 그가 1925년에 나를 고용했을 때의 나의 CPA(공인회계사)의 시험성적을 알고 싶어했던 일을 상기케 하여 재미가 있었다. 그는 여전히 학교나 시험의 성적을 기준으로 해서 중역을 뽑아야 한다는 생각을 가지고 있었다.

"하버드의 최고 성적인 10명이라면 모두 좋은 일자리를 구했을 것이며 별로 옮기려고 하지 않을 텐데."

하고 내가 말하였다.

"하여간 시험삼아 한 번 해보라고."

나는 하버드로부터 리스트를 입수했다. 그러나 예상했던 대로 이들 우등생들은 거의가 훌륭한 지위에 앉아 있었으며 이직 같은 것은 생각하지도 않고 있었다. 그러나 그 중에서 지난날 뉴욕의 유명한 융자가 밑에서 일했던 은행가의 이름이 있었다. 나는 그 융자가를 알고 있었는데 그쪽으로 전화를 걸어 하버드를 졸업한 문제의 은행가에 대해 물어봤다.

"그 사나이는 능력은 있어."

융자가가 말하였다.

"그렇지만 조심하지 않으면 당신의 일을 빼앗고 말 걸."

나는 웃었다.

"그것은 이쪽이 바라는 바야."

우선 내가 이 후임 후보를 만나보자 역시 내가 예상했던 대로의 타입이었다. 회색 양복을 단정히 입고 있었으며 태도에 빈틈이 없었다. 은행가는 서해안으로 가서 하워드를 만났는데 하워드도 만족하였다. 그는 RKO의 이사가 되었으며 나는 그에게 사무를 인계하였다.

뉴욕의 본래 공용주가 말했던 것처럼 이 신인은 이내 일을 요리하기 시작하였다. 그것은 대단히 바람직한 일이었지만 그러던 중 일을 잘한다고만 할 수 없게 된 일이 있었다. 왜냐하면 회사의 권익을 충분히 지키려고 하지 않는 점이 나타났기 때문이었다.

그가 이사회에 나가기 시작하자 나는 그 자리에서 물러났지만 회의 보고 사항에 대해서는 주의하며 지켜보았다.

그 중의 한 건이 나의 눈에 띠게 되었다. 위스콘신과 미시간의 극장 체인의 매각이었는데 그 매매값이 지나치게 싼 것 같았다. 은행계의 친구한테 물어봤더니 역시 그 매매에 있어서는 산 사람쪽이 상당히 유리하다는 이야기였다.

나는 이 사실을 하워드한테 알려주었다. 하워드에게 무엇보다도 중요한 일은 자산을 헛되이 써버리지 않는 일이었다. 그는 새로 온 이사를 골드윈 스튜디오로 불러 설명을 요구하였다.

"왜 팔기 전에 나한테 의논하지 않은 거지?"

하워드가 이렇게 물었다.

"휴즈 씨, RKO는 주식회사입니다."

새 중역은 강경하게 이렇게 주장하였다.

"회사의 방침을 결정하는 권한은 이사회에 있습니다. 나는 그 이사회의 일원입니다."

이것으로 '회색양복'의 사나이는 끝이 난 셈이다.

그가 사무실을 나가자 하워드는 나한테,

"저 사나이를 급료지불명부에서 제외시키게."

라고 한 다음 이렇게 덧붙였다.

"그렇지만 연 2만 불의 고문으로 놔두게. 우리의 비밀을 너무 많이 알아 지껄이면 곤란하니까.”

　나의 후임자 찾기는 실패로 끝났다. 다시 새로운 후보자를 골라내어 훈련하려면 너무나도 시간이 많이 들게 되므로 내가 다시 겸임하기로 하였다. 나는 아직도 하워드가 언젠가 약속한 대로 나의 급료를 캐피털게인 방식으로 해줘서 벌이가 조금이라도 손에 남기를 기대하고 있었던 것이다.

　내가 다시 일을 보겠다고 하자 하워드는 기뻐했다. 나는 여러 가지로 생각한 끝에 이들 임무를 능률적으로 수행하기 위해서는 캘리포니아에 본거지가 있는 게 좋다는 결론에 도달하였다. 내가 그렇게 말하자 하워드는 어디든 내가 좋아하는 곳에 살아도 좋다고 말하였다. 그래서 내가 휴스턴의 나의 집과 출장 나온 중역들의 숙소로 사용하고 있었던 사본 거리 베르 에아의 저택과 교환을 제의하자 그는 이것도 즉석에서 오케이하였다.

　이렇게 해서 나는 다시 본래의 상태로 돌아가고 말았다. 다시금 하워드의 사업을 이것저것 다 관리하게 되었다── 공구회사, TWA, 항공기회사, RKO, 전부였다. 15년 동안이나 살았던 휴스턴에서 그의 발밑인 캘리포니아로 옮긴 나에게 하워드는 점점 더 의존하게 되었으며 가정의 고민으로 나의 능률이 저하하는 것을 용납하지 않았다.

　그것도 그럴 것이 나의 결혼생활이 파탄에 직면하기 시작했기 때문이었다. 나는 가정을 파국에서 지키기 위해 온갖 노력을 다 기울였다. 그렇지만 하워드 휴즈의 오른팔이라는 것이 부부 사이에 커다란 스트레스를 가져오게 한 것도 사실이었다.

　가정을 파괴하지 말아야 하겠다는 일념으로 나는 양보했으며 화해에 응하려고 했지만 잘 되지 않았다. 새로운 위기 때마다 부부 사이의 감정의 간격은 더 해졌으며 하워드한테도 마음의 고민을 숨길 수 없을 정도가 되었다.

　사정을 알게 된 하워드는 이혼해야 한다고 이때만은 그야말로 빠른 결단을 내렸다.
　어느 날 밤, 그는 변호사인 로이드 라이트와 의사인 반 메이슨을 데리고 베르 에아의 집까지 나를 마중하러 왔다. 나를 차에 태우자 하워드는 말호란트 드라이브웨이로 들어가서 여러 시간 동안 언덕 주위를 돌았다.
　"노아, 그 여자와 헤어지지 않으면 안 돼."
　하워드가 이렇게 주장하였다. 그 이유를 차례로 늘어놓으며 나의 행복은 아내와 깨끗이 헤어지는 일에 걸려 있다고 강조하였다. 그렇지만 사실은 불행한 가정생활로 해서 일에 대한 나의 능률이 떨어지는 것을 그는 두려워했던 것이다.
　"예를 들면 시골에서 태어나……."
　하워드는 설득을 계속하였다.
　"이웃 아가씨와 함께 자라 똑같은 학교에 가서 그것을 사랑이라고 생각하여 결혼하지. 그렇지만 헐리우드에 살게 되었을 때 다른 아가씨를 만나 아내만이 자신한테 이 세상에 유일한 여자가 아니라는 것을 알게 되지. 새로운 아가씨하고라면 처음한 결혼보다도 행복해질지도 모르는 거야."
　바꾸어 말해서 다른 사람과 재혼하는 것이 좋다고 말하고 싶은 것이었다. 그렇지만 나는 아직도 그럴 마음이 없었다.
　기다리다 지친 하워드가 본심을 드러내어 소리쳤다.
　"무엇때문에 망설이고 있는 거야, 노아! 얼굴도 스타일도 훨씬 좋고 침실에도 알맞은 여자를 한 타 정도는 구해줄 테니까."
　드라이브는 계속되었으며 로이드 라이트는 내 문제의 법적인 면에 대해서 의견을 말하였다. 반 메이슨은 내 아내의 정신상태에 대해서 설명하였다. 하워드의 제안으로 나는 반을 식사에 초대하여 아내를 관찰케 하였다. 그는 아내의 나에 대한 태도에는 정상이 아닌 점이 보이지만 결론을 내리기 전에 다시 한 번 관찰하고 싶다고 말하였다.

이미 새벽 5시가 되었으며 나는 피곤해서 빨리 쉬고 싶은 일념으로 반을 다시 한 번 집에 초대하기로 동의해버렸다.
"만약 반도 우리들이 이혼해야 한다고 한다면 그렇게 하겠어."
내가 말하였다.
그날 아침 반에게서 전화가 걸려왔다.
"이건 비밀인데 오늘 아침 당신과 헤어진 후 하워드는 나한테 이렇게 말했어. '노아한테 뭐라고 말해야 좋은지 알고 있겠지?'라고 말야. 따라서 내가 결론을 내릴 때를 대비해서 마음의 준비를 해두라고, 노아."
아내와 나는 1951년 2월에 이혼하였다. 우리들의 결혼이 조만간에 종국을 맞이했을지 모르지만 하워드가 이를 빠르게 한 것은 틀림이 없었다.

38. 휴즈 항공기회사의 문제와 장래

많은 군수공장과 마찬가지로 휴즈 항공기회사도 평화의 도래와 함께 축소하지 않을 수 없었다. 그렇지만 군수생산에 그다지 실적도 올리지 못했으며 군부의 기대에 부응할 수 없었던 휴즈 항공기회사의 경우는 평시로의 전환의 영향이 한층 더 컸다. 이 항공기회사는 이제는 이미 없어져버린 F11과 마지막까지 미완성이었던 헤라클레스 호를 건조했을 뿐이었으나 그래도 전시 중에는 최고 6천 명이나 되는 종업원이 있었다. 그것이 전쟁이 끝난지 2년째 되던 해에는 8백 명으로 줄었다.
"항공기회사를 어떻게 할 생각인가?"

내가 하워드한테 물었다.
"지금으로서는 아무 생각도 없어."
"하워드는 나는 이제 마음먹고 폐쇄해버려야 한다고 생각하는데. 새로운 계약을 얻을 가능성도 전연 없을 뿐만 아니라 재정적으로도 커다란 부담이 되고 있으니까."
"아냐. 폐쇄는 하지 않겠어."
하워드는 분명히 말하였다.
"반드시 뭔가 나타날 거야."
 그의 말은 그대로 적중되었다. 여기에도 하워드의 운은 강하다는 것이 증명되었다. 그렇지만 휴즈 항공기회사를 소생시키려면 운 이상의 것이 따라야 했다. 그 밖에도 돈과 근성도 필요했다. 하워드는 양쪽을 다 충분히 가지고 있었다.
 계기를 만들어준 것은 데이비드 에반스라는 우수한 엔지니어였다. 그는 전자시대의 도래를 예측하였다. 휴즈 항공기회사에 전자기술자를 모아 붐이 일어났을 때 이 분야에 대대적으로 진출할 수 있는 태세를 갖추어두면 어떻겠느냐 하는 아이디어를 낸 것이다. 하워드는 이와 같은 생각이 마음에 들어 그것을 실천에 옮기도록 지시하였다.
 그렇지만 전자산업에로의 전환을 추진하려면 보다 강력한 경영진이 필요했다. 깊은 생각과 미래를 내다볼 줄 아는 하워드는 어차피 정부관계의 수주가 큰 비중을 차지한다는 것을 예측, 군부에 '통하는' 자를 고용해야 한다고 생각하였다. 차제에 공군의 장군은 어떨까 하고 말하기 시작하였다.
 하워드의 머리에는 전시중에 알게 된 아이라 이카 장군의 이름이 있었다. 그렇지만 웨스트 포인트 출신의 이카 장군은 사업 경영의 경험이 없었다. 그래서 하워드는 그 외에도 항공수송 사령부의 사령관이었던 해롤드·E·조지를 고용하여 둘의 조화를 꾀했다. 조지는 퇴역 후 베르 항공의 경영을 해본 일이 있었으

본래 장군이었던 조지와 이카는 당연한 일이지만 명령을 내리는 데 익숙하였으므로 휴즈 항공기회사를 자유스럽게 운영할 수 있는 권한을 요구하였다. 놀랍게도 하워드는 그러한 권한을 두 사람한테 부여하였다. 두 사람이 그 권한을 최초로 행사한 것은 그들을 보좌할 경영 스태프의 톱을 선정했을 때의 일이었다. 두 사람은 로버트 맥나마라와 함께 포드 자동차회사의 '천재' 중 한 사람이었던 찰즈 손톤을 선정하였다.

　그렇지만 손톤을 만난 하워드와 나는 그에게 그다지 좋은 인상을 받지 못하였다. 우리들은 손톤의 채용에 대해서 두 사람의 장군과 논의하였다. 그런데 결국 하워드가 여기서 다시 양보한 것이다.

　"할 수 없어, 노아."

　그가 말하였다.

　"두 사람한테 맡긴다고 했으니까 맡길 수밖에 없어."

　"그것은 그런 대로 좋아, 하워드."

　내가 말하였다.

　"그렇지만 후에 가서 나한테 책임을 지우지는 말라고."

　"아, 알겠어. 노아는 지갑의 끈만 조이고 있으면 돼."

　지갑의 끈을 조이는 나의 역할이 '휴즈 제국'의 동료들한테 인기가 좋을 리는 만무했지만 조지, 이카, 손톤의 세 사람한테는 내가 눈엣가시와 같은 존재가 되었다. 그러나 그것이 나의 일이었던 것이다. 세 사람은 사사건건 나와 충돌했으며 한 번은 내가 보낸 감사역을 회사에서 몰아낸 일도 있지만 그 정도로 감사를 게을리 할 내가 아니었다.

　휴즈 항공기회사의 기본계획은 공군을 위한 사설연구소가 되는 일이었다. 그러기 위해서는 전자분야의 많은 전문가가 필요했기 때문에 회사는 돈에 눈독을 들이지 않는 인재를 모으기로 하였다. 그 결과로 로스알라모스 계획 이래 처음이라고 일컬어졌을 정도의 과학자의 대집단이 탄생되었으며 휴즈 공구회사는 한때 3,300명의 박사를 포용하고 있었다.

전자부문을 이끌게 된 것은 딘 울드리지와 사이몬 레이모라는 두 사람의 젊고도 우수한 과학자였다. 캘리포니아 공과대학 졸업생으로 울드리지는 베르 전화회사에서, 레이모는 제너럴 엘렉트릭사에 있었다. 두 사람이 멋있는 짝이 되어 커다란 힘을 발휘하였다.

휴즈 항공기회사는 급속하게 발전하였다. 하워드는 공장의 확장계획에 공구회사의 이익을 아낌없이 쏟아부었다. 정부로부터 이에 상당한 계약을 얻을 수 있다는 데 건 것이다. 또한 실제로 그러한 계약을 얻어낼 수가 있었다. 휴즈 항공기회사는 모든 신형전투기의 사격제어장치와 전자적으로 조종할 수 있는 공대공 미사일 '파르콘'의 유일한 납품업자가 되었다. 하워드는 정부의 예산편성이 확정되기 전에 트손에 파르콘 용의 새 공장을 건설할 계획을 추진하고 있었다.

1953년에는 휴즈 항공회사의 종업원 총수가 1만 7천 명에 이르렀으며 공군이 사용하는 전자장치를 거의 독점으로 생산하여 자그마치 6억 불의 수주잔액을 가지고 있었다.

이와 같은 급격한 신장은 이에 매치되는 문제도 낳았다. 전자부문의 스태프 등은 여태까지의 공업생산회사에서 볼 수 없었던 새로운 종족이었다. 이들 과학자들은 두뇌가 명석했을 뿐 아니라 고도의 지성과 진보적인 사고방식을 가지고 있었다. 그들은 하워드 휴즈를 필요악이라고 생각했으며 출자자로서의 역할 이외에는 도움은 커녕 오히려 방해가 되는 존재라고 생각하였다. 즉 교묘하게 조종하고 속이며 이용하는 상대로 간주한 것이다.

또 하워드 휴즈의 대리인인 나 역시도 그들한테는 달갑지 않은 인물의 리스트에 당연한 것처럼 하워드 바로 밑에 위치하였다. 때로는 내 쪽이 하워드보다 위에 위치할 때도 있었다. 그것은 하워드는 될 수 있는 한 그들 앞에 나타나지 않았지만 나는 항상 그들 앞에 서있었기 때문이었다. 나의 승인 없이는 1만 불 이상의 돈은 사용할 수가 없었다. 나는 모든 경비지출을 그때마다 체크하였다.

이들 천재들의 불만을 처음으로 느낀 것은 1950년의 일이었다. 레이모와 울드리지는 연구실 스태프의 증강을 요구하고 있었다. 몇천만 불이나 되는 돈을 써서 2배로 하고 싶다는 것이었다. 나는 그 때문에 피츠버그의 메론 은행으로부터 3천5백 불을 융자받았다. 그러나 그 사용용도에 대해서는 내가 관리하였다.

이에 대해서 두 장군은 나의 횡포로 간주하였다. 그렇지만 사실은 그렇지가 않았다. 두 사람은 회사의 운영에 대해서 자세한 것을 나에게 알려주지 않았다. 나는 그것을 알지 못하고 그렇듯 대규모의 확장비를 인정할 수 없었을 뿐이었다.

하워드는 한층 더 붙잡기 어렵게 되었다. 그는 주소를 라스베가스로 옮겨 휴즈 항공회사를 네바다로 옮길 생각을 하고 있다고 발표하였다.

이것이 회사의 사기를 크게 저하시켰다. 전자부문의 스태프들은 캘리포니아 공대 UCLA, 남 캘리포니아 대학 등의 연구시설을 떠나서 멀리 도박의 거리로 가족과 함께 옮겨야 하는 일을 두려워하였다.

경영진의 톱은 또한 캐피털게인형의 급여 계획을 생각하고 있다는 하워드의 공수표에 초조해하고 있었다. 중역들은 항공기회사를 번영하는 기업으로 이룩해 놓은 것은 자기들이며 따라서 그러한 번영을 나누어 가질 권리가 있다고 생각하였다.

이에 대해서 하워드는 어떻게 해보겠다고 대답했지만 물론 아무 것도 하지 않았다. 그는 누구한테든지 비록 불과 얼마 안 되는 것이라도 회사의 소유권을 나누어 줄 마음이 없었다.

아이러니하게도 항공기회사의 임원들은 그것을 나의 탓으로 알고 있었다. 하워드 휴즈가 그들의 희망을 받아들이지 못하도록 방해하고 있는 나쁜 자가 바로 디트리히라고 하면서 나를 책망했다. 나자신이 무엇보다도 먼저 하워드한테서 캐피털게인 급여의 공수표를 받고 있다는 것을 그들은 알지 못했던 것이다.

사내의 그와 같은 침체 분위기에 물을 끼얹듯이 휴즈가 회사를 팔려고 한다는 소문이 전해졌다.

타당한 값이 되면 휴즈 항공회사를 내놓아도 좋다는 말을 하워드가 했던 것이다. 다른 기업들은 항공회사의 발전을 부러운 눈으로 보고 있었으므르로 달려들었다. 그러나 과연 하워드가 진심으로 팔려고 했을까? 알 수가 없다. 그 자신도 알지 못했던 것이나 아닐는지. 정말로 타당한 값이 붙으면 팔았을지도 모른다. 그렇지만 의심스럽다. 소유하는 것을 자랑으로 알고 있는 하워드는 어떤 자산이고 극히 드물게 내놓기 때문이다.

예를 들면 맥주회사를 들 수 있다. 공구회사의 자회사인 갈프 양조회사는 전쟁 전 및 전시중에는 좋은 성적을 올렸으며 절정기 때의 수익은 230만 불에 도달했다. 그런데 오프 시즌이 없는 시장에 착안한 큰 맥주회사가 텍사스에 진출해왔다. 갈프 양조회사에 대해서도 수매하겠다는 제의가 있었으며 하워드가 팔 생각만 있었다면 큰 이익을 올릴 수가 있었을 것이다. 그런데 양조장이 공구회사의 대지 안에 있었으므로 하워드는 어떠한 형태로든 남이 자기 땅에 침입해 들어오는 것을 용서하지 못하였다. 전국 규모의 맥주회사가 텍사스를 석권하자 갈프 양조의 업적은 내리막길을 굴러가듯이 떨어졌다. 너무나도 결손이 많이 나는 것을 보고 내가 맥주회사의 조업을 정지시켰다. 그 후 나는 그런 대로 7백만 불의 값을 제시했지만 하워드가 파는 것을 거부했으며 양조장은 그대로 내버려두게 되었다.

휴즈 항공회사를 사고 싶다고 제의해온 곳은 웨스팅 하우스, 제너럴 엘렉트릭 등의 대기업이었으며 하워드는 이들 회사의 대표들과 긴 비밀교섭을 거듭했다. 곤란한 일은 하워드가 이런 교섭을 즐겼다는 점이었다. 그는 비밀회합에서 몇백만 불, 몇천만 불 식의 거래를 하기 좋아했다. 따라서 일단 교섭에 들어가게 되면 그것이 즐거워 쉽게 끝내려고 하지 않았다. 그 결과 교섭은 끝없이 계속되었으며 마침내 상대방이 지쳐서 하워드한테는 본래 팔 생각이 없었다는 결론에 도달하는 것이다. 휴즈 항공회사의 경우도 그는 결국 회사의 가치를 알기 위해 여러 상대한테 값을 제시케 해서 '자신의 팁을 계산'해봤을 뿐이었다.

이들 교섭 중에서도 특기할 만한 가치가 있었던 것은 로키드사의 로버트 그로스와의 흥정이었다. 그로스는 진지하게 휴즈 항공기회사를 매입할 생각이었다.

하워드도 그로스와 매매교섭을 하고 싶다는 열의를 보였으므로 나는 그로스를 나의 비행기로 라스베가스로 데리고 가서 호텔에 투숙시킨 다음 둘이서 하워드의 전화를 기다렸다. 그 무렵 하워드는 호텔 방을 빌리고 있으면서도 황야 속의 방갈로 주택에 살고 있었다.

여느 때와 마찬가지로 몇 시간인가 기다리게 한 다음 전화가 있었으며 하워드를 경호하고 있는 몰몬 교도의 한 사람이 마중을 와서 우리들을 방갈로로 데리고 갔다. 거기서 하워드는 우리들을 마중나와 언제나처럼 시보레 한 대에 타도록 하였다. 운전석에 앉은 그는 다시 사막과 같은 황야 깊숙이 차를 몰았다.

타는 듯한 태양 밑의 황야는 숨도 쉴 수 없을 정도로 더웠지만 하워드는 창문을 다 닫게 한 다음 더 나아가서 나와 그로스의 손수건으로 환기통 구멍을 막게 하였다——우리들의 대화가 밖으로 새어나가 남이 듣게 되면 곤란하다는 것이었다.

더구나 하워드는 감기가 들어 재채기를 하고 있었다.

"부탁이야, 하워드. 환기를 시켜주게나."
그로스가 참지 못하고 말하자,
"아, 그렇게 하겠어."
하고 하워드는 말하였다. 그리곤 2백 미터쯤 포장되지 않은 도로에서 황야로 차를 몰고 들어갔다.
"아직 말하지 말도록."
하고 그는 못을 박고는 차에서 내려 주위의 잡초 속을 돌아보며 몰래 듣는 사람이 없는지 확인하였다. 이어 다시 차로 돌아와,
"좋아, 이야기를 합시다."
하고 말하였다.

하워드가 로버트 그로스와 결실없는 교섭을 계속하고 있는 동안에 휴즈 항공기회사에는 매우 중대한 문제가 발생하였다. 감사역이 재고조사에서 자산을 과대평가했음을 지적하였다. 따라서 정부와의 계약인 2억 불 분의 원가도 그만큼 과대하게 계산되었음을 알게 되었다.
정부에 납입하는 제품의 이익폭은 원가의 11퍼센트로 한정되어 있으므로 이것은 정부로부터 돈을 사취한 것이 된다.
본래가 공인회계사였던 입장에서 나는 감사역이라든가 감사법인인 하스킨즈 앤드 셀즈사와 의논하였다. 결론은 명백했다. 휴즈 항공기회사는 몇천만 불이나 오버해서 정부에 청구한 것이다.
나는 즉각 이 사실을 하워드한테 전했으며 그 중대성을 강조하였다. 그리하여 우선 5백만 불을 정부에 반환할 것, 이어 공군과 함께 오버한 청구액을 명확하게 계산하도록 권유하였다.
하워드가 톱인 조지와 이카의 요구로 두 사람을 만나자 경험이 얼마 없는 이들 옛날의 장군들은 이 문제에 대해서 회사를

변호하는 입장을 취했다. 내가 회사의 부정을 암시해서 개인적인 공격을 전개하려 한다는 이야기였다. 그렇지만 나는 누군가가 고의적으로 부정을 저질렀다는 것이 아니라 사태가 시정되지 않으면 휴즈 항공기회사는 매우 우려할 만한 입장에 놓이게 된다고 지적했을 뿐이었다.

치명적인 스캔들이 된다는 나의 경고에도 불구하고 하워드는 옛 장군들의 반대를 방패로 꾸물거리며 문제의 처리를 연기해 나갔다. 나는 나의 주장이 옳다는 것을 증명하기 위해 하스킨즈 앤드 셀즈사로 하여금 완전한 회계감사를 하도록 말하였다.

1952년 1월 하스킨즈 앤드 셀즈사는 휴즈 항공기회사의 1951년도 결산보고서에 대한 확인을 거부하였다. 이것은 즉 항공회사에 의한 메론 은행과의 융자계약 위반을 의미했다.

그제서야 하워드도 비로소 사태를 인식하여 휴즈 항공기회사는 결국 정부에 4천3백만 불을 반납하였다.

이러한 위기를 모르는 기술진의 간부들은 나의 개입이 권력장악을 위한 공작이라고 비난하였다. 게다가 나는 하워드를 그들한테 적대시켜 그들의 캐피털게인의 꿈을 파괴한 장본인으로 취급받았다.

소유자인 하워드의 부재, 회사를 팔려고 한 그의 움직임, 소유권의 분할에 대한 하워드의 우유부단과 기피——이러한 요소들이 겹쳐 휴즈 항공기회사의 사기는 최악의 상태가 되었다. 1953년 7월 레이모와 울드리지는 하워드와 면회하여 그의 약속 불이행에 대해 캐고 들었다. 하워드는 다시금 개선을 약속했지만 역시 아무 일도 하지 않았다.

탈출이 시작되었다.

제일 먼저 그만둔 것이 레이모와 울드리지였다. 두 사람은 톰프슨 프로덕트사에 참가하여 후에 톰프슨과 함께 전자관계의 회사를 만들어 성공하였다.

그 다음으로 찰즈 손톤이 그 뒤를 이었다. 그는 후원자를 얻어 작은 회사를 샀다. 이것이 거대한 콘글로메리트, 리튼 인더스트리즈가 된다.

조지 장군은 하워드한테서 뭔가의 보장을 받으려고 하였다. 그러나 결국 절망하여 사표를 제출하였다.

이와 같은 이탈에 대한 하워드의 반응은 그야말로 그다운 것이었다. 주요한 지위에 있는 자가 그만둘 때마다,

"그의 사무실에 자물쇠를 채워. 폐쇄해 버리라고!"

그는 이렇게 명령하였다. 부친이 리드한테 공구회사로부터 청사진을 도둑맞은 쓴 기억이 아직도 되살아나는 듯싶었다.

휴즈 항공기회사의 중역들의 방은 텅텅비게 되었다.

보통 기업이라면 그래도 단순한 인사문제로 끝났을지도 모른다. 그러나 휴즈 항공기회사는 국가의 안전과 깊은 관계가 있었다.

그 때문에 국방성에서는 이전부터 휴즈 항공기회사의 내분 소식에 근심하고 있었다. 그러던 차에 항공기회사의 간부들이 대거 그만둔다는 소식이 전해졌다. 국방성의 근심은 놀라움으로 변하였다.

그때는 새로운 공화당 정권이 이미 1953년에 발족해 있었으며 공군장군이 바로 해롤드 타르보트였다. TWA의 이사였던 친척의 뒤를 잇고 싶다는 희망이 거절되자 화가 났었고 1948년의 대통령 선거에서 듀이 후보에 대한 하워드의 2만 5천 불의 헌금을 거절한 하롤드 타르보트였다.

타르보트는 화가 머리끝까지 뻗쳐 캘리포니아로 날아오자 즉시 하워드한테 회견을 요청했다. 이를 거부할 만한 입장이 아니었던 하워드는 난생 처음으로 불안해진 모양이었다. 그는 나더러 동석해서 도와주고 지원해달라고 부탁하였다.

이 '거물' 회담은 하워드가 빌려 쓰고 있었던 비버리힐즈 호

텔의 방갈로에서 있었다. 출석자는 하워드, 타르보트, 나 그리고 공군차관보인 로자 루이스였다.
 하워드의 불안은 적중했으며 그는 타르보트한테서 여태까지 누구한테도 당한 일이 없는 면박을 단단히 당하였다.
 "당신은 엉터리 같은 방법으로 혼자서 그 회사를 파괴해버린 거나 마찬가지야!"
 타르보트는 격한 어조로 이렇게 말하였다.
 "당신은 어떻게 되든 상관없을지 모르지만 국가의 안전에 관계되는 문제니까 말하는 거요. 나라는 그 국방 시스템의 중요한 부분을 휴즈 항공기회사한테 만들게 하고 있소. 그것을 다른 회사로 바꾸려면 최소한 1년은 걸리지. 이것은 국가에 있어서 중대문제지. 도대체가 중요한 국방 시스템의 생산을 당신 같은 이상한 사람한테 맡긴 게 잘못이지!"
 하워드는 거의 대답할 말이 없었다. 타르보트는 최후통첩에 들어갔다.
 "결론을 말하면 휴즈 항공기회사를 로키드에 팔든 내가 지명하는 새로운 경영진을 받아들이든지 둘 중 하나를 택할 수밖에 없다는 사실이오. 어느 쪽을 택할 것인지 72시간을 기다릴 테니까 결정해주기 바라오. 어느 쪽이든 택하지 않으면 당신과 했던 계약은 다 해제할 것이며 앞으로도 공군의 발주계약은 일체 없도록 할 것이니 잘 알아서 하도록."
 하워드는 망연자실한 것 같았다. 그때까지 사태의 중대성을 알아차리지 못했단 말인가! 변명을 하지도 않았을 뿐 아니라 사정을 설명하지도 않았다. 그러면서도 잘못을 인정하려고도 하지 않았다. 그저 돌처럼 침묵만을 지켰다.
 내가 그 사이로 파고 들었다.
 "해롤드, 잠깐동안 당신과 둘이서만 이야기를 하고 싶은데."
 나는 타르보트한테 말했다.

타르보트가 옆의 침실로 들어가자 나도 따라 들어가 문을 닫고 설득에 나섰다.

"해롤드, 당신은 자신이 한 말의 모순을 알아차리지 못한 게 아닐까."

내가 말하였다.

"당신 자신이 당초에 인정한 것처럼 휴즈 항공기회사는 공군의 전자 시스템의 유일한 납품자이며 그것을 다른 회사로 바꾸려면 최소한 1년이 걸린다고 말했어. 그러고 나서 당신은 이어 3일 이내에 결론을 내리지 않으면 우리와의 모든 계약을 무효화한다고 말했어. 우리로서도 3일간으로는 움직일 수가 없어. 지금의 상태를 시정하려면 좀더 시간이 필요해. 90일 간만 기다려주게."

"좋았어."

타르보트가 대답하였다.

"90일이야. 정말로 90일이야."

나와 타르보트는 하워드한테로 돌아가 의논한 결과에 대해서 이야기했다. 타르보트가 돌아가자 하워드는 여느 때와 같은 그로 돌아갔다.

"도대체 그 자는 자신이 뭔 줄 알고 있는 거야."

하워드가 고함을 쳤다.

"누구든……비록 공군장관이라 하더라고 나한테 회사의 경영방식을 명령할 수 있다고 생각하면 큰 잘못이지! 내 회사니까 말야!"

"아, 하워드."

하고 내가 말했다.

"그렇지만 공군으로부터의 발주가 없게 되면 휴즈 항공기회사는 존재할 수가 없지."

고집불통인 하워드는 결국 90일 동안에도 결단을 내리지 못하고 마침내 타르보트가 지명하는 사나이를 휴즈 항공기회사 경영진의 톱으로 맞아들이지 않으면 안 되었다——카티스 라이트 에어 크라프트사의 옛 사장인 윌리엄 조단이었다. 그러나 조단은 유능한 경영자로서 신속하게 문제를 처리해나갔다. 그렇지만 어디까지나 임시로 되어 있었기 때문에 하워드는 나에게 후임을 찾아보도록 지시하였다.

그 후에 하워드는 공군과의 문제를 해결하는 새로운 방식을 발견해 내어 그것을 만능약처럼 생각하게 되었다. 이 방식은 휴스턴의 고문변호사인 톰 슬래크한테서 나온 것인데 '휴즈 제국'을 양도할 처자식은 물론 직계의 가족도 없는 하워드는 이전부터 그의 재산의 계승자로서 휴즈 의학재단을 설립하고 싶어 하였다.

슬래크는 이 휴즈 의학재단의 관리하에 휴즈 항공기회사를 그대로 살짝 옮기는 것이 어떨까 하고 제안했던 것이다. 확실히 공익을 위한 재단의 관리 아래 둔다면 국방성의 비난을 받을 개인기업적인 요소는 제거된다.

그렇지만 나는 이 아이디어에 반대하였다. 이 방식은 공군의 대우가 좋아진다는 이점은 있지만 그 반대로 하워드의 권한이 대폭 제한되며 그는 휴즈 항공기회사의 이익에 직접 손을 댈 수 없게 된다. 이것은 그의 재정면에서도 커다란 마이너스가 된다고 나는 주장하였다.

하워드는 나의 의견에 귀를 기울이지 않았고 마침내 1953년 12월에는 재단을 설립해서, 1954년 1월 1일부로 휴즈 항공기회사를 새로운 재단으로 옮겼다. 재단은 휴즈 공구회사에 휴즈 항공기회사의 유동자산에 대해서 1,800만 불의 수표를 넘겨줬으며 공구회사는 토지, 건물 및 설비의 권한을 갖게 되었다. 이들 고정자산은 재단이 공구회사로부터 빌려 그것을 재단이 백퍼센트 소유하는 자회사인 휴즈 에어크라프트 코퍼레이션에 대여해준다는 형식을 취했다. 그리고 그 임대료의 차액――1년에 약 2 백만 불을 재단의 활동자금으로 충당하였다.

휴즈 항공기회사의 재단에 대한 이양은 막을 수 없었지만 나는 다행히 동회사를 맡길 수 있는 인물을 발견할 수가 있었다――벤틱스사의 기술개발 담당 부사장이었던 L·A·하이란드였다. 나는 하이란드와 수차 만났는데 이 사람이야말로 하워드 휴즈의 독단적인 방법에 대처하여 휴즈 항공기회사의 장래를 이끌고 나가는 데 필요한 자질을 갖춘 자라고 판단하였다.

그렇지만 하이란드의 요구도 대단하였다――연봉 10만불, 10년 계약, 디트로이트의 집과 로스앤젤레스, 홈미힐즈지구의 저택과 교환할 것, 휴즈 항공기회사의 순이익의 마진, 게다가 세금을 빼고 최저 25만 불을 보증하는 캐피털게인 플랜 등의 요구였다.

하워드는 그러한 대부분에는 동의했지만 캐피털게인 플랜에 대해서는 고개를 끄덕이지 않았다.

"그렇지만 구두로는 오케이한 게 아닌가?"

나는 하워드한테 말하였다.

"아, 하긴 했지만……."

그가 대답하였다.

"그렇지만 노아를 비롯해서 모두에게 똑같은 약속을 했으면서도 아직 약속을 지키지 못하고 있는데 한 사람만 인정한다는 것은 좋지 않아서야."

"아, 그렇겠군."

나는 다소 꼬집듯이 말하였다.

"그렇지만 머지 않아 어떻게든 할 거야."

하워드가 이렇게 덧붙였다.

"단지 문서화하고 싶지 않을 뿐이야."

나는 하이란드한테 사정을 설명하고는 하워드의 구두약속을 그다지 신용할 수 없으므로 그것이 안 된다면 애초부터 일하지 않는 쪽이 좋을 것이라고 말하였다. 하워드는 캐피털게인 플랜을 포함하지 않는 계약서에 동의하였다.

휴즈 항공기회사의 톱이 된 하이란드는 멋있는 일을 해냈다. 내가 이것을 쓰고 있는 현재에도 그는 그 일을 계속하고 있다. 그럼에도 불구하고 하이란드가 하워드를 만난 것은 또 한 번——최초의 면접때뿐이었다. 그 밖에는 전화로 두 번 이야기했다고 하니까, 하이란드가 1954년에 고용된 이래 하워드의 목소리를 들은 것은 모두 세 번이라는 것이 된다.

캐피털게인 플랜의 구두약속은 어떻게 되었느냐 하면, 하이란드는 지금도 그것이 실현되기를 기다리고 있다.

내가 '휴즈 제국'을 떠난 후 하이란드는 그 일로 나한테 한 번 전화를 한 적이 있었다. 하워드가 약속 불이행의 책임을 나에게 전가했다는 것이다.

"그것은 노아가 처리한 것으로 알고 있었는데."

하워드가 하이란드한테 한 말이었다.

"곧 구체화하도록 할 테니까 기다려줘."

그러나 그로부터 2년이 지나도 구체화되지 않았다. 마침내 하이란드는 나의 집까지 의논하러 왔으며 하나의 생각을 설명하였는데 하나의 연금 플랜을 이사회에 걸어보자는 것이었다. 이사회는 하워드, 하이란드, H·홀의 세 사람으로 구성되어 있으며 하워드의 반대만 없으면 그 플랜은 2년이면 발효하게 될 것이다.

"어떻게 생각해?"

하이란드가 나한테 물었다.

"우선 첫째로……."

나는 대답하였다.

"하워드는 이사회에 출석하지 않아. 내가 함께 있었던 32년 동안에 단 한 번도 모든 이사회에 나간 적이 없었으니까 말야. 둘째로는 하워드 휴즈한테서 뭔가를 쟁취하기 위해서는 그것이 유일한 방법이지."

하이란드는 이와 같은 시험을 실행에 옮겨 성공시켰다. 예상했던 대로 이사회에 나타나지 않았던 하워드는 이에 대해서 반대할 수가 없었다. 이렇게 해서 하워드는 오랜 세월을 두고 되풀이했던 약속, 그의 부를 구축해낸 자한테는 그것을 나누어 준다고 하는 약속의 하나를 완수하게 된 것이다.

그러나 그것도 그가 모르는 새에 이루어진 것이다.

39. 그 후의 RKO와 여록(余錄)

휴즈 항공회사와 TWA의 혼란이 계속되고 있던 1950년 초엽에도 하워드는 그런 대로 시간을 내어 RKO를 원격조정하고 있었다. 촬영소 안에는 한 번도 발을 들여놓지 않았으므로 그야말로 원격조정이다. 그래도 젠 러셀의 브래지어에 이르기까지 회사의 방침을 상세히 지시하고 있었다.

하워드의 이와 같은 기분적인 운영으로 RKO는 한층 더 낙하의 길을 더듬어가고 있었다. 그가 1948년에 지배권을 얻었을 때 2천 명이었던 종업원이 1952년에는 불과 5백 명으로 줄었으며 9.5불이었던 주가가 1954년에는 3불을 하회하고 말았다.

하워드의 다른 사업의 경우는 그가 아무리 서투른 운영을 하더라도 그 결과에 대해 남한테 비난당한 일이 없었다. 단지 그 자신이 그 보답을 받음으로써 족했다. 그러나 RKO의 경우에는 하워드말고도 많은 주주가 있었다.

그것도 당연한 이야기였다. RKO의 제작건수가 급격히 줄었는데 그 주요원인은 하워드가 무엇이든 자신이 결정하려고 했기 때문이었다. 그리하여 그 결과는 〈정복자〉에서 존 웨인한테 징기스칸 역을 하게 한 것과 같은 커다란 실수가 많았다. 또한 젠 러셀의 가슴의 영상적인 효과를 지나치게 추구한 나머지 가톨릭교회의 분노를 샀으며 과거의 〈스카페이스〉라든가 〈아우트로〉 때와 마찬가지로 〈더 프렌치 라인〉(프랑스 항공노선)에서도 다시 검열기관과 싸우지 않으면 안 되었다. 결국 그가 승리했지만 그것은 공허한 승리일 뿐이었다.

하워드는 시드 로젤 대신 샘 비숍한테 제작을 맡겼다. 그러나 샘 역시 시드와 마찬가지로 하워드한테 이것저것 지시만 받아 제대로 능력을 발휘할 수가 없었다, 그 다음으로 RKO의 제작을 담당한 것은 제리 월드와 노만 크라스나의 콤비였는데 두 사람은 용감하게도 총액 5천만 불의 영화제작 계획을 발표하였다. 그러나 이들 두 사람 역시 하워드의 계속적인 간섭으로 좌절하고 말았다.

이러한 상태였기 때문에 술렁이기 시작한 주주들을 나무랄 수가 없는 것이다. RKO의 재정상태는 해를 거듭할수록 악화되었으며 그 원인은 하워드 휴즈의 동회사에 자금의 관리 방법에 있는 것이 분명하였다. 마침내 주주들은 3천5백만 불의 손해배상소송을 제기하였다.

이 문제에 대해서 하워드의 부름을 받은 나는 RKO의 필름도서관에 보관되어 있는 옛날 영화의 가치를 지적하였다. 이들 영화는 최저의 평가액수가 장부에 기재되어 있었는에 오락물을 갈증이 날 정도로 원했던 텔레비젼 방송국에 몇백만 불의 값에라도 팔릴 것이 틀림없었다.

"그렇지만 옛날 영화를 텔레비젼에 팔 수는 없어."

하고 하워드가 반론을 제기하였다.

"극장주들이 화를 내어 RKO의 새 작품을 사지 않게 될 테니까."

"누군가가 고양이한테 종을 달아주지 않으면 안 되는 게 아닌가?"

"그렇지만 우리 극장도 타격을 받게 돼."

"그렇다면 팔지 않아도 돼. 팔지 않더라도 그만한 가치가 있는 건 분명하니까. 주주들은 그것을 몰라. 단지 그다지 손해를 보지 않고 팔아서 극복하고 싶은 것 뿐일 거야. 그것도 주주들만이야. 25불로 산 친구들은 이미 다 팔아버렸어. 그들 새 주주들은 지금의 주가를 2.6불 정도로 보고 있어. 그러니까 1주당 5불로 사들인다고 하면 달려들 거야."

하워드는 이 아이디어가 마음에 들었다.

"좋았어. 5불로 하지 말고 차라리 6불로 사들이지."

그가 말했다.

1954년 RKO의 이사회는 4만 주를 2천4백만 불로 수매하겠다는 하워드의 제의를 받아들이기로 결의하였다. 이 2천4백만 불에는 성의를 보이기 위해서 하워드가 추가시킨 그 자신의 백만 주에 대한 6백만 불이 포함돼 있었다.

그 후 머리 아픈 촬영소 운영에 염증을 느낀 하워드는 RKO를 팔기 위해서 제너럴 타이사의 자회사인 제너럴 텔리라디오의 사장인 토마스 프란시스 오닐과 교섭하기 시작하였다. 1955년 여름 오닐은 RKO의 스튜디오와 소유하고 있는 필름에 대해서 하워드한테 2천5백만 불을 지불하였다.

결국 하워드는 7년 동안 RKO를 지배하여 백만 불의 이익을 얻은 셈이 된다. 그렇지만 이 영화회사에 그가 쏟은 자금과 시간을 생각해보면 그것은 대단한 벌이가 되지 못한다—— 은행 이자보다 나쁠 정도이니까. 그러나 최초에 내가 지적한 것처럼 만약 그가 RKO를 사지 않고 영화제작을 계속해왔다면 그 정도가 아니었을 게 분명하다. 이전처럼 그의 몇백만 불의 돈이 물거품처럼 사라져버렸을지도 모른다.

하워드가 RKO를 사게 된 동기는 이익의 추구와 영화예술에 대해 공헌하기 위해서만이 아니었다. 그것은 그의 리비도하고도 관계가 있었다. 하워드의 영화산업과의 관계는 긴 편이었는데 그 동안 나는 그의 로맨스가 영화산업의 부산물인지 아니면 로맨스가 주목적이고 영화제작을 한다는 것은 단순히 연막인지 알 수가 없었다. 즉 쉽게 표현해서 영화와 섹스 중 어느 쪽이 먼저인지 알 수가 없었던 것이다.

RKO는 하워드의 대대적인 미녀 찾기에 그럴싸한 구실이 되었다. 휴즈 공구회사의 이름으로 빌린 5개의 저택에는 유명한 스타라든가 무명의 여배우들이 차례로 드나들었다.

나는 도저히 하워드의 로맨스를 일일이 기억할 수가 없었다. (그 자신도 다 기억하지 못할지도 모른다.) 그의 사생활은 그 자신의 문제이며 나는 그의 사업을 지켜보는 것만으로도 힘에 겨웠기 때문이기도 하다.

그렇지만 그래도 그의 정사에 관한 에피소드 몇 가지만은 나의 기억에도 남아 있었다. 언젠가는 하워드가 빌리고 있는 집 하나에 희극으로 인기가 있었던 지적인 젊은 미인 여배우가 묵게 되었다. 자유스러운 기풍의 가정에서 자란 모양으로 그녀는 양친이 헐리우드로 찾아오자 하워드가 있는 그 집으로 두 사람을 데리고 왔다.

"난 지금 하워드와 함께 지내고 있어요. 머지 않아 결혼할 생각예요."

그녀는 양친한테 이렇게 말하였다.

"그를 만나러 가요."

둘을 홀에 안내한 그녀는 2층을 향해 불렀다.

"하워드! 아버지와 어머니가 오셨어요. 당신을 만나고 싶대요."

이때의 대면은 그녀가 의도했던 것과는 상당히 빗나가버리고 말았다. 잠자고 있던 하워드는 완전 나체로 계단 위에 나타났다. 그리고는,

"일찌감치 돌아가게 해!"

하고 소리친 것이다.

이것으로 로맨스는 끝을 고했다. 그로부터 얼마 후 그 여배우는 헐리우드에서 가장 유명하고 유복한 스타와 결혼하였다.

하워드의 시중을 받게 된 또 하나의 여성은 무척 아름다웠으며 또한 놀랄 정도로 젊었다. 하워드가 빌린 집에 맞아들였을 당시는 고작 나이가 16세에 지나지 않았다. 이때만은 나도 그의 일에 한 마디 말참견을 하지 않을 수가 없었다.

"하워드, 당신은 다이나마이트와 놀고 있는 것 같아."

나는 그에게 이렇게 말하였다.

"그 아이는 아직도 미성년이야. 미성년자와 동거하고 있는 것을 세상이 알게 되면 골치아픈 일이 생길 거야."

찰리 채플린과 에로르 프린의 10대 여자 아이와의 성적행위가 재판에 회부된 지 얼마 되지 않았을 무렵의 일이었다. 하워드의 경우도 똑같은 결과가 될 위험성이 있었다. 그러나 이때에도 하워드는 나의 의견에 귀를 기울이지 않고 동거생활을 계속하였다. 그리하여 그 여자 아이를 여배우로 키우려고 했지만 그녀한테는 그 방면의 재능이 전연 없었다.

그러던 중 하워드한테는 정말로 골치아픈 일로 발전할 징조가 나타나기 시작하였다. 그녀의 부친이 사람들한테 소문을 내고 다니기 시작한 것이다.

"하워드 휴즈는 내말대로 다 돼."

이와 같은 부친의 이야기를 들은 하워드는 이렇게 말했다.

"잠자코 있게 해요."
나는 그녀의 부친을 높은 급료로 휴즈 항공기회사에 입사시켜 침묵케 하였다.
이 젊은 아가씨와의 일은 하워드한테 상당히 비싸게 먹혔다. 그녀를 영화계에 진출시키기 위해 그는 한 밑천을 사용한 것이다. 그러나 마침내 체념하고 다른 관심사에 —— 그리고 다른 여성한테로 —— 옮겨갔다. 그녀는 젊은 남자와 결혼하여 외국에서 살게 되었다. 출발하기 전에 그녀는 하워드한테 마지막 전화를 걸었다.
"뭔가 나로서 할 일이 있는가?"
하워드가 이렇게 물었다.
"예."
그녀가 말했다.
"아이가 태어나기 때문에 돈이 좀 필요해요. 그리고 어머니의 이빨도 고쳐야 하고요."
그녀에 대한 하워드의 마지막 지불은 수천 불이었다. 그 밖에도 그녀의 영화를 위해 큰 돈을 쓰기는 했지만 우선 크게 다치지 않고 끝났다고 할 수 있었다. 이 로맨스는 가장 큰 보상을 지불해야 할 가능성이 있었기 때문이었다.
하워드를 사로잡은 수많은 여성 중의 한 사람으로 엘리자베스 테일러를 들 수가 있다.
그녀가 닉 힐턴과 이혼한 후 하워드는 이 절세의 미녀에게 접근하려고 중간 역할을 하는 사람을 보냈는데 그는 바로 언제나처럼 믿을 수 있는 패트 디치코였다.
"휴즈 씨가 일 때문에 꼭 만나 이야기를 하고 싶답니다."
패트가 말했다.
"그리고 알고 계시겠지만 그는 그러한 이야기를 남들이 아는 걸 매우 싫어합니다. 그래서 팜스프링스의 집이 비어 있으므로 그곳을 당신이 자유로이 사용해도 좋으니까 그곳에서 만나고 싶답니다."
　엘리자베스는 달리 예정이 있었지만 유명한 하워드 휴즈한테서 이런 말을 듣고 보니 그녀라 할지라도 그렇게 간단히 거절할 수는 없었다. 그녀는 팜스프링스로 가서 하워드를 기다렸다. 그런데 아무리 기다려도 나타나지를 않았다. 그녀가 화가 나서 돌아가려고 했을 때 그제서야 겨우 와서는 그녀를 MGM에 있었을 때 이상의 대스타로 해주겠다는 식의 말을 하였다. 그러나 그녀는 이와 같은 권유에 그다지 감격하지 않았다. 그녀는 곧 런던으로 가서 마이켈 와일딩그를 만나 그와 결혼할 생각이라고 하워드한테 말하였다.
　하워드는 조바심났지만 그녀의 의지는 굳건했으며 아무리 사탕발림의 말을 늘어놓아도 달라지지 않았다. 최후의 수단으로 하워드는 패트 디치코를 그녀와 함께 런던까지 보냈다. 패트는 가는 도중에 내내 설득을 계속했지만 마이켈 와일딩그하고 결혼하겠다는 그녀의 결의는 굳어서 끝끝내 그것을 밀고 나갔다.
　엘리자베스 테일러는 하워드 휴즈가 놓친 미녀의 한 사람이었다.
　그렇지만 다음의 두 여성은 하워드의 손아귀에 들고 말았다.

　한 여자는 테리 무어.
　〈가스라이트〉(가스등), 〈라시의 아들〉 등에 아역으로 출현한 그녀는 복스러운 미녀로 성장하여 당연한 일로 하워드 휴즈의 눈에 띄었다. 그리하여 두 사람 사이에 로맨스가 싹텄다──최소한 그녀는 그렇게 생각하였다. 실제로 하워드는 그녀한테 대단한 관심을 보였으며 여배우로서의 그녀를 강력하게 후원하였다. 그러나 어떤 여자든 그의 흥미를 오래도록 붙잡아 둘 수는 없었다. 마침내 그는 다른 일에 관심을 돌려버렸던 것이다.

그런 상황에 웨스트포인트의 풋볼 선수 스타였던 글렌 데이비스가 나타났다. 글렌은 테리를 사랑하여 그녀한테 맹렬하게 접근하였다. 하워드가 이제는 그녀와의 약속을 저버렸다고 생각한 테리는 1951년에 글렌과 결혼하였다. 그래서 둘은 글렌이 장사를 하고 있는 텍사스 주 라보크에서 살게 되었다.

둘이 결혼하여 3개월쯤 지났을 때 뜻밖의 전화가 나에게 걸려왔다.

"디트리히 씨, 저는 테리 무어입니다."

"예."

"텍사스에서는 어떻게 됐습니까?"

이와 같은 질문에 나는 약간 어리둥절했다. 나는 휴스턴의 정기적인 출장에서 돌아왔을 뿐이었는데 어째서 영화스타한테 출장의 결과에 대해서 질문을 받는지 알 수가 없어서였다.

"아니, 무어 양……."

내가 이렇게 말했다.

"저는 지금 텍사스에서 돌아오기는 했습니다만 그쪽의 일에 대해서는 이미 하워드에게 보고했습니다. 당신도 아시다시피 그 내용에 대해서는 내 입으로 말할 수 없으니 하워드한테 물어봐주십시오."

그녀가 전화를 끊자 나는 즉시 하워드한테 전화를 걸었다.

"지금 테리 무어에게서 전화가 왔었는데 텍사스에서는 어땠느냐고 묻지를 않겠나. 어째서 그녀가 그런 것을 다 묻지?"

"아, 그렇군. 내가 말하는 것을 까맣게 잊고 있었어!"

하워드가 이렇게 말하였다.

"노아한테 텍사스에서의 이혼수속에 대해 조사시키겠다고 무어한테 말했던 거야."

여기서 처음으로 나는 테리 무어가 글렌 데이비스와의 이혼을 생각하고 있다는 것을 알게 되었다. 후에 내가 알게 된 바에 의하면 신혼은 두 사람이 라보크에 안정되자마자 하워드 휴즈에게서 전화가 걸려왔다. '스크린 테스트'하러 로스앤젤레스까지 나와줬으면 좋겠다고 했다는 것이다. 테리는 남편하고 의논하여 글렌은 그녀의 로스앤젤레스 행을 허락했다.

테리는 단지 스크린 테스트이기 때문에 4, 5일 후면 돌아올 수 있을 것이라고 말하고는 떠났다. 그런데 그녀가 캘리포니아에 머문 기간은 5주일이나 되었다. 그 후에 글렌한테 걸려온 그녀의 전화는,

"하워드와 결혼하고 싶으니까 이혼해 줬으면 좋겠어요."

이런 말이었다.

글렌은 벼락이라도 맞은 듯이 놀랬다. 그는 곧 다음 비행기로 캘리포니아로 날아가 그렌디일의 테리 양친의 집에서 그녀와 이야기하기로 하였다. 하워드는 뒤에 참가하기로 되어 있었다.

이 그렌디일의 집에서의 대화에는 테리의 양친도 자리를 같이 했으며 그야말로 서먹한 분위기였다고 한다. 견딜 수 없게 된 글렌이,

"뒷마당에서 기다리고 있을 테니까, 휴즈가 오거든 불러달라."

하고 말하였다.

얼마 후 하워드가 왔다고 테리가 뒷문에서 글렌을 불렀다. 거실로 들어온 글렌은 하워드를 보자마자 분노를 참지 못해 하워드의 얼굴을 일격을 가했다.

후에 글렌이 나한테 들려준 말에 의하면, 하워드를 다시 몇차례 더 때린 것은 자신도 기억하지 못하는 모양이었다. 그렇지만 쓰러진 하워드한테 달려들어 몇 차례 더 때렸다고 주위 사람들한테 들었다고 한다. 이어 그는 하워드를 일으켜 긴 의자에 밀어부쳤다.

"이 덜된 놈 같으니, 얌전히 앉아서 들어!"

글렌은 낮은 목소리로 말했다.
"말을 하면 나는 네놈을 죽일 테니까."
하워드는 격해 있는 상대방한테 대항하려 하지 않고 얌전히 앉아서 들었다.
"네 놈은 우리들의 결혼을 파멸시켰어. 그렇지만 내놈한테 테리하고 결혼할 생각 같은 건 추호도 없다는 것을 잘 알고 있어. 그렇지만 이렇게 된 것은 어떤 의미에서는 차라리 좋은 일인지도 모르겠어. 일찌감치 사정을 알게 돼서 말야. 어린아이가 생기기 전에 알게 된 것이 정말로 다행이야."
이렇게 말하고 나서 글렌은 모든 사람들한테 등을 보이고 나가버렸다.
그날밤 하워드는 글렌한테 전화를 걸어 연인이었던 테리를 빼앗겨 얼마나 슬펐는지 모른다는 식의 이야기를 장황하게 늘어놓았다. 그렇지만 하워드의 말은 글렌에겐 하등의 의미가 없는 이야기였다.
다음 날 하워드와 그의 새로운 탤런트 스카우트 장소인 월터 케인의 아파트에서 만났다. 나는 하워드의 얼굴을 보고 깜짝 놀랐다. 한쪽 눈 가장자리가 검게 멍이 들어 있었으며 볼에도 할퀸 상처와 긁힌 상처투성이었기 때문이다.
"그 얼굴은 도대체 어떻게 된 거지?"
내가 하워드한테 이렇게 물었다.
"응, 어제 저녁에 아파트에서 나가다가 멈추어 있는 차에 정면으로 부딪쳐버렸어."
이혼은 성립되었으며 테리 무어는 RKO의 영화에서 다소의 성공을 거두었다. 그렇지만 그녀와 하워드 휴즈가 함께 결혼식 제단 앞에 서는 날은 결코 찾아오지 않았다. 그녀 역시도 그의 다른 연인들과 마찬가지로 끝내 기다릴 수가 없었던 것이다.

한 여성은 끝내 기다려 마침내 하워드를 결혼식 제단 앞에 서게 하였던 진 피터즈였다.

진은 오하이오 주립대학 학생시절에 미인 콘테스트에 우승하여 스크린 테스트에 합격한 전형적인 과정을 거쳐 헐리우드로 왔다. 그러나 똑같은 코스를 밟아온 수천의 다른 미녀들과는 달리 그녀의 경우는 성공하였다. 20세기 폭스사와 계약한 그녀는 이내 타이론 파워의 상대역을 할 정도의 스타가 되었다.

이와 같은 진을 하워드가 처음으로 스크린을 통해서 본 것은 1946년의 일이었다. 그는 이 미녀를 만나보고 싶어했으며 그녀 쪽에서도 이에 응했다. 내가 아는 범위 내에서 하워드 휴즈의 데이트 신청을 처음부터 거절한 여성은 한 사람도 없다.

로맨스가 싹텄고 언제나처럼 하워드는 결혼 약속을 했지만 언제나처럼 이를 이행하지 않고 질질 끌었다.

내가 진 피터즈를 만난 것은 딱 한 번뿐이었지만 그것이 씁쓰레한 기억을 남게 한 것을 기억하고 있다. 하워드는 진과의 데이트에 나더러 같이 가자고 권유해 우리들은 즐거운 한때를 지내게 되었다. 진은 총명했을 뿐만 아니라 매력적인 여성으로써 나와 그녀는 의기가 투합되어 열띤 대화를 나누게 되었다. 그러는 동안 별로 회화를 잘하지 못하는 하워드는 거의 말이 없었다. 지금에 와서 생각해보니 약간 화가 나 있었던 것 같다.

다음 날 아침 정사관계의 지불을 맡고 있던 잡일 담당의 리 마린이 전화가 걸어왔다.

"어제 저녁에 무슨 일이 있었습니까?"

"어제 저녁? 아, 진 피터즈와 하워드와 함께 무척 즐거웠어……. 그런데 왜 묻는 거지?"

"아닙니다, 뭐가 있었는가 싶어서요. 휴즈 씨가 오늘 아침 저에게 '디트리히를 진한테 접근시키지 않도록 하라.'고 말하지 뭡니까."

나는 웃지 않을 수가 없었다. 설마 하워드는 17살이나 나이가 위인 나를 로맨스의 라이벌로 경계한 것은 아니겠지. 대화의 면에서 뒤지는 것이 재미있었을 것이다.

다른 여성들과 마찬가지로 진 피터즈도 아무리 기다려도 약속을 이행하지 않는 하워드의 참뜻을 의심하게 되었다.

그런 때에 스튜어트・W・크레이마 3세라는 미모의 청년이 나타났다. 스튜어트의 부친은 노스캐롤라이나의 섬유관계의 실업가로서 드와이트・D・아이젠하워와 웨스트포인트의 동기생이었다.

진은 〈샘 속의 세 개의 동전〉의 촬영으로 로마에 갔을 때 스튜어트를 만나게 되었다. 얼마 동안의 짧은 교제 후 스튜어트는 그녀한테 결혼을 신청하였다. 그녀는 제의를 받아들여 둘은 1954년 5월 29일에 워싱턴에서 식을 올렸다.

워싱턴에 자리를 잡은 신혼의 두 사람이 사교계에 모습을 보이자 누구의 눈에도 사이가 좋은 이상적인 부부처럼 보였다.

그러던 어느 날 진의 회사인 20세기 폭스사로부터 그녀한테 〈피터라는 이름의 사나이〉의 촬영이 있으니 헐리우드로 와줬으면 좋겠다는 연락이 있어서 남편인 스튜어트도 그것을 허락하였다. 그런데 4,5주일이 지난 다음에 그가 진한테 전화를 걸어봤지만 쉽게 연락할 수가 없었다. 전화를 해달라고 부탁을 해두었는데도 걸어주지도 않았다. 이상하게 생각한 스튜어트가 오하이오에 있는 진의 어머니한테 전화를 걸어보자, 아무래도 하워드 휴즈가 두 사람의 결혼에 간섭을 하려는 것 같다는 이야기였다.

놀란 스튜어트는 캘리포니아로 날아갔다. 그런데 진이 아무리 해도 만나려고 하지 않으므로 그는 하워드한테 전화를 걸었다. 하워드는 점잖은 태도로 전화를 받으면서 화해를 위해 노력을 아끼지 않겠노라고 말하였다. 그제서야 스튜어트를 만난 진은 극도로 흥분하고 있었으며 스튜어트를 배반한 죄책감에 괴로워하는 것 같았다고 한다. 그러나 동시에 그녀에 대한 하워드의 기분에 대해서도 무척 신경을 쓰고 있는 것같이 보였다.

아무래도 두 사람의 결혼을 원상태로 회복시키기에는 무리인 것 같았다. 진은 이혼하기 위해서 플로리다로 갔다. 스튜어트는 그 뒤를 쫓았으며 어떻게 해서든지 못하게 하려고 했지만 감정이 극도에 다다른 그녀는 그의 설득을 전연 받아들이지 않았다. 그러나 플로리다에서는 수속을 끝내지 못하여, 다시금 캘리포니아로 돌아와서 이혼수속을 밟았다.

1957년 1월 17일에 스튜어트·W·클레이마 3세와의 이혼을 성립시킨 진 피터즈는 1957년 3월 13일, 네바다 주 노파에서 하워드 휴즈와 결혼하였다.

그렇지만 기묘하기 그지없는 결혼생활이었다. 하워드가 라스베가스로 옮긴 후부터는 진이 3,4주일 만에 한 번 정도로 그를 찾아갈 뿐이었으며 그것도 언제나 30분 정도밖에 같이 있지 않았다. 결국 그러한 생활에 만족할 수 없게 된 그녀는 1970년에 하워드와 이혼하였다.

40. 닉슨 론

로메인 거리 7천 번지에 있는 나의 사무실의 전화벨이 울렸다. 하워드의 정계관계 고문변호사로부터 걸려온 전화였다.

"닉슨 부통령과 이야기를 했는데 말야."

그가 말하였다.

"그의 동생 도널드가 휘티아에서 하고 있는 요정이 재정곤란

상태에 빠져 있으니 도와줬으면 좋겠다는 거야."
"도와달라니 어떤 식으로?"
내가 이렇게 물었다.
"돈을 꿔달라는 거지 뭐."
"얼마를?"
"20만 5천 불."
나는 나도 모르는 사이에 놀라는 휘파람을 불었다.
"20만……? 그만한 돈을 정치가한테 꿔줘본 일은 여태까지 한 번도 없는데."
내가 말하였다.
"난 책임을 질 수 없으니 하워드한테 물어보라고."
 전화를 끊었을 때 나는 언짢은 예감에 사로잡혔다. 여태까지도 하워드의 정치가에 대한 공작에 여간해서 따라가지 못하지만 이번의 경우는 지나치다고 여겨졌다. 부통령의 친척한테 돈을 내준다는 것은 시의회의원이라든가 국회의원의 선거운동을 지지하는 것과는 질적으로 달랐다. 더구나 리처드 닉슨은 1956년의 아이젠하워의 압도적인 승리로 수주일 전에 재선된 것이다. 아무리 봐도 의혹을 낳게 하는 도식이었다.
 도널드 닉슨은 나쁜 인간은 아니었지만 분명히 장사에는 서툴렀다. 고향인 휘티아에서 요정을 개설하여 '닉슨버거'라는 특제 샌드위치를 내세워 팔고 있었는데 가게는 1년 동안 적자가 계속되었다.
 고문변호사한테서 닉슨에게 돈을 돌려주는 이야기가 있었던 다음날 하워드가 나한테 직접 전화를 걸어왔다.
"닉슨한테 돈을 내주라고."
그가 이렇게 말하였다.
"도대체 얼마인지 알고나 있나?"
내가 물었다.

금액은 하워드한테 문제가 되지 않는 것 같았다.
"상관없어. 내주라고."
그래서 나는, 휴즈 공구회사의 캐나다 자회사로부터 20만 5천 불을 보내게 하여 그것을 변호사한테 건네주었다. 그러나 그 거래에 대해서 들으면 들을수록 나의 의혹은 짙어만 갔다. 나는 리차드 닉슨을 좋아했으며 상원의원 시대 때 한 번, 부통령이 되었을 때 두 번 그에게 투표하였다. 또한 나는 아이젠하워 대통령도 지지하고 있으며 그의 가족인 아더하고는 TWA의 이사회에서 같이 있었다. (1949년에는 월도프=아스토리아의 나의 거실을 아이크의 생일 파티를 위해 아이젠하워 일가한테 빌려주었다.) 따라서 나는 아이젠하워의 집안이나 닉슨의 집안에 불명예스러운 일이 생기지 않기를 바랐다.

그렇지만 돈은 이미 움직이기 시작하고 있었다.

닉슨의 집안에 20만 5천 불은 꿔준다는 형식이었지만 담보가 어머니인 한나 닉슨 부인이 가지고 있는 한 구획의 공지뿐이었다. 그곳에 20만 5천 불 중 4만 불로 주유소를 세워 월 8백 불로 유니온 오일 사에 빌려주고 나머지를 요정의 빚을 갚는 데 충당한다는 이야기였다. 빚을 갚을 수 없게 되었을 경우의 변제 보증인도 없었으며 닉슨의 집은 단지 휴즈 공구회사에 담보인 땅만 건네주면 된다는 조건이었다.

그렇다면 담보의 가치는 얼마나 되었을까. 도널드 닉슨이 금융회사에 융자교섭을 했을 때의 평가액이 9만 3천 불이었다.

여기에 문제가 있었다.

어째서 금융회사도 아닌 휴즈 공구회사가 9만 3천 불밖에 빌릴 수 없는 사업에 20만 5천 불이나 되는 돈을 융자해준 것일까?

더구나 공구회사는 군수계약이나 정부가 규제하는 항공노선하고도 깊은 연관성이 있었다.

비록 융자 상태가 리처드 닉슨의 가족이며 부통령 자신이 아니라 하더라도 이러한 융자가 이상하게 여겨지는 것은 부정할 수가 없다. 번창하지 않는 요정을 가진 일반 시민이었다면 이러한 융자는 도저히 바랄 수 없을 것이다. 그런데 도널드 닉슨한테 그러한 융자가 가능해진 것은 형인 리처드 닉슨이 국가의 제2의 지위에 있기 때문임에 틀림없다. 게다가 아이젠하워 대통령이 심장발작 및 기타의 병을 곧잘 앓고 있기 때문에 그가 제1의 자리를 차지할 가능성이 점차 짙어져가고 있는 것이었다.

나는 닉슨한테나 하워드한테, 더 나아가서는 이 나라의 정치윤리를 위해서라도 이와 같은 융자는 잘못이라고 확신하였다. 그래도 여전히 며칠을 두고 이것저것 생각한 끝에 나는 결정적인 행동을 취하기 시작하였다. 하워드와 의논도 하지 않고 워싱턴으로 가 어떻게 해서든지 융자를 중지시키려고 했던 것이다.

나는 부통령과 만날 수가 있었다. 그는 친절하게 나를 맞이했으며 그의 방으로 안내를 받아 여러 나라를 방문했을 때 받은 기념품을 보여주었다. 이어 우리는 앉아서 본론으로 들어갔다.

"그 융자 건입니다만."

내가 먼저 말을 꺼냈다.

"휴즈가 승인했으므로 일단은 융자할 수 있게 되었습니다. 물론 이것은 동생에 대한 융자이지 부통령에 대한 것이 아니란 건 잘 알고 있습니다. 그러나 제 생각을 솔직하게 말씀드리면, 만약 이와 같은 융자가 세상에 알려질 경우 부통령의 정치생명에도 관계가 된다고 생각합니다. 게다가 이와 같은 융자를 숨겨두기가 무척 어렵다고 여겨집니다."

내 말을 예상했던 모양인지 닉슨은 즉석에서 대답하였다.

"디트리히 씨, 저는 제 자신의 일보다도 가족의 일을 우선 생각합니다."

그것으로 문제에 대해서는 할 말이 없었다. 부통령의 방에서 점심식사를 한 다음 나는 이곳에 왔을 때보다 그 이상의 무거운 마음으로 돌아왔다. 설마 닉슨이 이 일을 계속 숨길 수 있다고 생각할 만큼 순진하다고는 여기지 못했던 것이다.

융자를 막는 일에 실패한 나는 전력을 다해 이 문제를 사업적으로 처리하기로 하였다. '휴즈 제국'의 중역들이 휘티아의 작은 요정을 도산으로부터 구하는 문제에 정면으로 대결하게 될 것이다.

휴즈 항공기회사의 공장 급식을 혼자서 담당하고 있는 패트 디치코가 그의 중역 팀을 인솔해서 요정의 경영상태를 조사하였다. 그곳을 방문한 패트가 반농담으로 '닉슨의 집'이라는 가게 이름을 바꾸면 어떻겠느냐고 말하였다.

"손님 중에는 민주당원도 있을 테니까 말일세."

이것이 그 이유였다.

중역들은 요정의 운영방법을 개선하는 여러 가지 제안을 하였다. 그러나 도널드 닉슨은 그것을 좋게 생각하지 않았으며 그의 불만은 리처드 닉슨을 통해서 나한테 전달되었다.

"그렇지만 개선되지 않는다면 그 요정은 앞으로 3개월 후에 꼼짝 못하게 됩니다."

내가 이렇게 말하자,

"동생은 자기가 하고 싶은 대로 하고 싶은 모양입니다."

하고 부통령이 말했다.

하는 수 없이 '휴즈 제국'의 구원부대는 철수했고, '닉슨의 집'은 그로부터 얼마 지나지 않아 문을 닫고 말았다.

닉슨 론과 나의 관계는 그뿐이었다. 1957년 나는 '휴즈 제국'을 떠났으며 그러한 문제에 대해 시달릴 필요가 없게 되었다. 그렇지만 융자 문제와 그 후의 경과에 대해서는 흥미를 가지기보다 놀라는 눈으로 지켜보았다.

그것은 국가의 운명에 중대한 영향을 끼친 점만을 제외한다면 바보스러운 코미디의 요소를 고루 갖춘 것으로 여겨진다. 하여간 이 사건은 너무나도 복잡하게 조립된 숨김수는 스스로 파괴되기 쉽다는 것을 증명하였다.

20만 5천 불의 융자는 휴즈 공구회사로부터 고문변화사를 통해 한나 닉슨 부인한테 전달되었으며 부인은 아들 도널드한테 건네주었다. 주유소가 완성되자 닉슨 부인은 그것을 담보로 하는 신탁증서를 만들었다. 그렇지만 이 증서는 융자와 하워드 휴즈와의 관계를 숨기기 위해 우선 세리사한테 맡겨졌으며 이어 프리의 회계사 손으로 넘어갔다.

그런데 요정이 폐쇄되자 그 회계사한테 주유소를 빌려쓰고 있는 석유회사로부터 매달 8백 불씩 송달되어 왔다. 회계사는 처음에 그것을 하워드 휴즈의 사무실로 전송(轉送)하고 있었는데, 휴즈의 사무실에서는 융자와의 관련성이 세상에 알려지는 위험성을 두려워했는지 그것을 다시 되돌려보냈다. 그 때문에 회계사는 이것을 자신의 서비스에 대한 보수로 생각하고 받아들였다.

그로부터 1년 반 후 휴스턴의 회계사가 정체불명인 20만 5천 불의 지출을 발견하고는 이 돈이 어디에 갔느냐는 식이 되어버렸다. 그러나 융자에 관계했던 자들 사이에서 책임전가 분쟁이 일어났으며 이 일은 더 발전하여 케네디의 집안과 밀접한 관계에 있었던 워싱턴의 변호사가 알게 되었다.

때마침 리처드 닉슨과 존 케네디가 호각의 경쟁을 벌이고 있었던 1960년 대통령 선거전의 종반이었는데, 이와 같은 특종은 두세 명 보조관계자들한테 새어나갔지만 모두 선거전의 최종단계에서 스캔들을 폭로하는 것을 기피하여 활자화하지 않았다. 그런데 비밀이 새나간 것을 알게 된 닉슨 진영이 의혹을 일소하려고 그럴싸한 이야기를 늘어놓았기 때문에 여태까지 특종을 누르고 있었던 드로 피아슨이 모든 것을 털어놓고 말았다. 도널드 닉슨에 대한 융자가 휴즈 공구회사에서 나간 것을 국민들은 알게 되었다.

케네디가 당선된 후에 그의 동생인 로버트는, 휴즈 공구회사의 융자문제가 그들한테 승리를 안겨다 준 세 가지 사건 중의 하나가 되었다고 말하였다. 그야말로 나의 당초의 예감이 들어맞은 셈이지만 나는 그것이 조금도 자랑스럽지가 않았다.

리처드 닉슨은 그의 저서 〈식스 크라이시즈〉(여섯 번의 위기)에서 이 문제에 대해 언급하여, 정적이 그의 동생의 재정문제를 '그에게 결부시키려 했다.'는 짧은 항목으로 처리하였다. 그러나 그 이야기를 잘 읽어보면 그는 융자와는 관계가 없었다는 말을 하고 있지 않았다.

융자를 해준 지 한 달쯤 후에 약간 의외의 일이 생겼다. 재무성의 내국세 수입국(IRS)이 여태까지의 태도를 180도 바꾸어 하워드 휴즈 의학재단에 면세자격을 부여한 것이었다. 재단의 면세신청은 그때까지 두 번이나 IRS에 의해 거부된 것이다. 그러나 1957년 초에 하워드는 휴즈 항공기회사의 전체 주를 소유하는 그의 재단에, 면세자격을 얻을 수가 있게 되었다.

이것은 단순한 우연이었을까? 그렇지 않으면 하워드는 20만 5천 불의 융자로 이 자격을 산 것일까?

그는 물론 이런 일에 대해서 일체 언급이 없었다. 내가 융자를 중지시키기 위해 닉슨을 설득하려고 워싱턴으로 간 일을 하워드가 알고 있었는지 어쩐지는 나도 잘 모른다.

수년 후 휴즈 공구회사는 이윽고 휘티아의 닉슨 집안 토지의 권리서를 받았다. 그 결과 하워드는 라스베가스의 카지노 6개소, 네바다의 2만 5천 에이커의 땅, 에아 웨스트 그리고 로스앤젤레스와 투손과 휴스턴에 있는 수많은 소유지와 큰 공장, 그 밖의 방대한 자산말고도 리처드 닉슨 고향에 있는 작은 주유소도 소유하게 되었다.

41. "노아, 자네 없이는 살 수 없어."

1956년 말, 내가 하워드 휴즈의 곁에서 떨어질 날이 점차 가까워지고 있었다. 그의 괴상한 버릇은 더욱더 심각해지고, 이제 그는 빌 페이를 우두머리로 하는 몰몬 교도의 '친위대'에 둘러싸여 거의 은둔에 가까운 생활을 하고 있었다. 나는 여전히 하워드와 전화로 밀접한 연락을 취하고는 있었지만 직접 만나는 기회가 점점 줄어가고 있었다. 그리하여 가끔씩 만나면 그의 모습과 행동에 대해서 언제나 놀라게 되었다.

예를 들면, 어떤 무덥던 날 그에게 불리어 라스베가스로 만나러 갔을 때의 일을 들 수 있다. 나는 비행기로 날아가 산즈 호텔에 투숙하였다. 이윽고 몰몬 교도인 운전수가 나를 마중왔으며 황야 속에 있는 방갈로로 나를 데리고 갔다.

내가 정문에 다가서자 가드가 나를 멈추게 하고는 노크를 하였다. 그러자 안에서 하워드의 목소리가 들려왔다.

"뭔가?"

"디트리히 씨가 오셨습니다."

가드가 대답하자 하워드는,

"위치에 들어갔는가?"

하고 물었다.

가드는 내 옆으로 돌아오자 문 앞의 콘크리트에 백묵으로 그려놓은 폭 18센티미터 정도의 사각형을 가리켰다.

"저 사각형 안으로 들어가주십시오."

나는 어린이와 스파이 놀이를 하는 기분으로 그 안에 섰다.

"들어갔습니다, 휴즈 씨."

가드가 이렇게 말하자 문이 열리고 그 그늘에 하워드의 모습이 보였다.

"빨리 들어와, 노아."

하워드가 말하였다.

내가 급히 들어가자 그는 문을 닫았다. 나는 그의 모습을 가까이 보고는 충격을 받았다. 여태까지 볼 수 없었을 정도로 여위었으며 비행기 사고와 자동차 사고의 흉터가 얼굴에 뚜렷이 나타나 있었다. 그는 아직 51세였지만 이미 노인 같은 인상을 안겨다 주었다.

"잘 있었는가?"

나는 진심으로 물으며 가방을 가까이 있는 의자 위로 내던졌다. 그러자 그는 갑자기 얼굴이 굳어지며 기분을 가라앉히려는 듯이 창가로 걸어갔다. 그리고는 나를 돌아보고는,

"노아, 부탁이니 두 번 다시 내 앞에서 가방을 내던지지 말아주게."

나는 설마 내가 가방을 던졌을 때 일어나는 먼지 속의 세균까지 두려워하게 될 줄은 몰랐다. 그렇지만 사실 그의 세균공포증은 그런 데까지 발전해 있었던 것이다. 문 앞에 백묵으로 그린 사각형도 그러한 공포의 표현이었다. 방문자가 그보다 멀리 서 있으면 문을 이내 닫을 수가 없어 세균이 그만큼 더 침입할 가능성이 있다는 것이 그 이유였으니까 말이다.

하워드의 이와 같은 비정상적인 행동에 나는 점점 더 견딜 수 없게 되었다. 또한 나는 내가 하워드를 위해 한 일 가운데 몇 가지 뉘우치고 있는 일이 있었다——도덕적으로 봐서 별로 옳다고 할 수 없는 일이었기 때문이다. 몇 차례인지 양심과 싸운 후 나는 전문가한테 의견을 듣기로 하였다.

나는 비지니스와 관계가 없는 임무를 몇 가지인지 겸하고 있

었다. 그 중의 하나가 노틀담 대학의 고문이었다. 그 때문에 훌륭한 학장의 고결한 교육자들과 접촉할 기회를 많이 가질 수 있었다. 그 중의 한 사람인 신부한테 나는 모든 것을 털어놓았다.
"신부님."
내가 말했다.
"저는 하워드 휴즈 씨 밑에서 임무를 수행하는 가운데 몇 차례 양심의 가책을 받는 일을 하지 않을 수가 없었습니다. 그로 하여금 정상적인 사고방식을 갖게 하는 것은 거의 불가능합니다. 내가 그의 곁을 떠나야 옳을지요?"
신부는 잠시 동안 생각하고 나서 말하였다.
"노아 씨, 떠나버리면 아무것도 이룩할 수가 없습니다. 그의 곁에 머물러 있어야 합니다. 그래서 가능한 한 좋은 영향을 그에게 주도록 노력해야 합니다. 그렇게 하는 쪽이 그를 위해서도 도움이 됩니다."
그래서 나는 머물렀던 것이다. 나 자신도 속죄하는 의미에서 혼란을 가져오기 시작한 그의 사업을 어느 정도 바로 잡아주는 일은 나로서도 가능하다고 생각한 것이다. 그러나 시간이 흘러감에 따라 그것이 곤란한 일이라는 것을 깨닫게 되었다.
처음에도 말한 것처럼 1956년 1월에 하워드가 TWA를 위해 5억 불 상당의 제트 여객기를 발주한 것을 알게 되었다. 그것도 총액이 얼마나 되는지도 알지 못하고서 말이다. 그러나 그 이상으로 놀란 것은 TWA에 하등의 직책도 갖지 않는 그가 멋대로 그들 제트기를 발주한 사실이었다.
확실히 그는 TWA 주식의 78퍼센트를 소유하는 최고의 대주주임에는 틀림없다. 그렇지만 이사도 아니고 그 밖의 어떤 임원도 아니며 고문조차도 아니었다.
"하워드, 그런 일을 혼자서 멋대로 결정해버린다는 것은 회사 운영의 상식을 완전히 무시한 일이 된다데."

내가 이렇게 말했다.
"머지 않아 반드시 궁지에 몰릴 거야."
　그렇지만 하워드는 듣지 않았다. 자금염출은 내가 어떻게든지 할 것이라고 생각하고 있었다. 하는 수 없이 나는 이것저것 생각한 끝에 휴즈 공구회사의 잉여금 1억 불을 최초의 지불로 충당하였으며 다시 뉴욕의 은행을 통해 3억 불의 전환사채 발행 계획을 세웠다. 그런데 소유권이 약화되는 것을 싫어하는 하워드는 채권발행을 중지시켜버렸다.
　그러던 중 내가 사냥여행을 떠날 날이 왔다. 하워드는 이렇게 저렇게 방해하여 못가게 하려고 했지만 나는 그것을 떨쳐버리고 출발하였다. 그렇지만 결국 예정보다 일찍 하워드에 의해서 되돌아오고 말았다——그것도 변호사의 비용을 깎기 위해서!
　제트기 구입자금의 문제는 내가 여행에서 돌아왔을 때에도 여전히 미해결로 남아 있었다. 정기적으로 찾아오는 지불은 그 때마다 가지고 있는 자금으로 요리할 수밖에 없었다. 그렇지만 그것조차도 앞이 뻔했다.
　나는 하워드한테 긴급 메모를 보내어 자금조달을 위한 새로운 방법을 제안하였다. 그러나 그는 이것에도 언제까지 결단을 내리지 않았다. 그럼에도 불구하고 한쪽에서는 항공기회사에 전화를 걸어 발주한 제트기의 납품을 서두르도록 독촉하였다.
　도저히 TWA의 소유권 분할에 나서지 못한 하워드는 그러던 중에 극단적인 해결책을 생각하기 시작하였다. 그 중에서도 가장 극단적인 것으로는 휴즈 공구회사를 팔겠다는 생각이었다. '돈의 알을 낳는 거위'도 하워드한테는 아무런 의미도 없었으며, 그는 TWA를 확보하기 위해 그것을 희생하는 것도 마다 하지 않는 것이다. 그의 소유물 가운데서 TWA는 어떤 의미로는 특별한 존재였다. 공구회사에 대해서는 재원이라는 것 이외에는 거의 소중하게 생각하지 않았다. 휴즈 항공기회사는, 선천적으로 기계를 만지기 좋아했던 하워드한테는 말하자면 천직과 같은 것이었으며, RKO는 관능적인 쾌락을 추구하는 기회를 가져다주는 도락이었다.

그렇지만 TWA만은 평상시 그다지 정열적이지 못했던 그가 정열에 가까운 것을 기울인 유일한 사업이었다.

1년 전에도 하워드는 공구회사를 팔겠다고 말한 적이 있었다. 그러나 사겠다고 나선 상대방과 오랜 교섭을 한 끝에 상대방이 공구회사의 수익력을 기준으로 해서 4억 불이란 값을 제시했을 때 대화는 중단되고 말았다. 다시금 하워드는 '자신의 팁을 세어보고' 싶었을 뿐이었던 것이다.

그러나 이번에는 아무래도 진심인 모양으로 나에게 이렇게 말하였다.

"휴스턴에 가서 공구회사의 1957년도 이익을 될 수 있는 대로 늘려주게."

그의 목적을 나는 알고 있었다. 수익이 백만 불만 증가해도 1천3백50만불만큼 비싸게 팔 수 있는 것이다. 그렇지만 나는 거의 이익을 올리지 못한 TWA 때문에 착실히 돈을 벌어온 공구회사를 판다는 것은 바보스러운 일이라고 설득하였다.

"게다가 공구회사의 실적은 최근에 와서 떨어지고 있단 말야, 하워드."

내가 말하였다.

"1956년에는 6천만 불을 올렸지만 금년에는 거기까지 갈 것 같지 않아. 금융긴축으로 석유회사가 굴삭작업을 보류하고 있는 거야."

"아무래도 상관없어."

하워드한테는 마이동풍격이었다.

"하여간 공구회사의 이익을 불리는 거야."

나는 휴스턴으로 가서 이미 지쳐버린 거위한테 돈의 알을 좀

더 낮게 하는 방법이 없을까 하고 조사하였다. 다행히 한 가지 손 쓸 방법이 발견되었다. 납입과 입금의 90일 간의 간격을 단축시킬 수 있다는 것을 알게 된 것이다. 이렇게 함으로써 공구회사의 단기의 이익이 150만 불로 증가된 것이다.

나는 로스앤젤레스로 돌아와 하워드한테 결과를 보고하였다. 그는 일단 기뻐하는 듯했으나, 이어 이렇게 말하였다.

"노아. 얼마 동안 본거지를 휴스턴으로 옮겨주지 않겠나? 그래서 공구회사의 운영에 주의해서 좀더 이익을 불려주게나."

"아냐, 하워드."

내가 이렇게 말하였다.

"그것은 헛수고야. 이번의 150만 불의 수익 증가만 하더라도 일시적인 거야. 살 사람들은 값을 매기기 전에 속임수를 꿰뚫어 보게 될 거야."

나의 반론에 대해 그는 대답하지 않았다. 나는 한 걸음 더 나아가 이와 같은 제트시대로의 전환기를 극복하기 위해서 좀더 장기적인 자금계획을 세우라고 제안했지만 그는 이것에 대해서도 입을 다물고만 있었다.

그 대신 그는 한층 더 외딴집에 파묻혀 있게 되었다. 나와의 접촉도 이미 거의 전화를 통해서만 가능해졌다. 그는 스태프들한테 어떤 이유가 있건 그에게는 전화를 걸지 말라고 지시하였다.

"볼일이 있을 때는 이쪽에서 전화를 하겠어. 그리고 내가 전화했을 때는 내가 용건을 말하겠어. 내가 묻지 않는 한 다른 용건을 말해서는 안 돼."

나한테는 그렇게까지 명령조는 아니었지만 내용은 매한가지였다.

"노아. 이야기는 내가 꺼내는 문제로 국한시켜주게나. 요즈음은 단번에 이것저것 다 생각할 수 없게 되었어."

1957년 초기의 자금소동이 벌어지고 있는 동안에 휴스턴의 고문변호사한테서 또 하나의 충격적인 소식이 전해졌다. 그는 내 사무실에 오자 초조한 모습으로 방 안을 왔다갔다 하고 있었는데, 이윽고 결심이 됐는지 이야기하기 시작하였다.

"노아, 아무래도 하워드가 약간 이상하지 않은가 싶어. 우리가 안고 있는 문제가 어떤 것인지 알고 있겠지? 이번에 납품되는 제트기에 대한 지불을 어떻게 할지 전연 짐작할 수가 없는 상황이야. 그런데도 말야, 하워드가 전화를 걸어왔는데 프로펠러 제트인 비스카운트를 새로 50대 살 테니 그것을 교섭하러 몬트리올로 가라는 거야!"

"뭣이라고!"

"정말이야. 캐피털 항공이 지불할 수 없어 취소한 것을 TWA에서 인수하겠다는 거야. 생각할 수 있는 문제인가? 아, 비스카운트는 한 대에 250만 불이야. 그러니까 50대면 1억 2천 5백만 불이 되지. 이렇듯 재정적으로 위기에 처해 있는 처지에 하워드는 다시 1억 2천 5백만 불의 물건을 사겠다는 거야!"

나는 어이가 없어 고개를 흔들었다.

"노아."

변호사는 심각한 표정으로 말을 계속하였다.

"이제는 결정적으로 손을 쓸 때가 된 것 같애. 당신이 하워드한테 보호자라든가 후견인을 세울 법적 수속을 밟아주지 않겠나? 그렇지 않으면 어떻게 될지 알 수가 없어."

나는 터무니없다고 생각하였다.

"그런 것이 하워드한테 알려지면 수속을 밟은 자는 단번에 모가지야."

"아, 그렇지만 노아. 당신은 그만두고 싶어 한 게 아니었나? 그렇다면 말일세……."

나는 잠시 웃었다.

"그렇게 되면 틀림없이 그만두게 되겠지. 그렇지만 나는 그런 식으로 그만두고 싶지는 않아."

2주일 후 나는 하워드의 주치의이며 휴즈 의학재단의 장이기도 한 반 메이슨 박사의 방문을 받았다.. 놀랍게도 박사 역시 변호사와 똑같은 말을 하였다.

"노아, 아무래도 하워드는 금치산자의 선고를 받지 않으면 안 될 것 같아. 당신이 수속을 밟아주게나."

내가 이렇게 반문하였다.

"의사는 당신이잖아. 그렇게 해야 한다고 생각한다면 당신이 수속을 밟는 게 어떻겠나?"

반은 그런 일을 생각만 하고서도 몸을 부르르 떨었다.

"나는 지금의 일에서 손을 뗄 수가 없어. 연봉 5만 불인데다가 경비는 무제한이고 게다가 한 나라 한 성의 주인이니까 말일세. 당신은 그만두고 싶다니까 당신이 해야 옳아."

"반, 나는 의사의 흉내를 낼 생각이 없네."

내가 대답하였다.

브레이크를 걸 사람이 없는 채로 하워드는 폭주를 계속하였다. 어떻든 그는 공구회사의 이익을 불려서 '휴즈 제국'의 이 중심을 비싸게 팔기만 하면 돈을 만들 수 있다고 믿고 있었던 것이다. 그리하여 그것을 해낼 수 있는 건 결국 '노아'라는 것이었다. 하워드는 나를 비버리힐즈 호텔로 불렀다.

1957년 3월 12일.

저녁때 호텔에 도착한 나는 로비에서 그에게 전화를 걸었다.

"A실에 가서 거기서 전화해줘."

그는 이렇게 지시했다.

나는 A실로 가서 하워드의 방갈로에 전화를 걸었다. 그러자 다시 다른 방으로 옮기라고 하였다. 우리들의 이야기를 도청당하고 싶지 않다는 게 그 이유였다. 세번째에 가서 나는 이와 같은 CIA의 흉내 같은 일에 염증을 느껴 그에게 이렇게 말하였다.
"하워드, 어디가서 커피라도 마시면서 이야기할 수 없을까?"
"아냐, 이런 방법을 취할 수밖에 없어."
그는 주장하였다. 그리고 나서 비로소 용건을 말했다──역시 휴스턴에 가서 공구회사의 이익을 불려줬으면 좋겠다는 것이었다.
더 이상 반론하고 싶은 마음도 없어서 나는 이렇게 말하였다.
"알았어, 하워드. 휴스턴으로 가겠어. 단지……."
"그래, 노아. 이해해줘서 기뻐."
"끝까지 들으라고 하워드. 가겠는데 단 한 가지 조건이 있어."
한순간 하워드는 침묵하였다.
"뭔데?"
그는 냉랭한 목소리로 말하였다.
"과거 15년 동안 당신은 내 보수를 캐피털게인으로 해주겠다고 계속 약속해왔어. 그것을 휴스턴에 가기 전에 문서화해 줬으면 좋겠어. 길고 까다로운 정식 계약서가 아니라도 좋아. 단 한 장의 합의서라도 족해. 타이프치는 것이 귀찮으면 손으로 써도 좋아. 거기에 서명만 해주면 나는 휴스턴으로 가겠어."
"마음에 안 드는데, 노아."
그가 말했다.
"나를 곤란하게 만들려는 건가?"
나의 심장은 고동치고 있었다. 그렇지만 나는 더 이상 뒤로 물러설 기분이 아니었다.
"나의 입장이 되어봐줬으면 좋겠어, 하워드."
내가 말했다.
"15년 동안 나는 당신의 약속을 믿고 계속 일해왔어. 쓰려고 마음만 먹으면 20분 정도로 쓸 수 있는 것을 15년이나 기다리다니, 내가 생각해도 많이 참아온 걸세."

"노아, 이 이야기는 후에 다시 하기로 하지."

"아냐, 하워드. 연기는 이제 그만 하라고. 지금 합의서에 서명해주지 않는다면 난 그만두겠어."

그러자 하워드의 목소리가 달라졌다.

"나에게 총을 들이댈 생각인가? 아무도 나한테 총을 들이댄 사람은 없었는데."

"알았어, 하워드. 이젠 됐으니 그만해두라고. 나는 오늘 부로 그만둘 테니까, 이 이야기는 없었던 것으로 하자구. 앞으로 나한테 할 말이 있을 때는 변호사를 통하라고. 전화도 걸지 말고."

수화기 저쪽에서 오랜 침묵이 계속되었다.

"설마 본심은 아니겠지? 노아가 그만두면 난 살아갈 수가 없어."

32년 동안 내가 하워드한테서 한 번도 들은 적이 없는 말을 그는 처음으로 말하였다. 그 말은 또한 내가 하워드 휴즈한테서 들은 마지막 말이기도 하였다.

"그런 일은 없을 거야, 하워드."

내가 말하였다.

"당신의 사업은 모두 이미 단단한 기반이 형성되어 있어. 단지 당신이 만지작거리지만 않는다면 문제없이 제대로 잘 될 거야. 그럼 잘 있게, 하워드."

나는 전화를 끊었다.

42. 하워드 휴즈를 떠나서

"노아의 사무실을 걸어잠궈!"
중역이 '휴즈 제국'을 떠날 때마다 들어왔던 하워드의 명령이 내가 떠난 후에도 내려졌을 게 분명하다.
나는 하워드 휴즈와의 마지막 대화가 있은 지 1시간도 채 되기 전에 로메인 거리 7천 번지의 출입구 쪽에 있었던 자물쇠 집에서 우리 집으로 전화가 걸려왔다.
그는 더듬거리면서 말했다.
"조금 전에 휴즈 씨한테서 로메인의 사무실 자물쇠를 전부 바꾸라는 주문이 있었습니다. 특히 디트리히 씨의 사무실 자물쇠를 제일 먼저 바꾸라고 했습니다."
나와 오랫동안 사귀어왔던 자물쇠 가게의 주인이 일부러 알려준 것이다.
"신경 쓰지 않아도 돼요."
내가 말하였다.
"난 상관없으니까 하라는 대로 자물통을 바꾸세요. 내가 그만둔다고 했기 때문에 하워드는 중요한 서류를 가지고 나갈까봐 걱정하고 있는 겁니다."
다음 전화는 '휴즈 제국'의 재무담당 중역인 찰즈 프라이스한테서 걸려왔다.
"이봐 노아, 도대체 어떻게 된 거야?"
그가 물었다.
"방금 하워드한테서 전화가 왔는데 충성을 맹서하라는 거야.

디트리히가 그만두는데 자네는 어느 쪽에 더 충실하냐지 뭐야. 하는 수 없이 나의 고용주는 당신이니까 나는 당신한테 충실하다고 말했지. 그랬더니 좋다며, 디트리히에 대한 지불은 일체 정지하라는 거야……. 급료고 경비고 전부."

　다음 전화는 고문변호사인 로이드 라이트가 워싱턴에서 걸어왔다.

　"노아, 난 지금 워싱턴에서 대통령의 국방자문위원회의 의장으로 출석하고 있는데 말야, 하워드가 즉시 돌아와서 자기와 당신 사이에 생긴 문제를 처리하라지 뭐야."

　라이트가 말하였다.

　"그렇지만 앞으로 25시간은 도저히 빠져나갈 수가 없으니 그 후에 가서 어떻게든지 중재할 테니까."

　"로이드, 이미 중재할 여지가 없으니까 헛수고일세."

　내가 말하였다.

　"난 그만두었어. 이미 끝났어."

　"그렇지만 나하고는 만나주겠지?"

　"물론."

　"하워드도 내가 돌아갈 때까지 기다리고 있겠다고 맹세했어."

　라이트는 다음 날 저녁에 돌아왔으며 그 다음 날 아침 7시에 나에게 전화를 걸어왔다.

　"노아, 나도 하워드 휴즈라는 인간을 알 수가 없어."

　그는 체념한 것처럼 말했다.

　"하워드는 내가 돌아오는 즉시 곧바로 그에게 갈 수 있도록 차를 대기시켜 놓겠다고 약속했어. 그리고 내가 이쪽에 있는 동안에 언제라도 연락이 가능하도록 해놓겠다고도 했지. 하긴 카딜락의 리무진을 대기시켜 놓기는 했지만 운전수는 날더러 곧바로 집으로 모셔다드리라는 말을 들었다는 거야. 그래서 지금 집에서 전화를 걸고 있는데, 연락을 할 수 있도록 해 놓았느냐

하면 그렇지가 않아. 난 어제 저녁부터 내내 전화를 건 끝에 오늘 아침 3시에야 겨우 하워드와 연락할 수 있었다네."

라이트는 나에게 집으로 오지 않겠느냐고 말하였다. 그래서 내가 가자 그는,

"하워드는 당신한테 다시 생각하고 돌아오도록 말하라고 했어."

하고 말하였다.

"라이트, 나는 이미 마지막 다리를 건너 그 다리를 부숴버렸단 말일세."

내가 대답하였다.

"알았어."

라이트는 한숨을 쉬었다.

"그렇지만 하워드는 당신이 돌아오지 않으면 집과 석유의 이권과 과거 3년 동안의 수당을 빼앗아버리겠다고 말했어."

하워드가 말한 집과 석유의 이권과 수당이 무엇을 가리키는지 나는 이내 알 수 있었다.

처음에 제시한 집이란 RKO가 중역용의 거처로 사용했던 집으로서 내가 케리 그란드가 제시한 값을 2만 5천 불 상회하는 값으로 팔아버린 것이다. 이 매매는 이사회가 승인한 바 있다.

두번째인 석유의 이권이란 하워드가 억지로 파고 들어온 유전에 대한 공동투자였다. 하워드는 매년 2백만 불씩 5년 동안 투자한다고 약속했으면서도 18개월 동안에 125만 불밖에 넣지 않았다. 이것도 내가 투자한 몫에 대해서는 그가 아무런 법적 권리도 가지고 있지 않다.

세번째인 과거 3년 동안의 수당이란──내가 1954년에 공구회사와 항공기회사로부터 손을 뗀 후에도 하워드의 요청으로 계약없이 똑같은 직책에 똑같은 보수를 받고 있었다──그 수당을 말했다. 하워드는 이것을 비합법으로 간주하여 되찾으려

고 생각한 것이다.

"만약 노아가 굽히고 들어오지 않는다면 가지고 있는 것을 전부 빼앗아버릴거야."

하고 그가 선언했다고 하지만 결국 집도 수당도 되찾을 수가 없었다. 유전에 대한 권리는 하워드와의 관계를 끊기 위해서 내 쪽에서 포기하였다. 크게 이익을 볼 게 없다고 생각했기 때문이었다. 하지만 내 예상이 빗나갔으며 후에 하워드는 크게 이익을 보았다.

로이드 라이트는 결국 한 번도 하워드를 만나보지 못하고 다시 워싱턴으로 돌아가버렸다.

그로부터 반 년 동안 하워드가 고용한 조사기관이 나의 꼬리를 잡으려고 과거의 기록을 모두 조사했다. 그것을 나에게 알려 주러 온 '휴즈 제국'의 동료들은 모두 부끄러워 했다.

"문제없어."

나는 그들한테 말하였다.

"하워드가 일생을 두고 계속 찾아봐도 아무것도 발견할 수가 없을 거야. 난 아무것도 숨긴 것이 없으니까 말일세."

그래도 하워드는 어린애 같은 보복을 중지하지 않았다. 로메인 거리 7천 번지의 나의 사무실은 자물쇠로 잠겨진 채 나의 많은 소지품들이 아직도 그 안에 남아 있었다. 은행 통장, 수표장, 투자관계의 서류, 보석류, 저축 채권, 결혼 허가증, 출생 증명서, 자동차 면허증, 여행 기념품, 스냅 사진, 가방, 개인 편지, 금고 속의 현금 2천 불——공인회계사의 면허증은 액자에 그대로 있었다. 하는 수 없이 나는 법원의 영장을 가지고 이들 소지품을 되찾을 수밖에 없었다.

하워드한테서 떠나 얼마 동안 나는 무거운 짐을 어깨에서 내린 기분이었으며 따라서 두 번 다시 하워드와 관계하고 싶지 않았다. 그러나 몇 달인가 자유를 즐기는 가운데 나는 슬그머니

화가 나버렸다. 이쪽은 과거의 기록을 조사당했으며 잘못 찾기에 혈안이 되어 있는데도 마구 약속을 위반한 하워드 쪽은 아무렇지도 않았기 때문이었다.

나는 그와 같은 약속 중의 하나를 그로 하여금 지키게 하려고 하였다.

1956년의 아프리카 여행 후에 내가 그만두려고 하자 그는 이렇게 말하며 나를 붙잡았다.

"지금은 여러 가지 일이 산적해 있으니 그만두면 곤란해. 앞으로 반 년이라도 좋으니까 있어 주게나. 그렇게 해주면 별도로 백만 불을 주겠어. 그것도 캐피털게인으로 말야."

나는 그로부터 8개월 동안을 근무하였다. 그렇지만 물론 백만 불은 구경조차도 하지 못하였다. 그것을 법에 호소한 것이었다.

재판 전에 하워드는 선서공술에 출석하지 않으면 안 되었지만 그의 변호사는 병을 이유로 어떻게 해서든지 그것을 외면하려고 하였다. 나의 변호사인 아더 크로리는 하워드를 출석시키든가 아니면 의사단에게 진단시키라고 하였다.

"만약 기입에 이유없이 출두하지 않을 경우에는 10만 불의 벌금을 청구하고 싶습니다."

크로리가 제시한 이 조건에 하워드의 변호사는 하는 수 없이 동의하였다.

"아더, 10만 불은 너무 많은데."

이야기를 들은 나는 크로리한테 말하였다.

"2만 5천 불 정도로 해두었으면 하워드는 아마 나타나지 않았을 거야."

그러나 크로리의 내기는 들어맞았다. 하워드는 출두하기보다 10만 불을 버리는 쪽을 택하였기 때문이다.

결국 이 소송은 재판이 되지 않았다. 하워드가 80만 불의 화해금을 내었기 때문이다—— 그러나 나에게는 이익이 없었다.

왜냐하면 변호사가 화해금의 4분의 1을 가져가고, 나의 전처가 4분의 1을 가져갔으며, 이어 비싼 세금을 지불했기 때문에 내 손에는 참새 눈물 정도밖에 남지 않았기 때문이다.

그보다 중요한 것은 이 소송으로 해서 나와 하워드 휴즈와의 관계는 완전히 끊어져버렸다는 사실이다. 그때까지도 하워드는 나의 복귀를 요청했으며 내가 그것에 응할지도 모른다는 것도 생각할 수 있었다. 그러나 나의 소송은 하워드가 제일 다치기 싫어 하는 부분을 폭로하려 한 것이 되었기 때문이다. 재판을 하게 되면 하워드 휴즈라 하더라도 여러 가지로 질문에 대답하지 않으면 안 되었다. 그렇게 되면 하워드 휴즈가 곧 휴즈 공구회사이며, 휴즈 공구회사가 곧 하워드 휴즈라는 사실이 세상에 밝혀지지 않는다고 장담할 수가 없었다. 만약 그것이 법정에서 증명되면 '휴즈 제국'은 크게 변하게 된다. 하워드는 일반 시민처럼 소득세를 납부하지 않을 수 없게 되며 회사를 몸이 숨기는 도롱이로서 재산을 축적할 수 없게 되는 것이다.

휴즈와 디트리히의 콤비의 결렬 후 '휴즈 제국'에서는 어떤 일이 일어났는가?

많은 미국인과 마찬가지로 나 역시도 하워드의 그 후의 행동을 흥미를 가지고 지켜봤다. 만년의 하워드 휴즈의 행동은 더욱 더 비정상이 되어갔지만 그 중 몇 가지 일에 대해서 32년 동안 그를 옆에서 봐온 내나름의 설명을 해보고자 한다.

내가 어떻게 해서든지 가라앉히려고 한 TWA 소동은 결과적으로 미국 재계의 역사에 있어서도 기록적인 이익을 하워드한테 가져다주었다. 그것을 하워드는 백방으로 손을 써서 막으려고 했던 것이다.

그 경위를 간단히 적어보기로 한다.

1960년 마침내 자금 염출을 할 수 없게 된 하워드는 동부의 은행과 보험회사의 금융 그룹으로부터 1억 6천5백만 불의 융자를 받지 않으면 안 되었다. 이 융자에는 엄격한 조건이 붙어 있었다. 그 하나는 만약 TWA의 경영 상태가 악화됐을 경우에는 하워드가 가지고 있는 주식에 부수하는 의결권을 세 명의 대표한테 위임하게 되어 있었다. 이 세 명의 의결권 수임자는 두 명은 금융 그룹 측에서, 한 명은 휴즈 측에서 선임하였다.

찰즈 토마스가 TWA의 사장 자리에서 물러나자 금융 그룹은 세 사람의 의결권 수임자를 소집하여 자기들 측으로부터 찰즈 티링하스트를 뽑아 그 후임자로 앉혔다. 이에 대해서 휴즈 공구회사는 TWA의 경영진을 경영 실수로 고소하였다. TWA도 이제 대항하는 소송을 일으켰다.

이 투쟁은 몇 년씩이나 법정에서 계속되었으며 결국 또다시 하워드가 출두를 거부했기 때문에 휴즈 공구회사가 패소했으며 TWA가 이겼다. 하워드는 TWA에 손해배상금 1억 3천7백만 불을 지불하도록 명령받았으며 의결권의 반환을 요구하는 그의 소송이 기각되었다.

하워드는 패배를 인정하지 않을 수가 없었다. 그는 의결권을 행사할 수 없는 TWA 주식을 팔기로 하였다——이것이 막대한 이익을 가져다 준 것이다. 1960년에 그가 TWA의 지배권을 상실했을 때 이 항공회사의 주식은 13불로 팔리고 있었다. 그것이 1966년에 하워드가 팔지 않을 수 없게 되었을 때는 86불이 되어 있었다.

하워드의 TWA 주는 자그마치 5억 4,654만 9,771불이 되었다. 수수료와 캐피털게인 세를 지불하고서도 약 4억 5천만 불의 현금이 그의 손에 남았다.

그야말로 믿기 어려울 정도의 금액이었지만 하워드의 입장에서는 그 돈을 손에 넣는 것보다 TWA를 계속 소유하고 싶었을 게 분명하다. 그 정도로 그는 TWA에 정성을 들였으며 그것을 보유하기 위해서 온갖 노력을 다 기울였던 것이다.

하워드가 TWA를 잃은 것은 결국 그의 성격적인 취약성이 원인이었다. 소유권이 약화되는 것을 두려워한 나머지 그는 제트기 구입을 위한 합리적인 자금조달계획을 채용하려고 하지 않은 것이다. 그리하여 드디어 법정에서 싸우지 않으면 안 되게 되었을 때 그는 출두하는 것을 거부하였다. 왜일까? 하워드는 자신의 집중력에 대해서 불안했기 때문이다. 심문에 견디어 낼 수 있을지 자신이 없었던 것이다. 만약 공적인 자리에서 법적인 행위능력을 의심받게 된다면 모든 것을 잃을 가능성이 있다.

그리하여 그는 목숨 다음으로 소중했던 TWA를 위해 싸우는 대신으로 린보(선인의 영혼이 죽은 후에 살게 되는 장소라는 지옥과 천국의 중간에 있는 장소)에 숨어버린 것이다——그의 새로운 거처는 네바다 주 린보였다.

하워드는 한편 라스베가스에도 강하게 사로잡혀 갔다. 그 현란한 분위기라든가 우글거리는 미녀들, 도박의 거리 특유의 활기 등이 기호에 맞았기 때문이다. 그는 또한 정치권력에도 강한 관심을 가지고 있었다. 그리고 네바다는 그런 것을 쉽게 살 수 있는 고장이기도 하였다. 마침내 네바다 주 최대의 고용주인 동시에 납세자가 된 하워드는 정치적으로도 커다란 영향력을 행사하게 되었다.

여분의 돈을 세무서가 놓치기 쉬운 확장계획이라든가 부동산에 넣는 나의 요령을 잊지 않았던 그는 TWA 주를 팔아서 받은 4억 5천만 불로 라스베가스의 카지노를 위시해서 호텔 등을 차례로 사버렸다.

그러나 이 투자는 용두사미로 끝나고 말았다. 휴즈 항공기회사, 휴즈 공구회사, TWA, 경영이 잘 되어 가고 있었던 RKO ——이들 일련의 사업은 우선 건전한 경제적 기반 위에 구성되어 있었다. 그렇지만 라스베가스의 번영은 인간의 욕망이나 환락 등 취약한 기반 위에 서있다. 따라서 일단 코스트의 억제가 불가능해지고 불황으로 손님들이 멀어져가면 카지노나 호텔은 결손이 급격히 증가해갔다.

하워드는 그 책임을 지울 수 있는 제물을 구했다. 선출된 것은 당연히 라스베가스 부문을 맡고 있었던 로버트 메이휴였다.

그러나 이때는 형을 집행하는 '노아'는 이미 없었다. 그리하여 하워드는 그 역할을 몰몬 교도의 '친위대'의 간부한테 맡겼고 그 자신은 낫소의 브리타나비치 호텔로 '증발'해버렸다. 분명히, 그리고 당연히 예상되는 메이휴의 소송을 피하기 위해 손이 닿지 않는 곳으로 피신한 것이다.

'휴즈 제국' 안의 이러한 사건을 나는 흥미를 가지고 지켜봤다. 동시에 이런 일과 관계가 없게 된 생활이 그지없이 편안하게만 느껴졌다. 1968년에 한 번 라스베가스를 방문했을 때 나는 로버트 메이휴로부터 식사 초대를 받았다. 그 자리에서 나에게 하워드 휴즈 같은 골치아픈 고용주에 대처해나갈 수 있는 비결을 가르쳐달라고 하였다.

"스톡 옵션이건 캐피털게인 플랜이건 하워드의 구두약속은 결코 믿어서는 안 돼. 믿고 싶거든 반드시 문서화해야 해."

나는 충고를 하였다.

"그리고 그가 당신을 필요로 하고 있을 동안에 가능한 한 많이 받아두는 거야. 당신 손에 남는 것은 그것뿐이니까."

1970년 12월에 메이휴가 해고 되었다는 이야기를 들었을 때 나는 전보를 치지 않을 수 없었다.

'동창회 가입을 환영한다.'

그렇다면 1957년 이후에 내가 걸은 길은 어떠했을까?
나는 역시 다소 자극적인 생활은 아니지만 만족했고 실속이 많은 생활을 하고 있었다. 나는 재혼했으며 이번에는 행복을 누리게 되었다. 아내인 메리와 나는 비버리힐즈 언덕 위에 자리잡은 커다란 집에서 살고 있으며 집안에는 언제나 우리들의 자녀들과 손자들의 목소리로 충만해 있다.

이것을 쓰고 있는 나는 83세이지만 여전히 매일 센트리 시티의 나의 사무실로 나가고 있다. 나는 지금도 실업에 적극적으로 흥미를 느끼고 있으며 많은 사업의 상당액 내지는 고문역할을 하고 있다. 1971년에는 16년 간 근무했던 남 캘리포니아 도시권 수도국장의 자리에서 물러났지만 아직도 완전히 은퇴할 생각은 없다. 나는 여전히 청년 같은 기분으로 있으며 친구들도 내가 나이보다 훨씬 젊어보인다는 의견들이다.

얼마 전 나는 롱비치까지 드라이브를 하였다. 주요 목적은 '퀸 메리 호'를 보기 위해서였지만 역시 그 옆의 거대한 '사치스러운 나무 거위'인 '헤라클레스 호' 쪽으로 나도 모르게 발길이 향하고 말았다. 주차장에는 13대나 차가 멎어 있었으므로 시대에 뒤떨어진 대비행정을 수용하고 있는 격납고 안에서는 여전히 작업이 계속되고 있는 모양이었다.

내가 격납고를 지켜보고 있자 일을 끝낸 항만노동자 한 사람이 다가왔다.

"저 격납고에는 너무 접근하지 않는 게 좋아요, 나리님."

그 사나이가 나한테 경고하였다.

"너무 접근하면 감시자의 의심을 받게 되니까."

"그런가요?"

내가 말하였다.

"아, 저 안에 있는 것은 말야, 그 유명한 '사치스러운 나무의 거위'야—하워드 휴즈의 바보스러울 정도의 큰 비행정. 아무도 접근하지 않아. 저 격납고의 옆에 있는 탑이 보이나?"

"아."

"저곳에 망원 렌즈가 붙어 있는 카메라가 장치되어 있어. 지나치게 이곳에 자주 오거나 격납고에 접근하는 자를 사진으로 찍고 있다는 이야기야."
 "정말인가요? 그래서 그 사진을 어떻게 한답니까?"
 "글쎄요. 계속 카리브 해까지 보내서 수상쩍은 자가 아닌지 하워드 휴즈가 보는 게 아닐까요?"
 항만 노동자는 가벼렸으며 나는 생각에 골몰하였다. 거대한 격납고를 보면서 나는 세계 최대의 장남감에 소비된 5천만 불의 돈에 대해서 생각하였다. 그리하여 그것에 충당하기 위해서 판매된 많은 굴삭용 송곳의 일도.
 감시자의 의심을 받고 망원 렌즈로 사진이 찍히기를 절반쯤 기대하면서 나는 그곳에 잠시 동안 더 머물러 있었다. 그리고는 탑을 향해 "안녕, 하워드" 하고 인사하듯 손을 흔들었다.
 밤에 전화벨이 울리면 가끔씩 옛날처럼 당황하며 수화기를 드는 일이 있다.
 "노아, 급히 처리해줄 문제가 있는데."
 하는 그 목청높은 목소리가 들려오는 듯한 기분이 들었다.
 만약 정말로 들렸다면 나는 이렇게 대답했을 게 틀림없다.
 "아, 하워드. 이번에는 또 어떤 일이지?"

역자 후기

얼마 전 하워드 휴즈의 20억 달러로 추산되는 막대한 유산을 둘러싼 화제가 신문을 떠들썩하게 했는데 이 유산의 일부(1억 달러 이상)를 차지하려는 한 사나이의 뉴스가 특히 눈길을 끌었었다.

그 뉴스에 의하면 유타 주 솔트레이크 시티의 모르몬 교회 본부에서 발견된 휴즈의 '자필로 보이는 유언장'에서 유산의 16분의 1을 주기로 지명된 유타 주의 시골 도시 윌라드에서 주유소를 경영하는 멜빈 다머는 어쩐지 사기꾼 같다는 것이었다.

'유언장'이 발견되었다는 뉴스를 들은 다머는 "그렇다면 수년 전 사막에서 쓰러져 있던 한 노인을 구해주어 호텔로 데려다 준 다음 25센트 짜리 동전도 한 개 준 적이 있었다……"라고 그럴 듯하게 말했던 모양이나, 그 유언장을 감정해 본 결과 그 봉투에서 다머의 지문이 검출되어, 오히려 그의 사기전과까지 폭로되고 말았다는 것이다.

그러나 '유언장'을 감정해 보거나 다머의 전과 경력을 조사하지 않더라도 하워드 휴즈가, 설사 사막 한가운데서 쓰러졌던 것을 구출해주고 25센트 짜리 동전을 준 사나이에게 1억 달러 이상의 유산을 물려줄 인물이 아니라는 것은 이 책을 읽는다면 명백해질 것이다.

특히 재미있는 것은 이 '유언장'을 둘러싼 긴 법정투쟁에 이 책의 저자인 노아 디트리히가 끼여들어, 그것이 진짜 같다는 입장을 취했다는 점인데, 이 '유언장'에서는, 그의 유언 집행인으로 지명되어, 그 댓가로 4천만 달러를 받기로 되었다는 점에서, 고인의 전기를 쓴 그의 객관적인 눈도 거금의 매력 앞에서는 흐려져 버렸는지도 모른다.

저자는 이 책에서도 가급적 자기의 주관을 내세우지 않고 쓰겠다고 하면서도 곳곳에서 인간적인 '약점'을 드러내고 있는데 그것이 오히려 문장을 생생하게 하여 매우 흥미롭다.

또한 실무가인 저자는 프로의 전기작가 같은 억측이나 자기 나름의 판단을 덧붙이지 않고 그대로, 기억에 남아 있는 그대로 에피소드를 엮어나가고 있다. 그런 만큼 일견 피상적으로 느껴지는 문체와 행간 (行間)에 세계적인 대부호의 적나라한 모습을 떠올리게 하고 있으며, 더욱이 이것은 픽션이 아닌 만큼 박진력이 있으며, 소설을 읽는 것 보다도 흥미진진하다.

저자인 노아 디트리히는 하워드 휴즈를 기인(奇人) 또는 모순된 인간으로 몰아부치고 있는데, 그것은 읽는 사람에 따라 각기 다른 뉘앙스를 갖게 하지 않을까?

역자가 느끼고 있는 하워드 휴즈는, '휴즈 제국'의 80%는 자기가 구축했다고 자만하지는 않는다고 하면서도 자만하는 저자보다는 한 수 위의 인물이었으며, 어쩌면 디트리히가 30여년 동안 골치를 썩혀 오던 휴즈의 모순 투성이며 지리멸렬하고, 무궤도한 행동의 배후에는 냉철한 계산──까지는 가지 않았더라도 본능적인 육감이나 판단이 작용한 것이 아닌가 여겨지는데, 독자 여러분은 어떻게 생각하고 있는지──.

또 하나, 이 책이 우리에게 흥미를 끌게 하는 것은 일본 정계의 소위 '로키드 사건'을 낳은 토양 같은 것을 '휴즈 제국'과 미국 정계와의 관계에 관한 에피소드에서 엿볼 수 있다는 점이다. 휴즈가 상원 국방계획조사 특별위원회에서 증언하는 장면은 특히 그러하다. 그리고 '닉슨 론'에 관한 에피소드에는 리처드 닉슨을 대통령이라는 권좌에서 밀어낸 워터게이트 사건의 싹이 보인다.

또한 제2차 대전 후 은막을 장식하던 여배우들과 하워드 휴즈의 생생한 에피소드들──은 그야말로 스릴 만점이다.

'수수께끼 속의 대부호'라고 불리운 만큼, 하워드 휴즈의 전기는 이 책 외에도 여러 책에 씌어져 있는 것 같은데 제2차 세계대전 이전부터 전후에 걸친 미국의 영화계, 실업계, 정계의 벌거벗은 모습을 보여주는 듯한 이 책은 그러한 아류의 책들 중에서도 특이한 책이라고 하겠다.

저자인 노아 디트리히에 대해서는 본문 중에서 상세히 소개되어 있으므로 여기서는 새삼스럽게 언급하지 않겠으나, 이 책의 공저자(共著者) 보브 토머스는 어소시에이티트 프레스의 기자, 잡지 기고가, 서평가, 라디오 및 텔레비전의 칼럼니스트로서 저널리스트들 간에서는 잘 알려져 있다. 그는 또 킹 콘, 탈버크 등 유명인의 전기에도 손을 댔었다.

역 자

억만장자 하워드 휴즈

초판·발행 1993년 8월 10일　❶ 값 12,000원

지은이　노아 디트리히
옮긴이　이　원　용
펴낸이　남　　　용
펴낸데　一信書籍出版社

1̄2̄1̄-1̄1̄0̄ 서울 마포구 신수동 177-3
등 록 : 1969. 9. 12. No. 10-70
전 화 : 703-3001~6
FAX : 703-3009
대체구좌 / 012245-31-2133577

ISBN 89-366-1504-1　　　03890